VORWORT

Ein nur oberflächlicher Blick in das *Tagebuch einer musikalischen Reise* des Engländers Dr. Charles Burney mag den heutigen Leser irritieren. Zu viele Kirchenbesuche und Orgelbeschreibungen, zu viele Aufzählungen von Sängerinnen und Sängern! Bei genauerer Lektüre jedoch wird er bald der Fülle musikalischer Beobachtungen und Erkenntnisse gewahr. Dieses Tagebuch ist eine Fundgrube für Musikhistoriker und -soziologen, ja für jeden Musikliebhaber, der mit der älteren Musikgeschichte sich beschäftigen will.
An Burneys Reisetagebüchern bewahrheitet sich der Rat der Historiker, zu den Quellen zurückzugehen. Burney hat die Lage der Musik im letzten Drittel des 18. Jahrhunderts an Ort und Stelle studiert: vorzüglich an den Höfen und in den Residenzstädten in Frankreich, Italien, Deutschland, Österreich und Flandern. Diese Zeugenschaft macht den Wert von Burneys Reisetagebüchern aus. Sie erschienen in einer Zeit, in der durch die Erfindung der Dampfmaschine (1769) die industrielle Revolution in England mächtig vorangetrieben wurde und in der die Forschungstätigkeit auf allen Gebieten einen bisher noch nicht dagewesenen Aufschwung erhielt. England erkämpfte sich einen wirtschaftlichen Vorsprung vor allen anderen konkurrierenden Staaten, und so nimmt es nicht wunder, daß die Engländer auch die Reisenden par excellence wurden. Zwischen 1760 und 1770 sollen mindestens vierzigtausend Engländer monate- und jahrelang als Handels-, Forschungs-, Kunst- und Vergnügungsreisende die Länder des europäischen Kontinents besucht haben (Wilhelm Treue, Illustrierte Kulturgeschichte des Alltags, München 1952, Seite 169).
Burney war freilich kein Vergnügungsreisender. Er hat seine beiden Reisen nach dem Kontinent in den Jahren 1770 und 1772 aus wissenschaftlichen Gründen unternommen. Seine Lebensarbeit galt der Abfassung einer großen Geschichte der Musik von den Anfängen bis in die Gegenwart, die dann auch unter dem Titel *A General History of Music* in vier Bänden ab 1776 in London

erschienen ist (Band II 1782, Band III und IV 1789). Burney hatte die richtige Einsicht, empirisch vorzugehen und, abgesehen von den unmittelbaren Hörerlebnissen, sein Material – Handschriften, Bücher und Drucke, Werkverzeichnisse, Kupferstiche, Kritiken und Zeitungsausschnitte – selbst auf Reisen zu sammeln. Die Tagebücher nennt er *The Present State of Music in France and Italy, Or, The Journal of a Tour through those Countries, undertaken to collect Materials for A General History of Music* und *The Present State of Music in Germany, the Netherlands and United Provinces, Or, The Journal...* Sie erschienen ebenfalls in London; das erste 1771 und das zweite, in zwei Bänden, 1773. Das erste Tagebuch lag also schon vor, ehe Burney seine zweite Reise antrat.

In dem *Tagebuch einer musikalischen Reise* urteilt nicht bloß ein Liebhaber der Musik, sondern ein wirklicher Kenner, der in seinen frühen Jahren die Musik selbst professionell ausübte. Burney, der am 7. April 1726 in Shrewsbury, der jetzigen Hauptstadt der westenglischen Grafschaft Shropshire, geboren wurde, erhielt seine erste musikalische Ausbildung auf den Tasteninstrumenten von seinem Bruder James. Das kompositorische Handwerk erlernte er indessen bei Thomas Arne, dem damals berühmtesten englischen Komponisten. Bereits 1747 konnte Burney seine ersten musikalischen Werke veröffentlichen (sechs Sonaten für zwei Violinen und Continuo). Zwei Jahre später wurde er Organist an St. Dionys Backchurch zu London und begann, Schauspielmusiken für das Drurylane Theatre zu schreiben und zahlreiche Klavierkonzerte zu geben, die ihn schnell bekannt machten. 1751 zwang ihn jedoch sein schlechter Gesundheitszustand, für neun Jahre aufs Land zu gehen und in der ostenglischen Grafschaft Norfolk ein Organistenamt anzunehmen. Hier reifte der Plan, die große Musikgeschichte zu schreiben. 1760 kehrte er nach London zurück, wo er mehrere Cembalokonzerte und ein Singspiel *(The Cunning Man)* veröffentlichte. Ein Jahr vorher war Händel gestorben, dessen Einfluß auf die gesamte englische Musik selbst nach seinem Tode bis zum Ende des Jahrhunderts und darüber hinaus fortwirken sollte. So ist es nicht verwunderlich, wenn auch Burneys *Anthem,* das er aus Anlaß seiner Graduation zum Doctor der Musik für die Universität Oxford komponierte, am Händelstil orientiert ist. Dieses *Anthem* hatte Erfolg und wurde sogar in Deutschland mehrmals unter Philipp Emanuel Bach aufgeführt. Verglichen freilich mit der Mehrheit seiner komponierenden Zeitgenossen – Arne schrieb allein etwa dreißig Opern –, blieb Burneys Oeuvre äußerst schmal.

Seine Tätigkeit ging nunmehr ganz in der musikhistorischen Forschung auf.

Man muß die Originaltitel der Reisetagebücher im Auge behalten, will man verstehen, daß es Burneys Intention war, den gegenwärtigen Zustand der Musik, nicht den vergangenen, zu beschreiben. Burney scheut sich sogar an mehreren Stellen der Tagebücher, Dinge zu notieren, die gerade „historisch geworden". Trotzdem kann er freilich nicht umhin, Biographisches auch über nicht mehr lebende Komponisten mitzuteilen. So zum Beispiel über Giuseppe Tartini. In Padua schreibt er: „... obgleich seit seinem Tode alle diese Nachrichten eigentlich historisch geworden sind und nicht völlig zu dem gegenwärtigen Zustande der Musik gehören, so würde ich doch sehr gern meinen Lesern einen Abriß von seinem Leben vorlegen ..." (*Tagebuch*, Seite 76 f.).

Tagebücher, Reisetagebücher, Briefe und Chroniken rechnet man seit dem 19. Jahrhundert zu den pragmatischen Geschichtsquellen. Johann Gustav Droysen zum Beispiel nennt pragmatische Quellen solche, „die möglichst sachgemäß zu sein beabsichtigen, sachgemäß entweder nach der Richtung auf den Verlauf, ohne sich um Motive und Empfindungen viel zu kümmern, oder sachgemäß nach dem Zusammenhang von Ursache und Wirkung, von Mittel und Zweck usw." (Historik, Neuausgabe München 1958, Seite 70). Diese sachgemäße Darstellung des Stoffes zeichnet auch Burneys Reisetagebücher aus, deren Zweckgebundenheit immer wieder betont wird. Die Kunst des unaufdringlichen Ausfragens der europäischen Berühmtheiten, denen er auf seinen Reisen begegnete, muß er meisterhaft verstanden haben. So weltgewandt er aufzutreten verstand: Die Persönlichkeit des Berichterstatters verbleibt stets im Hintergrund. Burney gibt unzählige aufführungspraktische Hinweise; er schreibt über die Bauart, über die Stimmungen und Spielweisen der gebräuchlichen Musikinstrumente; er geht auf kompositorische Details von Musikstücken ein. Opernhäuser und Theater besucht er, wo immer er dazu Gelegenheit hat. So beurteilt er nicht nur die sängerischen und schauspielerischen Leistungen, sondern macht auch seine Notizen über das damalige Verhalten des Publikums. Bemerkenswert ist sein Interesse für den sozialen Status der Musiker und Komponisten, ihre Besoldung und dergleichen. Wir lernen die Verhältnisse und das Inventar von Bibliotheken, Musikkammern und Instrumentensammlungen kennen. Großen Wert legt er auf Charakterisierung der verschiedenen Nationalmusiken und auf den unterschiedlichen Nationalgeschmack. Zwischen oft spannenden Anekdoten, die er überall zu erfahren begierig war, freilich auch

zwischen Kabalen und Hoftratsch sind wertvolle Biographien eingestreut, so über Pietro Metastasio, Regina Mingotti, Johann Adolf Hasse, Christoph Willibald Gluck, um nur einige zu nennen. Die Historiographie hat sich besonders im 19. Jahrhundert fast ausschließlich mit der Musik der herrschenden Klassen befaßt. Diese Ausschließlichkeit gab es für Burney nicht. Seine Tagebücher beweisen, daß ihm die Musik der mittleren und unteren Volksschichten genauso relevant und beschreibenswert war wie die an den Höfen gepflegte. Wohl wußte er, daß die ästhetischen Normen eines Zeitalters von der hohen Kunstmusik bestimmt werden. Aber er wird nicht müde, die ursprünglichen Qualitäten und die oft unmittelbare Musikalität der fahrenden Musikanten, der Gassen- und Militärmusiker in seine Notizen aufzunehmen. Zumal die italienische Volksmusik hat es ihm angetan. Interessant in diesem Zusammenhang zum Beispiel der Hinweis, daß in Domenico Scarlattis Klaviersonaten „manche Stellen" sich finden, „worin er die Melodie solcher Lieder nachahmt, die er von Fuhrleuten, Maultiertreibern und andern gemeinen Leuten hatte singen gehört" (*Tagebuch*, S. 282). Diese vielseitige Betrachtungsweise hat ihm übrigens den Tadel des Göttinger Musikhistorikers Johann Nikolaus Forkel eingebracht, welcher in einer Rezension der Musikgeschichte von Burney vermerkt, es sei niemals Aufgabe der Musikgeschichtsschreibung, „herumreisende Musikanten oder eigentlich sogenannte Schenkenvirtuosen (Bierfiedler) so wichtig zu finden" (Musikalisch-kritische Bibliothek III, Gotha 1779, Seite 119).
Es versteht sich beinahe von selbst, daß angesichts der Repräsentationsfunktion der Musik im 18. Jahrhundert Aufzeichnungen über gesellschaftliche Verhältnisse, besonders in den Residenzstädten, bei Burney nicht zu kurz kommen. Politischen Diskussionen freilich geht er allenthalben aus dem Weg. Als in Wien die ersten Nachrichten über die schwedische Revolution einlaufen, notiert er lakonisch: „Das veranlaßte auf einige Zeit ein politisches Gespräch, welches mir gar nicht lieb war" (*Tagebuch*, Seite 309). Mehr erfährt man hier von dem umfassend gebildeten Burney nicht, der sonst überall seiner Neigung nachgeht, auch über nichtmusikalische Dinge zu schreiben, seien es nun Landschaften, Architekturen, Mathematik oder Naturwissenschaften.
Burneys Urteil über Musik ist stets selbstsicher, zuweilen auch apodiktisch und in historisch verständlichen Vorurteilen befangen. Seine Option gilt dem musikalischen Fortschritt. Zwar sammelte er überall alte Notenhandschriften und studierte die ihm zugänglichen Reste der alten Musik, worüber er ja Seite für Seite genau Rechen-

schaft ablegt. Er sieht aber alles Vergangene als etwas an, das sich zur Vollkommenheit des gegenwärtigen Musizierens und Komponierens hinbewegt. Dieses Vollkommenheitsideal ist in bezug aufs Musizieren an der englischen Praxis gebildet, und er vergleicht die Leistungen, die er auf seinen Reisen in Opern und Konzerten antrifft, mit den ihm aus England vertrauten, wobei er mit der Mittelmäßigkeit oft recht scharf ins Gericht geht. Man kann gewiß keineswegs sagen, daß er die polyphone Vokalmusik des 16. und 17. Jahrhunderts rundheraus ablehnt und nur die neue italienische Opernmusik des 18. Jahrhunderts oder den neuen Sinfoniestil der Mannheimer etwa goutiert. Eher verhält es sich so, daß er für das Natürliche und Ungekünstelte der gegenwärtigen Musik eintritt und weniger für den gelehrten kontrapunktischen Stil, welcher oft noch in der zeitgenössischen Kirchenmusik zu finden ist. Ein paar Belege für Burneys fortschrittliche Haltung seien aus seinem *Tagebuch* herausgegriffen. Auf Seite 38 spricht er von der Notwendigkeit historischer Veränderungen: „Welches Ding in der Welt ist nicht der Veränderung unterworfen? Soll man denn der Musik, die so viel von der Einbildungskraft und vom Gefühl abhängt, das Vorrecht zuschreiben, allein unveränderlich zu bleiben? Es gibt Perioden, wobei man vielleicht wünschen möchte, stille stehen zu können; allein da dies unmöglich ist, so muß man gutwillig und mit Anstand der Notwendigkeit nachgeben." Auf der gleichen Seite noch prononcierter: „Den Canto fermo der griechischen Kirche oder das römische Rituale, die älteste Musik, die vorhanden ist, nachahmen wollen, das hieße, in der Wissenschaft der Klänge oder den Künsten des Geschmacks und des Ausdrucks rückwärts gehen... Kurz, es ist kein geringes Unternehmen, die Welt in ihrem Laufe aufhalten zu wollen; vorwärts müssen wir gehen, und wer zurück bleibt, verliert nur Zeit, welche er nicht ohne große Mühe wieder erhalten kann." Aufschlußreich ist eine Anmerkung auf Seite 282, wo er zustimmend hervorhebt, daß Domenico Scarlatti „die engen Schranken der ängstlichen Regeln niedertrat, die man von nichtssagenden Kompositionen in der Kindheit der Kunst abstrahiert hatte". Weiter ist er von der Notwendigkeit sinnvoller Dissonanzen überzeugt: „Niemand, denke ich, wird gegenwärtig leugnen, daß in einer vielstimmigen Musik die Dissonanzen notwendig sind, nicht bloß, weil solche durch Gegensatz und Vergleichung die Konsonanzen erhöhen und versüßen, sondern noch mehr deswegen, weil sie ein notwendiger Reiz für die Aufmerksamkeit werden, welche bei einer Folge von reinen Konsonanzen ermüden würde" (Seite 93). Und etwas später: „Einige Dissonanzen der neuern

Musik, welche bis Anfang dieses Jahrhunderts unbekannt waren, sind so hart, daß sie das Ohr nur eben ausstehen kann, und haben dennoch, als Kontrast gebraucht, eine gute Wirkung" (Seite 94). In diesem Zusammenhang gibt er zwei erstaunliche Beispiele für einen ziemlich hohen Grad von Dissonanz. Sooft er Musik hört, die seinem Geschmack entspricht, kommt er auf die „gute Expression", auf den adäquaten Ausdruck des Interpreten zu sprechen. Nicht verwunderlich daher, wenn er sich für das Klavier (Pianoforte) und gegen den „monotonischen Flügel" (Cembalo) entscheidet, ohne zwar den „Nutzen" dieses Instruments ganz zu leugnen (so z. B. auf Seite 296).

Für einen Mann der englischen Aufklärung, dem die kapitalistischen Begriffe „Nutzen" und „Verwertung" zum alltäglichen Vokabular gehörten, ist es nur verständlich, wenn er beiläufig auch über den Nutzen der Musik reflektiert. Freilich scheint uns heute die Art, wie er solche Reflexionen artikuliert, platt und krud zu sein. In der Vorrede zum ersten Reisetagebuch (Seite 22 ff.) zählt er mehrere, ziemlich naive Beispiele für „die wichtigen und menschenfreundlichen Zwecke" auf, „zu welchen man" die Musik „angewendet hat". Die Musik dient also nicht nur dem Vergnügen und der gehobenen Unterhaltung, sondern auch der Therapie, wie wir heute sagen würden. Einsichten in die Erkenntnisfunktion und in den Wahrheitsgehalt der Kunst waren damals noch nicht ins allgemeine Bewußtsein gedrungen. Man denke nur an die Ästhetiken der Aufklärungszeit, allen voran die noch in ermüdendem Latein geschriebene „Aesthetica" von Alexander Baumgarten (1750–1758), welche beinahe Haß auf ihren Gegenstand verrät. Auf gleicher Ebene, nur noch schärfer formuliert und hier merkwürdigerweise die Zwecklosigkeit der Musik betonend, liegt auch eine Art Definition der Musik, welche Burney seiner Musikgeschichte voranschickt: „Music is a innocent luxury, unnecessary, indeed, to our existence, but a great improvement, and gratification of the sense of hearing. It consists, at present of Melody, Time, Consonance, and Dissonance" (*A General History of Music,* vol. I, Seite XVII). („Musik ist ein unschuldiger Luxus, zu unserem Dasein wahrhaft unnötig, aber für unseren Gehörsinn eine große Wohltat und Befriedigung. Sie besteht jetzt aus Melodie, Takt, Konsonanz und Dissonanz.") Das Postulat, Vergnügen zu bereiten, dem Ohre zu schmeicheln und angenehme Gefühle zu wecken, erfüllt nur gute Musik. In einem kritischen Essay (*Essay on Criticism*), den er dem dritten Band seiner Musikgeschichte voranstellt, nennt Burney mehrere rational nachprüfbare Merkmale der guten Musik. Sie muß „melody, harmony, modulation, invention, grandeur, fire, pathos, taste, grace, and expression" enthalten (vol. III, Seite VIII). („Melodie, Harmonie, Modulation, Erfindung, Erhabenheit, Feuer, Pathos, Geschmack, Anstand und Ausdruck.") Wer die Tagebücher mit Aufmerksamkeit liest, wird diesen Begriffen in seinen Urteilen immer wieder begegnen.

Ein Wort muß zu der hier vorliegenden zeitgenössischen Übersetzung der Tagebücher gesagt werden, weil sie Aufschluß gibt über deren damalige Aufnahme in Deutschland. Zunächst zur Person der beiden Übersetzer.

Das Titelblatt zur deutschen Ausgabe des ersten *Tagebuches* trägt den Namen seines Übersetzers, Christoph Daniel Ebeling (1741 bis 1817). Ebeling gehörte zu den humanistisch gesinnten Kreisen Hamburgs, war Professor am Gymnasium und städtischer Bibliothekar. Als Übersetzer war er sehr gesucht; außer Burneys *Tagebuch* übersetzte er Jean-François de Chastellux' *Essay sur l'union de la poésie et de la musique* und mit Klopstock zusammen Händels *Messias* ins Deutsche. In seiner Vorrede zum *Reisetagebuch* dankt Ebeling seinem Verleger Johann Joachim Christoph Bode (1730 bis 1793), der ihm bei der Übersetzung behilflich war. Bode war es dann auch, der die Übersetzung des zweibändigen *Tagebuchs der zweiten musikalischen Reise* besorgte, wiewohl bis heute noch nicht recht geklärt ist, ob wirklich die ganze Übersetzung dieses Teils auf ihn zurückgeht. Denn Bode bleibt ungenannt, und seine Versicherung, er sei kein „Musikus", die sich in der Vorrede zum dritten Band befindet, dient nur der Camouflage. Allein in Wahrheit ist er nicht nur ein Kenner der Musik, sondern selbst Komponist. Er schrieb zahlreiche Sinfonien, Konzerte für Violine, für Violoncello und für Fagott und zwei Bände Lieder (*Zärtliche und scherzhafte Lieder mit ihren Melodien,* Leipzig 1754 und 1757). Außerdem war er in jungen Jahren Oboist, später dann Redakteur, Buchdrucker und Verleger in Hamburg und, wie vermerkt, ein talentierter Übersetzer. Die meiste Arbeitskraft jedoch investierte er in verschiedene Funktionen (u. a. „Meister vom Stuhl") eines Freimaurerordens. Er war befreundet mit vielen berühmten Zeitgenossen, so mit Lessing, dessen „Hamburgische Dramaturgie" in seinem Verlage erschien. Seine bekanntesten Übersetzungen sind *Yoricks empfindsame Reisen* und der *Tristram Shandy* von Sterne, Smollets *Humphrey Klinkers Reisen* und Fieldings *Tom Jones.* Bode entstammte ärmlichsten Verhältnissen; sein vielseitiges Können verdankte er vorab intensiven, autodidaktischen Studien.

Die Übersetzung von Burneys *Reisetagebüchern* durch Ebeling und

Bode ist nun insofern besonders wertvoll für uns, da sie den Fußnoten von Burney zahlreiche neue hinzugefügt und außerdem in einem Appendix Anmerkungen und Zusätze angebracht hat. Vor allem Bode hat mit Anmerkungen nicht gespart. Sie spiegeln die Einschätzungen wider, die man in Deutschland an Burneys Büchern vornahm. Auf seinen Inspektionsreisen in freimaurerischen Geschäften wurde Bode Augen- und Ohrenzeuge des Musiklebens in Deutschland und wertete seine Kenntnisse bei der Übersetzung aus. Schon Friedrich von Schlichtegroll hob in seinem „Nekrolog der Deutschen" auf das Jahr 1793 (die Musiker-Nekrologe neu hrsg. v. Richard Schaal, Kassel o. J.) Bodes Sarkasmus, Witz, Schärfe und Offenheit hervor. So hält Bode mit seinen Meinungen nicht hinterm Berg, wenn er seinen Nationalstolz durch Burney verletzt sah. Denn Burney urteilt, wie sich jeder Leser überzeugen kann, oft recht hart über die Deutschen und ihre Musik. Am meisten wurde ihm ein Satz auf Seite 350 verübelt. Einer Fußnote dazu entnehmen wir, daß Burney dem Übersetzer brieflich versprochen hatte, sein Urteil zurückzunehmen. In der zweiten Auflage des *Tagebuchs* (1775) wurde es dann tatsächlich gestrichen. Gewiß mag uns heute manche Anmerkung, mancher Zusatz als pedantische Korrektur anmuten. In vielen Fällen steuert Bode indes nützliche Gedanken und Daten zu Burneys Aufzeichnungen bei. Auch lieferte er eine kurze Autobiographie seines Freundes Philipp Emanuel Bach; sie war für diese Zwecke geschrieben.

Viele Passagen des *Tagebuchs* wurden in der deutschen Übersetzung weggelassen, zumal solche, die sich nicht auf die musikalische „Materie" beziehen. Es wäre freilich interessant, dem nachzugehen, was sonst noch dem Rotstift der Übersetzer zum Opfer gefallen ist. Wir möchten hier lediglich ein bezeichnendes Beispiel geben. Man sucht in der Übersetzung vergeblich Burneys Beschreibung des deutschen Militarismus am Hofe zu Sanssouci, über den er unter anderem folgendes notiert: „The most shining parts of a German court, are usually its military, its music, and his hunt . . . I never saw such mechanical exactness in animated beings. One would suppose that the author of ‚Man a Machine', had taken his idea from these men: their appearance, however, is very formidable; black whiskers, white peruques, with curls at the sides, six deep; blue coats, patched and mended with great ingenuity and diligence." („Die glänzendsten Attribute eines deutschen Hofes sind gewöhnlich sein Militär, seine Musik und seine Jagd . . . Ich habe noch nie solch mechanische Genauigkeit an Lebewesen gesehen. Man sollte glauben, daß der Verfasser von ‚Der Mensch eine Maschine' – Lamettrie – seine Auffassung von diesen Männern hat. Ihr Aussehen jedoch ist furchtbar: schwarze Backenbärte, weiße Perücken mit sechs Zoll langen Locken an der Seite; blaue Röcke, die mit großer Erfindungskraft und Sorgfalt zusammengeflickt und ausgebessert sind.)

In der „Allgemeinen Deutschen Bibliothek" erschien im Jahrgang 1777 eine anonyme Rezension der *Reisetagebücher* Burneys, in der seine Beurteilung der Musik in Dresden, Leipzig und Berlin gefall gespendet wird. Man liest, daß Burney zwar „Einsicht, Eifer, Geschmack und Beurteilung" besitze, daß aber „viele Nachrichten falsch, viele Urteile übereilt und unbegründet" seien (vgl. Max Faller, „Johann Friedrich Reichhardt und die Anfänge der musikalischen Journalistik", Kassel 1929, Seite 23). Nicht von der Hand zu weisen: Das deutsche Publikum hat sich geärgert, daß Burney offensichtlich der italienischen Musik den Vorzug gibt vor der deutschen. Die Teile des *Tagebuchs,* die das italienische Musikleben beschreiben, sind in der Tat die am warmherzigsten geschriebenen. Wie Bernhard Paumgartner mit Recht bemerkt, gehören auch die österreichischen Kapitel zu den „lebhaftesten und konziliantesten ... der ganzen Arbeit" (Vorwort zur Neuausgabe von *Dr. Charles Burney's musikalische Reise durch das alte Österreich,* Wien 1948, Seite IX). Jedenfalls unterscheidet sich seine Darstellung wohltuend von den einschlägigen Abschnitten der „Beschreibung einer Reise durch Deutschland und die Schweiz" (1781, zwölf Bände) von Christoph Friedrich Nicolai, der bekanntlich nicht zu den besten Vertretern der Aufklärung gehört. Derselbe Nicolai war es auch, der Johann Friedrich Reichhardt bewog, in der von ihm redigierten „Allgemeinen Deutschen Bibliothek" mit Burney abzurechnen, wie Reichhardt in seiner Selbstbiographie mitteilt. Immerhin scheint er diesem Ansinnen nicht nachgekommen zu sein. In anderen Schriften jedoch, zumal in den „Briefen eines aufmerksamen Reisenden die Musik betreffend", schildert er allenthalben den „englischen Schwätzer" und bespricht seine Tagebücher ziemlich unglimpflich.

Selbst heute noch mögen niedere Semester in musikwissenschaftlichen Seminaren Burney behend ankreiden, daß er viel zu viel Aufhebens macht von den längst vergessenen italienischen Opern, hingegen für die kompositorische Meisterschaft des großen Thomaskantors kaum Verständnis aufbringt. Wenn es so etwas wie historisches „Recht" gibt, dann ist es jedoch auf seiten Burneys. Zwischen der italienischen Musik, die den ganzen Kontinent und England im 17. und 18. Jahrhundert überflutete, und der Musik der stillen deutschen Kantoreien lagen Abgründe, welche erst die nächste Generation zu überbrücken verstand. Der weithergereiste aufgeklärte Beobachter jedenfalls konnte nur die eine Seite deutlich sehen: diejenige, die den italienischen „gusto" besaß und in jeder Note den rauschenden Triumph der Urbanität über die musikalischen Provinzen auszudrücken schien.

Von Beschränktheit zeugte, wollte man heute Burneys Tagebuchaufzeichnungen Seite für Seite auf Biegen und Brechen gegen jegliche Kritik verteidigen. Vielmehr gilt: Der heutige Leser hat hier die Pflicht, historisch zu lesen und alle Einseitigkeiten als historisch zu begründende hinzunehmen. Trotz der zeitgenössischen Angriffe von seiten Reichhardts, Forkels und vieler anderer bleibt die Bedeutung der Burneyschen Tagebücher bestehen. Unter den zahlreichen musikalischen Reisebüchern und -berichten nimmt seine Arbeit einen obersten Rang ein.

Auf einem anderen Blatt steht die Einschätzung des Geschichtswerkes von Burney. Auch hier muß differenziert werden. Größtenteils überholt ist die Darstellung der vergangenen Geschichtsepochen. Die moderne Musikwissenschaft, deren historiographischer Zweig sich vor rund siebzig Jahren von der wertfreien positivistischen Faktenhuberei zu emanzipieren begann, hat unterdes den geschichtlichen Werdeprozeß der europäischen Musik aufgespürt und schickt sich heute an, eine globale Musikgeschichtsschreibung vorzubereiten. Überholt ist auch Burneys Beurteilung der einzelnen Komponisten der Vergangenheit. So widerspricht es dem heutigen Stand unserer Kenntnis, um nur ein Beispiel zu nennen, wenn Burney den Niederländer Josquin als das historisch erste Genie bezeichnet. Allein, es bleibt Burneys Verdienst, sozusagen zu den ersten Entdeckern des musikgeschichtlichen Bewußtseins zu gehören. In diese „Entdeckung" teilt er sich mit zwei anderen Gelehrten seiner Zeit: 1774 erscheint Martin Gerberts Geschichte der Kirchenmusik „De cantu et musica sacra a prima ecclesiae aetate usque ad praesens tempus" (St. Blasien) und 1776, im gleichen Jahr wie der erste Band von Burneys *General History of Music*, John Hawkins' fünfbändige „General History of the Science and Practice of Music" (London). Hawkins war zwar kein Musiker, sondern Jurist und Literat. Trotzdem steht er Burney an musikalischer Gelehrsamkeit nicht nach. Konträr: Burney machte in seinen später erscheinenden Teilen seines Werkes fleißig Gebrauch von Hawkins' Erkenntnissen.

Wohl gab es schon vor diesen Musikhistorikern geschichtliche Darstellungen. Diese gelangten aber über eine bloße Anhäufung von biographischen, kompositorischen und notationellen Fakten nicht hin aus, auch wenn sie einigermaßen chronologisch angeordnet waren. Selbst der Streit zwischen alter und neuer Musik, der mindestens seit Jacob von Lüttich (geb. um 1260) jahrhundertelang theoretisch ausgefochten wurde, verbleibt vor dem Zeitalter des Rationalismus und der Aufklärung im starren ungeschichtlichen Schematismus. Philippe de Vitrys berühmter Traktat „Ars nova", welcher der Musik des 14. Jahrhunderts den Namen gegeben hat und der heute gern als ihre Streitschrift angesehen wird, kämpft in Wahrheit nicht für eine neue Musik, die sich in der alten bildet, sondern für eine neue Notation. Kurz, das Nacheinander von geschichtlichen Ereignissen, das prozeßhafte, wenn auch zuweilen diskontinuierliche Entstehen und Vergehen der musikalischen Formen blieb bisher unentdeckt. Allerdings wurden aus der Prämisse eines evolutionären Fortschreitens der Musik unterschiedliche Schlußfolgerungen gezogen. Gerbert mißt die gegenwärtige Musik an der vergangenen. Sein Urteil fällt schlecht aus: die gegenwärtige ist nur Abfall und Dekadenz. Der Höhepunkt der aufsteigenden geschichtlichen Bewegung liegt bei Palestrina. Hawkins dagegen und noch mehr Burney entwickeln die Gegenwart aus der Vergangenheit. Die Geschichte ist ein ewiger Progreß, jede Periode tendiert zu einem Höheren. Nur die Unreife vergangener Zeiten ist mithin schuld daran, wenn ihre Musik vergessen ist.

Noch ist der Blick der beiden Engländer nicht getrübt vom „historischen Verstehen" um jeden Preis, das im Zeitalter des bürgerlichen Historismus und in der Krise der sogenannten Geisteswissenschaften zum geschichtlichen Relativismus und zum Ausverkauf der künstlerischen Werte geführt hat. Wir mögen uns heute entrüsten über jene barbarische Musikgeschichtsbetrachtung, die die Tradition zwar beschreibt, aber als wertlos abtut. Und doch: Erfrischend der Optimismus, mit dem Burney und Hawkins die Großartigkeit und Einzigkeit ihrer Musik rühmen, in ihren Geschichtswerken und in anderen Schriften, die sie für ein musikliebendes, „intelligentes Publikum" verfaßt haben.

Leipzig, Dezember 1966 *Eberhardt Klemm*

Carl Burneys der Musik Doktors TAGEBUCH EINER MUSIKALISCHEN REISE DURCH FRANKREICH UND ITALIEN

Carl Burneys

der Musik Doktors

TAGEBUCH

EINER

MUSIKALISCHEN REISE

DURCH

FRANKREICH UND ITALIEN

welche er unternommen hat

um zu

einer allgemeinen

Geschichte der Musik

Materialien zu sammeln

Aus dem Englischen übersetzt

von

C. D. Ebeling

Aufseher der Handlungsakademie zu Hamburg

Hamburg, 1772

Bei Bode

Vorrede des Übersetzers

Gegenwärtiges Buch sollte schon vorige Ostermesse herauskommen, allein wichtigere Geschäfte ließen mir nicht Zeit genug, die Übersetzung desselben eher zu vollenden, und ohne die gütige Hülfe meines Freundes, des Herrn Bode, der selbst einige Bogen übersetzt hat, wäre ich noch itzt nicht fertig. Diese Verzögerung ist mir um des Verfassers willen leid, der sich freundschaftlich gegen mich darüber beklagt, weil er glaubt, daß ihm seine itzige musikalische Reise durch Deutschland durch die frühere Bekanntmachung dieses Werks oftmals wäre erleichtert worden. Wie gern hätte ich diesem würdigen Manne den Dienst erwiesen! Doch hoffentlich wird die Lesung dieses Tagebuchs die Freunde der Tonkunst, welche seine Bekanntschaft gemacht haben, oder auch andere, die wichtige Materialien zur Geschichte der deutschen Musik besitzen, noch itzt aufmuntern, sie ihm so dienstwillig mitzuteilen, als es die Italiener in Ansehung ihrer Musik getan haben und noch immer zu tun fortfahren.
Einige Anmerkungen, welche ich hinzugefügt habe, werden vielleicht für verschiedene Leser nicht ganz unnütz sein; zwar enthalten sie nicht allemal unbekannte Wahrheiten, allein gewisse Sachen kann man beinahe nicht oft genug wiederholen. Ich habe ihrer nicht mehr machen mögen, damit man nicht glaubte, ich wollte mich dem Verfasser oder den Lesern zum Lehrer aufdringen, da ich nur ihr Dolmetscher sein soll. Von der einen, Seite 112, argwohne ich schon, daß sie nicht völlig richtig sei, wenigstens ist mir seit der Zeit eingefallen, daß der von Nicolaus Jenson gedruckte *Decor puellorum* als das älteste in

Italien gedruckte Buch angegeben wird. Maittaire hat dies Buch beschrieben, allein ich habe ihn nicht bei der Hand. Auch bemerke ich eben, daß die [erste] Note Seite 151 einige Leser wider meine Absicht verleiten könnte; den Palestrina und Prenestinus für zwei verschiedene Komponisten zu halten.

Die angehängten Lebensbeschreibungen hatte der Verfasser den auf jener Seite angeführten alten Kirchenmusiken beigefügt; sie können, wie dies Tagebuch, zum Beweise dienen, wieviel Gutes und Lesenswürdiges man von seiner allgemeinen Geschichte der Musik erwarten dürfe. Der Eifer dieses Mannes für sein Unternehmen hat wenig seinesgleichen; ich weiß, daß er selbst aus Amerika, ja sogar aus der neu entdeckten Insel Otaiti Materialien dazu sich zu verschaffen gewußt hat. Um desto mehr verdient er eine allgemeine Unterstützung, vornehmlich da sein Eifer mit Einsicht, Geschmack und Unparteilichkeit verbunden ist.

Einleitung

Es ist etwas Sonderbares, daß unter der Menge von Reisenden, welche das reizende Land Italien aus verschiedenen, entweder neugierigen oder gewinnsüchtigen Ursachen besucht und ihre gemachten Anmerkungen haben drucken lassen, sich bisher noch keiner befunden hat, der seine Absichten und Untersuchungen auf den Ursprung und Fortgang oder den gegenwärtigen Zustand der Musik in dem Teil der Welt eingeschränkt hätte, woselbst solche mit vielem Glücke kultiviert worden und woher das übrige Europa nicht nur mit den besten Komponisten und musikalischen Künstlern versehen worden, sondern von dem es sogar seine Begriffe vom Schönen und Vortrefflichen in dieser Kunst entlehnt hat.
Es ist wohl kein einziges Gemälde, keine Statue oder kein merkwürdiges Gebäude vorhanden, die nicht beschrieben, oder eine Inskription zu finden, die nicht abgeschrieben worden, indessen daß der Konservatorien oder Musikschulen, der Opern und Oratorien kaum beiläufig erwähnt wird; und obgleich jeder Buchladen oder jede Bibliothek eine Menge von Geschichten der Malerei und andrer Künste sowohl als Lebensbeschreibungen der berühmtesten Künstler vorzuweisen hat, so hat man doch die Musik und ihre Künstler gänzlich übergangen. Dieser Umstand ist um desto unerklärbarer, insofern gegenwärtig keine von den schönen Künsten mit so vielem Fleiße getrieben wird oder die Italiener in irgendeiner Sache über das übrige Europa sich eines solchen Vorzugs rühmen könnten als in ihren musikalischen Erfindungen und Ausübungen; denn weder ihre Maler, Bildhauer, Baumeister,

Geschichtsschreiber, Dichter noch Philosophen des gegenwärtigen Jahrhunderts übertreffen ihre Zeitgenossen jenseits der Alpen so weit, um eine große Begierde zu wekken, zu ihnen zu reisen und ihren Unterricht zu suchen.
Die Musik aber lebt bis auf den heutigen Tag in Italien, da schon die andern Künste eine tote Sprache reden, welche zwar freilich gelehrt und klassisch ist, aber auch weniger lieblich und nützlich für angehende Künstler, als zu Leo des X. Zeiten, als Italien einen ebenso großen Vorzug vor der übrigen Welt hatte und deswegen ebenso sehr verdiente, daß man es besuche, als Griechenland zu Zeiten Perikles oder Alexanders.
Zu sagen, daß die Musik über ganz Europa niemals in einem so hohen Werte gehalten oder so gut verstanden worden als in unsern Tagen, das hieße bloß etwas hervorbringen, das ebenso unwidersprechlich ist als die bekannte Wahrheit, daß itzt die Menschen in Europa, überhaupt genommen, gesitteter und zivilisierter sind als in irgendeiner andern Periode der Geschichte der Menschheit.
Vielleicht, daß finstre Weisen die Musik als eine eitle und weibisch machende Ergötzung betrachten; allein Montesquieu hat schon zu ihrer Verteidigung gesagt: „Sie ist die einzige von allen Künsten, welche das Gemüt nicht verdirbt." Der Elektrizität räumt man es allgemein ein, daß sie eine unterhaltende und bewundernswürdige Erscheinung sei, man hat aber auch häufig darüber geklaget, daß sie noch niemals mit Gewißheit zu irgendeinem sehr nützlichen Zwecke angewendet worden. Ebendieselbe Anmerkung hat man ohne Zweifel oft in Ansehung der Musik gemacht. Für den reichen und üppigen Teil der Welt ist es ein vortreffliches Zufluchtsmittel in einer müßigen Stunde. Allein, sagte der Milzsüchtige und der Mann von Geschäften, was für Nutzen bringet sie den übrigen Menschenkindern? Hierauf kann man antworten, daß es leicht ist (vielleicht in England mehr als in einem andern Reiche), die wichtigen und menschenfreundlichen Zwecke anzuzeigen, zu welchen man sie angewendet hat. Der ehr-

würdigste Orden in diesem Königreiche hat ihren Beistand zu Hülfe gerufen, um die Beutel der Reichen zur Unterstützung der dürftigen Nachkommenschaft ihrer verstorbnen Brüder zu öffnen.[1] Manche Waise findet durch ihren Einfluß Beistand.[2] Die Schmerzen der Gebärerinnen werden durch die Wirkung ihrer Macht gemildert und weniger gefährlich und fürchterlich gemacht.[3] Sie trägt das ihrige bei, womöglich der verwüstenden Seuche Einhalt zu tun, welche selbst die Quelle des Lebens antastet.[4] Und endlich setzt sie ihre eignen Künstler in den Stand, das zu tun, wessen sich wenige andre rühmen können – ihre eignen Armen zu unterhalten, und zwar durch das vortreffliche und schön dirigierte Institut, welches unter dem Namen *The Society for the Support of decayed Musicians and their Families*[5] bekannt ist.

Die Musik ist noch immer das Vergnügen vortrefflicher Prinzen und der wohlgewählteste Zeitvertreib der gesittetsten Höfe gewesen. Gegenwärtig aber sie ist dergestalt sowohl mit wichtigen und heiligen Dingen als mit unsern vernünftigen Ergötzlichkeiten verwebt, daß es scheint, die Menschen würden gänzlich unfähig sein, ihrer zu entbehren. Sie macht einen ansehnlichen Teil unsers Gottesdienstes in unsern Kirchen aus. Sie ist der militarischen Einrichtung wesentlich, und ohne Musik würden unsre Schaubühnen sehr langweilig sein. Man setze noch hinzu, daß in einer gesitteten Nation schwerlich eine Familie sein wird, die nicht ihre Flöte, Geige, Klavier oder Zither habe, daß sie zur Arbeit Munterkeit gibt, die Schmerzen lindert und dadurch der Menschheit noch wohltätiger

1 Beim *Feast of the sons of the Clergy* oder der Kinder der Geistlichen.

2 Alle Jahre wird das Oratorium *Der Messias* für das Fündlingshospital aufgeführt.

3 Für das Spital der armen Wöchnerinnen in Brownlow Street wird jährlich ein Konzert gegeben.

4 Das Konzert für das Lockhospital.

5 Die Gesellschaft zur Unterhaltung zurückgekommener Musiker und ihrer Frauen und Kinder. (Übers.)

wird, daß sie uns von der Grausamkeit entwöhnt oder auch die Last der Sorgen erleichtert.

Hätten mir die Bücher, die ich bisher in nicht geringer Anzahl zu Rate gezogen habe, die Nachrichten an die Hand gegeben, welcher ich zu der Geschichte der Musik, worauf ich so lange bedacht gewesen, benötigt bin, so hätte ich keine Reise unternommen, die mir so viele Beschwerlichkeiten, Unkosten und Versäumung andrer Geschäfte verursachen mußte.

Allein diese Bücher sind, überhaupt genommen, eins dem andern so getreulich nachgeschrieben, daß man nur zwei oder drei lesen darf, um das Wesentlichste zu wissen, was in so viel Hunderten steht. In dieser Hoffnung also, meiner vorhabenden Geschichte einiges Originalgepräge oder wenigstens einen Stempel der Neuheit aufzudrücken, entschloß ich mich, meinen Durst nach Wissenschaft an der Quelle zu löschen und in Italien solche Züge zu schöpfen, welche in England nicht zu finden sind. Dort, beschloß ich, mit meinen eignen Ohren zu hören und mit meinen eignen Augen zu sehen und, womöglich, nichts zu hören und nichts zu sehen als Musik. Ich hätte freilich meine Zeit sehr angenehm mit Untersuchung von Gemälden, Statuen und Gebäuden zubringen können; allein, da ich für alle diese Sachen nicht Muße genug erübrigen konnte, ohne das vornehmste Geschäft meiner Reise zu verabsäumen, so war ich meinem Vorsatz getreu, mich von meinem Zwecke durch keine andre Neubegier oder Forschsucht abwendig machen zu lassen.[6]

Mit diesen Absichten verließ ich London im Anfang des Monats Junius 1770. Und da mein Vorsatz nicht war, daß mein Werk lokal sein sollte, so beschloß ich, auf meinem Wege nach Italien so viel Materialien als möglich zu einer

6 Während meiner Reise nachher war mir's gleichwohl sehr lieb, als ich fand, daß ich meiner Liebe zur Malerei und Bildhauerkunst selbst beim Aufsuchen musikalischer Materialien einige Genüge leisten konnte. Denn eben von ihnen habe ich meine Ideen und Zeichnungen der Instrumente sowohl der alten als der frühzeitigsten unter den neuern erworben.

Geschichte, die französische Musik betreffend, zu sammlen und zugleich nach ihrem gegenwärtigen Zustande mich selbst zu erkundigen. Ich würde aber zugleich verwegen und ungerecht gewesen sein, wenn ich dieses nach den wenigen Wochen hätte wagen wollen, die ich mich in Frankreich aufhalten konnte, wäre ich nicht vorher schon zweimal zu Paris gewesen, zu welcher Zeit ich die öffentlichen Örter daselbst sehr fleißig besuchte, und hätte ich nicht seit den letzten zwanzig Jahren die Werke der besten Komponisten und die Schriften der besten Autoren über die Musik in diesem Reiche beständig zugesandt erhalten.

Gegenwärtiger Zustand der Musik in Frankreich und Italien

Lille

Da ich mich nirgends lange aufgehalten hatte, bis ich diesen Ort, die Hauptstadt im französischen Flandern, erreichte, so machte ich hier den Anfang meiner Untersuchungen. Ich bemühete mich zuerst, die Art, den *Gregorianischen Gesang* zu singen, welcher durch ganz Frankreich in den Dom- und Stiftkirchen üblich ist, ausfindig zu machen. Er wird öfter ohne Orgel als mit derselben gesungen, und obgleich hier und im ganzen Königreiche in allen großen Kirchen Orgeln sind, so finde ich doch, daß man sie, wie in unsern Pfarrkirchen, nur des Sonntags und an hohen Festen gebraucht. Ich bin überzeugt, daß unsre alten Kirchengesänge und Antiphone nicht von Tallis zur Zeit der Reformation neu gesetzt, sondern nur nach den englischen Worten eingerichtet worden, denn das bißchen Melodie, welches darin liegt, ist beinahe mit der in allen auswärtigen katholischen Kirchen einerlei. Bloß des Sonntags und an Festtägen fügt man zu dem Choralgesange *(Canto fermo* oder *plain chant)* noch mehr Stimmen hinzu; sonst singen alle im Einklang. Die Bücher, woraus die Priester singen, sind durchgehends auf Pergament in gregorianischen Noten, das ist, mit den alten, rautenförmigen Notenzeichen, bloß auf vier Linien und Zwischenräume geschrieben. Um mich hievon näher zu unterrichten, machte ich mit Herrn Devillers, Organisten bei der Hauptkirche zu St. Peter, einem angenehmen und in seiner Kunst geschickten Manne, Bekanntschaft. Ich hatte mit ihm eine lange Unterredung über den Gebrauch des Choralgesanges, wovon er mir erzählte, daß die Chorknaben ihn nach den gregorianischen Noten erlernten und daß keine andern bei den Geistlichen gebräuchlich wären.

Man hat in den französischen Kirchen auf beiden Seiten des Chors ein Instrument, welches ohne Zweifel seiner Gestalt wegen Serpent genannt wird, weil es einer sich bewegenden Schlange ähnlich sieht. Es gibt beim Singen den Ton, und man spielt den Baß darauf, wenn in verschiedenen Stimmen gesungen wird. Meistenteils wird es schlecht gespielt, doch könnte es, mit Verstand gebraucht, gute Wirkung tun. Allein so wird es gewöhnlich überblasen, und seine Begleitung ist für die Stimmen zu stark. Sonst vermischt es sich besser mit ihnen als die Orgel, indem es den Ton verstärken oder schwächen kann und weniger Gefahr dabei ist, daß eine schlechte Temperatur die Vollkommenheit, deren die Menschenstimme allein fähig ist, unterdrücke oder zerstöre.

Die Orgel in dieser Kirche ist doppelt und sehr groß. Sie hat vier Klaviere und vierundsechzig Register und dabei, welches etwas Außerordentliches ist, dreizehn Reihen Pfeifen im Gesichte. Sie ist vor etwa sechzig Jahren gebauet worden. Das Gehäuse ist artig verziert, und die Vorderpfeifen sind, wie überhaupt hierzulande, weiß und von der natürlichen Farbe des Metalls, da man sie hingegen in England vergulden muß, damit sie nicht anlaufen. Ich habe durchgehends gefunden, daß man von der Orgel in Frankreich nur wenig Gebrauch macht, selbst an den Tagen, wenn man sich ihrer noch am meisten bedient. Das Serpent erhält die Sänger im Tone.

Da eben ein Jubiläum war, als ich nach Lille kam, so hoffte ich, beßre Musik als die gewöhnliche zu hören, aber ich fand mich in meiner Hoffnung betrogen.

Herrn Annreuse, Organisten an der Marienkirche, welcher blind ist, habe ich nicht kennengelernt. Ich wünschte auch, seines Unterrichts zu genießen, denn ich habe immer gefunden, die beste Weise, von der itzigen Musik Nachricht zu erhalten, sei die, mit itztlebenden Musikern darüber zu sprechen. Gelehrte Männer und Bücher können von der alten Musik Nachricht geben. Doch kostete mich meine Methode, wenn ich keine Empfehlungsschreiben hatte, Geld, Dreistigkeit und sehr viel Mühe.

Diejenigen, welche der Malerei, Bildhauerei und Baukunst wegen nach Italien reisen, tun wohl, dasjenige vorher zu besehen, was diese Künste in Frankreich hervorbringen, denn sonst werden sie so eitel werden, daß ihnen nur weniges von der französischen Kunst gefallen wird. Damit ich nicht bei meiner Zurückkunft aus Italien von ebensolchen Vorurteilen oder Empfindungen hingerissen würde, hielt ich für gut, der französischen Musik zuerst in der Hauptstadt und sodann an den beiden äußersten Enden des Königreichs, zu Lille und Lyon, ein geneigtes Gehör zu geben. Ich lag zu Cambrai still, besah die dastigen Kirchen, aber ward in der Hoffnung, daselbst bessere Musik zu hören, betrogen, denn der Gottesdienst ward ganz ohne Gesang und ohne Orgel gehalten. Man sagte mir, des Nachmittags würde gesungen werden, allein ich konnte mich nicht dabei aufhalten, und die Ideen, welche mir einige Einwohner von den Sängern machten, reizten mich auch eben nicht; ich ging also geradesweges nach Paris.

Paris

Nachdem ich hier den größten Teil des ersten Tages zugebracht hatte, mich nach Büchern zu erkundigen, ging ich des Abends am 12ten Junius nach dem Boulevard, weil sich mir sonst keine bessere Unterhaltung weder in der Komödie noch in der Oper anbot. Das Boulevard ist ein Platz außerhalb der Stadt, der öffentlichen Belustigungen gewidmet ist. Er ist mit Spaziergängen versehen und mit Bäumen besetzt. Mittendurch geht ein breiter Weg für Kutschen, und zur Seite sind Coffeehäuser und Taschenspieler nebst andern Dingen, die zur Schau stehen. An den Sommerabenden sind die Spaziergänge voller wohlgekleideter Leute und der Fahrweg voll prächtiger Kutschen. Hier sah ich auch das sogenannte neue Vauxhall, welches aber dem englischen so wenig ähnlich ist als der Palast des chinesischen Kaisers. Ebensowenig ist es Vauxhall gleich, obgleich bei dem Eingange eine kleine Rotunda mit Galerien rundherum angelegt worden, welche gut erleuchtet und verzieret ist. Gleich dabei ist ein viereckigter Platz unter freiem Himmel, wo bei warmen Wetter getanzt wird; er kann gleichfalls erleuchtet werden und hat Galerien, welche zu einem Saale führen, der noch größer ist als der erste, von zwei Reihen korinthischer Säulen umgeben wird und mit Blumengehängen und Kronleuchtern geziert ist. In diesem schönen Zimmer tanzt man Menuette, Allemanden, Cotillons und Kontratänze, wenn es kalt Wetter ist, welches damals recht sehr der Fall war. Dennoch fand ich hier eine große Menge wohlgekleideter Leute. Durch den Namen des Platzes ward ich bewogen, mich nach einem Garten umzusehen, aber es war keiner zu finden.

In den Coffeehäusern des Boulevard, welche sehr häufig besucht werden, gibt es Musikanten und Sänger – wie die Banden in Sadler's Wells zu London, aber noch schlechter. Die Sängerinnen gehen hier mit einem Teller herum und sammlen etwas für ihre Arbeit ein. Ungeachtet sie hier oft Arien à l'Italienne singen, so hängt ihnen in Ansehung des Ausdrucks die Erbsünde noch ebensosehr an als unsern englischen Sängern an dergleichen Orten.

Mittwochs, den 13ten

Den Vormittag brachte ich in der Bibliothek des *Collegiums des quatre nations* zu, welches Kardinal Mazarin gestiftet hat. Sie ist sehr schön. Ich sah die Katalogen nach und fand verschiedene von den mir fehlenden Büchern.

Des Abends sah ich auf dem italienischen Theater zwei Schauspiele, worin der Gesang das Schlechteste war. Ungeachtet die neuern französischen Komponisten alles nachzuahmen wagen, was die Italiener in dieser Kunst eingeführt haben, so wird es doch schlecht vorgetragen, und die Zuhörer verstehen so wenig davon, daß sie gar keinen Eindruck macht. Man hat itzt auch *arie di bravura* oder feurige schwere Arien versucht, aber sie werden so elend ausgeführt, daß niemand, der den wahren italienischen Gesang gewohnt ist, außer den Worten und der Aktion das Geringste davon loben wird. Eins von diesen Stücken war neu und stellte eine komische Oper vor. Man hatte nämlich zu französischen Worten italienische Musik nach neufranzösischer Art (das ist im italienischen Stil komponierte Musik) gesetzt. Rezitative waren gar nicht darin; das ganze Gespräch und der erzählende Teil ward gesprochen. Dies Stück ward so stark ausgepfiffen als je eins. Ich bildete mir ein, daß ein französisches Parterre sein Mißfallen nie so laut würde auszudrücken wagen, als bei dieser Gelegenheit geschah. Es war ein ebenso starkes, mit überlautem Gelächter vermischtes Geräusch, als ich je in Drury Lane und Covent Garden gehört habe. Kurz, das Stück ward völlig auf englische Art verworfen, ausgenommen, daß man weder Bänke noch den Schauspielern die Köpfe zerbrach und beständig „hisch!" rief, anstatt daß wir hissen. Der Verfasser des Textes hatte sich zum Glücke oder sehr weislich nicht genannt; der Komponist aber, Herr du Saint-Amans, war sehr zu bedauren, denn er hatte eine Menge wirklich guter Musik bei schlechten Worten und für Zuschauer verschwendet, die vornehmlich in den beiden letzten Akten (es waren ihrer drei) gar nicht geneigt waren, nur eine Weile ruhig zuzuhören. Doch war die Musik, ungeachtet sie mir ihren Text weit zu übertreffen schien, nicht ohne Fehler, die Modulation war zu studiert, ja nicht selten unnatürlich, und tat dem Gehör nie ein Genüge. Die Anfangssinfonie war hingegen recht gut gesetzt, voll reiner Harmonie, hatte eine gefällige niedliche Melodie und viele Stellen voller Ausdruck. Der Oboist bei diesem Theater ist vortrefflich; ich habe nicht leicht einen so angenehmen Ton oder Spielart gehört. Einige Arien wären auch vortrefflich gewesen, wenn sie mit wahren italienischen Ausdrücken wären gesungen worden. Allein die französischen Stimmen kommen bloß aus der Kehle; auf keiner Bühne wird man hier eine *voce del petto* oder ein gehöriges *portamento* oder Tragen der

Stimme antreffen. Zwar sind verschiedene von den hiesigen Theatersängern Italiener, aber sie sind seit ihrem Hiersein so ausgeartet, daß ihre Vorstellung mich nimmermehr überredet hätte, sie für Italiener zu halten. Das neue Stück enthielt verschiedene Arien, so wie man sie in der ernsthaften Oper zu hören pflegt, denn das ganze Stück war in Versen und außerordentlichen ernsten Inhalts; einige launigte Stellen in Calliots[7] Rolle ausgenommen, welche dennoch die Zuschauer nicht abhielten, es für *detestable* zu erklären.

Donnerstag, den 14ten

Da dieses *Fête Dieu* oder Fronleichnamstag und eines von den höchsten Festen im ganzen Jahre war, so ging ich aus, um die Prozessionen zu sehen und die Hohe Messe in der Kirche de Notre-Dame anzuhören. Ich hatte viele Mühe, dahinzukommen. Keine Kutsche darf sich regen, bis alle Prozessionen, deren eine Menge in der ganzen Stadt herumschwärmet, vorbei sind. Die Straßen, wodurch sie auf dem Wege zu den Kirchen kommen, sind ganz mit Tapeten oder, in Ermangelung deren, mit Bettgardinen und alten Weiberröcken behangen. Die feinern Leute, *les gens comme il faut,* gehen in diesen Tagen alle aus der Stadt, um dem *embarras*, des Meßgehens, oder dem *ennui,* des Haussitzens, auszuweichen. Sooft die Prozession wegen des Gedränges stillhalten muß, welches nicht selten geschieht, so singen die Priester einen Psalmen, und alles Volk fällt mitten auf der Straße, sie mag rein oder kotigt sein, auf die Knie. Ich trug kein Bedenken, diese Zeremonie mitzumachen, um niemand anstößig zu werden oder Aufsehen zu machen. In der Tat beschloß ich schon, da ich ausging, auf den Straßen und in der Kirche alles mitzumachen, denn sonst hatte ich da nichts zu tun. Daher sahe

7 Calliot ist mit Recht der Lieblingsakteur und -sänger in der komischen Oper zu Paris. Seine Stimme, die er nach Belieben als Baß und als Tenor brauchen kann, ist vortrefflich, und er ist in allem Betrachte ein sehr anziehender und unterhaltender Schauspieler.

ich mich genötigt, einige zwanzigmal niederzuknien, ehe ich Notre-Dame erreichte. Dies ward mir um desto weniger beschwerlich, da ich sahe, daß jedermann es so machte und manche weit besser gekleidete Leute sich ganz niederwarfen, indem ich nur mit einem Knie die Erde berührte. Endlich erreichte ich die Kirche, wo ich gleichfalls ein Konformist war; inzwischen ging ich hier doch fleißig ums Chor und in dem großen Kreuzgange herum, wie auch andere taten. Ich machte meine Anmerkungen über die Orgel, den Organisten, den Choralgesang und die Motetten. Ungeachtet dies ein sehr hohes Fest war, so begleitete die Orgel den Chor nur wenig. Sie ward nur vornehmlich dazu gebraucht, die Melodie der Gesänge vorzuspielen, ehe sie gesungen ward. Ich fragte einen jungen Abbé, den ich als meinen *nomenclator* mitgenommen hatte, wie das hieße. „C'est proser", antwortete er mir. Es scheint, also ob das englische Wort *prosing* von dieser ungeschickten und albernen Art des Vortrages herkäme. Die Orgel ist recht gut, allein wenn sie vollstimmig gespielet ward, war die Zurückprallung des Echos so stark, daß man nichts deutlich vernahm; jedoch konnte ich in dem Rückpositive und den Echoregistern alle Noten deutlich hören. Der Organist hatte eine feine, vernünftige Manier, die Orgel zu schlagen, aber seine Gedanken waren altmodisch. Wenigstens schien dasjenige, was er während des *offertorio* spielte, welches sechs bis acht Minuten währte, zu steif und regelmäßig für eine Fantasie zu sein. Der Chor sang auch verschiedne Motetten, welche aber öfter vom Serpent als von der Orgel begleitet wurden. Ungeachtet ich beim ersten Eintritte in die französischen Kirchen das Serpent oftmals für eine Orgel gehalten habe, so fand ich doch gleich, daß es bald bessere, bald schlechtere Wirkung tat als dies Instrument. Diese Kompositionen sind unsern alten Kirchenmusikern sehr ähnlich, voller Fugen und Nachahmungen, und enthalten mehr Erfindung und Arbeit als Melodie. Ich werde täglich mehr und mehr von der Wahrheit meiner Anmerkung, daß Tallis zur Zeit der Reformation bloß englische Worte dem alten *Canto fermo* untergelegt habe, überzeugt, und es scheint nur, daß die Musik in unsern Domkirchen weniger verbessert war als der übrige Teil der Liturgie.

Um fünf Uhr ging ich zu dem *Concert spirituel,* welches die einzige an diesen hohen Festen erlaubte öffentliche Belustigung ist. Dies Konzert wird in dem großen Saale des Louvre gehalten, und die Vokalmusik darin besteht aus einzelnen Stücken in lateinischer Kirchenmusik. Ich will die verschiedenen Stücke nennen, welche aufgeführt wurden, und offenherzig sagen, was für Wirkung sie sowohl auf mich als das übrige Auditorium hatten, soweit nämlich ein Zuschauer dies entdecken konnte. Das erste Stück war eine Motette von de Lalande, *Dominus regnauit*, welche vornehmlich aus Chören bestund, die mit mehr Kraft als Gefühl gesungen wurden. Die ganze Musik war in dem Stile der alten französischen Oper und, das zweite Chor ausgenommen, welches eine ziemlich neue und angenehme Wendung hatte und feurig gesetzt war, für mich ganz unausstehlich. Die Zuhörer aber gaben dem Stücke ihren ganzen Beifall, empfanden seine Schönheit und bewunderten es so sehr als sich selbst, weil sie in einem Lande geboren waren, das solche Meisterstücke der Setzkunst und so ausgesuchte Spieler hervorzubringen vermochte. Hierauf folgte ein Oboenkonzert von Besozzi, einem Neffen der berühmten Oboen- und Bassonspieler dieses Namens zu Turin. Zu Ehren der Franzosen kann ich nicht umhin zu bemerken, daß dies Konzert großen Beifall erhielt. Es ist ein Schritt näher zur Reformation, wenn man anfängt, das zu dulden, was eingeführt werden soll. Dieser Virtuos hat manches in seinem Geschmacke und Ausdrucke, was wirklich vortrefflich ist, aber ich glaube, er ist nicht immer gleich vollkommen. Er braucht die Doppelzunge sehr häufig, welches vielleicht öfter ein Gekreisch des Rohres verursacht, als man wünschen möchte; auch ist sein Ton nicht stark genug, wenn er ihn nicht erzwingt, welches er hier vermutlich deswegen für nötig hielt, weil das Zimmer groß war. Indessen machte mir sein Spiel überhaupt viel Vergnügen. Es ist schwer, von dem weit ausgebreiteten Beifalle der Franzosen Rechenschaft zu geben oder anzunehmen, daß Leute so entgegengesetzte Dinge als Licht und Finsternis gleich stark billigen können. Ist die französische Musik gut und ihr Ausdruck natürlich und gefällig, so muß die italienische schlecht sein, oder umgekehrt, wenn die italienische Musik alles hat, was ein unverwöhntes, wohlgeübtes Ohr wünschen kann, so läßt sich nicht vermuten, daß die französische Musik einem solchen Ohre ebenso viel Vergnügen machen werde. Die rechte Wahrheit ist, daß die Franzosen die italienische Musik nicht leiden mögen, daß sie vorgeblich sie annehmen und bewundern, daß aber alles bloße Affektation ist. Nach diesem vollkommenen Stücke von Besozzi schrie Mademoiselle Delcambre ein *Exaudi Deus* mit aller Kraft der Lunge, deren sie habhaft werden konnte, und erhielt so viel Lob, als wenn Besozzi nichts getan hätte. Hiernächst spielte Signor Traversa, erster Violinist des Herzogs von Carignano, ein recht gutes Konzert auf der Geige; er trug manche Stelle mit Zärtlichkeit, gutem Ton und das Schwere mit leichter Ausführung vor; aber alles das ward nicht so bewundert als das vorhergehende *Exaudi.* Ja, ich konnte sogar in den Gesichtern der Anwesenden und der Art, wie sie zuhörten, erkennen, wie wenig sie es gefühlt hatten. Madame Philidor sang hierauf eine Motette von ihres Mannes Komposition, der tief aus Welschlands Quellen trinkt; allein, ungeachtet dies mehr als alle vorigen Singstücke gutem Gesang und guter Musik ähnlich war, so erhielt es doch nicht den feurigen Beifall, der keinen Zweifel übrigläßt, daß es ans Herz gedrungen sei. Das ganze Konzert endigte mit *Beatus Vir,* einer Motette, die aus vielstimmigen Chören, mit Solos und Duetten untermischt, bestund. Der erste Alt hatte einige Zeilen Solo zu singen, welche er mit solcher Gewalt herausschrie, als wenn er unter dem Messer an der Kehle um Hülfe riefe. Allein, so betäubt ich auch davon ward, so sah ich doch deutlich an dem Lächeln der unaussprechlichen Zufriedenheit, das sich in neunundneunzig von hundert Gesichtern in der Gesellschaft zeigte, und hörte in den lautesten Tönen des

Beifalls, welchen ein entzücktes Auditorium geben kann, daß dies gerade das war, was ihr Herz empfand und ihre Seele liebte. „C'est superbe!" hallte durch das ganze Haus von einem zum andern wider. Doch mit dem letzten Chore nahm das Konzert ein Ende mit Schrecken; es übertraf an Geschrei alles Lärm, was ich je in meinem Leben gehört hatte. Ich habe manchmal gedacht, daß die Chöre in unsern Oratorien wohl zu laut und stark wären, doch mit diesen verglichen sind sie eine so sanfte Musik, daß man dadurch die Heldin eines Trauerspiels in den Schlaf singen könnte.

Freitags, den 15ten

Als ich diesen Morgen die Königliche Bibliothek besuchte, so fand ich, daß meine Reise über die Alpen unnötig sein würde, wenn ich mich mit dem toten buchstäblichen Unterricht, so wie man ihn bloß aus Büchern erhalten kann, begnügen wollte; denn die Anzahl der hier befindlichen zu meinem Zwecke gehörigen Bücher ist beinahe unendlich. Die Handschriften war das erste, wornach ich mich bei dem Bibliothekar erkundigte, und ich fand, daß bloß das Verzeichnis davon vier Bände in Folio ausmachte. Diese betreffen freilich nicht alle die Musik, doch ist die Wissenschaft von dem Sammler dieser Bibliothek gar nicht vernachlässigt worden. Die ältesten Schriften, welche mit der Musik zu tun haben (die sieben griechischen Schriftsteller ausgenommen, welche Meibom herausgegeben hat), sind die Liturgien und Kirchenagenden, nämlich die Missalen, Gradualen, Breviarien und Psalter sowohl in griechischer als in lateinischer Sprache; doch von diesen künftig, wenn ich von der Musik der vergangenen Zeiten handeln werde. Von ihrem hiesigen gegenwärtigen Zustande glaubte ich keinen bessern Unterricht verlangen zu können, als wenn ich in die Oper *Zaide* ginge, welche diesen Abend in dem neuen Opernhause, das an den *Palais royal*, welcher dem Herzoge von Orleans gehöret, stößt oder vielmehr ein Teil davon ist. Die vormalige Opernbühne war etwa vor sechs Jahren im Feuer aufgegangen, und während der Zeit ward die Oper in dem königlichen Palaste im Louvre aufgeführt, wo noch das *Concert spirituel* gehalten wird.[8] Die heutige Oper ward 1739 zum erstenmal gespielt, nachher in den Jahren 1745 und 1756 wieder hervorgesucht und 1770 zum vierten Male aufgeführt. Die Franzosen nennen sie ein *Ballet heroique* oder heroisches Ballett, in dem die Tänzer in die Fabel hineingewebt sind und einen wesentlichen Teil derselben ausmachen. Wie mir deucht, so ist in allen Stücken von dieser Art das Interesse des Dramas sehr unbeträchtlich, wenigstens gilt dies von dem gegenwärtigen und verschiedenen von Rameau gesetzten. Die Musik der *Zaide* ist von Royer, und es ist ziemlich wunderbar, daß seitdem nichts Besseres, nichts in einem modernern Geschmacke ist gesetzt worden; die musikalische Schreibart hat sich in dem ganzen übrigen Europa völlig verändert; und doch sind die Franzosen, welche man mehr Leichtsinn und Wankelmut zu haben beschuldigt als ihre Nachbaren, die sind seit dreißig oder vierzig Jahren in der Musik unverändert geblieben; ja, man kann noch weitergehen und kühnlich behaupten, daß sie in ihrer ernsthaften Oper seit Lullys Zeiten, das ist, seit hundert Jahren, nur wenige Veränderungen erlitten hat. Mit einem Worte, so viel und so gut die Franzosen auch über die Musik reden und schreiben können, so ist sie doch bei ihnen in Ansehung zweier wesentlicher Dinge, der Melodie und des Ausdrucks[9], noch immer in ihrer Kindheit.

Doch wieder auf Herrn Royers Oper *Zaide* zu kommen, welche, was die Melodie, was Licht und Schatten oder hervorstechende Mannigfaltigkeit und Wirkung anbetrifft,

8 Nach geendigter Oper hat man gewöhnlich im Sommer in den Tuillerien eine der schönsten Aussichten. Denn weil die Oper des Abends zwischen sieben und acht Uhr aus ist, so ergießt sich die ganze Gesellschaft der Zuschauer in völligem Putze in die große Allee, *totis vomit aedibus undam,* und macht eine Assemblée, dergleichen man sonst nirgends in der Welt antrifft.

9 Die italienische Musik, sagt Herr d'Alembert, ist eine Sprache, wovon wir noch nicht einmal das Alphabet haben. (Melange de Litterature.)

elend und unter aller Kritik ist, so muß man doch zugleich gestehen, daß die Schaubühne nett und edel ist, daß die Kleidung und Verzierung artig, die Maschinereien gut erfunden und daß die Tänze vortrefflich sind; allein dies alles sind leider nur Gegenstände für die Augen, und eine Oper ist doch eigentlich zum Vergnügen des Ohres bestimmt. Ein musikalisches Drama, dessen Poesie nichts Anziehendes hat, wobei die Musik schlecht und das Singen elend ist, muß notwendig keinesweges der Idee entsprechen, die man sich in andern Ländern von dieser Art Schauspielen gemacht hat.

Drei von den fünf vornehmsten Sängern in der *Zaide* hatte ich schon im *Concert spirituel* gehört, nämlich die Herrn Gelin und Le Gros und Mademoiselle Du Bois; die andern beiden waren Herr und Frau Larrivée, die in ihrer Art zu singen den ersten völlig gleich waren. Eins finde ich hier, das mich über den Mißbrauch der Geschenke der Natur unwillig macht: die Stimmen sind an und vor sich würklich gut und haben einen angenehmen Ton; man entdeckt dies leicht, so sehr sie auch durch schlechte Methode und verderbten Ausdruck verstellt werden. Doch davon habe ich genug gesagt; nun noch ein paar Worte über ihre Komposition, und denn mag ihre Musik, wenigstens ihre Ausführung, für mich eine Zeitlang ruhen; denn sie haben einige sehr geschickte Komponisten, welche die italienische Schreibart mit großem Glücke nachahmen. Doch dies ist, wenigstens für die gebornen Franzosen, vergebens; andere Nationen mögen vielleicht sich besser dabei befinden; allein man vereinigt diese abscheuliche, unnatürliche Ausführung, mit welcher Musik man will, so wird sie gleich französisch. Man kann auf die französischen Sänger das anwenden, was Dryden und Mac Flecknoes Witze sagt:

Sound pass'd thro' them no longer is the same
As food digested takes a different name.

Doch es scheint hier mit der ernsthaften Oper zu gehen wie mit den Oratorien in England. Die Zuhörer sind der alten müde, weil sie sie so oft gehört haben. Die Schreibart ist darin vielleicht aufs höchste getrieben und erschöpft worden; und doch schmeckt ihnen kein einziger neuer Versuch, ihnen auf eine andere Weise zu gefallen. Welches Ding in der Welt ist nicht der Veränderung unterworfen? Soll man denn der Musik, die so viel von der Einbildungskraft und vom Gefühl abhängt, das Vorrecht zuschreiben, allein unveränderlich zu bleiben? Es gibt Perioden, wobei man vielleicht wünschen möchte, stille stehen zu können; allein, da dies unmöglich ist, muß man gutwillig und mit Anstand der Notwendigkeit nachgeben. Die Dichtkunst, die Malerei und die Bildhauerkunst haben ihr Wachstum und ihre Abnahme gehabt, sind in Barbarei versunken, haben sich in der Folgezeit aus derselben wieder herausgearbeitet und sind zu einer gewissen Stufe der Vollkommenheit gelangt, von welcher sie stufenweise und unmerklich in das tiefste Verderben wieder herabsanken; und dennoch haben diese Künste einen Grad der Höhe unter den Überbleibseln des Altertums, dessen die Tonkunst sich nicht rühmen kann. Die Dichtkunst, die Bildhauerkunst und die Architektur haben ihre klassischen Meister, denen ein jeder unter den Neuern nachzuahmen strebt; und man hält den für den vortrefflichsten, der diesen Mustern am nächsten kömmt. Wer aber wollte es wagen zu behaupten, daß der Tonkünstler, der wie Orpheus oder Amphion sänge oder spielte, noch itzt nach Verdienst vielen Beifall erhalten würde? Oder wer ist kühn genug, uns zu sagen, wie diese unsterblichen Männer spielten und sangen, da nicht eine einzige Spur von ihrer Musik, wenigstens keine uns verständliche, übrig ist? Soviel wir durch Vergleichung der alten und neuen Musik urteilen können, würden wir durch die Nachahmung nichts gewinnen. Den *Canto fermo* der griechischen Kirche oder das römische Rituale, die älteste Musik, die vorhanden ist, nachahmen wollen, das hieße, in der Wissenschaft der Klänge oder den Künsten des Geschmacks und des Ausdrucks rückwärts gehen. Es würde den Ohren, die zu der neuern Harmonie und Melodie gewöhnt sind, wenig Vergnügen machen. Kurz, es ist kein geringes Unternehmen, die Welt in ihrem Laufe aufhalten zu wollen; vorwärts müssen wir gehen, und wer zurück bleibt, verliert nur Zeit, welche er nicht ohne große Mühe wieder erhalten kann.

Viele der vornehmsten Männer von Genie und Geschmack haben auch in der Tat die Sache aufgegeben, unter welchen Diderot, d'Alembert und der Abbé Arnaud sind. Herr de Lalande und de Blainville schlagen sich auch auf die italienische Seite, doch wie es scheint noch immer mit einiger Zurückhaltung. Sie halten noch immer viel von Tänzen und Auszierungen der Bühne; doch wie viele zur Musik geschickte Sujets werden sich zu Tänzen, die ins Drama eingewebt sind, schicken? Singen und Tanzen zugleich aber, wenn das eine so gut wäre wie das andere, würde die Aufmerksamkeit so sehr zerstreuen und teilen, daß es unmöglich wäre, eines von beiden zu genießen; wie wenn man von zwei köstlichen Gerichten zugleich essen oder zweierlei schönen Wein auf einmal trinken wollte – eins stört des andern Wirkung. Wenn die Musik wirklich gut ist und wohl vorgetragen wird, so braucht der Zuhörer von Geschmack keine Nebenreize, seine Aufmerksamkeit zu stärken.

Sonntags

ging ich nach St-Rocque, den berühmten Balbastre, Organisten dieser Kirche wie auch zu Notre-Dame und im *Concert spirituel*, zu hören.[10] Er hatte mir die Wahl gelassen, ihn in seinem Hause zu besuchen oder zwischen drei und vier Uhr in besagter Kirche auf ihn zu warten. Ich hielt das letztere für besser, weil ich glaubte, es würde ihm weniger Mühe machen, da er doch ohnedem in der Kirche sein mußte; allein ich fand, daß man ihn nicht erwartete und daß er bloß aus Höflichkeit dahin kam. Es war sehr gütig, daß er mich mit auf die Orgel nahm, wo ich sowohl sehen als hören konnte. Diese Orgel ist ein erstaunend gro-

10 Es sind vier Organisten zu Notre-Dame, die ein Vierteljahr ums andre spielen, nämlich Couperin, Balbastre, Daquin und Foucquet.

ßes Werk und etwa vor zwanzig Jahren gebauet. Sie hat vier Manuale und ein Pedal; das Hauptwerk und Rückpositiv können gekuppelt werden, das dritte Klavier ist für die Rohrwerke und das öbere für die Echoregister. Dies Werk tut unten vortrefflichen Effekt, oben aber sind die Töne unerträglich schreiend. Herr Balbastre gab sich sehr viel Mühe, mich zu unterhalten; er spielte in verschiednen Stilen, indem er den Gesang des Chors begleitete.
Als das Magnifikat gesungen war, spielte er gleichfalls einige Minuten zwischen jedem Verse Fugen, Imitationen und allerlei andere Stücke, sogar Jagdstücke und Giquen, ohne daß die Versammlung, soviel ich merken konnte, im geringsten dadurch befremdet oder beleidigt ward. Beim Prosieren fand ich, daß er den Gesang mit dem Pedal spielte, den er mit dem untern Finger der linken Hand verdoppelte, und über diese Grundlage spielte er gelehrt und erfindungsvoll. Die Baßstimme war in Semibreven, wie unsere alten Psalmodien, geschrieben. Was vom Chore ohne Orgel gesungen wurde, war mit gregorianischen Noten geschrieben.
Nach der Kirche lud Herr Balbastre mich nach seinem Hause, um einen schönen Rückerischen Flügel zu sehen, den er inwendig mit ebenso feinem Geschmack hatte malen lassen als die schönste Kutsche oder Schnupftobaksdose, die ich irgend zu Paris gesehen habe. Auswärts sieht man die Geburt der Venus und inwendig auf dem Deckel die Geschichte von Rameaus berühmtester Oper, *Castor und Pollux.* Hier sind die Erde, die Hölle und Elysium vorgestellt worden, in dem letztern sitzt dieser berühmte Komponist selbst auf einer Rasenbank, die Leyer in der Hand; das Bildnis ist überaus ähnlich, denn ich sah Rameau im Jahre 1764. Der Ton dieses Instruments hat mehr Zärtlichkeit als Stärke; das Oktävchen ist mit Ochsenleder gedämpft, aber sehr angenehm; der Anschlag ist leicht, welches von dem Befiedern kömmt, das in Frankreich immer sehr leicht geschieht.
Herr Balbastre hatte in dem nämlichen Zimmer eine sehr große Orgel mit einem Pedalen, dergleichen einem fran-

zösischen Organisten zur Übung nötig sein kann; sie ist aber für ein Zimmer zu groß und stark, und die Stimmen sind so lärmend als die zu St-Roque. Inzwischen gab Herr Balbastre sich alle ersinnliche Mühe, mich zu unterhalten; und ich hatte viel Ursache, mit seiner Gefälligkeit als mit seinem Spielen zufrieden zu sein.

Montags, den 18. Junius

Diesen Abend ging ich nach St-Gervais, um Herrn Couperin zu hören, der ein Neffe des berühmten Hoforganisten Ludwigs des Funfzehnten und des Regenten Herzogs von Orleans ist. Da es die Vigilie oder der Abend vor dem Feste der Kirchweih war, so fand ich die Kirche sehr voll. Herrn Balbastre mit seiner Familie fand ich auch daselbst. Dies jährliche Fest ist, wie ich merke, die rechte Zeit, wo die Organisten ihr Talent zeigen können. Herr Couperin begleitete das *Tedeum,* welches bloß gesungen ward, mit vieler Geschicklichkeit. Die Zwischenspiele zwischen jedem Verse waren meisterhaft. Er zeigte viele Abwechselung im Registrieren und im Stil, nebst vieler Gelehrsamkeit und Kenntnis des Instruments, und Finger, die an Stärke und Geläufigkeit jeder Schwierigkeit gewachsen waren. Er brachte viele nachdrückliche Gedanken mit beiden Händen oben im Diskante hervor, wozu der Baß mit dem Pedal gespielt ward.
Herr Balbastre machte mich nach geendigtem Gottesdienste mit Herrn Couperin bekannt. Ich freute mich, daß ich zwei vorzüglich geschickte Männer von einer Profession so offen und freundschaftlich miteinander umgehen sah. Herr Couperin scheint mir zwischen vierzig und fünfzig zu sein. Sein Geschmack ist nicht völlig so modern, als er vielleicht sein könnte; allein, wenn man seinem Alter, dem Geschmacke seiner Nation etwas zugute hält und die Veränderungen bedenkt, welche die Musik seit seiner Jugend außer seinem Vaterlande erlitten hat, so bleibt er immer ein vortrefflicher Organist, er hat eine glänzende fertige Ausübung, ist mannigfaltig in seinen Melodien und meisterhaft in der Modulation.

Es wäre sehr zu wünschen, daß unsre Organisten in England, die Talente und gute Instrumente besitzen, dergleichen gute Gelegenheiten, wie diese jährliche Versammlung, hätten. Dies würde Nacheiferung erwecken und das Genie anspornen; der Spieler wäre versichert, daß man ihm zuhörte, und die Versammlung würde angenehm unterhalten.
Die Orgel zu St-Gervais, welche sehr gut zu sein schien, ist fast ganz neu und von eben dem Herrn Cliquot erbauet, von dem die in St-Roch ist. Das Pedal begreift drei Oktaven. Der Ton des Hauptwerks ist stark, voll und angenehm, wenn man langsam spielt, aber bei geschwinden Stellen ist der Widerhall in diesem großen Gebäude so laut, daß alles verworren und undeutlich wird. Der Tonkünstler darf sich bei dem Zwischenspielen sehr weit ausbreiten; nichts ist zu glänzend oder zu ernsthaft, alle Schreibarten finden hier statt; und obgleich Herr Couperin die wahre sanfte, gebundene Manier der Orgel hat, so versuchte er doch oftmals, und zwar nicht ohne Glück, eigentliche Flügelpassagen, scharf abgestoßen, in ungebundnen und abgesonderten Noten.

Dienstags, den 19.

Diesen Tag brachte ich in der Königlichen Bibliothek zu. Am

Mittewochen, den 20ten

hörte ich Herrn Pagin auf der Geige in dem Hause der Frau Brillon zu Passy. Sie ist eine der größten Spielerinnen auf dem Clavicimbel. Dies Frauenzimmer trägt nicht nur die schwersten Stücke mit großer Genauigkeit, Geschmack und Gefühl vor, sondern spielt auch vortrefflich vom Blatte weg. Ich ward davon überzeugt, da ich ihr etwas von meinen Kompositionen gab, das sie überaus gut wegspielte. Sie setzt auch und war so gütig, einige von ihren eignen Sonaten sowohl auf dem Flügel als auf dem Fortepiano zu spielen, wobei Herr Pagin sie begleitete. Ihr Fleiß und Talent sind nicht bloß auf den Flügel eingeschränkt, sie spielt verschiedne andre Instrumente und kennt die Spielart aller gebräuchlichen, welches ihr, wie sie sagte, nötig wäre, um nicht unnatürliche oder unmögliche Sachen für dieselben zu setzen. Außerdem zeichnet und ätzt sie sehr gut und ist ein sehr vollkommnes und angenehmes Frauenzimmer. Verschiedene berühmte deutsche und italienische Komponisten, die sich einige Zeit in Frankreich aufgehalten, haben dieser Dame ihre Werke zugeeignet, z. B. Schobert und Boccherini.

Herr Pagin war ein Schüler von Tartini, und man hält ihn hier für seinen besten Lehrling; er hat viel Ausdruck und ungemeine Leichtigkeit, schwere Stellen herauszubringen, aber ich weiß nicht, ob er sich, weil das Zimmer klein war, nicht angriff oder woher es kam, genug, sein Ton war nicht stark. Er macht nun aus der Musik kein Geschäft mehr, denn er hat eine Stelle bei dem Grafen von Clermont, die ihm jährlich etwa zweihundertundfunfzig Pfund Sterling einbringt. Er hatte die Ehre, in dem *Concert spirituel* ausgezischt zu werden, weil er es wagte, im italienischen Stile zu spielen, und deswegen legte er seine Profession nieder.

Donnerstag

Ich hatte die Ehre, mit dem Herrn Abbé Arnaud, Mitgliede der Akademie der Inschriften und schönen Künste, Bekanntschaft zu machen. Sein Umgang bestätigt das, was ich schon aus seinen Schriften geurteilt hatte, nämlich, daß er nicht nur ein Mann von großer Gelehrsamkeit, sondern auch von großem Geschmacke sei. Seine Abhandlung von den griechischen Akzenten ist sowohl sinnreich als gründlich; seine Gedanken über die Künste haben so viel Wahrheit und Richtigkeit, daß ein Verstand, der sich will überzeugen lassen, ihnen nicht widerstehen kann. Ich hatte die Ehre, mit diesem Manne verschiedene die Musik der Alten betreffende Punkte zu untersuchen, und war so glücklich, in einigen Meinungen bestärkt und in andern besser unterrichtet zu werden.

In der französischen Komödie fand ich diesen Abend bei der Vorstellung der *Surprise de l'Amour* und *George*

Dandin viel Vergnügen. Das erste Stück ist von Marivaux und ward vortrefflich gespielt; das letztere war von Molière und nichts als ein Possenspiel voller Narrentheidungen und Unanständigkeiten. Es geht diesem Stücke wie einigen von Shakespeare, der Namen erhält es noch in Ansehen; denn es wäre sehr bald um die Ehre eines neuen Schriftstellers geschehen, der solche grobe Zoten und Unsinn hervorbrächte; jedoch muß man auch gestehen, daß hie und da selbst in den schlechtesten Stücken von Shakespeare Züge des Genies und starker komischer Witz herrschet, die unsterblich zu sein verdienen. Preville spielte in beiden Stücken eine Bauernrolle ganz unvergleichlich; seine Laune ist immer leicht und natürlich, und ein allgemeines Lachen verbreitet sich unter den Zuschauern von dem Augenblicke an, da er auf die Bühne kommt, bis er wieder abtritt. Ich habe bemerkt, daß die Anfangssinfonien und die Musik zwischen den Akten allemal entweder deutsch oder italienisch sind; die Franzosen fangen an, sich durchgehends ihrer eigenen Musik zu schämen, nur nicht in der ernsthaften Oper, und diese Veränderung ihrer Neigung ist, wie es scheint, durch Rousseaus vortreffliche *Lettre sur la Musique françoise* hervorgebracht worden.

Freitag

Heute besuchte ich den Abbé Roussier und hatte eine lange Unterredung über die alte Musik mit ihm. Seine Abhandlung über die Materie, welche eben herausgekommen war, hat ihm hier einen großen Ruhm erworben. Er scheint in der *Progression triple* den wahren Grund aller griechischen Systeme gefunden zu haben. Ich übernahm es auf sein Verlangen, zwei Exemplare seiner Schrift nach Bologna mitzunehmen, das eine an den Pater Martini, das andere für das Institut.

Heute fand ich beim Mittagessen den Abbé Arnaud; Herr Grétry und der berühmte genfische Maler Liotard waren mit von der Gesellschaft. Herr Grétry, der beste und itzt der modigste Komponist für die komische Oper, hat acht

Jahre in Italien gelebt und ist Verfasser der *Lucile*, des *Tableau parlant* und des *Huron*[11], lauter Stücke, die großen Beifall erhalten haben. Da ich sie weder gesehn noch gehört habe, so will ich nicht bestimmen, mit wie vielem Rechte; doch nach der Beschreibung, die mir Leute von gutem Geschmacke und gesundem Urteile davon gemacht haben, erwarte ich etwas Vortreffliches. Der Verfasser ist ein junger Mann und hat ein angenehmes Ansehen und Betragen. Er bat mich, einen Brief an den Pater Martini mitzunehmen, bei dem er in Bologna studiert hat.

Es wird vielleicht nicht unrecht sein, hier zu bemerken, daß Herr Grétry, ein junger lyrischer Komponist, bei Gelegenheit einer Unterredung über die lyrischen Gedichte, welche er in Musik setzen muß, mit mir völlig einerlei Meinung war und behauptete, daß es in Frankreich und anderwärts noch viele Dichter gäbe, die sehr schöne Verse voller Witz, Erfindung und Ausdruck der Leidenschaften machten, die sich vortrefflich lesen ließen, aber sehr schlecht zur Komposition eingerichtet wären; und vielleicht möchte man sich unterstehen zu behaupten, daß unter allen geistreichen und schönen Dichtern unsrer Zeit Metastasio der beste und beinahe einzige lyrische Poet sei.[12]

Eine für die Musik gesetzte Arie sollte nur aus einem Gegenstande oder einer Leidenschaft bestehen, die in so wenigen und so sanften Worten als möglich ausgedrückt wäre. Seit der Verfeinerung der Melodie und der Absonderung der Rezitative können in einer Arie, die den Inhalt einer Szene wiederholt, erläutert oder mit Nachdruck beschließt, weder epigrammatischer Witz noch eine Reihe mannigfaltiger Gedanken oder lautschallender Metaphern stattfinden. Wenn der Dichter das geringste Mitleiden mit dem Komponisten oder einige Liebe zur Musik hat, wenn

11 Seitdem hat er auch *Silvain, Les deux Avares*, 1770, und *L'amitie à l'epreuve* wie auch *Azor*, 1771, gesetzt. *Les Tableau parlant* ist in Partitur heraus. (Übers.)

12 Unter einem lyrischen Poeten wird hier einer, der für die Musik schreibt, verstanden.

er wünscht, auch nur einige Gelegenheit zur Symmetrie in der Melodie seiner Arie zu geben, so wiederhole ich es, muß der Gedanke nur ein einziger und der Ausdruck so leicht und lakonisch sein, als möglich ist. In unsern Arien hingegen bringt jede Zeile einen neuen Gedanken herbei, so daß der Komponist, wenn er mehr für die Ehre des Dichters als für seine eigene besorgt ist, bei jeder Zeile ein neues Thema anbringen oder dem Dichter zuwider arbeiten muß; beides aber ist unerträglich.

Die Leidenschaft in einer Arie kann nur durch wiederholte Eindrücke ans Herz dringen; und die rührendste Musik von allen ist vermutlich die, wo ein schöner Gedanke geschickt wiederholt wird und wo man auf eine einsichtsvolle Weise zu dem Thema zurückkehret, in dem es noch immer in unserm Gedächtnisse schwebt und die Nerven des Gehörs noch davon erzittern. Dies kann zu weit getrieben werden und geschieht ohne Zweifel oftmals, aber nicht von Männern, die wirklich Genie und Geschmack besitzen.

Den Abend vor meiner Abreise aus Paris besuchte ich die italienische Schaubühne und die Operette, *On ne s'avise jamais de tout*[13] und den *Huron* zu hören. Der *Huron* ist ein unterhaltendes, aus Voltairens *Ingenu* genommenes Drama. Die Musik von Grétry hat viel Artiges und Sinnreiches, völlig in dem *buon gusto* Italiens, welches mich überzeugte, daß dieser Tonkünstler nicht umsonst acht Jahre in diesem Lande zugebracht habe. Doch konnte ich nicht umhin zu bemerken, daß unsere jungen Komponisten in England, die ausdrücklich die italienische Musik nachahmen wollen, weit seltener in die bloß englische Musik verfallen als Grétry in die französische, denn einige von seinen Melodien sind durchaus französisch. Allein es scheint, die Ursache davon sei leicht zu finden: In Frankreich gibt es keine echte italienische Oper, weder ernsthafte noch komische. Daher kann man von England, wo

13 Die Musik ist von Monsigny und hätte nebst andern seiner Kompositionen verdient, umständlicher erwähnt zu werden. (Übers.)

wir beides in seiner Vollkommenheit, in italienischer Sprache, von Italienern gesetzt und vorgestellt, sehen, behaupten, daß es eine bessere Schule junger Komponisten sei als Frankreich; wenigstens wird sein Geschmack, wenn er ihn schon nach dem italienischen gebildet hat, nicht so leicht in einem Lande verderbt oder verschlimmert werden, wo man viel guten Gesang hört, als in einem andern, wovon man ohne Ungerechtigkeit behaupten kann, daß man ihn niemals auf der Bühne antrifft.

Lyon

Weil dieser Ort so nahe an Italien grenzt, so hätte man natürlicherweise schließen sollen, daß hier der musikalische Geschmack mehr Italienisches an sich genommen habe als zu Paris; aber ich fand gerade das Gegenteil; was zu Paris schlecht ist, ist hier noch schlimmer. Auf dem Theater, welches recht artig ist, hörte ich ein abscheuliches Gesinge; inzwischen unterhielt mich eine italienische Familie auf dem Coffeehause, welche sich gewiß in Italien nur auf der Gasse dürfte hören lassen, deren Musik aber hier sehr reizend war. Der Vater spielte die erste Geige, und zwar mit vielem Feuer, die zweite und das Violoncell spielten seine beiden Söhne, die Singstimme übernahmen seine zwo Töchter, die eins ums andere Arien und Duetten sangen. Die Wirtin verlangte nichts dafür, als daß man etwas verzehrte; die beiden Mädchen gingen mit einem Teller herum und sammleten, was die Freigebigkeit der Neuhinzugekommenen ihnen mitteilte; allein dies mochte, wenn man nach der Aufmerksamkeit der Zuhörer auf die Musik urteilen soll, sehr wenig sein; denn nie habe ich unter den geschwätzigsten alten Weibern so ein unaufhörliches Geschwätz gehört, als die Gesellschaft, nicht die Zuhörer hier während der schönsten Stücke, die gespielt wurden, machten.

Der erste Violinist dieser Stadt ist ein alter Venezianer, Sgr. Carminati, einer von Tartinis ältesten Schülern. Der

vornehmste Clavicimbalist aber ist Sgr. Leoni. Beide sind hier lange genug gewesen, um sich nach der Musik und dem Geschmacke dieses Landes etwas umzuformen.
Ich ging zweimal nach der Kathedralkirche des Hl. Johannes, um den *plain chant à la Romaine* zu hören, und fand sowohl die Musik als die Kirche so simpel und ohne allen Zierat von Gemälden, Statuen, Harmonie und Geschmack, als ich je in einer protestantischen Kirche gefunden habe. Die Domherrn, welche hier alle *Comtes* genannt werden, die Canonici nebst vierundzwanzig Chorknaben singen alle mit Einklang, ohne Orgel oder Bücher.

Genf

Man hat nur wenig Gelegenheit an diesem Orte, Musik zu hören, weil hier keine Schauspiele erlaubt sind; auch gibt es keine Orgeln in den Kirchen, ausgenommen in zweien, die nur nach der alten Orthodoxie Johann Calvins bei den Psalmen gebraucht werden. Jedoch ist Herr Fritz, ein vortrefflicher Violinspieler und guter Komponist für dies Instrument, noch immer am Leben; er hat hier an die dreißig Jahre gewohnt und ist allen englischen Freunden der Musik, die während der Zeit Genf besucht haben, wohlbekannt. Er hat in seiner Jugend zu Turin unter Somis studiert. Ich besuchte ihn in einem Landhause, etwa eine englische Meile von der Stadt. Er ist ein hagerer alter Mann, mit dem ich bald bekannt ward. Er war so gefällig, mir eins von seinen Solos vorzuspielen, welches zwar sehr schwer, aber dennoch gefällig war. Ungeachtet er an die siebzig Jahre alt sein muß, so spielt er doch mit ebensoviel Eifer als ein Jüngling von fünfundzwanzig. Sein Bogenstrich und Ausdruck sind bewundernswürdig schön; und er muß selbst ein wahrer Liebhaber der Musik sein, da er so gut sich in der Übung erhält, ungeachtet er so wenig Gelegenheit hat, seine Talente zu zeigen und gehörig dafür belohnet zu werden. Er ist im Begriff, sechs Sinfonien auf Subskription herauszugeben.

Außer Herrn Fritz[14] im Praktischen hat Genf noch einen vortrefflichen Theoretiker, Herrn Serre, der zugleich ein vorzüglich guter Miniaturmaler ist. Man hat von ihm einige gelehrte und sinnreiche Abhandlungen über die Theorie der Harmonie. Ich hatte das Vergnügen, mich mit ihm über diese Materie zu unterreden und ihm den Plan meiner künftigen Geschichte der Musik mitzuteilen. Man hält ihn für einen grundgelehrten Mann in der musikalischen Wissenschaft. Mein Besuch schien ihm nicht unangenehm, er erwiderte ihn denselben Abend, nahm vielen Anteil an meinem Vorhaben und schien ernstlich die Ausführung desselben zu wünschen.

Mein Besuch bei Herrn Fritz vernichtete einen Plan, den ich gemacht hatte, Herrn von Voltaire zu der Zeit mit einigen andern Fremden, die nach Ferney gingen, zu besuchen. Allein, die Wahrheit zu sagen, ich fragte nicht viel darnach, mit diesen Leuten zu gehen, die nur durch einen Buchführer bei ihm eingeführet wurden, sowohl weil der Besuch bei Herrn Fritz mehr meines Amts war als auch, weil ich gehört hatte, daß einige Engländer vor kurzem von dem Herrn von Voltaire waren übel aufgenommen worden, indem sie ohne Empfehlungsschreiben oder andere gültige Adresse zu ihm kamen. Er fragte sie, was ihnen beliebte. Als sie zur Antwort gaben, sie wünschten nur, einen so außerordentlichen Mann zu sehen, so sagte er: „Gut, meine Herren, so sehen Sie mich itzt – hielten Sie mich für ein wildes Tier oder ein Ungeheuer, das nur dazu diente, zur Schau gestellt und begafft zu werden?" Diese Geschichte schreckte mich sehr ab; denn weil ich gar nicht, weder bei meiner Abreise von London noch von Paris, die Absicht hatte, nach Genf zu gehen, so war ich ohne alle Empfehlungsschreiben an ihn; inzwischen entschloß ich mich, seinen Aufenthalt zu sehen, welchen ich für *Cette maison d'Aristippe, ces jardins d'Epicure,* hielt, wohin er sich 1755 begab; aber ich irrte mich. Ich fuhr

14 Diesem vortrefflichen Virtuosen erwies man vor einigen (Jahren), als er zu Paris war, eben die Ehre im *Concert spirituel,* welche Herr Pagin genoß.

allein dahin, nachdem ich Herrn Fritz verlassen hatte. Sein Landgut liegt drei oder vier englische Meilen von Genf, aber nah am See. Ich nahte mich ihm mit Ehrfurcht und einer so sorgfältigen Neugierde. Ich erkundigte mich, wenn ich zuerst sein Gebiet beträte; ich hatte auch einen recht gesprächigen Postillion, der mir auf meine Fragen ungemein gut zu antworten wußte. Dies Landgut ist sehr groß, und er hat artige Bauernhäuser darauf angelegt. Er hat auf der Seite von Genf einen vierseitigen Galgen zum Beweise, daß er der Seigneur ist, errichten lassen. Einer von seinen Meierhöfen oder vielmehr Manufakturgebäuden (denn er legt eine Manufaktur auf seinem Gute an) war so schön, daß ich dachte, es wäre sein Schloß. Wir fuhren durch eine reizende Gegend voller Kornfelder und Weinberge nach Ferney; der Genfer See und die Gebirge von Gex lagen uns im Gesichte. Zur linken Hand, nahe an dem Schlosse, findet man eine niedliche Kapelle mit dieser Inschrift:

DEO
EREXIT
VOLTAIRE
MDCCLXI

Herren von Voltaire gab bei Erbauung dieser Kapelle eine sonderbare Ursache an, warum er dies darübersetzen ließ. Es sei endlich einmal Zeit, sagte er, Gott eine Kirche zu weihen, nachdem den Heiligen so viele wären geweihet worden.

Ich ließ fragen, ob es einem Fremden erlaubt sei, das Landhaus und die Gärten zu besehen, und erhielt Ja zur Antwort. Ein Bedienter kam bald darauf und führte mich in das Kabinett, wo sein Herr eben geschrieben hatte, welches sonst niemandem gezeigt wird, wenn er zu Hause ist; weil er aber spazierengegangen war, so erhielt ich die Freiheit. Von da ging ich in die Bibliothek, welche zwar eben nicht groß, aber ausgesucht ist. Ich fand hier eine marmorne Statue, die ihn selbst in Lebensgröße vorstellte und an ein Fenster gelehnet stand. Außerdem waren viele

Merkwürdigkeiten in einem andern Zimmer; ein Bruststück, ihn selbst vorstellend, welches etwa vor zwei Jahren gemacht war, die Bildnisse seiner Mutter, seiner Nichte, der Madame Denis, seines Bruders, Herrn Dupuis, die Familie Calas u. a. m. Es ist ein niedliches, feines Gebäude, nicht sehr groß und auch ohne gesuchte Verzierungen. Ich hätte oben bemerken sollen, daß gleich neben der Kapelle, zwischen derselben und dem Hause, das Theater ist, welches er vor einigen Jahren bauen lassen und wo er seinen Freunden einige von seinen Trauerspielen vorstellen ließ. Itzt wird es bloß zu einem Behältnis von Holz und altem Hausrat gebraucht, indem seit vier Jahren keine Schauspiele mehr darin gespielt worden. Der Bediente sagte mir, sein Herr sei achtundsiebenzig Jahre alt, aber noch ganz munter. „Il travaille", sagte er, „pendant dix heures chaque jour." Er studiert täglich zehn Stunden, schreibt beständig ohne Brille und geht oft, bloß von einem Bedienten begleitet, eine oder gar zwo (französische) Meilen. „Et le voilà, là bas."

Er besuchte seine Arbeiter. Mein Herz schlug mir bei dem Anblicke eines so außerordentlichen Mannes. Er kam eben zum Garten heraus und ging quer über den Hof vor seinem Hause. Da er meine Kutsche und mich im Begriffe sah, hineinzusteigen, so winkte er seinem Bedienten, der mein Cicerone gewesen war, zu ihm zu kommen, um, wie ich glaube, zu fragen, wer ich wäre. Nachdem sie ein paar Worte miteinander geredet hatten, näherte er sich dem Orte, wo ich unbeweglich stund, seine Person so viel möglich, wenn er von mir wegsah, zu betrachten, allein als ich sah, daß er auf mich zuging, so fühlte ich, daß eine unwiderstehliche Macht mich zu ihm hinzog; und ohne zu wissen, was ich tat, eilte ich ihm auf den halben Weg entgegen. Es ist schwer zu begreifen, wie ein Mensch in einer Gestalt, die beinahe bloß aus Haut und Knochen besteht, wie Herr von Voltaire, das Leben haben könne. Er klagte über sein abgelebtes Alter und meinte, ich wäre vielleicht neugierig, einen Menschen zu sehen, der am Rande des Grabes stünde. Doch sind seine Augen und sein ganzes

Gesicht noch immer voll Feuer; und so hager es war, so konnte man sich doch keine lebhafteren Züge denken. Er fragte nach Neuigkeiten aus England und bemerkte, daß die poetischen Zänkereien den politischen Platz gemacht hätten; aber er glaubte, daß der Parteigeist in der Poesie so nötig sei als in der Politik. „Les querelles d'auteurs sont pour le bien de la litterature, comme dans un gouvernement libre les querelles des grands et les clameurs des petits sont necessaires à la liberté."[15] „Wenn die Kritiker ruhig sind", setzte er hinzu, „so ist das nicht wohl ein Beweis von der Vollkommenheit und dem richtigen Geschmacke der Zeiten als von ihrer Dummheit." Er fragte mich, was wir itzt für Dichter hätten, und ich nannte ihm Mason und Gray. „Sie schreiben aber nur wenig", erwiderte er, „und es scheint, die Engländer haben keinen mehr, der es Dryden, Pope und Swift zuvortäte." Ich sagte ihm, es sei vielleicht einer von den Nachteilen, welche die kritischen Monatsschriften, so gut sie auch immer wären, begleiteten, daß sie oft das bescheidene Genie zum Stillschweigen brächten, unterdes daß unverschämte Dummköpfe hartnäckig und fühllos die Geißel der Kritik verlachten; Gray sowohl als Mason wären von mechanischen Kunstrichtern sogar in den Zeitungen auf eine unanständige Weise mitgenommen worden; und wie ich glaubte, möchte wohl Bescheidenheit und Liebe zur Ruhe bei diesen Männern das Übergewicht über ihre Ruhmbegierde gewonnen haben. Während dieser Unterredung waren wir den Gebäuden näher gekommen, welche er an dem Wege zu seinem Chateau errichten ließ. „Dies", sagte er, indem er darauf zeigte, „sind die unschuldigsten und vielleicht die nützlichsten von allen meinen Werken." Ich erwiderte, man habe von ihm andre Werke, die von weit allgemeinerer Brauchbarkeit und unsterblicher wären als diese. Er war so gefällig, mir verschiedene Bauernhäuser, die er angelegt hatte, und die Pläne von einigen andern zu zei-

15 Die Streitigkeiten der Schriftsteller sind den Wissenschaften sehr vorteilhaft, so wie in einer Republik die Zänkereien der Großen und das Geschrei des gemeinen Volks zur Freiheit notwendig sind.

gen. Hierauf empfahl ich mich aus Furcht, seine Geschäfte zu unterbrechen, denn ich wollte ungern der Welt etwas so Kostbares rauben, als ihr die wenigen übrigen Augenblicke dieses großen und allgemeinen Genies sein müssen.

Turin

Wenn man bei dem ersten Eintritte in Italien so viel Unterhaltendes fände als zu Rom und Neapel, so würden die Reisenden meistenteils bald haltmachen wollen; allein sie finden, daß die Merkwürdigkeiten der Natur und Kunst immer häufiger und anziehender werden, je mehr sie sich diesen Hauptstädten nähern.

Turin ist jedoch eine sehr schöne Stadt, ob sie gleich vielen andern in Ansehung der Altertümer, der Merkwürdigkeiten der Natur und der Zahl ihrer Künstler weichen muß.

Die Sprache ist hier halb Französisch, halb Italienisch, doch beides verderbt. Dies kann man von der Musik nicht sagen, denn Turin hat einen Giardini hervorgebracht, und noch itzt sind hier die beiden Besozzis und Pugnani, außer dem berühmten Grafen von Benevento, der ein großer Geiger ist; alle, ausgenommen der Graf, sind in Diensten des Königs von Sardinien. Ihr Gehalt ist jährlich nicht über achtzig Guineen für einen jeden, wofür sie die Kapellmusik des Königs besorgen; allein dieser Dienst wird ihnen dadurch sehr erleichtert, daß sie nur Solos daselbst spielen, und zwar, wenn es ihnen beliebt. Der Kapellmeister ist Don Quirino Gasparini. In der Kapelle wird gewöhnlich alle Morgen zwischen eilf und zwölf Uhr eine Sinfonie gespielt. Die königlichen Musiker sind dabei in drei Orchester verteilt und auf drei verschiedene Emporkirchen gestellt. Ungeachtet sie so weit voneinander entfernt stehen, so sind sie ihrer Sache doch so gewiß, daß man hier gar keinen eigenen Taktschläger nötig hat, wie in der Oper oder im *Concert spirituel* zu Paris. Der König, die königliche Familie und die ganze Stadt scheinen die Messe sehr ordentlich zu besuchen, und sie verrichten ihre

Andacht sehr stille während der Sinfonie unter der *Messa bassa.*[16] An den Festtägen spielt Pugnani oder einer von den Besozzis ein Solo; zuweilen werden auch wohl Motetten mit Singstimmen aufgeführt. Die Orgel ist auf der Emporkirche, die dem Könige gegenüberliegt, angelegt, und hier hat der erste Geiger seinen Platz.

Die ernsthafte Oper nimmt hier den sechsten Jänner, an des Königs Geburtstage, ihren Anfang und wird täglich, des Freitags ausgenommen, bis zu der Fastenzeit oder, wie man hier spricht, dem *Carnivale*, gespielt. Hier ist ein vortrefflicher Tenorist, Signor Ottani, der mit Geschmack und sehr gefällig singt. Er war so gütig, mir zwei oder drei Arien in verschiedenen Schreibarten vorzusingen, welche bewiesen, daß er ein Meister in seiner Kunst war. Er ist gleichfalls in der Malerei, in Claude Lorrains und Vernets Manier, sehr geschickt und wird zuweilen von Sr. sardinischen Majestät als Maler gebraucht. Im Oktober kömmt gewöhnlich eine Gesellschaft von komischen Operisten hieher und bleibt bis Weihnachten. Sie spielt auf dem kleinen Theater, wo während des Sommers eine Gesellschaft von Buffo-Komödianten alle Abende, Freitag ausgenommen, *una farsa fatta da ridere* und *un intermezzo in musica a quattro voci*[17] aufführet. Dies währt so lange, bis die komischen Opern anfangen. Ich ging den Abend nach meiner Ankunft dahin; es war nicht viel Gesellschaft da, die Logen oder *Palchetti* sind alle auf ein Jahr lang vermietet, daß also die Fremden nur im Parterre Platz finden können, welches jedoch weit bequemer ist als das Parterre zu Paris, wo die Zuschauer den ganzen Abend stehen müssen, und selbst besser als das Londonsche, wo man zu sehr gedrängt wird. Hier sind Lehnen an den Bänken, welches von doppeltem Nutzen ist, indem sie das Ge-

16 Der Morgengottesdienst in dieser Kirche heißt hier *Messa bassa* (die stille Messe), weil der Priester sie mit so leiser, zischelnder Stimme liest, daß man sie vor den Instrumenten nicht hören kann.

17 Eine Farce zum Lachen und ein musikalisches Zwischenspiel mit vier Personen.

dränge hinter uns zurückhalten und denen, die sitzen, zur Bequemlichkeit dienen. Dies Theater ist nicht so groß als das zu Lyon, aber sehr schön, und kann eine Menge Zuschauer fassen. Es ist von länglichter Form, mit abgeründeten Ecken. Galerien sind gar nicht darinnen, aber fünf Reihen Logen übereinander, vierundzwanzig in jeder Reihe. Da jede Loge sechs Personen fassen kann, so gehen überhaupt siebenhundertundzwanzig hinein; Theaterlogen sind nur zwei. Die Farce leistete wirklich, was der Titel versprach, nur die Erregung des Lachens fehlte. Das Intermezzo war nicht schlecht, die Musik schön, obgleich alt, der Gesang für Italien sehr mittelmäßig, für Frankreich aber wäre er sehr gut gewesen. Doch muß ich gestehen, daß die komischen Opern der Franzosen, als Drama betrachtet, die italienischen weit übertreffen; man nehme den französischen die Musik, so werden immer noch gute Komödien übrigbleiben, allein, ohne Musik würden die italienischen unerträglich sein. Es waren vier Personen in diesem Zwischenspiele; die beiden Frauenzimmerrollen wurden gerade leidlich vorgestellt. Von den Mannspersonen ließ sich das nicht einmal behaupten; keiner von ihnen hätte in London gefallen. Die Italiener selbst halten von diesen Vorstellungen eben nicht viel; sie reden die ganze Zeit hindurch und hören selten zu, etwa eine oder zwei Favoritarien im ganzen Stücke ausgenommen[18]; bloß die beiden, welche man beklatschte, mußten noch einmal gesungen werden. Ich bemerkte dabei, daß die Schauspieler es für keine so große Ehre halten, beklatscht zu werden, als bei uns in England, wo, sobald eine Hand sich regt, alle Täuschung durch eine Verbeugung oder Knicks der spielenden Personen aufgehoben wird, die einen König, eine Königin oder sonst einen Großen vorstellen, die gewöhnlich im Gefühl ihres Unglücks oder sonst von hefti-

18 Ich werde noch oftmals des Lärms und der Unaufmerksamkeit bei den musikalischen Schauspielen in Italien Erwähnung tun müssen; allein die Musik ist dort wohlfeil und gewöhnlich, dahingegen sie in England eine kostbare fremde Ware und in höherem Werte ist.

gen Leidenschaften bewegt von der Bühne treten. Wenn Garrick in einer von seinen Hauptrollen sich einer so erniedrigenden Gewohnheit unterwerfen wollte, so geschähe es gewiß auf Kosten der Zuschauer, die alle Augenblicke erführen, daß sie nicht König Lear, Richard oder Macbeth vor sich sähen, sondern Herrn Garrick.

Freitag, den 13ten

Heute früh besuchte ich die beiden Herren Besozzis, deren Talent allen musikalischen Reisenden von Geschmacke so bekannt sind. Ihre beständige und ununterbrochene Zuneigung gegeneinander ist so merkwürdig als ihre Kunst. Sie sind Brüder, der älteste ist siebzig und der jüngste beinahe sechzig alt. Sie haben so viel *idem velle et idem nolle* an sich, daß sie von jeher miteinander in der größten Harmonie und Liebe gelebt haben; sie treiben die Übereinstimmung ihres Geschmacks so weit, daß sie sich auch aufs genaueste bis auf Knöpfe und Schnallen gleich kleiden. Sie sind unverheiratet und haben so lange und so freundschaftlich miteinander gelebt, daß man hieselbst glaubt, wenn der eine stürbe, so würde der andere ihn nicht lange überleben. Ich ward auf eine leichte und angenehme Art bei diesen vortrefflichen Virtuosen eingeführt, weil mir Herr Giardini einen Brief mitgegeben hatte, der mir die Verlegenheit ersparte, sie nach einer so kurzen Bekanntschaft zu bitten, mir etwas vorzuspielen, indem er ihnen geschrieben hatte, wie sehr sie mich durch diese Gefälligkeit verbinden würden. Der älteste spielt die Oboe und der jüngste den Basson, welches Instrument die Tonleiter der Oboe fortsetzt und eigentlich der Baß dazu ist. Ihre Komposition besteht gewöhnlich aus einzelnen auserlesenen Passagen, die aber so vollkommen ausgearbeitet sind, daß, gleichwie in den auserlesenen Gedanken oder Maximen aus der Gelehrsamkeit, jede nicht ein Fragment, sondern ein Ganzes ausmacht. Diese Stücke sind vornehmlich dazu eingerichtet, die Stärke beider Virtuosen zu zeigen; aber es ist schwer, ihre Art des Vortrags zu beschreiben. Ihre gedruckten Kompositionen geben nur einen unvollkommnen Begriff davon. So viel Ausdruck! So viel Zärtlichkeit! So eine vollkommene Vereinigung und Übereinstimmung untereinander, daß viele Stellen herzinnige, durch ein und dasselbe Rohr ausgehauchte Seufzer zu sein scheinen. Sie suchen keine glänzende Ausführung, alle Noten sind voll Nachdruck. Die Nachahmungen sind genau, die Melodie unter beide Instrumente gleich verteilt, jedes *Forte, Piano, Crescendo* und jede *Appoggiatura* wird mit der sorgfältigsten Genauigkeit beobachtet, welches alles nur durch einen so langen Aufenthalt bei einander und durch strenges Studieren konnte erhalten werden. Der älteste hat einen von seinen untern Vorderzähnen verloren und klagte, daß er alt werde; und es ist natürlich, daß beide ehemals noch besser müssen gespielt haben; dennoch war es für mich, da ich sie zum erstenmal hörte, ein reizendes Vergnügen. Wenn bei einer so vorzüglichen Ausführung irgendein Fehler wäre, so läge er in der gleichen Vollkommenheit beider Stimmen, welche die Aufmerksamkeit zerstreuet und es unmöglich macht, einem jeden zuzuhören, wenn sie beide verschiedene Melodien von gleicher Schönheit haben.

Sie sind beide zu Parma geboren und an die vierzig Jahre in Diensten des Königs von Sardinien gewesen, ohne jemals, eine kurze Ausflucht nach Paris ausgenommen, Italien verlassen zu haben. Ja, sie haben sogar niemals Turin verlassen als bei Gelegenheit jener Reise und einer andern in ihr Vaterland. Sie leben sehr mäßig und ordentlich, und ihre zeitlichen Umstände sind recht gut; sie haben ein Haus in der Stadt und eins außer derselben auf dem Lande. In dem erstern findet man sehr gute Gemälde, vornehmlich eins von Ludewig Carracci, welches alle Stücke dieses Künstlers übertrifft, die ich je gesehen habe.

Nach diesem Besuche hörte ich ein vollstimmiges Stück, welches in der königlichen Kapelle aufgeführt ward, und besah darauf das große Opernhaus, welches für eins der schönsten in Europa gehalten wird. Es ist sehr groß und schön; das Maschinenwerk und die Theaterverzierungen sind prächtig. Man führte mich allenthalben herum, sogar in des Schneiders Werkstatt. Es sind hier sechs Reihen Logen außer dem Parterre, die aber größer und tiefer sind als die in dem andern Theater. Der König gibt die meisten Unkosten dazu her. Wer Logen auf die Theaterzeit hat, bezahlt als eine Art von Abgabe nur zwei oder drei Guineen, denn an der Türe wird nur von denjenigen bezahlt, die ins Parterre gehen.

Die herumreisenden Musikanten, welche man in England *ballad singers* und *fidlers* nennt, spielen zu Turin in Konzerten mit. Eine solche Bande, welche aus zwei Sängerinnen, einem Zitherspieler, zwei Violinisten und einem Violoncellisten bestund, die in der Tat schlecht genug, obgleich besser als unsere Bierfiedler waren, kam in das Wirtshaus *La bonne femme*. Die Sängerinnen sungen zwei Duetten ziemlich tonfest und wurden von der ganzen Bande begleitet. Des Abends spielten eben diese Leute auf einem Theater auf dem *grand place* oder Markte, wo sie ihre Lieder wie unsere Quacksalber ihre Arcana, aber mit weit geringerem Schaden der menschlichen Gesellschaft, verkauften. Auf einem andern Theater auf diesem Markte sang ein Mann und eine Frau zweistimmig venezianische Lieder, wobei sie von einem Hackbrette begleitet wurden.

Sonnabend, den 14ten

Pugnani spielte heute früh ein Konzert in der königlichen Kapelle, welche diesmal sehr voll war. Sie ist eine schöne Rotunda von schwarzem Marmor und sehr gut für die Musik gebaut, indem sie sehr hoch und gewölbt ist. Ich brauche von Pugnanis Spielen nichts zu sagen, da seine Talente in England bekannt genug sind. Ich will nur bemerken, daß er sich nicht sonderlich Mühe zu geben schien; und darüber muß man sich nicht wundern, da weder der König noch jemand von der zahlreichen königlichen Familie sehr auf die Musik zu achten schienen. Es herrscht ein finsteres Einerlei an diesem Hofe, das in täglicher Wiederholung der Aufwartungen und Andachtsübungen besteht.

Herr Baretti nahm mich in Betracht eines Briefes von seinem Bruder in London sehr gütig auf und gab sich viele

Mühe, mir während meines Aufenthalts in Turin nützlich zu sein; er war dies vorzüglich, indem er mich bei dem Pater Beccaria einführte, für welchen ich, gleich beim ersten Anblicke, die größte Achtung und Ehrerbietung empfand. Er ist nicht über vierzig Jahr; groß und wohlgewachsen, hat etwas Offenes, Natürliches, Einsichtsvolles und Gütiges in seinem Gesichte, das einen gleich für ihn einnimmt. Wir unterredeten uns viel über die Elektrizität, Dr. Franklin, Dr. Priestley und andere. Er war so gütig, da er fand, daß ich ein *amateur* war (welches man eigentlich durch Pfuscher übersetzen sollte), mir sein letztes Werk und einen Auszug aus dem *Memoire*, welches er neulich der Königlichen Sozietät zu London übersandt hat, zu schenken. Er schrieb auch in mein Taschenbuch eine Empfehlung für mich an Mad. Laura Bassi, diese berühmte Dottoressa und Akademistin zu Bologna, schlug mir einige Bücher vor und war überhaupt auf eine so ungekünstelte Art gütig gegen mich, daß ich mich dieses Besuchs allezeit mit Vergnügen erinnern werde. Herr Martin, ein bekannter Wechselhändler hieselbst, kam noch mit zu dem Pater Beccaria, und dieser große Mathematiker war so wenig mit Angelegenheiten der Welt, vornehmlich mit Geldsachen bekannt, daß er über die Gutherzigkeit und das Neue, was er an einem Kreditbriefe fand, ungemein erstaunt und vergnügt war. Als Herr Martin in seiner Gegenwart den meinigen ansah, um meine fernere Adresse zu wissen, so konnte dieser gute Pater kaum begreifen, wie dieser Brief durch ganz Italien bar Geld sein könnte.

Er trug mir Komplimente an den Pater Boscowich nach Mailand und Pater Martini zu Bologna auf, und ich verließ meine Bekanntschaft mit der größten Ehrfurcht und Neigung gegen ihn. Ich muß noch eines Umstandes von diesem großen Manne erwähnen, welchen mir Herr Baretti erzählte, nämlich, daß er aus eigner Wahl sechs Treppen hoch bei seinem Observatorium unter seinen Maschinen und mathematischen Instrumenten wohnt und daß er daselbst alles für sich selbst besorgt, ja sogar sein Bett macht und seinen Tisch deckt.

Ich besah die Universitäts- oder königliche Bibliothek, welche über funfzigtausend Bücher und viele Manuskripte enthält, wovon der Catalogus allein zwei Foliobände ausfüllt. Man hat freien Zutritt zu diesen Büchern sowohl vormittags als nachmittags, die Festtage ausgenommen. Der Bibliothekar, Herr Grela, war wegen Herrn Barettis Empfehlung sehr gütig gegen mich und zeigte mir verschiedene von den ältesten Manuskripten.
Bei meinen musikalischen Nachforschungen zu Turin ward David Rizzio nicht vergessen, der aus der Stadt gebürtig und eines hiesigen Musikers Sohn war. Ich glaubte, die alte bekannte Frage, ob David Rizzio der Verfasser der schottischen Melodien sei, die man ihm beilegt, entscheiden zu können, wenn ich einige Musik finden könnte, die einen von beiden oder einen ihrer Zeitgenossen zum Verfasser hätte. Der Ausschlag dieser Untersuchung wird in der Geschichte der Musik erzählt werden.
Auf meiner Reise von Turin nach Mailand hielt ich mich zu Vercelli auf, welche Stadt groß ist und zwanzigtausend Einwohner haben soll. Ich lernte daselbst ein Buch, die Musik betreffend, und den Verfasser desselben, Carlo Giov. Testori, kennen und hatte das Vergnügen, diesen zu sprechen.

Mailand

In dieser Stadt, die sehr groß und volkreich ist, wird die Musik viel getrieben. Sgr. Battista Sammartini ist Organist von zwei oder drei Kirchen hieselbst. Ich hatte einen Brief an ihn vom Herrn Giardini, welcher mir eine sehr gütige Aufnahme verschaffte. Er ist ein Bruder des berühmten Londonschen Sammartini, der uns so lange Zeit sowohl mit seinem Spiel auf der Oboe als mit seinen Kompositionen vergnügt hat. Des mailändischen Sammartini Komposition ist in England sehr bekannt.
Was hier meine Neugierde am meisten reizte, war der *Ambrosianische Gesang* oder der Kirchengesang, welcher

Mailand eigen ist und vom Hl. Ambrosius zweihundert Jahre vor dem römischen, der vom Hl. Gregor herstammt, eingeführt worden.
In dem Dom, der an Größe alle gotischen Gebäude in Italien übertrifft und beinahe der Peterskirche in Rom an Umfang gleich sein soll, sind zwei große Orgeln, an jeder Seite des Chors eine. An Festtagen führt man Oratorien *a due cori* auf, wobei beide Orgeln gebraucht werden; sonst geht nur eine. Es sind hier zwei Organisten. J. Ch. Bach, ehe er nach London kam, war einer von ihnen; jetzt ist Sgr. G. Corbeli der vornehmste.

Dienstags, den 17. Julius

Nachdem ich dem Gottesdienste, so wie er nach ambrosischer Art gehalten wird, beigewohnet hatte, ward ich mit Herrn Giov. Andrea Fioroni, *Maestro di Capella* der Domkirche, bekannt gemacht, welcher mich in das Orchester führte und mir die Kirchenmusik zeigte, welche sie eben absingen wollten. Sie war von einem Holzschnitte abgedruckt und vierstimmig; der Diskant und Tenor auf der linken und Alt und Baß auf der rechten Seite und ohne Taktstriche. Es waren ein Knabe und zwei Kastraten für den Diskant und Contrealt nebst zwei Tenoristen und zwei Bassisten da unter Anführung des Sgr. Fioroni, welcher den Takt schlug und zuweilen mitsang. Diese Kirchenmusik war etwa vor hundertundfünfzig Jahren von einem Kapellmeister am Dom gesetzt und sehr im Stil unsrer Kirchenmusik aus jener Zeit, voll guter Harmonie, sinnreichen Kontrapunkts und Erfindung, aber ohne Melodie. Von da ging ich mit Herrn Fioroni nach Hause, der so gütig war, mir alle seine musikalischen Merkwürdigkeiten zu zeigen, so wie er mich vorher die in der Sakristei hatte sehen lassen. Er spielte und sang mir ein ganzes Oratorio von seiner Komposition vor und war so gütig, mir eine Abschrift von seinen Kirchenmusiken zu geben. Sie war achtstimmig und für zwei Chöre, und ich bat sie mir von ihm aus, um die Welt zu überzeugen, daß die alte ernsthafte Schreibart noch nicht ganz untergegangen sei, ungeachtet der Theater- und Kirchenstil, wenn man Instrumente und Ripiensänger dabei gebraucht, itzt beinahe einerlei ist.

Piccinni war dies Jahr während des Karnevals, wozu er eine ernsthafte Oper komponiert hatte, in Mailand gewesen. Der vornehmste Sänger war Sgr. Aprile, die erste Sängerin Sgra. Picinelli und die beiden ersten Tänzer Herr und Madame Pique.

Nach geendigtem Karneval setzte Piccinni für die Operisten, die sich noch hier aufhielten, eine komische Oper *Il Regno della Luna.* Er war nur eine kurze Zeit vor meiner Ankunft von hier gegangen.

Außer der Karnevalszeit ist keine ernsthafte Oper in Mailand. Die erste komische Oper, die ich dort hörte, war *L'Amore artigiano,* sie fing um acht Uhr an und war vor zwölf Uhr nicht vorbei; die Musik, worin sehr viel Schönes war, hatte Herrn Florian Gaßmann, in kaiserlichen Diensten, zum Verfasser, der den Flügel spielte. Es waren sieben Rollen darin, die alle recht gut gespielt, aber keine einzige sehr gut gesungen wurden.

Das Ballett in dieser Oper war sehr unterhaltend. Es waren eine unendliche Menge Solotänzer und Figuranten außer zweien *saltatori,* Palecini und seiner Frau, die mehr Beifall erhielten als alle übrigen. Ihre Behendigkeit war auch wirklich erstaunend. Zwei andere tanzten außerdem *all'Inglese,* auch war ein französischer *peruquier* in der komischen Oper, der im französischen Geschmacke singen sollte, allein ihre Nachahmungen sind hier wie die unsrigen in London, das ist ohngefähr so ähnlich als ein elendes Wirtshausschild, worunter der Namen des Königs oder der Königin steht, Georgen dem Dritten oder Charlotten; man ist geneigter, solche Mimiker zu verlachen, als über sie zu lachen. Bei dem Ballette war die Bühne auf eine überaus prächtige und für mich ganz neue Art erleuchtet, nämlich mit *lampioni coloriti* oder farbigen Lampen, welche gute Wirkung taten; die Vorszene und das Tafelwerk sowohl als die Kulissen waren voll solcher Lampen.

Das Theater ist hier sehr breit und prächtig; es sind fünf

Reihen Logen auf jeder Seite, jede Reihe zu hundert, und parallel mit ihnen läuft eine breite Galerie als ein Zugang zu jeder Reihe Logen rund um das ganze Haus herum; jede Loge enthält sechs Personen, die zur Seiten gegeneinander über sitzen. Auf der Kommunikationsgalerie sind besondere Zimmer für jede Loge, worin Kamine und gute Anstalten zu Erquickungen und zum Kartenspiele sind. In der vierten Reihe sind Pharaotische, auf jeder Seite des Hauses einer, welche während der Vorstellung der Oper gebraucht werden. Gegen dem Theater über ist eine sehr große Loge, gleich dem Eßzimmer in London, welche bloß für den Herzog von Modena, der Statthalter zu Mailand ist, und für die Principessina, seine Tochter, bestimmt ist, die beide zugegen waren. Der Lärm während der Vorstellung war hier abscheulich, ausgenommen, als ein paar Arien und ein Duett gesungen wurden, welche jedermann in Entzückung setzten. Als das Duett zu Ende war, bezeigte jeder seinen Beifall unaufhörlich mit großer Heftigkeit, bis die Schauspieler es noch einmal anfingen, denn das ist hier die Art, eine Favoritarie noch einmal zu fordern. Die erste Violine spielte Lucchini. Das Orchester ist sehr zahlreich und der Platz für dasselbe verhältnismäßig groß gegen das Theater, welches viel weitläufiger ist als das Turiner Opernhaus. Die Zuschauer der obersten Reihe Logen sitzen mit dem Gesichte gegen die Bühne, und diejenigen, welche keine Plätze bekommen können, stehen hinter ihnen in der Galerie. Alle Logen sind hier wie zu Turin auf die Theaterzeit vermietet. Zwischen den Akten kommen die Zuschauer aus dem Parterre herauf und gehen auf den Galerien spazieren. Es kam nur ein Ballett vor, welches aber sehr lang war.

Es ist eben nicht der Geist der Engländer, mit ihrem gegenwärtigen Zustande oder dem, was sie itzt besitzen, zufrieden zu sein, sonst mögte man wohl kühnlich behaupten, daß sie mit so einer komischen Oper, als die vorigen Winter in London war, hätten zufrieden sein können. Sie übertraf, was das Singen anbetrifft, die mailändische bei weitem, denn ich habe durch ganz Italien nie drei solche

Sänger, wenigstens nicht auf einem Theater, gefunden als Sgr. Lovatini, Sgr. Morigi und Sgra. Guadagni.

Dreißig Edelleute sind die Unternehmer der hiesigen Opern; man unterschreibt sich zu sechzig Zechinen, wofür jeder Subskribent eine freie Loge hat; die übrigen Logen werden *la prima fila* (die erste Reihe) für funfzig Zechinen, die zweite für vierzig, die dritte für dreißig und so verhältnismäßig die andern, vermietet. Die zufälligen Einkünfte werden aus dem Parterre und den oberen Sitzen oder *piccionaja* gezogen. Man spielt alle Abend, des Freitags ausgenommen.

Mittwochs, den 18ten

Heute früh ging ich das erste Mal in die Ambrosianische Bibliothek, deren Größe nicht der Ewartung gleichkömmt, wenn man die Nachrichten davon in den Reisebeschreibungen gelesen und die Königliche Bibliothek zu Paris gesehen hat, die wenigstens zehnmal so groß ist. Eigentlich ist nur ein großes Zimmer voller gedruckter Bücher; außerdem enthalten zwei kleinere die gedruckten französischen Bücher und die Handschriften. Ein andres Zimmer enthält Kopien von den besten alten Statuen zu Rom und Florenz; zuletzt kömmt noch ein großer Saal voller vortrefflicher Stücke von Leonardo da Vinci und Johann Breughel von Antwerpen, der seine Werke so fein ausmalte, daß er über die vier Elemente, welche sich in dieser Sammlung befinden, wie man sagt, sein Gesicht verloren hat. Es ist auch ein vortreffliches Bildnis des Organisten Merulo[19] von diesem Maler hier. Als ich nach dem Catalogus der Manuskripte fragte, ward mir zur Antwort, es sei nicht gebräuchlich, daß man ihn zeige, doch könnte ich jedes Manuskript zu sehen kriegen, wenn ich nur namentlich darnach fragen wollte; allein ich wußte sowenig den Namen als den Inhalt; ich suchte neue Wesen, neue, unbe-

19 Claudius Merulus, wie die Deutschen ihn nannten, war von Antwerpen gebürtig und blühete im sechzehnten Jahrhunderte. (Walther im *Musikalischen Lexikon* nennt ihn Merula und gibt Correggio als seinen Geburtsort an.) (Übers.)

kannte Werke der Gelehrsamkeit, welche von unheiligen Kompilatoren und Druckern unentweihet waren. Da ich die Absicht meines Zuges nach Mailand erklärte und sagte, daß es vornehmlich in der Absicht geschähe, die Zeit zu bestimmen, wenn der *Ambrosianische Kirchengesang* eingeführt worden, so erzählte man mir, daß Pater Martini eben dergleichen Untersuchung angestellt hätte, aber ohne etwas herauszubringen, und es schiene, als wenn die Lebensbeschreiber des Hl. Ambrosius einer nach dem andern ihm diesen Gesang ohne gehörigen Beweis beigelegt hätten. Ungeachtet dies ziemlich abschreckend war, so gab ich die Sache dennoch nicht auf und fand nachher mehr Gnade in den Augen der Bibliothekare. Bisher hatte ich diesen Herrn noch nicht meine Empfehlungsschreiben übergeben; allein, bei den folgenden Besuchen verschaffte ihre Gefälligkeit mir alles, was diese Bibliothek mir liefern konnte.

...

Die zweite Oper, welche ich hier gehört habe, war *La lavandra astuta,* ein Pasticcio, worin eine Menge von Piccinnis Arien vorkamen. Garibaldi, der erste Sänger, hatte eine bessere Rolle in dieser Operette als in der vorigen und sang sehr gut. Er hat eine angenehme Stimme und viel Geschmack und Ausdruck; man rief ihm auf Italienisch zwei-, dreimal *ancora* zu. Die eine Baglioni[20] singt besser als die andern beiden und hatte auch mehr zu tun. Caratoli belustigte die Mailänder ungemein durch seine Aktion und Laune, die übrigens sehr lokal war und in England wenig gefallen würde. Das Ballett war dasselbige, welches ich vorher gesehen hatte.

Ein Privatkonzert heißt in Italien eine Akademie; das erste, wohin ich ging, bestund bloß aus Liebhabern. Der Herr vom Hause spielte die erste Geige und hatte einen kräftigen Strich; außerdem waren hier zwölf oder vierzehn Spieler, worunter ich einige gute Violinisten fand, auch

20 Es sind sechs Schwestern dieses Namens, die alle vom Singen Profession machen und wovon drei zu Mailand waren. Es ist eine Bolognesische Familie.

waren zwei Flöten, ein Violoncell und ein kleines Violon dabei. Die Ausführung war ganz artig; man spielte einige von des Londoner Bachs Sinfonien, die von den in England gestochenen verschieden waren. Man hat hier nichts als geschriebene Musik. Was ich am liebsten hörte, war die Singstimme der Signora Padrona della Casa oder der Dame vom Hause; sie hatte eine angenehme, reine Stimme, einen guten Triller, den wahren Geschmack und Ausdruck und sang, indem sie an dem gewöhnlichen Instrumentenpulte saß, worauf ihre Noten lagen, ohne allen Zwang verschiedene schöne Arien von Traetta.

Überhaupt sah dies Konzert unsern Privatkonzerten in England so ziemlich ähnlich; die Spieler waren bald im Gleise, bald draußen. Doch war wohl im Ganzen die Musik besser ausgesucht, die Ausführung glänzender und feuriger und das Singen der Vollkommenheit näher, als wir bei solchen Gelegenheiten rühmen können; nicht eben in Ansehung der Stimme und der Fertigkeit, denn was das anbetrifft, so gibt unser Frauenzimmer darin wenigstens unsern Nachbarn nichts nach, sondern in dem Portamento, dem Tragen und der Leitung der Stimme, im Ausdruck und in der Bescheidenheit.[21]

An eben dem Tage, Freitags den 20. Julius, war in drei verschiedenen Kirchen Musik; ich wäre gern bei allen dreien zugegen gewesen, doch es war unmöglich, mehrern als zweien beizuwohnen. Die erste war des Morgens in der Kirche der Santa Maria secreta; es war eine *Missa in Musica,* von Sgr. Monza gesetzt und von ihm selbst auf-

21 Der Verfasser hofft demütigst, daß seine schönen Landsmänninnen durch den Gebrauch des Worts Bescheidenheit sich nicht werden beleidigt finden, da es hier bloß im musikalischen Verstande gebraucht wird. Darin wird die Liebe zu den sogenannten Manieren zu einem solchen Grade der Unbescheidenheit getrieben, daß man dadurch gewöhnlich gute Stellen in schlechte und schlechte in elende verwandelt. Ein wenig Schminke kann ein mittelmäßig hübsches Gesicht verschönern, obgleich die Menge es häßlich machen würde; allein, wahre Schönheit zeigt sich am besten in ihrer natürlichen Gestalt.

geführt. Sein Bruder spielte das obligate Violoncell, aber weder der Ton noch sein Geschmack waren sehr angenehm. Sgr. Lucchini, der Vorspieler in der komischen Oper, spielte die erste Geige; unter den Sängern waren zwei oder drei Kastraten. Es war eine kleine, elende Orgel bei dieser Gelegenheit errichtet worden; zwar hatte man eine größere, allein es war kein Platz zum Orchester dabei. Die Musik war schön; lange, sinnreiche Einleitungssinfonien gingen vor jedem *concento* (so heißt man die verschiedenen Teile der Messe) vorher; alles war in einem guten Geschmacke und geistreich gesetzt; weil aber die Orgel, die Oboe und einige Geigen nichts taugten, so zerstörte dies die gute Wirkung einiger wohlausgedachten Stellen. Als erster Geiger verdient Sgr. Lucchini keinen vorzüglichen Rang, es fehlt ihm nicht an Fertigkeit, aber sehr an feiner Ausführung. Er hatte verschiedne Solostellen und machte drei oder vier Kadenzen.

Der Gesang war zwar im ganzen besser als in unsern Oratorien, aber lange nicht so gut, als wir ihn oftmals in der italienischen Oper in England hören. Bisher hatte ich noch keinen großen Sänger seit meiner Ankunft in Italien angetroffen. Der erste Diskantist war hier, wie wir in England sagen würden, ein ganz guter Sänger mit einer ganz guten Stimme; sein Geschmack aber war weder original noch vorzüglich. Der zweite Sänger, ein Altist, hatte gleichfalls nur mittelmäßige Verdienste, doch war seine Stimme angenehm genug, und er beleidigte nur durch ihren Mißbrauch das Gehör. Allein

'Tis in song as 'tis in painting,
Much may be right, yet much be wanting.

Es geht mit dem Gesang wie mit der Malerei,
es fehlt noch immer viel, ist vieles fehlerfrei.

Doch eine Musik wie diese sollte man nicht zu strenge beurteilen, denn man hört sie umsonst. Ich spreche als ein Reisender, allein die Einwohner von Italien, die so viel

zur Erhaltung der Kirche hergeben, haben freilich sehr viel Recht, etwas Vortreffliches von der Art zu verlangen. Die andre Messe, welche ich heute hörte, war von Battista Sammartini gesetzt und unter seiner Aufsicht in der Kirche der Karmelitermönche aufgeführt. Die Sinfonien waren sehr sinnreich und voll von dem Geiste und Feuer, welches dem Verfasser eigen ist. Die Instrumentstimmen in seinen Kompositionen sind gut ausgearbeitet, er läßt keinen von den Spielern lange müßiggehen, und vornehmlich haben die Violinen keine Ruhe. Man mögte jedoch manchmal wünschen, daß er seinen Pegasus auf die Stange ritte, denn er scheint oftmals ganz mit ihm durchzugehen. Eigentlich zu reden, seine Musik würde mehr gefallen, wenn sie weniger Noten und weniger Allegros enthielte, allein die Heftigkeit seines Geistes treibt ihn an, in einer Folge von schnellen Sätzen fortzulaufen, welche zuletzt den Ausführer sowohl als den Zuhörer ermüden. Marchesini, der mir nicht sonderlich gefiel, sang die erste Diskantstimme, Ciprandi, ein vortrefflicher Tenorist, der vor einigen Jahren in England war und dessen Rollen nachher nie so gut wieder sind besetzt worden, sang hier vorzüglich schön vor allen andern. Das Orchester war nur mittelmäßig; die erste Violine spielte Zuccherini, welchen man hier für einen guten Violinisten hält. Ich habe bemerkt, daß man auf dergleichen Musiken hier wenig achtet, und habe niemals Leute von Stande darin gesehen. Die Versammlung bestehet meistenteils aus Geistlichen, Kaufleuten, Handwerkern, Bauern und Bettlern, welche gewöhnlich sehr unaufmerksam und unruhig sind und selten die ganze Musik ausdauern. Sammartini ist *Maestro di Capella* bei der Hälfte von den hiesigen Kirchen, und die Anzahl der Messen, die er hier gesetzt hat, ist beinahe unendlich; doch behält sein Feuer und seine Erfindungskraft noch immer ihre völlige Stärke.
In einer andern Kirche ward heute abend die Vesper bloß von Mönchen und Nonnen gesungen; ich kam zu spät und hörte sie also nicht. Inzwischen führte man mich in eine der besten Akademien zu Mailand, welche fast aus dreißig

Sängern und Spielern bestund, worunter verschiedene gute waren. Madame Dé sang, und ungeachtet sie einen Schnupfen hatte, der ihrer Stimme hinderlich war, so gab sie doch verschiedne Proben ihrer Kunst, die eine vortreffliche Sängerin verrieten. Außer zwei Arien, die einen weiten Umfang der Stimme und viel Fertigkeit erforderten, sang sie ein Adagio mit dem feinsten Geschmacke. Der Clavicimbalist war Sgr. Scotti. Man spielte einige Sinfonien von J. Ch. Bach, die sehr gelobt wurden, und vier vortreffliche von Sammartini. Auch ward ein Doppelkonzert auf der Geige, von Raymond, einem Deutschen, sehr schön gesetzt, wiewohl es sehr schwer war, von zwei Violinisten gespielt, die an Stärke sehr verschieden, aber jeder in seiner Art gut waren. Der eine war ein älterer Mann, der einen sehr reinen und weichen, aber dabei schwachen Ton hatte; der andre war ein junger Mann voll Stärke und Feuer, welches ihn in kurzem zu einem großen Spieler machen wird,. vornehmlich, da er mit diesen Eigenschaften viel Ausdruck verbindet. Es war ein bewundernswürdiger Streit zwischen Jugend und Alter, Beurteilungskraft und Genie. Dies waren alle Virtuosen oder wirkliche Musiker, das übrige bestund aus Liebhabern.

Sonnabend, den 21sten

Ich glaubte, daß es meinem Zwecke nicht zuwider sein würde, wenn ich den *Palazzo Simonetta,* der einige Meilen von Mailand liegt, besuchte, um das berühmte Echo zu hören, wovon die Reisebeschreiber so viel zu erzählen wissen, daß ich vieles für übertrieben hielt. Es ist hier der Ort nicht, die Materie vom Widerhalle zu untersuchen; ich behalte es mir in einem andern Werke vor; was aber das Faktum anbetrifft, so ist es wirklich sehr wunderbar. Der Palast Simonetta hat kein anderes Gebäude in der Nähe, das Land rundherum ist völlig eben, und es sind keine Berge näher als die Schweizer Alpen, welche an dreißig englische Meilen entfernt liegen. Dieser Palast war itzt unbewohnt und geriet ganz in Verfall; ehemals ist er sehr schön gewesen. Die Vorderseite ist frei und von sehr leichten doppelten ionischen Säulen unterstützt. Das Echo aber kann man bloß hinter dem Hause hören, welches nach dem Garten zu zwei Flügel hat.

Vorderseite

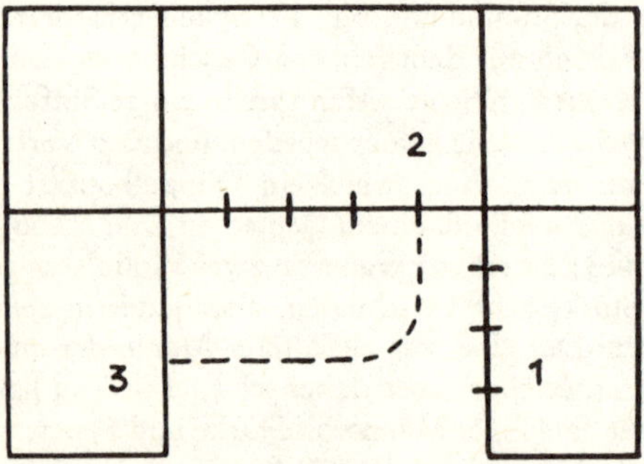

Garten

1. Das Fenster, worin man am besten den Versuch machen kann.
2. Das Fenster, wo man das Echo am besten hört.
3. Eine Mauer mit blinden Fenstern, woher der Widerhall zu kommen scheint.

So natürlich es auch ist, vorausgesetzt, daß die gegenüberstehenden Mauern den Schall reflektieren, so schwer ist es zu bestimmen, wie dies geschehe, indem die Form des Gebäudes sehr gewöhnlich ist und kein anderes von eben der Bauart, soviel ich je gehört habe, diese Wirkung tut. Ich machte allerhand Versuche, in verschiedenen Stellungen, mit der Stimme, langsam, geschwind, mit einer Trompete, in welche ein Bedienter, der bei mir war, stieß, mit einem Pistol und einer Flinte, und fand allemal, der Lehre vom Echo gemäß, daß die Wiederholung desto häufiger ist, je geschwinder und heftiger die Luft bewegt wird. Der Widerhall war bei Losfeuerung einer Flinte beinahe funfzigfach und schien an Stärke immer abzunehmen und sich immer zu entfernen. Man könnte nach Pater Kirchers Methode einen einstimmigen musikalischen Kanon für dies

Echo erfinden, der eben die Wirkung als einer von zwei, drei, ja vier Stimmen hätte. Ein einziges Ha! ward ein lautes Gelächter, und ein überblasener Ton auf der Trompete ward zum possierlichsten, lächerlichsten Getöse, so man sich denken kann.

Der Komponisten nieselbst sind unzählig. Man führte mich heute zu drei Frauenzimmern, sie singen zu hören, und ich fand Lampugnani, der ihr Lehrer ist, bei ihnen. Er hält sich beständig zu Mailand auf, spielt den ersten Flügel in der Oper, wenn die Komponisten abwesend sind, und setzt die *pasticci* zusammen. Diese Frauenzimmer machten ihm durch ihren Vortrag viel Ehre; sie sungen einige Arien, Duette und Terzette. Die eine von ihnen sang eine lange Szene aus Jommellis *Olympiade,* welche außerordentlich schwer ist; die Komposition wird mit Recht wegen der Kühnheit und Gelehrsamkeit in der Modulation bewundert, welche *recherchée* aber voll Ausdruck und gefällig ist. Ich erhielt eine Abschrift dieser Szene. Es war in eben dem Hause ein guter Violinist, Sgr. Pasqualini, der mit vieler Feinheit und Urteile die Geige zu den Arien spielte.

Hierauf ging ich in die Oper, wo die Zuschauer sich sehr hintergangen fanden, weil der Tenorist, der einzige gute Sänger in derselben, unpaß war. Seine ganze Rolle ward ausgelassen. Da nun der *Baritono,* welcher die Person eines alten polternden Vaters spielte, der seinem Sohne in der ersten Szene und Arie sehr übel mitfahren sollte, keinen Sohn vorfand, so gab er dem unverhofften Zufalle eine Wendung, welche die Zuschauer sehr belustigte und ihnen ihre betrogne Hoffnung geduldiger ertragen half, als man in England getan hätte, denn anstatt seines Sohnes fiel er über den Einhelfer her, der hier, so wie in der Oper zu London, mit dem Kopfe aus einem Loche im Theater hervorguckt. Die Zuschauer fanden ein so großes Vergnügen an diesem Anfalle auf den Einhelfer, den sie immer als einen Störer ihres Vergnügens ansehen, daß sie die Arie, worin es geschah, wiederholen ließen. Dennoch ging ich nach Endigung des ersten Akts und Balletts weg, weil die Lichter in dem Opernhause meinen Augen ungemein heftige Schmerzen verursachten; und weil ich heute abend keine Vergeltung dafür zu hoffen hatte, so entzog ich mir die übrigen Akte der Oper.

Sonntags, den 22sten

Nachdem ich heute früh in dem *Duomo* den *Ambrosianischen Gesang* in seiner ganzen Vollkommenheit angehöret hatte, ging ich nach dem Kloster Santa Maria Maddalena, wo ich die Nonnen verschiedene Motetten singen hörte. Es war der Festtag ihrer Heiligen. Die Komposition war von Sgr. B. Sammartini, der in diesem Kloster *Maestro di Capella* ist und die Nonnen singen lehrt. Er ersetzte mir vollkommen den Mangel langsamer Sätze in seiner Messe vom vorigen Freitag durch ein Adagio in der heutigen Motette, welches wirklich himmlisch war, von einer Nonne himmlisch gesungen und von einer andern bloß mit der Orgel begleitet ward. Dies war ohne Zweifel in allem Betracht das beste Singen, das ich seit meiner Ankunft in Italien gehört hatte, wo doch des Singens so viel ist, daß man dessen leicht überdrüssig werden könnte. Bei meiner ersten Ankunft hungerte und durstete mich nach Musik, doch itzt hatte ich beinahe ihrer satt; man ist aber ein strengerer Richter bei vollem Magen als bei gutem Appetite. Es sangen verschiedene Nonnen, einige nur mittelmäßig, allein eine unter ihnen hatte eine vortreffliche Stimme, voll, stark, angenehm und biegsam, sie hatte einen schönen Triller und ungemein viel Ausdruck; alles war so reizend, daß ihr nichts mehr als eine lange Dauer dieser Vorzüge zu wünschen übrigblieb.
Man klagt allenthalben in England über die laute Begleitung der Instrumente; wenn dies ein Übel ist, so findet man es doppelt in Italien. In der Oper kann man nichts als die Instrumente hören, außer wenn die *Baritoni* oder Baßstimmen singen, die es mit ihnen aushalten können, denn nichts als Lärm kann man vor anderem Lärm hervorhören, eine sanfte Stimme wird erstickt. Es schien mir, als wenn das Orchester nicht nur zu laut spielte, sondern auch zuviel zu tun hätte.

Außer der Orgel für die Chöre war noch in besagtem Kloster eine Orgel mit einem Clavecin, welche gleichfalls von einer Nonne gespielt ward. Die bloße Begleitung dieses Instruments mit jener himmlischen Stimme vergnügte mich unbeschreiblich, und zwar nicht so sehr durch das, was sie tat, als durch das, was sie nicht tat; denn man kann wahrlich nicht zuviel von einer so himmlisch süßen Stimme hören. Alles Gewäsche verschiedener Instrumente, mühseliger Erfindung und schwerer Ausübung ist nicht viel besser als eine häßliche Larve auf einem schönen Gesicht; selbst die Harmonie ist in solchen Fällen ein Übel, wenn sie, statt untertan zu sein, sich zur Herrscherin aufwirft. Ich weiß, daß ich nicht als Tonkünstler so rede, aber ich will allzeit gern meine Profession aufgeben, wenn sie sich zur Pedanterei neigt, und meinem Gefühl nachhängen, wenn es die Vernunft auf seiner Seite zu haben scheint. Wenn eine Stimme rauh oder sonst unangenehm ist, so kann sie nicht wenig genug gehört werden, und dann mögen rauschende Begleitungen und künstliche Erfindungen füglich stattfinden; aber eine einzige Note von einer solchen Stimme, als ich diesen Morgen hörte, dringt tiefer in die Seele, als eben die Note auf dem besten Instrument von der Welt tun kann, welches aufs höchste nur eine Nachahmung der menschlichen Stimme sein kann.
Die heutige Musik ward ganz von den Nonnen selbst, welche man aber nicht sehen konnte, aufgeführt; denn obgleich die Klosterkirche so wie eine Pfarrkirche jedem offensteht und die Prediger wie gewöhnlich von allen gesehen werden können, so werden doch hier die Antworten hinter dem Altare, wo die Orgel steht, gesungen. Als ich in die Kirche trat, sahe ich vergebens nach der Orgel und den Sängern, weil ich nicht wußte, daß es eine Klosterkirche war. Da ich das Singen sehr lobte, erzählte man mir, daß hier verschiedene Klöster wären, wo die Nonnen noch viel besser sängen. Allein ich muß gestehen, daß ich sehr daran zweifelte und nur begierig war, sie selbst zu hören. Ich war über dies Singen so entzückt, daß ich, ungeachtet ich in einer Privatgesellschaft auf einem sehr gesel-

ligen und angenehmen Fuß speisete, dennoch, ehe der zweite Gang aufgetragen ward, aus der Gesellschaft weglief in Hoffnung, in dem Kloster noch mehr davon zu hören. Ich war so glücklich, daß ich gerade hineinkam, als die Musik anfing und die nämliche Motette, von der Nonne gesungen, mit doppeltem Vergnügen wieder hörte.
Die Liedersänger zu Mailand singen Duette auf der Gasse, bald mit, bald ohne Instrumente und sind ihrer Sache sehr gewiß; allein ich habe nicht bemerkt, daß sie hier wie in Turin die Bühne besteigen.
Heute abend war, weil der Tenorist in der komischen Oper noch immer krank war, nur eine Akademie auf dem Theater und keine Operette. Die Sänger waren die nämlichen, die ich zuvor gehört hatte; nur hatte man sie auf dem Theater fast auf eben die Art gestellet, als in London bei dem jährlichen Konzerte zum Besten abgelebter Musiker gewöhnlich ist; sie saßen je zwei und zwei an Tischen, und wenn sie sungen, stund jeder auf und trat den Zuhörern näher. Es wurden verschiedne Opernsinfonien, aber keine Solos gespielt, an deren Statt Ballette während der Zwischenpausen im Konzerte getanzt wurden. Hinter den Sängern, deren sechs waren, stunden auf dem Theater die ganze Zeit hindurch eben so viele Bediente. Die Baglioni erschienen heute mehr zu ihrem Vorteile als in der Oper, vornehmlich Clementine, die auf einem kleineren Theater eine sehr angenehme Sängerin sein würde, dahingegen auf diesem alle Stimmen verlorengehen.

Montags, den 23sten

Heute früh ging ich zeitig mit dem Pater Mojana, einem sehr gefälligen Dominikaner, nach der Ambrosianischen Bibliothek und bekam mit sehr vieler Mühe zwei oder drei sehr alte Manuskripte, die in mein Fach schlugen, zu sehen; auch sah ich die prächtige Ausgabe der Kirchengesänge, die in der Domkirche abgesungen werden und 1619 in vier Folianten, bloß zum Gebrauch dieser Kirche, abgedruckt sind. Der Druck ist sehr nett in Holz geschnitten, aber ohne Taktstriche und folglich nicht in Partitur, obgleich die Stimmen alle vor Augen liegen, weil sie einander gegenüber gedruckt sind, nämlich der Diskant und Tenor auf der ersten und der Alt und Baß auf der zweiten Seite. Ich schrieb mir Verschiednes daraus ab. Der Bibliothekar, Sgr. Oltrocchi, fing an, minder zurückhaltend mit den Büchern zu sein, als er anfangs war. Eins von den ältesten, die er mir heute zeigte, war eine schöne Handschrift aus dem neunten Jahrhunderte, die sehr gut war erhalten worden. Sie enthielt ein Missale, welches wenigstens zweihundert Jahr vor Guidos Zeiten und also ehe man das Notensystem kannte, dessen sich dieser Mönch bediente, geschrieben war. Die Noten sind nicht viel mehr als verschiedne Akzente, welche über den Hymnen stehen. Ich fand einen edlen und gelehrten Geistlichen, Don Triulzi, hier, der sehr bejahrt war; er hatte diese Charaktere untersucht und einige sinnreiche Mutmaßungen darüber.

Den folgenden Tag wandte ich zur Aufsuchung alter Bücher an und hörte des Abends Musik. Chiesa und Monza haben den Ruf und scheinen auch itzt die beiden besten hiesigen Theaterkomponisten zu sein. Serbelloni, ein *contr' alto castrato*, der vor einigen Jahren in England war, hat Dispensation erhalten, ein Mönch zu werden, und singt itzt bloß in der Kirche.

Dienstags, den 24sten

Heute früh ging eine feierliche Prozession, um Regen zu erbitten, durch die Straßen nach der St.-Ambrosius-Kirche, weswegen die öffentliche Bibliothek verschlossen war. Dies war mir sehr unangenehm, indem es der letzte Tag meines Aufenthalts war, doch hatten meine Briefe mir nunmehr Bekanntschaft und Unterstützung Sr. Exzellenz, des Grafen Firmian, des Grafen Pò, des Marchese Menafoglio, des D. Francesco Carcano, des Abt Bonelli und anderer verschafft, deren Zauberkraft die Türen öffnete und alle Schwierigkeiten aus dem Wege räumte. Als ich nun mit dem Abt Bonelli vor die Ambrosianische Bibliothek kam, ward sie gleich geöffnet, und eigentlich bekam ich

itzt auch zum ersten Male alle ihre Schätze zu sehen. Nun wurden die merkwürdigsten Manuskripte hervorgebracht, worunter verschiedene von Petrarca und Leonardo da Vinci eigener Hand waren. Man zeigte mir gleichfalls verschiedne sehr alte Manuskripte auf ägyptischem Papier, die wohlbewahrt waren. Kurz, meine vorhin fehlgeschlagene Hoffnung wurde itzt reichlich erfüllt, indem ich in ein Zimmer geführt ward, das an lauter Handschriften über funfzehntausend Bände enthielt.
Von hier aus führte mich der Abt zum Pater Sacchi, einen gelehrten Musiker, was die Theorie anbetrifft; er hat zwei sehr merkwürdige Bücher über die Musik herausgegeben, die ich mir vorher schon angeschafft hatte. Er nahm mich sehr höflich auf, und wir vertieften uns bald in ein Gespräch über diese Schriften und über meine Reise. Er war so gütig, meine Adresse aufzuzeichnen, und machte mir Mut, an ihn zu schreiben, wenn ich bei Lesung seiner Schriften einige Schwierigkeiten fände.

...

Padua

Diese Stadt ist in neuern Zeiten durch den Aufenthalt des berühmten Komponisten und Geigers Tartini so bekannt geworden, als in alten Zeiten dadurch, daß der Geschichtschreiber T. Livius hier geboren war. Tartini starb wenige Monate vor meiner Ankunft hieselbst, ein Zufall, den ich als ein besonders Unglück für mich ansah, so wie er ein Verlust für die ganze musikalische Welt war. Er war ein Virtuos, mit dem ich mich so gern über seine Kunst unterredet hätte, als ich wünschte, ihn spielen zu hören. Ich besuchte mit allem Eifer eines Pilgrims zu Mekka die Straße und das Haus, worin er gewohnt hat, die Kirche und das Grab, worin er begraben war, sein Grabmal, seinen Nachfolger, den Vollzieher seines Letzten Willens, ja alles, auch das geringste, was mir nur einige Nachricht von seinem Leben und Charakter geben konnte. Und obgleich seit seinem Tode alle diese Nachrichten eigentlich historisch geworden sind und nicht völlig zu dem gegenwärtigen Zustande der Musik gehören, so würde ich doch sehr gern meinen Lesern einen Abriß von seinem Leben vorlegen, wenn die von mir im Venezianischen gesammleten Bücher und Papiere, worunter auch die Materialien zu Tartinis Leben sich befinden, schon angelangt wären. Dennoch kann ich nur sagen, daß er 1692 zu Pirano in Istrien geboren war, daß sein Vater ihn in seiner ersten Jugend, als er eine Neigung gegen ein junges Frauenzimmer verriet, welche seine Familie für unwert hielt, sich mit ihr zu verbinden, einsperrte und daß er während dieses Arrests sich mit musikalischen Instrumenten die Zeit vertrieb, um seine Schwermut zu zerstreuen. Es war also ein bloßer Zufall, wodurch er in sich die Keime jener Talente entdeckte, die in der Folge so außerordentlich wurden.

Herr de Lalande versichert, folgende sonderbare Anekdote aus seinem eigenen Munde zu haben, woraus man sieht, bis zu welchem Grade seine Einbildungskraft durch den Geist der Komposition befeuret wurde. „Es träumete ihn in einer Nacht 1713, er habe ein Bündnis mit dem Teufel gemacht, der ihm versprach, bei allen Gelegenheiten zu seinen Diensten zu sein, und während dieses Traums gelänge ihm alles nach Wunsche. Sein neuer Diener kam seinen Wünschen zuvor und tat allemal noch mehr, als er verlangte. Kurz, es kam ihm vor, als ob er dem Teufel seine Violine gäbe, um zu sehen, was für eine Art von Tonkünstler er wäre. Zu seinem großen Erstaunen hörte er ihn ein Solo so außerordentlich schön spielen und es mit so ungemeinem Geschmacke und mit solcher Genauigkeit vortragen, daß es alles übertraf, was er in seinem Leben je gehört oder gedacht hatte. Seine Verwunderung und sein Vergnügen war bei dieser Gelegenheit so groß, daß er außerstand gesetzt wurde, Atem zu schöpfen. Er erwachte in der Heftigkeit dieser Empfindung, nahm sich gleich seine Geige zur Hand in der Hoffnung, das zu spielen, was er soeben gehört hatte; aber umsonst. Indes setzte er damals ein Stück, welches vielleicht das beste von allen seinen Werken ist und welches er die *Teufelssonate* nannte, doch war es so weit unter demjenigen, was er im Schlafe gehört hatte, daß er sagte, er würde sein Instrument zerbrochen und die Musik auf ewig verlassen haben, wenn er ohne sie seinen Unterhalt zu finden gewußt hätte."

Er verheiratete sich früh mit einer Frau von Xanthippes Geschlechte, und seine Geduld ward, selbst wo sie am meisten geprüft ward, völlig sokratisch. Er hatte keine anderen Kinder als seine Schüler, für welche er stets recht väterliche Sorge trug. Nardini, sein vornehmster Schüler und Liebling, war von Livorno herübergekommen, ihn in seiner Krankheit zu besuchen, um seiner in den letzten Augenblicken mit wahrhaftig kindlicher Zuneigung und Liebe zu warten. Er spielte während des letzten Teils seines Lebens nur selten, außer in der Antoniuskirche zu Padua, welcher er sich schon im Jahr 1722 gewidmet hatte. Er bekam von derselben ein jährliches Gehalt von vierhundert Dukaten, wofür er nur verbunden war, an großen Festen zu spielen, indessen war sein Eifer für den Dienst seines Schutzheiligen so groß, daß er selten eine Woche vorbeigehen ließ, ohne einmal zu spielen, so gut es seine kranken Nerven zulassen wollten.

Sein Tod ward von den Paduanern allgemein bedauert, die er lange durch seine Talente ergötzt und durch seine Frömmigkeit und andächtige Handlung erbauet hatte. Sr. Exzellenz, dem Grafen von Thurn und Taxis von Venedig, seinem Scholaren und Gönner, vermachte er seine geschriebenen Musikalien, und dem Professor Padre Colombo, der lange schon sein Freund und Ratgeber gewesen, übertrug er die Sorge, ein Werk nach seinem Tode herauszugeben, wovon, ob es gleich hauptsächlich von der Mathematik handelt, die Theorie des Klanges einen ansehnlichen Teil ausmacht.[22]

Man hielt ihm den 31ten Mai 1770 zu Padua einen feierlichen Leichendienst, wobei der Abbate Francesco Fanzago

22 In diesem Werke hatte er sich vorgesetzt, die Dunkelheiten zu entfernen und die Schwierigkeiten aufzulösen, deren er in seinen vorigen Abhandlungen beschuldigt wird.

die Rede hielt und ein Anthem aufgeführt ward, das Sgr. P. Maestro Vallotti ausdrücklich dazu komponiert hatte.
Seine Verdienste, beides, als Komponist und Violinspieler, sind zu bekannt, um hier einer Lobrede zu bedürfen. Ich will bloß anmerken, daß er, als Komponist betrachtet, zu den wenigen Originalgenies unsrer Zeit gehört und beständig aus seiner eigenen Quelle schöpfte, daß sein Gesang voller Feuer und Phantasie und seine Harmonie, obwohl gelehrt, dennoch ungekünstelt und rein war, daß, als Violinspieler betrachtet, seine langsamen Sätze von feinem Geschmack und Ausdruck und seine geschwinden von großer Fertigkeit zeugen. Er war der erste, der die Kraft des Bogens kannte und lehrte, und seine Kenntnis des Griffbretts beweisen tausend schöne Passagen, die nur aus dieser Kenntnis entstehen konnten. Sein Scholar Nardini, der mir verschiedene von seinen besten Solos vorspielte, und zwar nach meiner Meinung sehr gut, was die Nettigkeit und den Ausdruck betrifft, versicherte mich, daß sein teurer und geehrter Meister, wie er ihn beständig nannte, diese nämlichen Solos um ebensoviel besser gespielt habe als er, beides, sowohl die rührenden als die brillanten Stellen, wie er selbst sie besser spielte als irgendeiner von seinen Scholaren.
Was die Klage betrifft, die gemeine Leser über Dunkelheit in seiner Abhandlung von der Musik führen, und den Mißbrauch der Mathematik, den ihm gelehrte Männer vorwerfen, so sind das Sachen, welche auseinanderzusetzen hier nicht der Ort ist.[23] Vielleicht kann man den Wert dieses Werks nicht genauer bestimmen, als es Rousseau ge-

23 Als dieses Tagebuch bereits für den Druck ausgefertigt war, erschien ein Buch unter dem Titel *Principles and Power of Harmony* (Grundsätze und Macht der Harmonie), welches mir das höchste Vergnügen verschafft hat, welches ein schön geschriebenes, deutliches und meisterhaftes Werk nur geben kann. Ich weiß nicht, wer der Verfasser desselben ist, es scheint aber, daß er Tartinis Grundsätze völlig verstanden und seinem Genie Gerechtigkeit widerfahren lassen, ohne über seine Fehler parteiisch zu sein.

tan hat, welcher sagt: „Wofern das System des berühmten Tartini nicht das System der Natur selbst ist, so ist es doch das, worin die Grundsätze am wenigsten gekünstelt sind und woraus alle Gesetze der Harmonie auf eine weniger willkürliche Weise zu entspringen scheinen als aus einem andern System, das bisher bekannt geworden ist." Daß dieses System voll neuer und sinnreicher Ideen ist, die bloß die Frucht einer vorzüglichen Kenntnis seiner Kunst sein konnten, das kann man schon durch den Schleier seiner Dunkelheit entdecken. Und sein Freund, der Pater Colombo, machte mich mit der Ursache dieser Dunkelheit und mit diesem scheinbaren Mangel an gründlicher Wissenschaft bekannt, indem er gestund, daß Tartini bei aller Parade mit algebraischen Zeichen und aufgelösten Problemen dennoch kein Mathematiker war und daß er die gemeine Rechenkunst nicht einmal gut innehatte. Bei allen dem sah er mehr, als er durch Zeichen oder Grundsätze, die er von andern Wissenschaften entlehnte, ausdrücken konnte; und ohne weder ein Meßkünstler noch Algebraiker zu sein, besaß er eine Leichtigkeit und hatte eine Methode zu kalkulieren, die nur ihm allein eigen war, und von dieser setze er zum voraus, er könne damit ebensowohl andre belehren, als er sie für sich selbst hinlänglich befand. Gewiß ist, daß er in Ansehung der Geheimnisse der Wissenschaft, davon er eine intuitive Kenntnis besessen zu haben scheint, zuweilen unverständlich, zuweilen auch verständlich genug ist; allein ich hege eine solche Meinung von Tartinis Verstande und Scharfsinn in seinen musikalischen Untersuchungen, daß ich bei dunkeln Stellen voraussetze, sie sind entweder dadurch veranlasset, daß er bei der Unzulänglichkeit der gewöhnlichen Sprache, ungewöhnliche Ideen auszudrücken, zu sehr gestrebt hat, seine Gedanken mit Konzision zu sagen, oder auch, daß er außer den Schranken meiner Begriffe schwebt; und in diesem Falle bin ich bereitwillig, das auf ihn anzuwenden, was Sokrates dem Euripides antwortete, als dieser Dichter ihn fragte, wie ihm die Schriften des Heraklit gefielen: „Was ich verstehe, ist vortrefflich, und deswegen bin ich geneigt zu glauben, daß das, was ich nicht verstehe, gleichfalls vortrefflich ist."

An der Kirche des Hl. Antonius ist Signor Guglietto Tromba, ein junger Mann von vieler Geschicklichkeit und Scholar von Tartini, sein Nachfolger geworden. Bei meiner Ankunft in Padua verlangte mich sehr, sowohl die so berühmte Antoniuskirche zu sehen als eine musikalische Messe darin zu hören; und da ich voraussetze, daß meine Leser auch einen kleinen Teil von meiner Ungeduld empfinden mögten, so will ich eilen, ihnen eine kurze Beschreibung von dem Gebäude und eine Nachricht von seinem musikalischen Institute zu geben.

Die Kirche ist groß und von alter gotischer Bauart. Man nennt sie hier vorzugsweise *Il santo,* den Heiligen. Sie hat sechs Dome oder Kuppeln, von denen die beiden größesten das Schiff ausmachen; ob sie aber gleich nur die zweite Kirche dem Range nach ist, so hat sie doch in Padua mehr Ruhm und Ehre als die erste. Sie ist außerordentlich reich und dergestalt ausgeschmückt, daß sie mit Gemälden und Bildhauerarbeit überladen zu sein scheint. Beim Eintritt auf den Chor fällt einem der prächtige Anblick von vier sehr großen Orgeln in die Augen, wovon die Vorderpfeifen so stark poliert sind, daß sie aussehen wie glänzendes Silber. Die Einfassungen sind gleichfalls von künstlicher Bildhauerarbeit und vergoldet. Diese vier Orgeln sind einander gleich, das Gehäuse hat kein Schnitzwerk zu den Einfassungen, sondern man sieht die Pfeifen von dreien Seiten eines Vierecks.

An ordentlichen Festen besteht in dieser Kirche der Musikchor aus vierzig Personen, acht Violinen, vier Bratschen, vier Violoncells, zwei Kontraviolons und vier Blasinstrumenten, dabei sechzehn Sänger sind. Acht Kastraten bekommen einen Jahrgehalt, unter denen Signor Gaetano Guadagni ist, der in Ansehung des Geschmacks, des Ausdrucks, der Gestalt und der Aktion in seiner Profession obenan steht. Er bekommt jährlich vierhundert Dukaten, wofür er nur gehalten ist, an den vier Hauptfesten zu singen. Der erste Geiger hat ebenden Gehalt. Der zweite

Sopran, Signor Casati, hat eine schwache Stimme, man hält ihn aber für einen Sänger von äußerst schönem Geschmacke und Ausdrucke; der berühmte Antonio Vandini ist der erste beim Violoncell, und Matteo Bissioli aus Brescia bläst die erste Oboe in diesem ausgewählten Orchester.

Signor Francesco Antonio Vallotti, der *Maestro di Capella*, ist ein geborner Piemontenser. Dr. Marsili, der hiesige würdige Professor der Botanik, dem ich unendlich für die Freundschaftsdienste verbunden bin, die er mir während meines Aufenthalts in Padua erwiesen hat, tat mir den Gefallen, mich mit diesem großen Meister bekannt zu machen. Man hält ihn für einen der ersten Komponisten für die Kirche in Italien, und in den verschiednen Unterredungen, die ich mit ihm hatte, habe ich gefunden, daß er ein ebenso guter theoretischer als praktischer Musikus ist.[24] Er ist ein Geistlicher vom Franziskanerorden, beinahe siebenzig Jahre alt, besitzt verschiedne seltne und schätzbare Bücher über die Musik, aus welchen er mir erlaubte, Auszüge zu machen, und war so gefällig, mir zwei große Repositoria zu zeigen, die mit Partituren von seiner eignen Komposition angefüllet waren; einige derselben bloß für Singestimmen und andre für Singestimmen mit Instrumenten, unter welchen auch das Kirchenanthem auf Tartini war. Von verschiednen dieser letztern habe ich eine Abschrift erhalten. Er hat mir gleichfalls einen Teil einer Abhandlung über die Modulation von seiner eignen Hand mitgeteilt, welcher weniger methodisch ist und nicht so viel Mathematik enthält als die Abhandlung von Tartini und also wahrscheinlicherweise allgemeinnütziger sein würde, wenn sie gedruckt werden sollte.

Bei meiner Abreise von Padua ging es mir nahe, diesen guten Pater zu verlassen, der einen so liebenswürdigen Charakter hat, daß es unmöglich ist, ihn zu kennen und

24 Tartini spricht vom Pater Vallotti in folgenden Worten: „Er war ehedem ein vortrefflicher Orgelspieler und ist itzo ein vortrefflicher Komponist und in allen Dingen ein Meister seiner Kunst." (Trattato di Musica, p. 100, Padova, 1754.)

nicht hochzuschätzen. Er versprach mir zwei Missen in Partitur von seiner Arbeit[25], sobald er sie abgeschrieben bekommen konnte, und verlangte ernstlich von mir, daß ich ihm mein Buch schicken sollte, sobald es herauskäme; er las meinen Plan mit vieler Aufmerksamkeit und übertrieb sein Lob so weit, daß er sagte, es wäre eine öffentliche Angelegenheit Italiens.

Das Theater zu Padua ist artig und bequem. Man geht auf zwei prächtigen steinernen Treppen hinauf, und seine Gestalt ist beinahe oval. Es hat fünf Reihen Logen, in jeder Reihe neunundzwanzig, welche vielleicht dem Auge angenehmer vorkommen möchten, wenn sie nicht eine über die andre hervorragten. Das Parterre enthält hundertundfunfzig Sitze, welche aufgeklappt und angeschlossen werden. Die Logen haben Fallfenster. Zwischen der großen Treppe und dem Theater ist ein Saal zum Spielen, welcher *Camera di Ridotti* genannt wird. Im Junius ward während der Antonimesse eine ernsthafte Oper gegeben; diese Messe über ist Padua sehr lebhaft und voller Fremden von Venedig und den benachbarten Städten.

Der Komponist der Oper war Signor Locchini, ein Neapolitaner, der Kapellmeister im *Conservatorio del Ospedaletto* zu Venedig ist. Die erste Sängerin war Camilla Mattei, Schwester des Colombo Mattei, der vor acht oder neun Jahren in England war, und die beiden vornehmsten Sänger waren Signor Potenza, der zu gleicher Zeit mit in England war, und ein berühmter Tenorist, Il Cavalier Guglielmi Ettori, in kurbayrischen Diensten, dem mehr applaudiert ward als allen übrigen. Die beiden ersten Tänzer waren M. Bie und Signora Binetti. Das Subjekt der Oper war Scipio in Karthago.

Donnerstags, den 2ten August

Diesen Morgen hatte ich die Ehre, in Gesellschaft mit Dr. Marsili bei dem Professor der Mathematik, Padre

25 Nachdem ich wieder in England bin, habe ich Nachricht erhalten, daß er solche nach Venedig abgesandt hat, von da sie mir übermacht werden sollen.

Colombo, zu frühstücken; ich besprach mich lange mit ihm über Tartini und über seine nachgelassene Schrift, deren ich oben schon erwähnt habe.

Von da ging ich nach der Antoniuskirche, woselbst eine, als an einem Ablaßfeste, musikalische Messe mit Soloversen von der Komposition des Padre Vallotti, der auch selbst den Takt schlug, aufgeführt wurde. Allein, da die beiden besten Sänger, Signor Guadagni und Signor Casati, fehlten, so bleibt nur wenig von der Ausführung dieser Musik zu sagen übrig, was die Singstimmen betrifft. Die Komposition indessen war gut, die Harmonie rein, die Modulation meisterhaft und der Stil ernsthaft und für die Kirche schicklich. Ich fand aber, daß die Hälfte von der Orgel mehr als hinlänglich war, die Stimmen zu übertäuben, und Pater Vallotti sagte mir, daß der Lärm gewöhnlicherweise noch unerträglicher sei, daß er aber nach und nach es von vier Orgeln, die ehedem alle auf einmal akkompagniert hätten, bis auf zwei heruntergebracht habe. Itzt werden aber viere zugleich nur bei dem täglichen Gottesdienste gespielt, wenn keine Kirchenmusik ist. Der gegenwärtige erste Organist, Signor Dominico Locatello, wird für einen geschickten Künstler gehalten.[26] Es wäre aber zu wünschen, daß er und sein Kollege, die Sänger und Instrumentisten, welche gut und wert sind, daß man sie höret, bloß mit dem Rückpositive akkompagnieren wollten, wie wir in England zu tun pflegen, denn sonst kann man nichts hören als die Orgeln, die freilich sehr wohlklingende Werke, aber so stark sind, daß alle Musik dadurch unnütz wird.

Ob es gleich kein großer Festtag, so war doch der Chor zahlreicher besetzt als gewöhnlich. Ich hätte gerne den berühmten Oboisten Metteo Bissioli und den alten großen Antonio Vandini auf dem Violoncell gehört, von dem die Italiener sagen, sein Spielen und sein Ausdruck sei ein *Parlare*, das heißt, er lasse sein Instrument sprechen. Al-

26 Es ist bloß aus Billigkeit, daß ich hier sage, daß ich ihn verschiednemal während des *Offertorio* die Orgel allein in einer sehr feierlichen und meisterhaften Manier habe spielen hören.

lein keiner von beiden hatte etwas alleine zu spielen. Indessen traue ich's diesen beiden Virtuosen auf guten Glauben zu, daß sie große Geschicklichkeit besitzen, weil sie von ihren Landsleuten sehr gerühmt werden, welche durch das viele Anhören geschickter Leute in allerlei Gattungen unvermerkterweise gute Richter über musikalisches Verdienst werden müssen. Leute, die nichts als schlechte Musik zu hören bekommen, können Gefallen daran finden, das kann aber der nicht, der lange an gute Musik und geschickte Virtuosen gewohnt ist. Es ist merkwürdig, daß Antonio und alle hiesigen Violoncellspieler den Bogen nach der alten Art halten, mit der Hand am Haare und den Daumen am Holze, wie bei dem Gambenspieler noch geschieht. Der Chor dieser Kirche ist außerordentlich groß, die Bässe sind alle an eine Seite gestellt, die Violinen, Oboen, Waldhörner und Bratschen an die andre, und die Singstimmen stehen oben auf den beiden Orgelgalerien, in die Hälfte geteilt; allein wegen der Entfernung, worin sie voneinander stehen, waren sie nicht immer ganz genau im Takte.

Den Tag vor meiner Abreise von Padua besuchte ich den Signor Tromba, Tartinis Schüler und Nachfolger. Er war so gefällig, mir verschiedne von seines Lehrmeisters Solos vorzuspielen, besonders zwei, welche er kurz vor seinem Tod gemacht hatte; von diesen bat ich mir eine Abschrift aus, indem ich diese letzten Tropfen aus seiner Feder als heilige Reliquien eines so großen Originalgenies betrachtete.

Venedig

In dieser Stadt hatte ich mich nach mancherlei zu erkundigen und hatte hier große Erwartungen in Ansehung der Musik sowohl der vergangnen als gegenwärtigen Zeit. Die St.-Markus-Kirche hat immer sehr geschickte Kapellmeister gehabt, von den Zeiten des Adriano, Vorwesers des Zarlino, an bis auf ihren gegenwärtigen würdigen Komponisten Galuppi. Venedig ist ebenfalls eine der ersten Städte Europas gewesen, woselbst sich das musikalische Drama oder die Oper gebildet hat, und in dem ernsthaften Stile hat es die Ehre gehabt, einen Lotti und Marcello aufzuweisen. Denkt man sich zu diesen Vorzügen noch die hier eingerichteten *Conservatorios* und die Lieder der *Gondolieri* oder Gondelfahrer hinzu, welche so berühmt sind, daß jeder Musiksammler in Europa einen Vorrat davon haben muß, so wird erhellen, daß meine Erwartungen gegründet waren.

Die erste Musik, die ich hörte, war auf der Gasse den Augenblick, da ich ankam, und zwar von einer herumreisenden Bande von zwo Geigern, einem Violoncell und einer Singestimme. Hier bemerkte man sie freilich ebensowenig, als in England ein Fischer- oder Zitronenweib bemerkt wird, sie machten es indessen so gut, daß sie in einem jeden andern Lande von Europa nicht allein Aufmerksamkeit erregt, sondern den Beifall würden gefunden haben, welchen sie billigerweise verdienten. Die beiden Geiger spielten schwere Passagen mit Nettigkeit, der Baß spielte rein und ferm, und die Stimme, eine weibliche, hatte einen guten Ton und verschiedne andre nötige Eigenschaften einer guten Sängerin, als z. E. Umfang, Triller und Fertigkeit der Kehle. Doch ich will der Musiken von der Gattung, welche ich hier angetroffen habe, nicht alle erwähnen. Sie kommen so häufig vor, daß die Wiederholung langweilig werden würde.

Diese Stadt ist wegen ihrer *Conservatorios* oder Musikschulen berühmt, deren sie viere hat, das *Ospedale della Pietà*, der *Mendicanti*, der *Incurabili* und das *Ospedaletto a Giovanni e Paolo*, in welchen allen jeden Sonnabend und Sonntag abend sowohl wie an den großen Festen Musik aufgeführet wird. Den Nachmittag nach meiner Ankunft, den 4ten August, ging ich nach *della Pietà*. Der gegenwärtige Kapellmeister hieß Sgr. Furlanetto, ein Priester, und die Instrumental- und Vokalmusik wird von lauter Mädchen aufgeführt. Diese spielen die Orgel, die Violinen, die Flöten, die Violoncelle und blasen sogar die Waldhörner. Es ist eine Art von Fündlingshause für uneheliche Kinder und steht unter dem Schutze verschiedener von Adel, Bürger und Kaufleute, welche, so groß auch die Einkünfte des Hauses sind, noch jährlich zu seiner Unterhaltung zuschießen. Die Mädchen werden hier so lange unterhalten, bis sie verheiratet werden, und alle, die Anlage zur Musik äußern, werden darin von den besten Meistern in Italien unterwiesen. Die Komposition sowohl als die Ausführung, die ich diesen Abend zu hören bekam, gingen nicht über das Mittelmäßige hinaus; unter den Sängerinnen konnte ich keine entdecken, die eine merkwürdig schöne Stimme, einen besondern guten Geschmack im Vortrage gehabt hätte. Zum Beschluß machte man indessen eine Sinfonie, deren erstes Allegro in Ansehung der Lebhaftigkeit gut gesetzt und von den Instrumenten gut gespielt ward.

Des Sonntagmorgens, den 5ten August,

ging ich nach der griechischen Kirche, die hier seit Leos X. Zeiten beständig geduldet worden ist. Der Gottesdienst wird hier in griechischer Sprache gehalten, die Episteln und Evangelien werden von einem Oberpriester von einer Kanzel und die Gebete und Litaneien in einer Art Melodie gesungen, die gänzlich von jeder andern unterschieden ist, die ich jemals in oder außer der Kirche gehört habe. In dieser befindet sich keine Orgel, sie ist aber mehr mit Zierat überladen, und der Zeremonien sind darin mehr als in irgendeiner römischen Kirche.
Von da ging ich nach der Markuskirche und hörte eine musikalische Messe an, welche von Priestern gesungen und bloß von der Orgel begleitet ward, so ziemlich im Stile unsrer vollstimmigen Anthems. In der Lukaskirche hörte ich gleichfalls einen Teil einer Messe mit Instrumenten; einige von den Tenorstimmen waren hier gut, und die Arien waren mit Geschmack gesetzt und wurden auch so gesungen; die Komposition war von einem Priester. In dem letzten Chore war eine vortreffliche Fuge, schön ausgearbeitet und ausgeführt.

Den Nachmittag desselben Tages verfügte ich mich nach dem *Hospital dei Mendicanti* für Waisenmädchen, welche im Singen und Spielen unterwiesen werden und an Sonn- und Festtagen die Messe im Chore singen. Sgr. Bertoni ist der itzige *Maestro di Capella.* Man führte eine Hymne mit Solos und Chören auf und eine Motette *a voce sola,* welche letzte sehr gut ausgeführt ward, besonders ein obligates *Recitativo,* das die Sängerin mit großer Kraft und Nachdruck absang. Im Ganzen genommen hatte die Komposition einige artige Stellen, vermischt mit andern, die nicht gar zu neu waren. Die Themas der Fugen und Chöre waren alltäglich und ohne Fleiß zusammengeschrieben. Die Mädchen hier begleiteten die Stimmen besser, deuchtete mich, als die *della Pietà.* Da die Chöre bloß mit weiblichen Stimmen besetzt sind, so sind sie niemals stärker als dreistimmig, oft nur zweistimmig; gleichwohl, wenn sie mit Instrumenten verstärkt werden, haben sie eine solche Wirkung, daß man den Mangel der Vollstimmigkeit nicht merkt, und die Melodie ist so viel deutlicher und hervorragender, je weniger sie durch Harmonie bedeckt ist. In diesen Hospitälern findet man oft Mädchen, die im tiefen Alt bis A und G herunter singen, wodurch sie imstande sind, beständig unter dem *soprano* und *mezzosoprano* zu bleiben, wozu sie den Baß singen; und dies scheint in Italien schon eine alte Gewohnheit zu sein, wie man in den von alten Komponisten angeführten Exempeln bemerken kann, die z. E. von Zarlino Gloriano, Kircher und andern, wo die tiefste von drei Stimmen oft im tiefen Altschlüssel geschrieben ist.

Von hier ging ich zum *Ospedaletto*, wobei Sgr. Sacchini Kapellmeister ist, und fand wirklich viel Vergnügen an der Komposition eines Teiles der berühmten Hymne *Salve regina,* welche man eben absang, als ich in die Kirche trat. Sie war neu, feurig und voll sinnreicher Zwischenspiele der Instrumente, welche immer etwas Unterhaltendes sagten, ohne die Singstimmen zu stören. Im Ganzen schien mir in dieser Komposition ebensoviel Genie zu stecken als in irgendeiner, die ich seit meiner Ankunft in Italien gehört hatte. Sänger und Spieler sind hier gleichfalls lauter Waisenmädchen. Eine unter ihnen, la Ferrarese, sang sehr gut und hatte einen außerordentlich großen Umfang in der Stimme, sie sang bis zum dreigestrichenen E hinauf und konnte es ziemlich lange in einem reinen und natürlichen Tone aushalten.

Selbst als ich diese Musiken gehört hatte, hörte ich auf dem St.-Markus-Platze noch vielen Gassenmusikanten zu, wovon einige in Banden waren und eine oder zwo Stimmen begleiteten; zuweilen war nur eine Stimme mit einer Gitarre und zuweilen zwei oder drei Gitarren zusammen. In der Tat ist es nicht zu verwundern, daß die Gassenmusik hier nicht geachtet wird, da die Leute an allen Ecken damit gesättigt werden. Aber dagegen muß man auch zur Rechtfertigung des Geschmacks und der Einsicht der Italiener gestehen, daß, was sie bewundern, etwas Vortreffliches sei und alsdann „kein Tadel im kalten Lobe" bei ihnen, sie werden auf eine ihnen eigne Art entzückt; sie scheinen unter dem Vergnügen zu erliegen, das zu groß für ihre arbeitenden Sinne ist.

Sie hatten hier vergangnes Karneval auf sieben Theatern zugleich Oper, drei ernsthafte und vier komische, außer vier andern Komödientheatern, und alle waren Abend vor Abend voll.

Montag, den 6ten

Diesen Morgen ging der Doge in Prozession nach der Kirche *Giovanni e Paolo.* Ich war nicht allein neugierig, diese Prozession anzusehn, sondern auch die Musik zu hören, die ich mir als wichtig und von einem großen Orchester vorstellte; gleichwohl war es nur eine vierstimmig gesetzte Messe, von keinem andern Instrumente als der Orgel begleitet, dafür aber war sie so schön in ihrer Art, so gut abgesungen und akkompagnieret, daß ich mich nicht entsinne, mehr Vergnügen bei einer solchen Musik empfunden zu haben.

Einer der Organisten an der Markuskirche, ein Ordensbruder, welcher akkompagnierte, zeigte sich in seinen Vor-

und Zwischenspielen als ein wahrer Meister. Die Stimmen waren wohlgewählt und zusammenpassend, keine stärker als die andere. Die Komposition war vom Herrn Lotti und wirklich feierlich und majestätisch; sie bestund aus Fugen und Nachahmungen im Stile unsrer besten alten Kirchenstücke, welche Dr. Boyce so sorgfältig gesammlet und mit so vieler Pracht herausgegeben hat. Alles war darin klar und deutlich, keine Verwirrung oder überflüssige Note, zuweilen hatte sie sogar Ausdruck, besonders in einem Satze, welchen die Sänger so inniglich vortrugen, daß ich dadurch bis zu Tränen gerührt ward. Der hiesige Organist verstattete mit vieler Einsicht, daß man die Sänger deutlich hören konnte, und zwar so, daß ich oft vergaß, daß eine Instrumentalbegleitung dabei wäre. Im ganzen genommen scheint dieses der wahre Stil für die Kirche zu sein; er bringt einem nichts Irdisches, Weltliches oder Leichtsinniges in die Gedanken, er macht das Herz warmer Empfindungen fähig und reinigt es von groben und sinnlichen Leidenschaften. Die Rührung, die ich empfand, war bloß die Wirkung richtig modulierter und richtig abgemessener Klänge, denn die Worte des Textes konnte ich wegen der Entfernung nicht verstehn, wie denn überhaupt diese Art Musik der Poesie nicht vorteilhaft ist. Wenn die Stimmen bei einer Fuge nach und nach eintreten, singen sie jede verschiedene Worte zugleich, welches gewiß keine große Wirkung hervorbringen kann. Dieses Fehlers ungeachtet muß man doch eingestehen, daß solche Musik wie diese beim Gottesdienst in Kirchen ihre Vorzüge hat, so sehr man recht haben mag, sie von der dramatischen Szene zu verbannen.

Sir James Wright hatte mir die Ehre erwiesen, mir einen Brief an den *Chargé d'affaires* Sr. Britischen Majestät, Herrn Richie, mitzugeben, der auch so gütig und gefällig gewesen ist, mir manchen wesentlichen Dienst zu leisten. Heute erhielt ich durch seine Veranlassung einen Besuch von Sgr. Latilla, einem hiesigen berühmten Komponisten, mit dem ich eine lange Unterredung über den Zweck meiner Reise hatte. Ich fand an ihm einen verständigen, umgänglichen Mann von ungefähr sechzig Jahren, der sowohl über die Musik der Alten als der neuern (an welcher letztern er seit vielen Jahren schon keinen unwichtigen Anteil genommen)[27] vieles gelesen und gedacht hat. Ich bewunderte seine Ehrlichkeit, da er mir riet, ich sollte nach dem *Incurabili* gehn und da eine Musik von den Mädchen anhören, welche mir, wie er sagte, sehr gefallen würde. Es sind Schülerinnen des Signor Galuppi, welcher an diesem *Conservatorio Maestro di Capella ist.* Unglücklicherweise war die Musik schon angegangen, als ich hinkam, doch hatte ich noch weiter nichts versäumt als die Sinfonie und einen Teil der ersten Arie. Die Worte waren aus drei oder vier lateinischen Psalmen, aus der Hymne *Salve regina*, genommen, dazu ein Wechselgesang in lateinischen Versen kam. Ich wußte nicht, was mich mehr entzückte, ob die Komposition oder die Aufführung; beides war vortrefflich. Herr Galuppi hat alles sein Feuer und seine ganze Imagination aus dem kalten Rußland wieder mitgebracht, woher er neulich wieder zurückgekommen ist.[28] Dieser sinnreiche, zierliche und unterhaltende Komponist hat einen Reichtum an neuen, feurigen und feinen Gedanken, und seine Schülerinnen taten seiner Musik alle Gerechtigkeit. Einige unter ihnen hatten ungemeine Talente zum Singen, besonders die Rota, Pasqua Rossi und die Ortolani; die beiden letztern sangen den Wechselgesang. Die Einleitungssinfonie sowohl als das Ganze dieses Gesanges war für zwei Orchester gesetzt. In der Sinfonie, welche voller artigen Passagien war, machten die Orche-

27 Die meisten von den komischen Opern, welche zur Zeit des Pertici und Laschi mit so vielem Beifalle in London aufgeführt wurden, waren Latillas Komposition, besonders *La Comoedia in Comoedia, Don Calascione* und andre mehr. Er ist ein Oheim des Signor Picinni.

28 Galuppi ist in Italien am meisten unter dem Namen *Il Buranello* bekannt, den man ihm von seinem Geburtsorte Burano, einer kleinen Insel nicht weit von Venedig, beigelegt hat. So nennt man auch Hasse *Il Sassone, Il caro Sassone*. In Petersburg hat Signor Traëtta Galuppis Stelle erhalten.

ster eins ums andre das Echo. Es waren dabei zwei Orgeln und zwei Paar Waldhörner. Kurz, ich war ungemein vergnügt über diese Musik, und die Zuhörer, deren eine große Anzahl war, schienen es gleichfalls zu sein. Die eben genannten jungen Sängerinnen sind wahre Nachtigallen; mit vieler Leichtigkeit machen sie ebensolche schwere Sprünge und Läufe als dieser Vogel. Sie machen Sachen von dieser Art, besonders die Rota, dergleichen, soviel ich weiß, noch niemand vorher versucht hat. In allen Kadenzen dieser jungen Schülerinnen konnte man den geschickten Meister entdecken. Die Instrumentalmusik ward sehr gut ausgeführt, und das Ganze verriet ein vorzügliches Genie beim Komponisten und Direktor. Diese im höhern theatralischen Stile geschriebene Musik, ob sie gleich in der Kirche aufgeführet wurde, war doch nicht mit dem Gottesdienste verbunden, und die Zuhörer hatten sich hier versammlet wie in einem Konzert, und man konnte es mit dem größten Rechte ein *Concert spirituel* nennen.

Dienstag, den 7ten

Diesen Morgen war in der Kirche St. Gaetano musikalische Messe. Es war ein großer Festtag und derohalben alle Schätze und Reliquien zur Schau gestellt, wobei die Kirche gedrängt voll war. Der Komponist der Musik, der sie auch selbst aufführte, war Signor Menagatto, ein Priester. Ich kann nicht sagen, daß ich sehr davon erbauet worden wäre; die Orgel war von schlechtem Tone und ward elend gespielt, die Sänger bestanden in zwei mittelmäßigen Tenören und einem Basse, die Komposition war alltäglich und verriet gar kein Genie.

Um diese Zeit fängt hier das Volk an, wie es scheint, erst um Mitternacht zu leben. Um diese Stunde sind die Kanäle mit Gondeln bedeckt, und der Markusplatz ist voller Menschen; selbst die Ufer der Kanäle sind voller Volks, und von allen Seiten hört man Musik. Wo nur zwei Menschen von der niedrigsten Klasse Arm in Arm spazierengehen, scheinen sie sich im Gesange zu unterreden; mit Gesellschaften zu Wasser in einer Gondel ist es dasselbe;

eine bloße Melodie ohne zwote Stimme bekommt man in dieser Stadt nicht zu hören. Alle Lieder auf den Gassen werden als Duette gesungen. Glücklicherweise für mich war diese Nacht eine Barke mit Musik, die aus einer schönen Bande mit Violinen, Flöten, Hörnern, Bässen und Pauken bestund, auf dem großen Kanale und legte nicht weit von meinem Hause an. Es war eine Nachtmusik, die ein *Inamorato* seiner Geliebten machen ließ. Shakespeare sagt von nächtlicher Musik:

Methinks it sounds much sweeter than by day:
Silence bestows the virtue on it. – I think
The Nightingale, if she should sing by day,
When every goose in cackling, would be thought
No better a musician than the wren.[29]

Ob Zeit, Ort und Art des Vortrags dieser Musik ihr zufällige Reizungen gab, kann ich nicht sagen; alles, was ich weiß, ist, die Sinfonie schien mir außerordentlich schön, voller Phantasie, voller Feuer, die Passagien wohlgeordnet, zuweilen herrschte das Anmutige, zuweilen das Pathetische, und zuweilen, für so widersinnig man es achten mag, tat selbst das Lärmende und Rauschende gute Wirkung. Niemand, denke ich, wird gegenwärtig leugnen, daß in einer vielstimmigen Musik die Dissonanzen notwendig sind, nicht bloß, weil solche durch Gegensatz und Vergleichung die Konsonanzen erhöhen und versüßen, sondern noch mehr deswegen, weil sie ein notwendiger Reiz für die Aufmerksamkeit werden, welche bei einer Folge von reinen Konsonanzen ermüden würde. Sie verursachen dem Ohre ein vorübergehendes Leiden, das so lange unzufrieden, ja unruhig bleibt, bis es etwas Bessers zu hören bekömmt; denn keine musikalische Phrasis kann sich mit einer Dissonanz schließen, weil das Ohr am Ende befriedigt sein muß. Da nun Dissonanzen erlaubt und sogar im

29 Mir deucht sie viel süßer als am Tage. Die Stille gibt ihr die Kraft. Ich denke, die Nachtigall, wenn sie am Tage sänge, wo jede Gans schnattert, würde für keine bessere Sängerin gehalten werden als die Grasmücke. (Übers.)

Gegensatz zu Konsonanzen notwendig sind, warum sollte nicht Geräusch oder ein scheinbares Geschwätz abgemeßnen Klängen und einer harmonischen Proportion entgegengestellt werden können? Einige Dissonanzen der neuern Musik, welche bis Anfang dieses Jahrhunderts unbekannt waren, sind so hart, daß sie das Ohr nur eben ausstehen kann, und haben dennoch, als Kontrast gebraucht, eine gute Wirkung. Man kann den strengen Gesetzen von der Vorbereitung und Auflösung der Dissonanzen zu gewissenhaft folgen und dadurch große Wirkungen verlieren. Ich bin überzeugt, daß, wenn nur endlich das Ohr schadlos gehalten wird, es wenige Mißklänge gibt, die es nicht aushalten könnte. Wenn z. B. die fünf Töne c, d, e, f, g auf einem Clavecin zugleich angeschlagen und nur d und f bald aufgehoben werden und die übrigen bleiben, so wird das Ohr bei dem ersten Schlage eben nicht sehr leiden. Oder noch mehr, wenn statt der genannten fünf Töne die folgenden: c, dis, e, fis, g angeschlagen werden und nur dis und fis nicht so lange liegenbleiben als die übrigen, so wird sich alles zum Vergnügen des beleidigten Ohres endigen.

Mittwochs, den 8ten

Dieser Tag war für die Untersuchung des gegenwärtigen Zustandes der Musik in Italien nicht merkwürdig, gleichwohl verdient er hier bemerkt zu werden wegen der Gelegenheit, die er mir gab, mit dem Abbate Martini zu reden, der einer der besten Richter in allen Teilen der alten und neuen Musik war, die ich bis dahin angetroffen habe. Er ist ein geschickter Mathematiker, komponiert und spielt selbst. Er hatte eine Reise nach Griechenland getan, um in der Erdbeschreibung, der Ackerbaukunst und Naturgeschichte Bemerkungen zu machen, da er aber seinen eignen Erwartungen nicht Gnüge zu leisten vermochte, so ward sein Stolz durch diese fehlgeschlagene Hoffnung so beleidigt, daß er nicht dahin zu bringen gewesen ist, das Geringste von seinen Anmerkungen oder Entdeckungen herauszugeben. Bei andern Untersuchungen forschte er auch nach der Musik der neuern Griechen in der Hoffnung, daß diese ein Licht über die Musik der Alten verbreiten würde. Er kennt, wie ich glaube, so gut als nur irgend jemand sowohl die Systeme des Pythagoras, Ptolemäus und der übrigen Schriftsteller, welche Meibom gesammlet hat, als die Systeme des Rameau und Tartini. Er ist ein großer Bewunderer der Werke des Marcello und weiß alle seine Kantaten und seine besten Arien auswendig. Nachdem er meinen Plan gelesen, den wir Artikel vor Artikel durchgingen, war er sehr mit demselben zufrieden, zeigte mir seine griechischen und andern Manuskripte, und ich hatte große Ursache, sowohl mit meiner Aufnahme als mit den Nachrichten, die er mir mitteilte, zufrieden zu sein.

Den 9ten. Diesen Nachmittag hatte ich abermals eine lange Unterredung mit eben dem gelehrten Manne, der so gefällig war, mir seine Handschriften, die griechische Musik betreffend, als ein Geschenk anzubieten. Ich konnte dies Geschenk nicht anders als einen schätzbaren Fund betrachten, denn ob es gleich nicht Materialien genug zu einem eignen Buche enthielt, wie des Verfassers erste Absicht gewesen war, so scheinen sie mir doch von Wichtigkeit zum Einrücken in ein Buch, das nach seinem Zwecke nicht allein von der alten, sondern von der Nationalmusik aller Völker handeln soll, insofern zuverlässige Proben oder Nachrichten davon zu erhalten stehn. Der Abbate hat unter andern auch eine Sammlung von Apophthegmen oder Sprüchwörtern zusammengetragen in der Absicht, sie herauszugeben, welche die Sitten und das Elend der neuern Griechen vielleicht nachdrücklicher zutage legen wird, als irgendein ander Werk tun könnte.

Diesen Abend war in der Lorenzkirche Musik, komponiert und dirigiert vom Signore Sacchini, und war die Kirche sehr voll, weil es die Vigilie dieses Heiligen war. Vielleicht litt ich, wie alle übrigen, zu sehr von der Hitze, als daß meinem Herzen leicht wäre beizukommen gewesen, denn die Komposition kam mir alltäglicher vor als die andre, die ich vorher von diesem sinnreichen Meister gehört hatte; indessen waren die Singstimmen nicht so gut bestellt, weil keine andre Sänger da waren als die aus der Markuskirche, welche mehr gewohnt sind, bloße Kirchenmusik, ohne andre Begleitung als die Orgel, zu singen. Die Stimmen waren nicht schön genug für lange Solosätze und nicht stark genug, durch viele Instrumente durchzudringen. In der Komposition waren indessen sehr gefällige und angenehme Sätze und Stellen, und einige von den Chören waren recht gut im Fugen- und Oratorienstil gearbeitet. Aber in dieser Art Musik wird doch, nach meiner Meinung, Händel immer vor allen andern den Vorzug behalten, wenigstens hab' ich, solange ich auf dem festen Lande bin, noch nichts von gleicher Stärke und Wirkung gehört. In den Kompositionen der andern findet man oft mehr Melodie in den Solostellen, mehr Gelecktes, mehr Schatten und Licht, aber in Ansehung der Erfindung und der Harmonie stehn sie alle weit hinter ihm. Ich muß gestehn, ich hatte einige von Händels Musiken so lange und oft so schlecht besetzt gehört, daß sie mir fast ein wenig ekel und überdrüssig geworden waren; allein meine italienische Reise, anstatt die Hochachtung, die ich allemal gegen die besten Arbeiten dieses wahrhaftig großen Tonkunstlers gehegt habe, zu vermindern, hat sie vielmehr vermehret, und bei meiner Zurückkunft habe ich solche mit neuem Vergnügen gehört. Bis dahin hatte ich in Italien wenig andre als Kirchenmusik gehört, aber in diesem Stile, mit Instrumenten, schienen mir alle andre Kompositionen in Vergleichung mager. Die Fugensubjekte waren, überhaupt genommen, gemein und alltäglich und die Ausarbeitung trocken und wenig kunstmäßig. Freilich war der Kirchenstil, ohne Instrumente, die Orgel ausgenommen, in Italien noch lange vor Händel bekannt genug, und die Melodie ist seitdem viel verfeinert, sie ist angenehmer, pathetischer und sogar lebhafter geworden; allein was den Kontrapunkt, die Fugen und vollstimmigen Chöre mit Instrumenten betrifft, so wiederhole ich es, ich habe nie seinesgleichen gehört und erwarte es auch nicht.

Den 10ten. Diesen Morgen ging ich wieder nach der Kirche des Hl. Lorenz, woselbst ich außer einer Messe von der Komposition des Sgr. Sacchini den Sgr. Nazzari, ersten Violinisten von Venedig, ein Konzert spielen hörte. Allein wir haben in England schon so viele gute Violinspieler gehört, daß uns nichts mehr übrigbleibt zu bewundern. Indessen spielt Signor Nazzari sehr sauber und gefällig, er zieht einen egalen, glatten und vollen Ton aus seinem Instrumente. Er spielt mit großer Leichtigkeit und vielem Ausdrucke und ist überhaupt der besten Sologeiger, den ich jenseits der Alpen gehört hatte.

Vom Argus wird gesagt, daß er hundert Augen gehabt, und die Fama ist von den Dichtern als lauter Zunge vorgestellt worden; hier möchte man wünschen, lauter Ohr für die Musik und für die Malerei und Baukunst lauter Auge zu sein. Am heutigen Tage gab es für einen Liebhaber der Harmonie so viele Versuchungen, daß ihm die Wahl schwer ward, denn außer den vier *Conservatorios* wurden heute verschiedene Akademien oder Privatkonzerte gehalten. Ich war zu einem eingeladen, welches sich an allen Festtagen versammlet, um Marcellos Werke ohne andre Begleitung als einen Flügel zu singen; und weil dieses von allen andern, denen ich in Italien beigewohnt hatte, verschieden war, so nahm ich die Einladung an, ob ich mich gleich sehr nach dem *Conservatorio* der *Incurabili* wünschte, woselbst ich sicher von Buranello und seinen Schülerinnen angenehm unterhalten worden wäre.

Einige von Marcellos Psalmen wurden hier vom Abbate Martini und einigen andern Liebhabern sehr gut gesungen, unter denen einer eine schöne Baßstimme hatte, der zwischen den Psalmen des Marcellos berühmte Kantate *Kassandra* sang, in welcher der Komponist die Musik der Poesie völlig aufgeopfert hat, indem er bei jeder in den Worten vorkommenden neuen Idee die Taktart oder den Stil verändert hat. Das mag füglich beweisen, daß der Komponist ein Mann von großer Einsicht ist, es muß ihn aber auch zugleich als einen sehr phlegmatischen Mann verraten, der von dem Enthusiasmus eines schöpferischen musikalischen Genies völlig frei ist. Und in der Tat würde das Publikum, seitdem die Melodie mit Anmut und Phantasie verbunden ist, unzusammenhängende musikalische Gedanken über verschiedne Subjekte nur sehr schlecht aufnehmen. Einer von diesen Herrn Liebhabern war bejahrt genug, daß er sich des berühmten Benedetto Marcello noch ganz wohl erinnerte, der schon seit vierundvierzig Jahren tot ist, und er erzählte mir von ihm verschiedene Anekdoten. Seine Familie, welche zu dem venezianischen Adel gehört, besteht noch, und das Haupt derselben ist gegenwärtig Abgesandter der Republik Venedig bei der Pforte.

Den 11ten August

Diesen Nachmittag ging ich wieder nach der *Pietà*. Es waren nicht viel Leute da, und die Mädchen machten hundert Künsteleien im Singen, vornehmlich in den Duetten, wo sie wetteiferten, wer die besten Naturgaben oder die meiste Geschicklichkeit hätte, wer am höchsten oder tiefsten käme, wer am längsten eine Note wachsend aushalten oder am schnellsten abgestoßene Läufe hervorbringen könnte. Sie schließen immer mit einer Sinfonie, und vorigen Mittwoch spielten sie eine von Sarti, welche ich schon ehmals in England in der Oper gehört hatte. Das Orchester ist hier in der Tat sehr ansehnlich, denn in dem Hospitale sind über tausend Mädchen, wovon siebenzig musikalisch sind und teils singen, teils spielen; in jedem von den andern drei Hospitälern sind nicht über vierzig, wie Sgr. Latilla mir sagte, welche der ersten Stiftung zufolge aus einigen hundert Waisen ausgesucht werden. Doch weiß man wohl, daß Kinder, wenn sie eine schöne Stimme haben, in die Hospitäler aufgenommen werden, ohne ihrer Eltern beraubt zu sein. Auch bringt man wohl zuweilen aus venezianischen Städten auf dem festen Lande, von Padua, Verona, Brescia und sogar von noch entferntern Orten Kinder zur Erziehung hieher. So kam Francesca Gabrielli von Ferrara hieher und heißt deswegen *la Ferrarese*. Das *Conservatorio* der *Pietà* ist bisher wegen seines Orchesters und das der *Mendicanti* der Singstimmen wegen am berühmtesten gewesen. Allein in den Stimmen können Zeit und Zufall viel verändern; der Lehrer kann eine Schule von dieser Art sowohl durch seine Kompositionen als durch seine gute Art zu unterrichten in Ansehn bringen; und was die Stimmen anbetrifft, so mag die Natur manchmal den Subjekten in einem Hospitale günstiger sein als denen in einem andern; allein, da die Zahl in der *Pietà* größer ist als bei den übrigen und also mehrere da sind, bei denen man vorzügliche Geschicklichkeit antreffen kann, so ist es natürlicherweise zu vermuten, daß dies Hospital überhaupt die besten Stimmen und das beste Orchester habe. Itzt zeigen sich die großen Geschicklichkeiten des Sgr. Galuppi in den Musiken in dem *Incurabili,* welches in Ansehung der Stimmen und des Orchesters nach meiner Meinung alle übertrifft. Nach ihm folgt unter den übrigen beiden das *Ospedaletto,* daß also das Hospital der *Pietà* nicht so sehr deswegen, was es itzt tut, den Ruf der besten Musikschule hat als wegen dessen, was es getan hat.

Sonntags, den 12ten August

Nachdem ich heute früh die *Hohe Messe* in der St.-Markus-Kirche sehr gut hatte aufführen hören, ging ich in die Patriarchalkirche des Hl. Petrus und hörte sie daselbst noch einmal von einer sehr schönen Orgel begleitet, welche einer von den Priestern schlug. Hierauf ging ich in die Kirche der Franziskaner, wo gleichfalls einer von den Mönchen Organist war und sowohl in Absicht auf den Geschmack als auf die Harmonie außerordentlich gut spielte. Ungeachtet ich diese Kirchen eigentlich der Musik wegen besuchte, so konnte ich mich doch unmöglich enthalten, auch die Gemälde und die Baukunst darin zu betrachten. Allein ich fing hier an zu bemerken, daß diese beiden Gegenstände des Gesichts von meinem Hauptzwecke, eine Geschichte der Vergnügungen des Ohrs zu beschreiben, nicht so sehr entfernt waren, als ich anfangs dachte; denn ich fand oftmals bei alten Meistern Vorstellungen von musikalischen Instrumenten, entweder aus ihren Zeiten oder wenigstens solche, als sie zu der Zeit, worin die Geschichte ihres Gemäldes fiel, für gebräuchlich hielten. So entdeckte ich in Paul Veroneses berühmtem Gemälde von der Hochzeit zu Cana, welches in der Sakristei der Kirche von *St. Giorgio maggiore* ist, ein Konzert mit allerhand Instrumenten, von welchen allen ich mir eine Nachricht aufgezeichnet habe. Heute früh bemerkte ich ebenfalls bei den Franziskanern ein kleines Gemälde von San Croce unter der Kanzel, welches man sehr bewundert und in Raffaels Manier gemacht zu sein glaubt; es stellt unter andern ein Konzert der Cherubim und Seraphim vor, und ich fand unter verschiednen Arten von Lauten und Zithern ein Instrument, welches mit dem Bogen gespielt ward und gleich einer Geige auf der Schulter des Spielers ruhete, aber dabei sechs Saiten hatte.

Nachdem ich diese und andere Kirchen gesehen hatte, genoß ich die Ehre, mit dem Conte Torre Taxis[30], der hier eine Person von großem Ansehn ist, eine lange Unterredung zu haben. Er ist deutscher und venezianischer Generalpostmeister und war ein großer Freund von Tartini, von dem er itzt alle geschriebenen Kompositionen besitzt, wobei er mir eine Menge zeigte. Er hat seinen Freund in einer kleinen Schrift gegen einige Anmerkungen über seinen *Trattato di Musica* verteidigt, die Rousseau in dem *Dictionnaire de musique* gemacht hat. Dieser Herr, so jung er ist, scheint große musikalische Gelehrsamkeit zu besitzen und aus dem Umgange und dem Briefwechsel mit Tartini viel gelernt zu haben, so wie er überhaupt für alle Künste enthusiastisch ist. Diese Unterredung mit ihm, worin ich ihm meinen Plan einer Geschichte der Musik mitteilte, machte mir viel Vergnügen, und seine Anmerkungen waren mir so angenehm als unterrichtend.

Des Nachmittags hielt ich mich in der neuen Kirche der Gesuati eine kleine Weile auf, wo ich einen Dominikaner mit außerordentlich schimmernder Fertigkeit die Orgel

30 Er ist von einer Familie mit dem deutschen Fürsten, welcher in Frankreich und England unter dem Namen des Fürsten von Thurn und Taxis bekannter ist.

schlagen hörte. Freilich spielte er in einer Manier, die sich eher für den Flügel als für die Orgel schickte, jedoch in ihrer Art meisterhaft und voll Kraft war. Es waren einige Rohrstimmen in diesem Werke, welche ich zuvor nie gehört hatte und womit der Spieler unbeschreibliche Wirkung tat. Ich hatte keine Zeit, nähere Untersuchungen darüber anzustellen, da ich diese Kirche bloß auf meinem Wege nach den *Incurabili* mitnahm, wo ich sowohl an der Komposition als an der Aufführung so viel Gefallen fand, daß es mir schwer werden wird, ohne Übertreibung davon zu reden.

Es scheint, als wenn Sgr. Galuppis Genie gleich dem des Tizian durch das Alter noch feuriger geworden sei. Er kann itzt nicht weniger als siebenzig Jahre alt sein, und dennoch räumt jedermann hieselbst ein, daß seine letzten Opern und Kirchenkompositionen mehr voll Geist, Geschmack und Einbildungskraft sind als irgendeine aus den verschiednen Zeitpunkten seines Lebens. Heute nachmittag bewogen mich die lateinischen Psalmen, welche von den Waisenmädchen gesungen wurden, jenem allgemeinen Urteile beizutreten, denn unter zehn oder zwölf Stücken war auch kein einziges, das man hätte unbeträchtlich nennen mögen. Es kamen verschiedne begleitete Rezitative darin vor, und diese ganze Musik war reich an neuen Sätzen, voller guten Geschmacks, guter Harmonie und Überlegung. Seine Instrumentalbegleitung besonders ist allzeit sinnreich, aber bei ihrer Fülle doch frei von der Verwirrung, welche die Stimmen stört oder übertäubt. Ich muß dem Orchester gleichfalls Gerechtigkeit widerfahren lassen; es wird hier in der strengsten Ordnung gehalten; kein Spieler schien begierig zu sein, auf Kosten der Singstimmen hervorzuglänzen, sondern alle schienen unter der Art von Unterwürfigkeit zu stehen, welche ein Untergebner seinen Obern schuldig ist.

Ich habe von diesen jungen Sängern vorhin warm genug geredet, allein bei dieser Musik entdeckte ich noch neue Talente und neue Ausbildungen derselben. Was sie heute abend aufführten, war ernsthafter, als was ich zuvor von ihnen gehört hatte, und mir deuchte, sie waren ihrer Sache itzt noch gewisser; ihre Intonation war richtiger, und weil das Zeitmaß langsamer war, so konnten die beiden Hauptsängerinnen die Kraft ihrer Stimmen mehr auslassen. Bei ihren Kadenzen weiß ich nicht, was mich mehr in Erstaunen setzte, der Umfang der Stimme, die Mannigfaltigkeit von Läufen oder die schnelle Fertigkeit, kurz, alles war so, daß es in den besten Opern in Europa den größten Beifall verdient und erhalten hätte. Ich halte mich dabei länger bei diesen Musiken auf, da itzt alle Theater zu Venedig geschlossen sind. Doch der einzige Unterschied zwischen dieser Art Kirchenstücke und der dramatischen Musik besteht in den Chören; die in den ersten sind lang, ausgearbeitet, und zuweilen leuchtet viel Fleiß daraus hervor, und man irret, wenn man glaubt, daß alle italienische Kirchenmusik so leicht und dünne gewebt sei als die in der Oper; bloß an den Festtagen kann man neuere Musik in allen Kirchen hören. Die Musik, die des Alltags in den Domkirchen aufgeführt wird, ist in einer so ernsthaften und alten Schreibart abgefaßt als unsre zweihundertjährigen Kirchenmusiken, und in den Pfarrkirchen ist es bloßer *Canto fermo* oder Gesang, der von den Priestern bloß im Einklange gesungen wird, bald mit der Orgel, bald ohne dieselbe. Wenn man Händels erste Oratorien mit den Opern vergleicht, die zu gleicher Zeit gesetzt, so wird es sich zeigen, daß die Arien in jenen oftmals ebenso munter sind als die in den Opern. Was aber die Chöre einer Oper anbetrifft, welche alle mit Handlung begleitet sind und aus dem Gedächtnis gesungen werden, so müssen sie natürlicherweise kürzer und weniger gearbeitet sein als die in einem *Oratorio,* wo jedem Sänger seine Stimme vor Augen liegt und der Komponist Zeit genug hat, seine Geschicklichkeit in jeder Art des fleißigen Stils, wie ihn die Tonkünstler nennen, zu zeigen.

Von dem *Incurabili* erwies mir seine Exzellenz, Sgr. Murin Giorgi, die Ehre, mich in eine Akademie in der *Casa Grimani* zu führen, wo ich zum erstenmal die Ehre hatte, Sgra. Baffa, eine venezianische Dame von Adel, zu hören.

Man hält sie seit langer Zeit für die beste Flügelspielerin unter dem venezianischen Frauenzimmer; und ich fand, daß sie niedlich, mit vielem Geschmacke und Urteile spielte. Die Gesellschaft bestund aus dem vornehmsten Adel in Venedig, und die drei genannten Personen waren aus der ersten Klasse. Man ließ in dieser Gesellschaft meiner Landsmännin, Frau Cassanda Wynn, viele Gerechtigkeit widerfahren; sie war vergangnes Jahr hier gewesen und hatte den Ruf einer großen Spielerin hinterlassen.

Dienstags, den 14ten

Es war heute abend die Vigilie vor dem Himmelfahrtsfeste und also in drei verschiednen Kirchen Musik. Ich ging erst zu der Kirche *Celestia;* die Vespermusik war von dem *Maestro di Pietà,* Sgr. Furlanetto, gesetzt; es waren zwei mit Sängern und Spielern sehr gut besetzte Orchester. Die Anfangssinfonie war geistreich und das erste Chor gut und im Kontrapunkte; sodann folgte eine lange Sinfonie, gesprächsweise zwischen beiden Orchestern abwechselnd, und eine Arie mit guter Begleitung, die aber sehr mittelmäßig gesungen ward. Hierauf folgte eine mit dem Chor dialogierte Arie, welche gute Wirkung tat, eine Tenorarie von geringem Werte und eine für den Baß, welche sinnreich zusammengesetzt war, indem der Komponist die vornehmsten Instrumente miteinander abwechseln ließ. Ich blieb nicht die ganze Musik hindurch da, allein was ich hörte, schienen mir alle Kompositionen dieses Tonkünstlers, soviel ich deren vorhin gehört hatte, zu übertreffen; er nutzte das doppelte Orchester sehr gut und brachte verschiedne Wirkungen hervor, welche mit einem einfachen unmöglich gewesen wären.
Von hier ging ich zu den *Ospedaletto,* wo die Musik und die Musiker eine verschiedene Sprache führten. Das aufgeführte Stück war ein lateinisches Oratorium, *Machabaeorum Mater*, und die Musik von Sgr. Sacchini. Es waren sechs Personen darin, wovon Francesca Gabrielli die vornehmste Sängerin war. Das Oratorium hatte zwei Teile, wovon der erste vorbei war, ehe ich kam, welches mir

sehr leid tat, da der noch übrige mir so ungemein gefiel sowohl in Ansehung der vortrefflichen Komposition als des Gesanges, der unbeschreiblich schön war. Als ich in die Kirche trat, sang die Ferrarese ein vortrefflich begleitetes *Recitativo* so schön, als man es selten hört, eine Bravourarie trat in dasselbe ein, deren zweiter Teil pathetisch und in Jommellis Oratorienstile geschrieben war, aber gar nicht seine Passagien hatte. Hierauf kam ein *Recitativo* und eine langsame Arie, welche Laura Conti sang. Sie hat keine starke Stimme, sondern eine bloße *voce di Camera*, aber unbeschreiblich viel Ausdruck und Geschmack und ergötzte mich auf eine von der vorigen verschiedene Weise. Sodann folgte ein ander Rezitativ und nachher ein Duett, welches wahrhaftig erhaben war. Dominica Pasquati und Ippolita Santi führten es außerordentlich gut aus. Überhaupt nimmt meine Achtung gegen Sgr. Sacchini immer zu, und nach meinem Gefühl und Einsicht ist er der zweite in Venedig und hat keinen über sich als Sgr. Galuppi. Das Singen, welches ich heute in diesem Hospitale hörte, würde ganz gewiß ebenso wie das in dem *Incurabili* in den besten Opern großen Beifall finden.

Mittwochs, den 15ten

Heute ging ich in die St.-Markus-Kirche, wo einer Feierlichkeit wegen der Doge gegenwärtig war. Ich hörte die *Hohe Messe* an, welche daselbst unter der Direktion des Sgr. Galuppi, der sie gesetzt hatte, aufgeführt ward. Es waren bei dieser Gelegenheit sechs Orchester da, nämlich zwei große auf den Emporkirchen der beiden Orgeln und vier kleinere, zwei auf jeder Seite, wobei gleichfalls kleine Orgeln waren. Ich hatte eine sehr vorteilhafte Stelle bei einer von den großen Orgeln, neben Sgr. Latilla, Galuppis Gehülfen.[31] Die Musik, welche überhaupt wohlgearbeitet und ernsthaft war, tat starke Wirkung, ungeachtet diese Kirche gar nicht gut für die Musik eingerichtet ist, indem sie fünf Dome oder Kuppeln hat, wodurch der Schall zu

31 Dies Werk hat ein Pedal, aber nur ein einziges Manual.

oft gebrochen wird und zurückprallt, ehe er das Ohr berührt.
Von hier ging ich wieder zu der *Celestina,* welche Kirche ungemein voll war. Die Messe war von Herrn Furlanetto, Kapellmeister der *Pietà,* die Quelle dieses Komponisten ist nicht sehr ergiebig, er hat wenig Feuer und noch weniger Mannigfaltigkeit. Er sündigt mehr gegen das Genie als gegen die Gelehrsamkeit, denn seine Harmonie ist gut und seine Modulation regelmäßig und fehlerfrei, allein ich muß gestehn, daß seine Musik für mich langweilig war und Überdruß und Unzufriedenheit bei mir hinterließ, dahingegen die von Sgr. Galuppi und Sacchini allemal aufheiternd und belebend sind. Sgr. Nazzari spielte hier ein Violinkonzert sehr nett und gefällig. Ich weiß nicht, wer es gesetzt hatte, aber der Neuigkeit wegen war es gar nicht merkwürdig. Nach Tische ging ich in die Kirche *Santa Maria Maggiore,* um einige Gemälde zu sehen, aber ich kriegte unglücklicherweise eine Musik zu hören, wovon ich nicht geglaubt hätte, daß Italiener sie ausstehen könnten. Die Orgel war nicht gestimmt, die andern Instrumente hielten keinen Takt, und an den Stimmen war beides auszusetzen; außerdem schien die Komposition gerade solch Zeug zu sein, wie ein Knabe, der den Kontrapunkt lernt, nach der dritten oder vierten Stunden hervorbringen würde. Nachdem ich die beiden besten Gemälde in der Kirche (besehen), nämlich den berühmten Johannes den Täufer von Tizian und die Arche Noae von Giacomo Bassano, lief ich aus dieser Musik nach dem *Incurabili,* wo Buranellos Nachtigallen, die Rota und Pasqua Rossi, Balsam in meine verwundeten Ohren gossen. Es war nicht viel Gesellschaft da, und die Mädchen gaben sich nicht viel Mühe; doch nach dem, was ich eben gehört hatte, war ihre Musik entzückend, und nicht ohne Schmerz dachte ich daran, daß ich itzt zum letzten Male sie hörte.

Donnerstags, den 16ten August

Der Besuch, den ich heute früh bei Herrn Galuppi ablegte, daurete lange und war nützlich und unterhaltend.

Ich freuete mich, als ich ihn sah, daß die Zeit der Person dieses vortrefflichen Komponisten so sehr geschonet hatte als seines Genies. Er ist immer noch lebhaft und munter und kann dem Anscheine nach noch manche Jahre die Freunde der Musik ergötzen. Sein Charakter und sein Umgang sind natürlich, offen und angenehm.
Er ist klein und hager von Person, hat aber ein edles Ansehn. Herr Galuppi war ein Schüler des berühmten Lotti, und er zeigte sich früh als ein guter Klavierspieler und ein Mann von Genie in der Komposition. Er war so gütig, mich der Sgra. Galuppi vorzustellen und mir sein Haus zu zeigen, wo ich ein vortreffliches Gemälde von einem schlafende Kinde von P. Veronese, welches lange Zeit ein Familienstück seiner Frau gewesen war, (sahe); hierauf führte er mich in seine Studierstube, worin nur ein Clavichord stund und wo er, seinem Ausdrucke zufolge, Papier verdürbe. Seine Familie ist sehr stark gewesen, allein seine Kinder sind alle, drei oder vier ausgenommen, wohlverheiratet. Er hat das Ansehn eines guten Hausvaters, und man schätzt ihn in Venedig sowohl wegen seines Charakters im Privatleben als seiner Talente wegen hoch. Doch scheint es, man tue ihm Unrecht, indem man einigen geistlichen Dunsen, unter welchen F. ist, als Komponisten Unterhaltung und Schutz angedeihen läßt. Er ragt auch unter dem gegenwärtigen Geschlechte der Musiker in Venedig (wovon ich Sacchini ausnehme) so sehr hervor wie ein Riese unter den Zwergen. Auf mein Bitten war er so gütig, mir ein noch unbekanntes Stück von seiner Komposition als ein Angedenken und Zeichen seiner Freundschaft zu versprechen. Ich zeigte ihm meinen Plan, und wir sprachen darüber wie auch über die Musik und Musiker sehr vertraulich und mit ähnlichen Gesinnungen. Seine Beschreibung der guten Musik deuchte mir vortrefflich und ist, so kurz sie auch ist, sehr fruchtbar. Sie besteht, sagt er, aus *vaghezza, chiarezza e buona modulazione.*[32]
Er und Sgr. Latilla sagten mir unter vielen andern Nach-

32 Schönheit, Deutlichkeit und gute Melodie.

richten die Namen aller großen Meister in den Konservatorien und hatten Geduld genug, mich sie aufschreiben zu lassen.
Beide Männer belehrten mich, daß die Kosten der Konservatorien, was die Musik anbetrifft, sehr unbeträchtlich sind, indem man nur fünf oder sechs Lehrer für den Gesang und die verschiednen Instrumente in jedem hat und die ältern Mädchen die jüngern unterrichten. Der *Maestro di Capella* tut selten mehr als komponieren und dirigieren; zuweilen schreibt er auch wohl die Kadenzen auf und ist gewöhnlich bei der letzten Probe und ersten öffentlichen Aufführung.
Diese Schulen haben eine Reihe von geschickten Meistern zu Lehrern gehabt. Hasse war einmal Maestro in dem *Incurabili* und hat ein *Miserere* hinterlassen, welches beständig in der Karwoche aufgeführt wird und dem Abbate Martini zufolge eine wundervolle Komposition ist.
Sgr. Galuppi schien hier, selbst im Sommer, wenn keine Opern sind, genug zu tun zu haben, denn er ist *Maestro di Capella* von St. Markus sowohl als in dem *Incurabili.* Er hat jährlich hundert Zechinen als Privatorganist der Familie Gritti, und er ist auch Organist an einer andern Kirche, deren Namen ich vergessen habe. Er verdient gewiß alles, was man hier für ihn tun kann, denn er ist einer von den wenigen übrigen Originalgenies der besten Schule, die vielleicht je in Italien war. Seine Kompositionen sind stets voll Genie und Natur, und ich kann hinzufügen, daß er ein guter Kontrapunktist und Freund der Poesie ist. Das erste zeigt sich in seinen Partituren und das andere in den Melodien, die er auf Texte setzt, worin der Ausdruck seiner Musik allemal den Gedanken des Dichters entspricht und ihn sogar oftmals hebt. Seine Kirchenkompositionen sind in England wenig bekannt, sie scheinen mir aber vortrefflich, denn obgleich manche Arien im Opernstile geschrieben sind, so zeigt er doch bei Gelegenheit, daß er auch im wahren Kirchenstile, welcher ernsthaft, voll guter Harmonien, schöner Modulation und fleißig gearbeiteter Fugen ist, geschickt zu schreiben wisse.

Heute abend war ich in einer andern Akademie bei Sgr. Grimani, welche viel besser als die erste war. Sgr. Sacchini und einige von den vornehmsten Musikern zu Venedig waren daselbst. Sgra. Regina Zocchi, eine Dame, die ihre musikalische Erziehung unter dem berühmten Hasse in dem *Incurabili* gehabt hatte und nun gut verheiratet ist, ein Frauenzimmer, welches von den vornehmsten Leuten hieselbst wohl aufgenommen und selbst verehret wird, sang in diesem Konzerte. Sie hat eine kräftige Stimme, einen schönen Triller mit viel Geläufigkeit und Ausdruck. D. Flaminio Tomi, der eine bloße *voce di Camera* hat, sang mit auserlesenem Geschmacke. Sgra. Baffa spielte zwei oder drei Klavierkonzerte mit viel Grazie und Genauigkeit. Hiezu kam noch, daß eine zahlreiche Versammlung, die aus dem vornehmsten Adel in Venedig bestund und worunter Sgr. Mocenigo, ein Sohn des itzigen Dogen, sich befand, sehr aufmerksam zuhörte.

Freitags, den 17ten August

Diesen Morgen hatte ich die Ehre einer zweiten Unterredung mit dem Grafen von Thurn und Taxis, wobei ich das Vergnügen genoß, Sr. Exzellenz auf dem Flügel, worauf er sehr geschickt ist, spielen zu hören; er phantasierte lange und zeigte darin viel Einsicht in die Modulation, und ich fand, daß er eine Stelle unter Tartinis Schülern vom ersten Range verdiente. Er zeigte mir eine große Anzahl Messen, Motetten und Oratorien von seiner Arbeit; denn ob er gleich noch jung ist, so hat er doch schon sehr viel geschrieben. Auch zeigte er mir ein Instrument eines auf besondere Art eingerichteten Klavieres, welches nach des Königs von Preußen Angabe verfertigt ist. Es hat das Ansehn eines großen Clavichords, verschiedne Auszüge und ist bald eine Harfe, ein Flügel, eine Laute oder ein Fortepiano; doch das Merkwürdigste an diesem Instrumente besteht darin, daß man das Klavier herausziehen und die Tangenten unter andre Saiten bringen kann, wodurch ein Stück nach Belieben um einen halben oder ganzen Ton oder auch eine kleine Terz niedriger kann trans-

poniert werden, ohne daß man verschiedne Noten und Schlüssel entweder wirklich oder in Gedanken nötig hat.
Unter den *Dilettanti* hieselbst ist außer dem Grafen von Taxis noch ein venezianischer Nobile, Sgr. Giovanni Cornaro, wegen seines Genies und Geschmacks in der Komposition merkwürdig. Er hatte eine Messe zu einem großen Feste für eine Kirche in Padua gesetzt, welche daselbst von einer unbeschreiblichen Menge Sängern und Spielern aufgeführt ward, als ich zu Venedig war.
Um mich genauer mit der Einrichtung der Konservatorien bekannt zu machen und meine hiesigen musikalischen Untersuchungen zu endigen, erhielt ich die Erlaubnis, in die Musikschule der *Mendicanti* zu kommen, und hörte ein Konzert, welches bloß mir zu Gefallen war angestellt worden; es währte zwei Stunden, und die besten Sängerinnen und Spielerinnen waren dabei. Es war wirklich merkwürdig, jede Stimme dieses vortrefflichen Konzerts mit Frauenzimmer sowohl besetzt zu sehen als zu hören, die Violinen, Bratschen, Violoncelle, Flügel, Waldhörner, ja gar den Kontraviolon spielten. Die Priorin, eine schon bejahrte Frau, führte sie an; die erste Violine ward von Antonia Cubli von griechischer Herkunft gespielt; den Flügel spielten bald Francesca Rossi, *Meastra del Coro,* bald aber andre. Der Gesang war in verschiednem Stile wirklich vortrefflich; Laura Risegari und Giacoma Freri hatten durchdringende Stimmen, welche ein großes Theater hätten ausfüllen können; sie sangen Bravourarien und ausgesuchte Szenen aus italienischen Opern; Francesca Tomi, eine Schwester des Abbate dieses Namens, und Antonia Lucuvich, deren Stimmen zärtlicher waren, schränkten sich vornehmlich auf rührende Arien ein, wobei es auf Geschmack und Ausdruck ankam. Überhaupt herrschte eine weise Abwechslung im Ganzen, nie folgten zwei Arien von einerlei Gattung aufeinander, und es schien, daß insbesondere genau auf Wohlstand und strenge Ordnung gehalten ward; denn diese bewundernswürdigen Musiker, die von verschiedenem Alter waren, betrugen sich alle, wie sich's gebührte, und schienen wohlerzogen zu sein.

Hier war es, wo die beiden berühmten Tonkünstlerinnen, die Archiopate, itzige Sgra. Guglielmi, und Sgra. Maddalena Lombardini Sirmen, welche in England so großen und gerechten Beifall erhalten haben, ihre musikalische Erziehung erhielten. Wenn ich mich noch einige Tage länger in Venedig hätte aufhalten können, so hätte ich eben das Vergnügen in den übrigen drei Konservatorien genießen können, indem mich ein Freund noch zu bleiben überreden wollte, der imstande war, mir den Anblick der innerlichen Disziplin dieser vortrefflichen musikalischen Pflanzschulen zu verschaffen. Es kostete mich um so viel mehr Überwindung, dieses gütige Anerbieten auszuschlagen, da in ganz Italien sonst keine Anstalten von der Art sind; allein, da ich entschlossen war, die Zeit, die ich zu meinen Untersuchungen ausgesetzt hatte, so gleichmäßig als möglich zu verteilen, so widerstand ich dieser Versuchung sowohl als verschiednen andern Anerbietungen, womit einige der Vornehmsten von Adel mich beehrten, in Privatkonzerten beizuwohnen; und also muß ich zum Ruhm Italiens sowohl als zu meiner eigenen Ehre sagen, daß ich, wo ich mich nur aufhielt, aufs höflichste aufgenommen ward und alle erdenkliche Aufmunterung und Beistand erhielt. Zu Venedig ward meine Erwartung sehr übertroffen, weil man mir allentnalben gesagt hatte, die Einwohner, vornehmlich die Vorrehmen, wären zurückhaltend und erlaubten den Fremden nicht gern den Zutritt.

Vieles von meinem in Venedig genoßnen Unterrichte und Vergnügen habe ich den freundschaftlichen Bemühungen des Herrn Eduards zu danken, der von Geburt ein junger Engländer ist, aber sich so lange Zeit hier aufgehalten hat, daß er seine Muttersprache nicht mehr reden kann. Mit diesem Herrn und D. Flaminio Tomi kam ich aus dem *Conservatorio* der *Mendicanti* nach Sgr. Grimanis Hause; hier sang der Abbate Tomi ein paar pathetische Arien mit so vielem Geschmacke, daß ich seit Palmas Tode mich nicht erinnere, etwas Schöneres gehört zu haben. Es war große Gesellschaft da, und die Aufführung allerhand musikalischer Stücke dauerte bis zwei oder drei Uhr des Morgens, da ich von Sgr. Grimani einen melancholischen Abschied nahm. Dieser Herr hatte mich auf eine Weise aufgenommen, die mehr als Höflichkeit und Gastfreiheit war; bei einer minder erhabenen Person würde ich es Freundschaft nennen, hier konnte es nur sich herablassende Güte sein.

Um meine Nachricht von der Musik dieser reizenden Stadt zu schließen, muß ich noch bemerken, daß die Hauptkennzeichen der Komponisten aus der venezianischen Schule, ob sie gleich überhaupt genommen gute Kontrapunktisten sind, in der Feinheit des Geschmacks und der Fruchtbarkeit der Erfindungskraft bestehe. Es kommen viele Umstände zusammen, um die venezianische Musik besser und allgemeiner zu machen, als sie sonst irgendwo ist: Die Venezianer haben außer den theatralischen wenig Belustigungen. Spazierengehen, Reiten und alle andere ländliche Ergötzungen sind ihnen versagt. Diesem hat man es einigermaßen zuzuschreiben, daß die Musik so häufig ist und mit so vielem Aufwande getrieben wird. Außerdem kann die Zahl der Theater, in welchen die Gondelfahrer allemal freien Zutritt haben, zum Beweise dienen, wieviel besser sie singen als Leute von so niedrigem Stande an andern Orten.[33] Und was die Familien, in welche oftmals Mädchen aus den Konservatorien hineinheiraten, anbetrifft, so mag man natürlicherweise voraussetzen, daß guter Geschmack und Liebe zur Musik in denselben herrscht.

Die St.-Markus-Bibliothek, welche an Büchern aus allen Fakultäten einen Überfluß hat, verschaffte mir nur wenig Materialien zu meinem die Musik betreffenden Werke. Doch war mir die Unterredung mit Sgr. Zanotti, dem Oberbibliothekar, einem sehr höflichen und gar nicht zurückhaltenden Manne, ungemein vorteilhaft.

Die Buchdruckerei ist in Venedig schon seit dem Jahre

33 Wenn eine Loge, die einer adeligen Familie gehöret, nicht besetzt ist und leer bleiben würde, so erlauben die Directeurs der Oper den Gondelfahrern, hineinzugehen, ehe sie von sich sagen ließen, daß die vorgestellte Oper nur wenig Zuschauer hinziehe.

1459[34], als Nicolaus Jenson sie daselbst einführte, mit großem Eifer getrieben worden, und vielleicht sind in keiner Stadt in Italien so viele Bücher herausgekommen als hier. Gegenwärtig sind die Pressen sehr geschäftig und fruchtbar, und die Zahl der Buchhändler in der schönen Stadt, *Merceria* genannt, ist sehr beträchtlich. Nirgends habe ich so viel alte Schriften über die Musik angetroffen als hier, und was die neuern anbetrifft, so fand ich manche, die ich anderswo nicht auftreiben konnte, vornehmlich den ersten Teil von des Pater Martini Geschichte der Musik. Die vornehmsten Buchhändler in Venedig sind Pasquali, Remondini, Bettinelli, Occhi und Antonio di Castro.

Die Kunst, Musik in Kupfer zu stechen, scheint daselbst ganz verloren zu sein, denn ich war nicht vermögend, ein einziges Werk aufzufinden, daß im Notenstich, so wie es in England gewöhnlich ist, herausgekommen wäre. Überhaupt ist nichts einem Musikladen Ähnliches, soviel ich habe entdecken können, in ganz Italien zu finden. Zwar hat M. di Castro, ein unternehmender Buchhändler, einen Plan bekanntgemacht, Musikalien in Notendruck, so wie ihn Hr. Fought versucht hat, herauszugeben, allein er hat wenig Aufmunterung gefunden, indem er nur eine kleine Sammlung Duetten und Trios ans Licht gestellt hat. Die musikalischen Kompositionen sind in Italien so kurzlebig und die Wut nach Neuigkeiten ist so arg, daß es in Betracht der wenigen Exemplare, die gefordert werden, der Mühe nicht wert ist, die Kosten auf den Stich und Kupferdruck zu wenden. Auch gibt hier, wie in der Türkei, das Geschäft des Abschreibens so vielen Leuten Unterhalt, daß es Grausamkeit wäre, sie dessen berauben zu wollen, vornehmlich da dieser Handel lebhafter und einträglicher zu sein scheint als irgendeiner.

...

34 Die Jahrzahl ist wohl ein Irrtum, denn es war 1469, als Johann von Speyer diese Kunst aus Deutschland nach Venedig brachte. (Übers.)

Bologna

Mein Hauptgeschäft in dieser Stadt war, den gelehrten Pater Martini und den berühmten Sgr. Farinelli zu sehn und ihres Umgangs zu genießen. Der erste wird von ganz Europa als der tiefsinnigste Theorist und der andere als der größte praktische Tonkünstler dieses oder vielleicht eines jeden Alters und Landes angesehen; da ich nun so glücklich war, von beiden wohl aufgenommen zu werden, so will ich mich deswegen nicht entschuldigen, daß ich in meiner Nachricht von zwei so außerordentlichen Männern etwas umständlich bin.

Pater Martini ist ein Franziskaner und Kapellmeister bei der Klosterkirche dieses Ordens in Bologna. Er beschäftigt sich seit vielen Jahren mit einer Geschichte der Musik, wovon er bisher nur den ersten Band herausgegeben hat. Es wurden gleich zweierlei Ausgaben zu Bologna 1757, die eine in Folio und die andere in Quart, gedruckt; der zweite Band ist unter der Presse, und der Verfasser denkt, das ganze Werk in fünf Bänden zu bringen. Der erste Band betrifft vornehmlich die Geschichte der Musik bei den Hebräern, der zweite und dritte wird die der alten Griechen enthalten, der vierte die lateinische und römische Musik mit der Geschichte des Kirchengesanges, der fünfte und letzte Band aber ist der neuern Musik gewidmet und wird zugleich Lebensbeschreibungen der berühmtesten Musiker mit ihren Bildnissen enthalten. Wir verabredeten beiderseitig einen offenen und freundschaftlichen Briefwechsel und versprachen einander Vertraulichkeit und Beihülfe. Es ist aber sehr zu bedauern, daß der gute Pater Martini schon so alt und so schwach ist, indem er einen sehr schlimmen Husten, geschwollene Beine hat und überhaupt kränklich aussieht, so daß man mit Grunde befürchten muß, er werde kaum Leben und Gesundheit genug haben, seinen gelehrten, scharfsinnigen und weiläuftigen Plan auszuführen.

Es ist unmöglich, wenn man sein Buch liest, ein Urteil von dem Charakter dieses guten, braven Mannes zu fällen; er hat bloß den trockensten und dunkelsten Teil seines Werks bearbeitet, wobei er viel Gelegenheit fand, seine Belesenheit und Gelehrsamkeit zu zeigen, die sehr ausgebreitet und gründlich ist, worin er aber die Vortrefflichkeit seiner Denkungsart nicht äußern konnte, welche nicht nur Verehrung, sondern auch Liebe einflößt. Er verbindet mit einem unsträflichen Leben und edler Einfalt der Sitten eine natürliche Gefälligkeit, Sanftmut und Menschenliebe. Nie habe ich nach so kurzem Umgange einen Mann mehr liebgewonnen. Ich fühlte nach Verlauf weniger Stunden so wenig Zurückhaltung bei ihm als bei einem alten Freund oder geliebten Bruder, und man konnte sich kein herzlicheres Vertrauen denken, vornehmlich zwischen zwei Leuten, die einerlei Absicht hegten. Doch haben wir zwar in Ansehung des Gegenstandes einerlei Zweck, allein wir versuchen auf verschiedenen Wegen dahin zu gelangen. Ich hatte mich schon zu weit in meine Unternehmung eingelassen, ehe ich sein Werk erhalten konnte, um noch zurückzutreten, und als ich es erhielt, so hatte ich meinen Plan schon so weit in Ordnung gebracht, daß es nicht tunlich war, einen andern an seiner Statt anzunehmen oder nachzuahmen. Außerdem, weil man zu einem Gegenstande auf verschiedenen Wegen gelangen kann, so läßt er sich auch aus verschiedenen Gesichtspunkten betrachten, und folglich können zwei verschiedene Leute ihn gleich treu und doch sehr verschieden schildern. Ich werde die Gelehrsamkeit und Sammlungen des Pater Martini nutzen, so wie man sich der Brille bedient, ich werde sie bei meinem Gegenstande gebrauchen, so wie er mir in die Augen fällt, ohne meinen Plan zu verändern, und werde weder blindlings in zweifelhaften Fällen seine Meinung ergreifen noch ihn, wo wir einstimmend denken, ausschreiben.

Außer der erstaunend großen Sammlung von gedruckten Sachen, welche ihm an tausend Zechinen gekostet hat, ist Pater Martini im Besitz einiger Schätze, die für Geld nicht zu haben sind, nämlich vieler Manuskripten und Kopien der musikalischen Handschriften in der Vatikanischen und

Ambrosianische Bibliothek, imgleichen in der zu Pisa und an anderen Orten, wozu er ausdrückliche Erlaubnis vom Papste und andern Großen erhalten hat. Er besitzt zehn verschiedne Abschriften des berühmten *Micrologus* von Guido Aretinus und ebenso viele, die von verschiednen Manuskripten Johannes de Muris gemacht sind, außer verschiednen andern sehr alten und merkwürdigen Handschriften. Er hat ein ganzes Zimmer voll davon und zwei andere sind zur Aufbewahrung gedruckter Bücher bestimmt, wovon er alle Ausgaben hat, die heraus sind, ein viertes ist der praktischen Musik gewidmet, wovon er gleichfalls eine unglaubliche Menge im Manuskript hat Die Anzahl seiner Bücher beläuft sich auf siebenzehntausend Bände, und er vermehrt sie noch immerfort aus allen Gegenden der Welt. Er zeigte mir verschiedene seiner merkwürdigsten Bücher und Manuskripte, worauf ich ihm den Catalogus von den meinigen mitteilte. Er geriet über einige in Verwunderung und sagte, sie wären sehr rar.[35] Er schrieb die Titel dieser Bücher auf, und bei meinem zweiten Besuche hielt er meinen Plan der Mühe wert, ihn von mir zu leihen und eigenhändig abzuschreiben.

Donnerstag, den 23ten August

Es wird jedem Liebhaber der Musik und vornehmlich denen, die ihn gehört haben, angenehm sein zu erfahren, daß Sgr. Farinelli noch lebt und frisch und munter ist. Ich fand ihn dem Ansehn nach jünger, als ich erwartete. Er ist lang und hager, aber dem Äußerlichen nach gar nicht schwächlich. Als er hörte, daß ich einen Brief für ihn hätte, so war er so gefällig, heute früh mich bei dem

35 Ich hatte oftmals verschiedene Buchhändler auf dem festen Lande durch die Liste meiner die Musik betreffenden Bücher in Verwunderung gesetzt, doch hier mußte ich selbst erstaunen. Ungeachtet dem Pater Martini viele Geschenke von raren Büchern und Manuskripten gemacht worden, so hat er doch oftmals andere sehr teuer bezahlen müssen, vornehmlich ein spanisch geschriebenes vom Jahr 1613, welches ihm zu Neapel, wo es gedruckt ist, hundert Dukaten kostete.

Pater Martini aufzusuchen, in dessen Bibliothek ich den größten Teil meiner Zeit hieselbst zubrachte. Als ich in unsrer Unterredung gelegentlich bemerkte, daß ich mir lange die Ehre gewünscht hätte, zwei Personen zu sehen, die durch verschiedene Fähigkeiten in einer Kunst so groß und berühmt wären, und daß mein Hauptzweck in Bologna wäre, diese Wünsche zu befriedigen, so zeigte Sgr. Farinelli auf Pater Martini und sagte: „Was er tut, wird beständig bleiben, aber das Wenige, was ich getan habe, ist schon dahin und vergessen." Ich sagte ihm, daß noch itzt in England manche wären, die sich seines Gesanges so gut erinnerten, daß sie keinen andern Sänger hören könnten, daß das ganze Königreich noch immer von seinem Lobe widerhallte und daß ich überzeugt wäre, die Geschichte würde es der spätesten Nachwelt überliefern.

Freitags, den 24ten

Da heute St.-Bartholomäus-Tag war, so ging ich in die Kirche dieses Heiligen, woselbst, wie man mir sagte, gute Musik sein würde; doch fand ich gerade das Gegenteil. Sgr. Gibelli war *Maestro di Capella,* und es sangen verschiedene Kastraten, aber weder die Komposition noch die Aufführung der Musik gefiel mir. Der Komposition fehlten zu ihrer Empfehlung alle drei von Buranellos erforderlichen Eigenschaften, *vaghezza, chiarezza e buona modulazione,* und die Aufführung war nachlässig und unrichtig.

Ungeachtet itzt keine Oper in Bologna war, so ging ich doch, um das Theater zu sehen, in die Komödie. Das Haus ist schön, aber nicht groß; doch hat es fünf Reihen Logen, zwölf oder dreizehn an jeder Seite. Als ich hineinkam, so wußte ich nicht, was für ein Stück gespielt ward, sondern erwartete, wie gewöhnlich, ein schmutziges Possenspiel zu sehen; als ich zu meiner großen Verwunderung fand, daß es ein italienisches Trauerspiel, *Thomiri* betitelt, war, welches den Pater Ringhieri zum Verfasser hatte. Dies war die erste, welche ich sah, und der Anfang gefiel mir sehr, allein die langen Reden und Deklamationen ermüdeten

mich bald; sie waren unerträglich langweilig. Thomiris, die Königin der Amazonen, erschien in einem sehr zweideutigen Anzuge, denn sie hatte, um sich ein kriegerisch Ansehn zu geben, ihren Rock vorn bis über die Knie aufgeschürzet, die sehr deutlich hervorschienen. So sonderbar mir dies vorkam, so klatschten die Zuschauer doch sehr laut, welches sie überhaupt bei allen schlechten und ganz abgeschmackten Stellen des Stückes taten. Es kam vieles aus der Religion darin vor mit solchen Anachronismen, daß von J. C. und der Dreieinigkeit geredet ward sowie der freie Wille und die Prädestination nicht vergessen wurde, und als Cyrus an einer in der Schlacht empfangenen Wunde starb, so redete ein jüdischer Priester (der eine Hauptstelle im Stücke hatte) als Beichtvater ihm zu, fragte ihn über seine Religion und ließ ihn sein Glaubensbekenntnis hersagen.
Diese Art Schauspiel ist in Italien so sehr vernachlässigt worden, daß sie ganz verloren zu sein scheint, und noch itzt scheint sie nach ihrer zweiten Geburt noch in ihrer Kindheit zu sein. Inzwischen könnte die italienische Sprache doch große Dinge tun, indem sie ihre Würde ohne die Fesseln der Reime zu erhalten weiß. Auch sind die Schauspieler, was die Richtigkeit und Mannigfaltigkeit der Gesten anbetrifft, recht gut, allein in Ansehung der Stimme herrscht hier ebenso viel Monotonie als auf den Kanzeln in Italien. Die Neigung zu musikalischen Schauspielen hat die wahre Tragödie sowohl als die Komödie in diesem Lande zugrunde gerichtet; allein die Sprache und das Genie der Nation sind so reich, daß eben die Sucht nach Neuigkeit, welche sie mit solcher Schnelligkeit von einer Schreibart in der Komposition zu der andern fortgejagt hat, wobei sie oft vom Guten zum Schlimmen übergingen, sie antreiben wird, theatralische Schauspiele ohne Musik zu suchen, sobald sie der Musik herzlich überdrüssig werden, welches wegen des Übermaßes darin vermutlich bald geschehen wird. In dem Falle werden sie, sobald sie ihre Kräfte auf den *Soccus* und *Cothurn* anwenden und sowohl die Schriftsteller als Schauspieler verbunden sind, alle

Nerven der Sprache und des Genies, worin ihre Nation so stark ist, anzustrengen, wahrscheinlicherweise das übrige Europa in der dramatischen Kunst so übertreffen, als sie in den andern Künsten getan haben. Doch ehe dies geschehen kann, muß noch vieles vorhergehen, um den Nationalgeschmack zu verfeinern, welcher durch Farcen, Narrenpossen und Gesang sehr verderbt ist. Die Unaufmerksamkeit, der Lärm und das unanständige Betragen der Zuschauer sind nun völlig barbarisch und unerträglich. Das Stillschweigen, welches in den Schauspielhäusern zu London und Paris während der Vorstellung herrscht, dient dem Schauspieler zur Ermunterung und ist dem verständigen und empfindenden Zuhörer erwünscht. In Italien sind die Theater unermeßlich groß, und die Akteurs scheinen also beständig fortzuschreien, um durch den Raum und das Geräusch gehört zu werden. Jede Periode, die so ausgesprochen wird, gleicht mehr einer Anrede eines Generals, der an der Spitze eines Heers von hunderttausend Mann steht, als der gesellschaftlichen Unterredung eines Helden oder einer Heldin. Es sind hier nur wenige Modulationen der Stimme erlaubt; alle Leidenschaften schreien gleich laut, die zärtlichen sowohl als die wütenden.

Die Szenen und Verzierungen in diesem Stücke waren schön und mit gutem Urteil gemacht; vornehmlich fiel eine Szene sehr in die Augen, welche einen hohen, aber fruchtbaren Berg vorstellte, von welchem Thomiris mit ihren Hofleuten und Garde zu einer Unterredung mit Cyrus herabkam.

Das Orchester war ziemlich schwach und alltäglich, und überhaupt fand ich hier auch die Musik auf den Gassen schlechter und seltener als in Venedig. Doch ward ich bald nach meiner Ankunft in dem Wirtshause, wie jeder Fremder, mit einem Duett bewillkommnet, welches auf einer Geige und einem Mandolin gut gespielt ward, und diesen Nachmittag spielte eine herumstreifende Bande unter meinem Fenster vierstimmig verschiedene Sinfonien und einzelne schwere Stücke.

Sonnabends, den 25sten

Heute hatte ich das Vergnügen, meine Zeit bei Sgr. Farinelli auf seinem Landhause, etwa eine englische Meile von Bologna, zuzubringen. Es ist noch nicht fertig, ungeachtet er seit seiner Zurückkunft von Spanien daran gebauet hat. Der Pater Martini ward gebeten, daselbst mit mir zu speisen, und ich kann nicht umhin zu gestehen, daß ich mich für sehr glücklich hielt, in Gesellschaft zweier so außerordentlicher Männer zu sein.

Sgr. Farinelli hat schon lange den Gesang verlassen, doch vergnügt er sich noch immer auf dem Flügel und der Viole d'Amour. Er besitzt eine Menge Klavierinstrumente, die in verschiedenen Ländern gemacht sind; er benennet sie mit den Namen der größten italienischen Maler, je nachdem sie bei ihm in Gunst stehen. Sein erster Liebling ist ein Pianofort, welches 1730 zu Florenz verfertigt worden, auf welchem mit goldenen Buchstaben der Name Raffael d'Urbino steht; hierauf folgt ein Correggio, Tizian, Guido usw. Er spielte sehr lange auf seinem Raffael mit feinem Urteil und Delikatesse, und er hat verschiedne hübsche Stücke für dies Instrument gesetzt. Sein zweiter Günstling ist ein Flügel, welchen ihm die hochselige Königin von Spanien geschenkt hat, welche sowohl in Portugal als in Spanien Scarlattis Schülerin war. Für diese Prinzessin setzte er die ersten beiden Sammlungen seiner Sonaten, und ihr ward die erste Ausgabe, die zu Venedig herauskam, als sie noch Prinzessin von Asturien war, dediziert. Dieser Flügel, welcher in Spanien gemacht ist, hat mehr Ton als irgendeiner von den andern. Sein dritter Günstling ist gleichfalls ein in Spanien nach seiner Anweisung gemachter Flügel, es ist ein bewegliches Klavier daran, wodurch der Spieler, wie bei dem, das der Graf von Taxis zu Venedig hatte, ein Stück höher oder niedriger transponieren kann. Bei diesen spanischen Flügeln sind die ganzen Töne schwarz und die halben mit Perlmutter belegt. Übrigens sind sie nach italienischer Art, alles ist von Zedernholz, der Sangboden ausgenommen, und sie stehen in einem Futterale.

Sgr. Farinelli war sehr umgänglich und gefällig. Er sprach sehr frei von den alten Zeiten, vornehmlich von der, da er in England war; und ich dachte, daß sein Leben, wenn es wohlgeschrieben wäre, dem Publikum sehr interessant sein würde, da es sehr mannigfaltig und an den vornehmsten Höfen Europas zugebracht ist. Hier ist nicht der Ort, es zu erzählen, denn ich hoffe, daß es noch lange nicht geendigt sein wird. Folgende Anekdoten, die ich vornehmlich in seinem und Pater Martinis Umgange aufgesammlet habe, mögen inzwischen die Neugier des Lesers einigermaßen befriedigen.

Carlo Broschi, genannt Farinelli, ward im Jahr 1705 zu Neapel geboren. Sein Vater, Sgr. Broschi, gab ihm selbst seine erste musikalische Erziehung, nachher studierte er unter Porpora, der mit ihm reiste. Er war siebzehn Jahre alt, als er seine Vaterstadt verließ, um nach Rom zu gehen. Hier war, solange die damalige Oper im Gange war, alle Abend ein Wettstreit zwischen ihm und einem berühmten Trompeter, der ihm eine Arie mit seinem Instrumente begleitete. Dieser Streit schien anfangs freundschaftlich und bloß scherzhaft, bis die Zuschauer anfingen, teil daran zu nehmen und sich auf die eine oder andere Seite zu schlagen. Nachdem sie verschiedenemal Noten ausgehalten hatten, worin jeder die Kraft seiner Lunge zeigte und es dem andern an glänzender Fertigkeit und Stärke hervorzutun suchte, kriegten beide zusammen eine haltende Note und einen Doppeltriller in der Terzie, welchen sie so lange fortschlugen, unterdes daß die Zuschauer ängstlich auf den Ausgang warteten, daß beide erschöpft zu sein schienen; der Trompeter, der ganz atemlos war, gab ihn auch in der Tat auf und dachte, daß sein Nebenbuhler ebenso ermüdet sein würde, als er selbst war, und daß der Sieg unentschieden wäre, als Farinelli mit einer lächelnden Miene, um ihm zu zeigen, daß er bisher nur mit ihm gespaßt habe, auf einmal in eben dem Atemzuge mit neuer Stärke ausbrach und nicht nur die Note schwellend aushielt und trillerte, sondern auch sich in die schnellesten und schwersten Läufe einließ, wobei er bloß durch das

Zujauchzen der Zuschauer zum Stillschweigen gebracht wurde. Hier kann man den Zeitpunkt seiner Vortrefflichkeit anfangen, die er seitdem immer vor alle seine Zeitgenossen behauptet hat.

Schon in den frühen Jahren seines Lebens ward er durch ganz Italien vorzüglicherweise „der Knabe" genannt.

Von Rom ging er nach Bologna, wo er das Glück hatte, den Bernacchi (einen Schüler des berühmten aus dieser Stadt gebürtigen Pistocchi) zu hören, welcher damals der erste Sänger sowohl an Geschmack als an Einsicht in Italien war und dessen Schüler nachmals die Bolognische Schule sehr berühmt gemacht haben.

Von da ging er nach Venedig und von Venedig nach Verona, wo man durchgehends seine Fähigkeiten als ein Wunderwerk ansah. Er selbst erzählte mir, daß zu Wien, wo er dreimal war, wo ihm Kaiser Karl VI. die größte Ehre erwies, eine Erinnerung dieses Fürsten ihm mehr nützte als alle Lehren seines Meisters oder alle Beispiele seiner Mitwerber um die Unsterblichkeit. Seine Kaiserliche Majestät würdigte ihn einstmals, ihm mit vieler Gnade und Herablassung zu sagen, daß er bei seinem Singen weder das Bewegen noch das Stillstehen anderer Sterblicher habe, sondern daß alles übernatürlich sei. „Jene gigantischen Schritte", (sagte er,) „jene unendlichen Noten und Gurgeleien (*ces notes qui ne finissent jamais*) überraschen Uns, und itzt ist es Zeit für Sie zu gefallen; Sie sind mit den Gütern, die Ihnen die Natur verliehen hat, zu verschwenderisch; wenn Sie die Herzen einnehmen wollen, so müssen Sie einen ebenern, simplern Weg gehen." Diese wenigen Worte brachten eine gänzliche Veränderung in seiner Singart hervor; von der Zeit an vermischte er das Lebhafte mit dem Pathetischen, das Simple mit dem Erhabenen, und auf diese Weise rührte er jeden Zuhörer sowohl, als er ihn in Erstaunen setzte.

Im Jahre 1734 kam er nach England. Jeder, der ihn gehört hat oder ihn nur aus dem Gerüchte kennt, weiß, was für eine Wirkung seine erstaunenden Talente auf die Zuhörer taten. Alle waren hingerissen, entzückt, bezaubert.

In der berühmten Arie *Sono qual Nave,* die sein Bruder gesetzt hatte, fing er die erste Note so sanft an, schwellte sie durch ganz unmerkliche Grade zu einer erstaunlichen Stärke und linderte sie auf ebendiese Weise wieder, daß man ihm völlig fünf Minuten klatschte. Sodann fing er mit einer so glänzenden raschen Fertigkeit an fortzusingen, daß es dem damaligen Orchester schwer ward, mit ihm Takt zu halten. Kurz, er übertraf alle Sänger so sehr, als das berühmte Rennpferd Childers alle andere Renner übertraf. Doch war er nicht nur an Geschwindigkeit ihnen überlegen, sondern er vereinigte in sich aller großen Sänger Vortrefflichkeiten. In Ansehnung seiner Stimme: Stärke, Annehmlichkeit und weiten Umfang; in seiner Singart: Zärtlichkeit, Anmut und Fertigkeit. Er hatte Vorzüge, dergleichen man weder vor noch nach ihm bei irgendeinem Menschen zusammen antraf; Vorzüge, deren Kraft man nicht widerstehen konnte und die jeden Zuhörer, den Kenner und Nichtkenner, Freund und Feind besiegen mußten.

Mit diesen Talenten kam er 1737 nach Spanien mit dem ernstlichen Vorsatz, bald wieder nach England zurückzukehren, wo er sich mit dem Adel, der damals die Oper gab, in Verbindungen eingelassen hatte, um in der nächsten Schauspielezeit zu singen. Unterweges sang er vor dem Könige von Frankreich zu Paris, wo er, dem Riccoboni zufolge, sogar die Franzosen bezauberte, welchen damals überall die Italienischen ein Abscheu war.

Als er zum erstenmal vor dem Könige und der Königin von Spanien sang, ward sogleich beschlossen, daß man ihn in Dienste des Hofes nehmen wollte, dem er sich nachher gänzlich widmen mußte, indem ihm nicht ein einzig Mal wieder erlaubt ward, öffentlich zu singen. Man gab ihm einen jährlichen Gehalt von zweitausend Pfund Sterling.

Er erzählte mir, daß er die ersten zehn Jahre seines Aufenthalts am spanischen Hofe, solange Philipp V. lebte, diesem Monarchen alle Abend die nämlichen vier Arien vorsingen mußte, worunter zwei von Hassen gesetzt waren, nämlich *Pallio il Sole* und *Per questo dolce amplesso.*[36] Die andern beiden habe ich vergessen, doch die eine war eine Menuette, welche er nach Gefallen zu verändern pflegte.

Nach Philipp des Fünften Tode blieb er bei dessen Nachfolger, Ferdinand dem Sechsten, in gleicher Gunst, welcher ihn auch 1750 mit dem Orden von Calatrava beehrte. Doch wurden seine Arbeiten nunmehr weniger anhaltend und ermüdend, indem er diesen Fürsten beredete, Opern zu halten, welches ihm eine große Erleichterung war. Er machte ihn zum einzigen Direktor dieser Schauspiele und gab ihm die damaligen besten Komponisten und Sänger aus Italien. Metastasio war Dichter der Oper. Er zeigte mir in seinem Hause vier der vornehmsten Szenen in der *Didone* und *Nitteti,* von Amiconi gemalt, der ihn zuerst nach England und darauf nach Spanien begleitet hatte, wo er starb.

Als der jetzige König von Spanien den Thron bestieg, so sah Farinelli sich genötig, das Königreich zu verlassen, doch ward ihm sein Gehalt noch jährlich ausgezahlt, und er bekam die Erlaubnis, seine Sachen mitzunehmen. Sein Haus ist sehr prächtig ausmöbliert, und zwar meistenteils mit Sachen, die ihm von großen Herren geschenket worden. Er schien es sehr zu bedauren, daß er noch einen neuen Aufenthalt suchen müssen, nachdem er vierundzwanzig Jahr in Spanien gelebt und daselbst viele Freundschaften und Verbindungen, die ihm sehr lieb waren, errichtet hatte. Es ist ein großer Beweis seiner Klugheit und Mäßigung, daß er in einem Lande und an einem Hofe, wo Eifersucht und Stolz immer geherrschet haben, so lange des Königs Günstling geblieben ist, ohne bei diesem gewöhnlich so verhaßten Vorzuge mit irgendeinem Spanier den geringsten Zank zu haben.

Als er im Jahre 1761 nach Italien zurückkehrte, so waren alle seine alten Freunde, Verwandten und Bekannten entweder tot oder von den Orten, wo er sie verlassen hatte,

36 Beide aus *Artaserse.* (Übers.)

weggezogen; er mußte also ein zweites Leben beginnen, ohne daß er durch Reizungen der Jugend seine Freunde hätte an sich ziehen oder durch seine vorigen Talente neue Beschützer erwerben können.
Er sagte, daß Metastasio und er Zwillinge der Gunst des Publikums wären, die zu gleicher Zeit in der Welt auftraten, indem er in der ersten Oper dieses Dichters sang. Als er mir sein Haus zeigte, wies er mir ein Originalgemälde von Amiconi, welches um die Zeit gemacht war, und die Bildnisse des Metastasio, des Farinelli selbst, der berühmten Sängerin Faustina und des Amiconi enthielt.
Aus seinem Umgange schien zu erhellen, daß der spanische Hof ihm Bologna zu seinem Aufenthalt bestimmt hatte, ungeachtet die Italiener sagen, daß er zuerst Willens gewesen, sich in Neapel, seiner Geburtsstadt, niederzulassen, wovon er aber durch die häufigen und lästigen Ansprüche seiner Verwandten abgehalten worden. Doch dem sei, wie ihm wolle, so hat er doch eine Schwester mit zwei Kindern bei sich, wovon das eine noch ganz klein ist, in welches er, ungeachtet seines Eigensinnes, seiner Kränklichkeit, Unartig- und Häßlichkeit dennoch innig verliebt ist. Inzwischen ist dies unter andern ein Beweis, daß ihn die Natur zu gesellschaftlichen Beschäftigungen und häuslichen Freuden bestimmt hatte. Er beklagte es in seinem Umgange, daß er aus politischen Ursachen nicht in England sich hätte niederlassen können, denn nächst Spanien sei dies das Land, wo er am liebsten seine übrige Lebenszeit zuzubringen gewünscht hätte.
Er spricht viel von der Ehrfurcht und Dankbarkeit, die er den Engländern schuldig ist. Ich aß bei ihm von einem zierlichen Silberservice, welches er bei seinem Aufenthalte in England hatte machen lassen. Er zeigte mir verschiedne Porträts von sich, welche damals gemalt wurden, das eine von Amiconi ist in Kupfer gestochen. Von ebendem Maler hat er einen englischen Schornsteinfegerjungen, der mit einer Katze spielt, und ein Apfelweib mit einer Tragbahre. Auch besitzt er eine merkwürdige englische Wanduhr mit kleinen Puppen, die auf der Zither, Violine und dem Vio-

loncell miteinander spielen, deren Arme und Finger immer von der Uhr selbst bewegt werden.
Sein Saal, worin ein Billard steht, ist voller Bildnisse von großen Herren, und zwar meistenteils von Regenten, welche seine Gönner gewesen sind, worunter zwei Kaiser, eine Kaiserin, drei Könige von Spanien, zwei Prinzen von Asturien, ein König von Sardinien, ein Prinz von Savoyen, ein König von Neapel, eine Prinzessin von Asturien, zwei Königinnen von Spanien und der Papst Benedikt der Vierzehnte sich befinden. In den andern Zimmern sind verschiedne reizende Gemälde von Ximénez und Murillo, zwei spanischen Malern vom ersten Range, und von Spagnoletto.
Sir Benjamin Keene war sein großer Gönner, und er spricht von seinem Tode nicht nur als von einem Unglücke sowohl für den englischen als spanischen Hof, sondern auch als von einem unersetzlichen Verluste für ihn und seine Freunde. Er zeigte mir verschiedne in England verfertigte Gemälde von einem Künstler, der sie im Gefängnisse, worin er Schulden halber saß, gemacht hatte; seinen Namen habe ich vergessen. Lord Chesterfield hatte ihm dieselben auf die höflichste Art in der Welt geschenkt.
Als ich nun meinen Wunsch bekanntmachte, sein Leben zu beschreiben oder wenigstens einige besondere Nachrichten davon in meine Geschichte einzurücken, so antwortete er mir mit einer wirklich zu weit getriebenen Bescheidenheit: „Wenn Sie ein gutes Werk schreiben wollen, so bringen Sie keine Nachrichten von so unwürdigen Dingen, wie ich bin, hinein." Doch teilte er mir alle besondre Umstände von Dominico Scarlatti mit, die ich wünschte, und diktierte sie mir sogar.
Er hat noch immer einige englische Wörter behalten, die er während seiner Anwesenheit in London sich gemerkt hatte, und er unterhielt mich den größten Teil dieses Tages mit Nachrichten von seiner Aufnahme und Begebenheiten daselbst. Er wiederholte eine Unterredung, die er einstmals mit der Königin Karoline über die Faustina und Cuzzoni hatte, und erzählte mir, wie er zum ersten Male

bei Hofe vor Sr. Majestät, dem hochseligen Könige Georg dem Zweiten, gesungen habe, wobei ihm die königliche Prinzessin, nachmalige Prinzessin von Oranien, mit dem Flügel begleitet, welche verlangte, daß er zwei von Händels Arien vom Blatte wegsingen sollte, die in einem Schlüssel und in einer Schreibart gesetzt waren, welche er gar nicht gewohnt war. Ferner erzählte er mir von seinem Aufenthalte auf dem Lande bei dem Herzoge und der Herzogin von Leeds und bei dem Lord Cobham, von der Fehde zwischen den beiden Opern, von dem Anteile, welchen der hochselige Prinz von Wales an der nahm, welche dem Adel dirigiert ward, indem die Königin und die königliche Prinzessin es mit der hielten, die unter Händels Aufsicht war.

Er bestätigte mir gleichfalls die Wahrheit folgender sonderbaren Geschichte, welche ich oftmals gehört hatte, aber noch nicht zuverlässig wußte. Senesino und Farinelli waren zu gleicher Zeit in England, allein da sie auf verschiedenen Theatern, und zwar an ebendenselben Abenden spielen mußten, so hatten sie noch nicht Gelegenheit gehabt, einander zu hören. Bei einer plötzlichen Theaterrevolution, dergleichen oft und allemal unerwartet vorfallen, kamen sie beide als Sänger auf einem Theater zusammen. Senesino hatte die Rolle eines wütenden Tyrannen und Farinelli einen unglücklichen Helden in Ketten vorzustellen. Allein gleich bei der ersten Arie erweichte er das Herz, das harte Herz des aufgebrachten Wüterichs so sehr, daß Senesino seine Theaterrolle vergaß und in eigener Person zum Farinelli lief und ihn umarmte.

Montags, den 22sten

...

Man macht in Bologna von den *Bravi orbi* oder blinden Geigern viel Wesens; sie waren aber nicht in der Stadt, als ich da war. Alle Meister bewundern sie in ihrem Fache sehr, vornehmlich Jommelli, der sie allezeit kommen und vor sich spielen läßt, wenn sie in einer Stadt mit ihm sind. Sie reisen im Sommer herum nach Rom, Neapel und andern Orten; der eine spielt die Geige und der andere, welcher *Spacca Nota* oder der Notenklauber genannt wird, das Violoncell.

Am Donnerstage, worauf ein Festtag fiel, war in der Klosterkirche des Hl. Augustinus Musik. Der Komponist war Sgr. Caroli, *Maestro di Capella* des Duomo zu Bologna. Das Musikchor war stark, alleine die Musik empfahl sich weder durch Gelehrsamkeit noch Geschmack, noch durch Neuheit. Sie bestund aus alten Sätzen, die plump zusammengeflickt waren, ohne daß sie im geringsten durch muntere Einfälle wären belebt worden. Das Singen machte die Musik noch widriger, denn es war unter dem Mittelmäßigen.

Diesen Nachmittag nahm ich von dem Cavaliere Farinelli einen traurigen Abschied. Er drang sehr gütig in mich, länger in Bologna zu bleiben, und schalt mich sogar wegen meiner frühen Abreise. Ich traf ihn bei seinem Raffael an, und er spielte mir zu Gefallen noch eine ziemliche Zeit lang; er singt dazu mit unbeschreiblich vielem Geschmacke und Ausdrucke. Es tat mir wirklich leid, diesen außerordentlichen, liebenswürdigen Mann zu verlassen. Er verlangte von mir, daß ich durchaus an ihn schreiben sollte, wenn er in Italien etwas für mich tun oder mir etwas verschaffen könnte. Ich blieb so lange bei ihm, daß ich in Gefahr war, von der Stadt Bologna ausgeschlossen zu werden, weil man hier die Tore alle Abend schließt, sobald es dunkel wird.

Auf Anraten des P. Martini blieb ich zwei Tage länger, als ich willens war, zu Bologna, um bei einem Wettstreite derjenigen Komponisten in dieser Stadt gegenwärtig zu sein, die Mitglieder der im Jahre 1666 gestifteten *Philharmonischen Gesellschaft* sind.

Die jährliche öffentliche Probemusik des Morgens und Abends ist den 13ten August in der Kirche St. Giovanni in Monte.[37] Dies Jahr war Sgr. Petronio Lanze *Principe*

37 Diese Kirche ist durch den Besitz zweier der besten Gemälde in Bologna oder vielleicht gar in der Welt berühmt, nämlich der Heiligen Cäcilia von Raffael und der Madonna mit dem Rosen-

oder Präsident. Das Orchester war sehr stark besetzt und bestund fast aus hundert Stimmen und Instrumenten. Es sind zwei große Orgeln in der Kirche, auf jeder Seite des Chors eine; außerdem war vorwärts eine kleine zu dieser Gelegenheit gerade hinter dem Komponisten und den Sängern errichtet worden. Die Spieler stunden auf einer Emporkirche, welche einen halben Zirkel ums Chor herum machte.

In der Messe oder Vormittagsgottesdienste war das *Kyrie* und *Gloria* von Sgr. Lanzi, der zum zweiten Male Präsident war, in Musik gesetzt. Seine Arbeit war ernsthaft und majestätisch; sie fing mit einer ziemlich langen Einleitung an, nach Art einer Anfangssinfonie, welche er nachmals zur Begleitung der Stimmen in einem sehr guten Chore gebrauchte. Es kommen auch einige schöne Arien darin vor und eine fleißig gearbeitete Fuge.

Das *Graduale* war von Antonio Caroli in ebendem trokkenen, gar nicht anziehenden Stil gesetzt als die oben angeführte Musik, und selbst vor sechzig Jahren hätte man sie für abgedroschen und abgeschmackt gehalten.

Das *Credo* hatte Sgr. Lorenzo Gibelli, einen Schüler von Padre Martini, zum Verfasser und verdiente in Ansehung der Harmonie gelobt zu werden.

Die Messe ward mit einer Sinfonie, worin Solostellen vorkamen geschlossen. Sgr. Giovanni Piantanida, erster Violinist zu Bologna, spielte die letztere und setzte mich wirklich in Verwunderung. Dieser Geiger ist über sechzig Jahre alt und hat doch noch alles jugendliche Feuer mit einem guten Tone und neuem Geschmacke. Überhaupt schien er mir (obgleich seine Bogenhand einen plumpen, verkehrten Anstand hat) die Geige mehr in seiner Gewalt zu haben als irgendeiner, den ich bisher in Italien gehört hatte.

In der Vesper oder Abendmusik war das *Domine* von Sgr. Antonio Fontana di Carpi, einem Priester, gesetzt; es war

kranze des Domenichino. Sie stehen in zwei Kapellen, die gegeneinander über sind, zwischen welchen ich gerade in der Mitte und also vor diesen Gemälden saß, indem ich der Musik zuhörte.

ein reizendes Stück, das immer in einem Zeitmaße fortging.
Das *Dixit* war von dem Abt Giovanni Calisto Zanotti, einem Neffen des gelehrten Bibliothekars dieses Namens, und seine Komposition hatte alle Zeichen eines originalen und gebildeten Genies. Die Stücke in verschiedener Bewegung und sogar die Passagien waren gut kontrastiert, und um in der Malersprache zu reden, so waren darin nicht bloß Licht und Schatten, sondern sogar die Halbschatten gut ausgedruckt. Er ging von einem zum andern durch so leichte, unmerkliche Stufen über, daß man alles für ein Werk der Natur ansah, da es doch mit der größten Kunst war ausgeführet worden.
Die Instrumentalbegleitung war mit vielem Urteile hinzugesetzt, die Ritornelle drückten allzeit etwas aus, die Melodie war neu und geschmackvoll, und das Ganze mit vielem Bedacht und sogar mit Gelehrsamkeit zusammengesetzt. Kurz, ich habe selten in meinem Leben größer Vergnügen von einer Musik empfunden, als diese mir verschaffte; und doch wurden die Singstimmen nicht außerordentlich ausgeführt, weil itzt zu Bologna keine großen Sänger waren. Inzwischen waren ihrer ein paar ganz gute, vornehmlich ein Altist, Sgr. Cicognani, der in einer ernsthaften Oper einen guten zweiten Sänger abgeben würde, und Diskantist, Casoli, ein Knabe von etwa dreizehn oder vierzehn Jahren, mit einer angenehmen, aber schwachen Stimme, der viel Geschmack und Ausdruck hatte. Sgr. Zanotti ist ein Schüler des Pater Martini und einer von den *Maestri di Capella* der St.-Petronius-Kirche.
Der Komponist, welcher nach ihm die Aufführung des Orchesters übernahm (denn jeder schlägt bei seiner eigenen Komposition den Takt), war Sgr. Gabriele Vignali. Unter den Teilen der Kirchenmusik war ihm das *Confitebor* zugefallen, und er hatte es auf eine so schuldlose Art gesetzt, daß der schärfste Richter sich durch keine Fehler, so wie der neidische Kritiker durch keine Schönheiten beleidigt fand.
Beatus Vir war von D. Giuseppe Boretti, einem vereh-

rungswürdigen Priester, der in Bologna als Kontrapunktist einen großen Namen hat, sehr gelobet. Seine Musik war sehr meisterhaft und hatte in Ansehung der reinen Harmonie und regelmäßigen Modulation unbeschreibliches Verdienst.

Laudate Pueri hatte Sgr. Bernardo Ottani, gleichfalls ein Schüler der Pater Martini, gesetzt, der noch jung ist und als Komponist viel verspricht. Sein Stück war voll sinnreicher, artiger Gedanken, so wie das folgende von D. Francesco Orsani, einem jungen Priester, der ebenfalls bei P. Martini gelernt hatte.

Den Beschluß machte ein *Magnifikat* des Sgr. Antonio Mazzoni, zweiten Kapellmeisters an der Dom- oder Kathedralkirche, welcher auch Opernkomponist hieselbst ist und als solcher zu Neapel, Madrid und Petersburg gestanden hat. Man sagt, daß er viel Feuer und Einbildungskraft besitzt, welche man aber in diesem Stücke, das aus lauter Chören bestund, nicht merkte; es gründete sich durchgehends auf einen Grundbaß, der von allen Instrumenten gespielt ward und mir zu mühsam und gezwungen schien.

Alle Kritiker aus Bologna und den benachbarten Städten waren bei diesen Musiken gegenwärtig, und die Kirche war ungemein voll. Im Ganzen fand ich sehr gute Unterhaltung; die Mannigfaltigkeit des Stils und die meisterhaften Kompositionen machten nicht nur der *Philharmonischen Gesellschaft,* sondern auch der Stadt Bologna selbst Ehre, welche allezeit sehr fruchtbar an Genies gewesen ist und eine Menge geschickter Leute in allen Künsten hervorgebracht hat.

Ich muß meinen musikalischen Lesern nicht verschweigen, daß ich bei diesen Musiken Herrn Mozart und seinen Sohn, den kleinen Deutschen, vorgefunden habe, dessen frühzeitige und stets übernatürliche Talente uns vor einigen Jahren in London in Erstaunen setzten, als er kaum über seine Kinderjahre hinaus war. Seit seiner Ankunft in Italien ist er zu Rom und Neapel sehr bewundert worden. Seine Päpstliche Heiligkeit hat ihn mit dem *Sprone d'oro* oder

Goldenen Sporn beehrt, und man trug ihm zu Mailand auf, die Oper für das nächste Karneval zu komponieren.
Ich kann diese Stadt nicht verlassen, ohne noch einmal zu dem guten Pater Martini zurückzukehren. Nach dem vorhin beschriebenen Wettstreite ging ich zu ihm ins Kloster, wohin er mich bestellt hatte, um von ihm Abschied zu nehmen, weil ich Bologna des Tages darauf früh verlassen wollte. Er wartete in seiner Studierstube auf mich, ungeachtet es schon spät und nach der Zeit war, wo die Mönche Gesellschaft annehmen. Er hatte die Güte gehabt, Empfehlungsschreiben nach Florenz, Rom und Neapel für mich fertigzumachen, und hatte noch mehr merkwürdige Bücher ausgesucht, um sie mir zu zeigen, wovon ich mir die Titel aufschrieb in Hoffnung, sie künftig einmal irgendwo anzutreffen. Er hatte mir des Tages zuvor gesagt, daß er bei der philharmonischen Versammlung nicht gegenwärtig sein könne und sich daher auf mein Urteil und Erzählung, wie die Stücke ausgefallen wären, verlassen wolle. Er verlangte demnach von mir, ihm jede Komposition zu beschreiben, welches ich auch auf das getreulichste tat. Ich wollte mich empfehlen, als er zu mir sagte: „Wollen Sie nicht warten, bis der Text zu diesen Kanons hinzugeschrieben worden?" – Ich hatte nämlich am vorigen Tage mit einem jungen Franziskaner, seinem Schüler, aus einem gewaltig dicken geschriebenen Buche voll seiner Kanons einige gesungen, wovon ich ein paar zu haben wünschte; der vortreffliche Pater, welcher sich daran erinnerte, hatte jemand kommen lassen, der noch saß und daran schrieb, als ich in das Zimmer trat; weil er aber gewöhnlich einige Amanuenses daselbst hatte, so achtete ich auf diesen nicht.[38] Endlich nahmen wir Abschied voneinander, ich auf meiner Seite mit Betrübnis und er mit dem Auftrage, oft an ihn zu schreiben.

38 Pater Martini hat eine erstaunende Menge gelehrter und gedankenreicher Kanons gemacht, worin er alle Arten von künstlicher Verwicklung und Erfindung, welche irgend bei dieser schweren Art Komposition stattfinden können, glücklich überwunden hat. Viele davon stehen als Vignetten in seiner Geschichte der Musik.

Florenz

Diese Stadt ist länger als irgendeine Stadt in Europa im Besitz der Musik gewesen, wenn man den Dichtern und Historienschreibern glauben darf. Dante, ein Florentiner, der 1265 geboren war, spricht von Orgel und Laute als zu seiner Zeit sehr bekannten Instrumenten und preist gelegentlich seinen Freund Casella, einen Musiker, im zweiten Gesange seines *Purgatorio.*

Der Geschichtschreiber Villani, ein Zeitgenosse des Petrarca, sagt, daß seine *Canzoni* in Florenz allgemein von Alten und Jungen beiderlei Geschlechts gesungen worden. Man erzählt, daß Lorenzo il Magnifico zur Karnevalszeit des Abends auszugehen pflegte mit einem großen, oftmals dreihundert Mann starken Gefolge zu Pferde, die verlarvt und prächtig gekleidet waren, und mit ebenso vielen Fußgängern, die brennende Wachskerzen trugen, welche die Straßen so helle machten als bei Tage und dem ganzen Schauspiele ein herrliches Ansehn gaben. So zogen sie durch die Stadt von drei Uhr des Morgens an, sangen mit musikalischer Harmonie vier-, acht-, zwölf-, ja sogar funfzehnstimmig und von verschiedenen Instrumenten begleitet Lieder, Balladen, Madrigale und Scherzgesänge über allerhand damals beliebte Gegenstände, und diese hießen *Canti carnascialeschi,* weil sie zur Karnevalszeit gesungen wurden.

Selbst vor dieser Zeit noch ward die Gesellschaft der *Laudisti* oder Psalmensinger gestiftet, welche noch immer fortdauret. Sie heißt itzt *la Compagnia,* und sie gingen den Morgen nach meiner Ankunft zu Florenz zwischen sechs und sieben Uhr bei dem Wirtshause, wo ich wohnte, vorbei in großer Prozession, in weißer Uniform und mit brennenden Kerzen in der Hand. Sie hielten dicht bei der Domkirche still, um eine dreistimmige fröhliche Hymne zu singen, welche sie sehr gut ausführten. Ebenso gehen die Kaufleute und Handwerker in besondern Haufen singend durch die Straßen nach der Kirche. Die von der St.-Benedikt-Gemeine waren, wie Crescimbeni erzählt, in ganz Italien berühmt; sie zogen noch im Anfange dieses Jahrhunderts zu Rom bei den großen Jubelfesten durch die Gassen und sangen, so daß es jedermann vergnügte und in Erstaunen setzte.

Den 3ten September

Ich ging heute zu dem kleinen Theater *di via Santa Maria,* die komische Oper *La Pescantrice,* welche Sgr. Piccinni gesetzt hatte, zu hören. Es sind nur vier Personen in diesem Drama, wovon zwei, die Sgra. Giovanna Baglioni und ihre Schwester Costanza, die ich zu Mailand hörte, spielten, die andern beiden wurden von Sgr. Paolo Bonaveri, einem guten Tenoristen, und Sgr. Constantino Ghigo vorgestellt. Giovanna Baglioni erschien hier weit mehr zu ihrem Vorteile als zu Mailand, wo das Theater so groß ist, daß eine Stentorlunge dazugehöret, es zu füllen. Sie sang sehr schön, ihre Stimme ist hell, sie hielt gut Ton, ihr Triller war rein und deutlich, und ihr Geschmack und Ausdruck war bei der Arie, die sie sang, unverbesserlich. Man klatschte ihr sehr; das Theater war ungemein voll, die Instrumente waren gut besetzt und die Musik Piccinnis würdig, voll von dem Feuer und der Einbildungskraft, welche alle Werke dieses geistreichen originalen Komponisten charakterisieren.
In der Domkirche, einer der größten in ganz Italien, ist eine Orgel von so schönem Tone, als ich je eine gehört habe. Ich weiß nicht, ob ihr Ton wie bei der in der Pauluskirche zu London durch die große und geschickte Bauart des Gebäudes verbessert wird, allein sie gefiel mir ungemein. Sie hat außerdem den Vorteil, daß sie von Sgr. Matucci, itzigem Organisten, sehr gut gespielt wird, dessen Spielart nicht nur ernsthaft und der Kirche gemäß, sondern auch kunstreich in dem Gange der Melodie und bei langsamen Sätzen wirklich pathetisch ist.
Herr Maupertuis erhielt auf seiner Reise nach dem Nordpole von den Lappländern Nachricht von einem Monumente, welches sie für die wundernswürdigste Sache in ihrem Lande hielten; er muß beschämt gestehen, daß er bloß auf Glauben dieser Erzählung eine so mühsame und

gefährliche Reise unternommen, um es zu sehen. Mir ging es fast ebenso: Als ich zum zweiten Male in die Oper ging, fand ich zu meiner großen Befremdung das Theater ganz leer, und als ich nach der Ursache fragte, erzählte man mir, daß die vornehmsten Musiker und die feinste Gesellschaft in Italien zu Figline, etwa dreißig Meilen von Florenz, zusammenkäme, um eine Art von Jubiläum zu Ehren der heiligen Massimina, der Schutzpatronin dieses Orts, zu feiern; und ich muß zu meiner Schande gestehen, daß ich, ohne jemand, der es besser wissen konnte, zu fragen, diese Nachricht auf Glauben annahm, die ganze Nacht hindurch reisete, um des folgenden Tages bei dieser Lustbarkeit gegenwärtig zu sein.

Ich langte etwa um sieben Uhr des Morgens an dem Orte der Handlung an und fand den Weg und das Städtchen voller Landleute wie bei einem Landmarkte in England, allein wenig Kutschen und keine Leute vom Stande und Lebensart; doch machte man auf dem großen Platze viele Anstalten zu den Lustbarkeiten, die des Nachmittags vor sich gehen sollten.

Um eilf Uhr las man die *Hohe Messe* in der Hauptkirche, welche sehr ausgeschmücket und mit unzähligen Wachskerzen erleuchtet war. Dies und das größte Gedränge, worin ich je gewesen bin, machten die Hitze beinahe der in der schwarzen Höhle zu Kalkutta gleich, und die Folgen davon wären ebenso schädlich gewesen, wenn man den Leuten nicht erlaubt hätte, herauszugehen, so wie andere hereindrängten; allein weder der Eifer der Religion noch die Liebe zur Musik vermochten jemand lange in der Kirche zu halten, der irgend herauskommen konnte.

Kurz, es war ein beständiges Ringen zwischen denen, deren Neugierde sie antrieb, sich in die Kirche zu drängen, und denen, deren Leiden und Furcht sie bewog, alles mögliche anzuwenden, um wieder herauszukommen.

Ich ließ mich von dem Strome forttreiben und erhielt also zuletzt einen erträglichen Platz nahe der Tür, wo ich Geduld genug hatte, die ganze Messe hindurch zu bleiben, indem ich immer hoffte, für meine Leiden durch den Gesang irgendeines großen Sängers, den ich vorher noch nicht gehört hatte, belohnt zu werden; allein ich fand mich in der Hoffnung betrogen, indem alle Sänger, einen einzigen ausgenommen, ungemein mittelmäßig waren. Die Musik war indessen sehr schön, voll Geschmack und Einbildungskraft; sie war von Sgr. Feroce, einem Florentiner, gesetzt; die erste Violine ward von Sgr. Modele gespielt, der sich mit seinem Sohne in einem niedlichen Doppelkonzerte hören ließ. Hierauf sang der Abt Fibbietti[39] eine Motette mit einem außerordentlich feinen Geschmacke in den langsamen Sätzen und mit bewundernswürdigem Feuer in den geschwinden. Seine Stimme war angenehm und hell, seine Intonation vollkommen rein, sein Ausdruck und Einbildungskraft einnehmend, und es fehlte nichts, als daß sein Triller etwas deutlicher gewesen wäre.

Des Nachmittags um vier Uhr fingen die Spiele auf dem großen Platze an, welches ein weitläuftiges flaches Stück Land von länglicher Form ist. Es waren bei der Gelegenheit 1500 Bauern aus der Nachbarschaft beschäftigt, welche man drei Monate dazu vorbereitet hatte. Sie stellten die Geschichte von David und Goliath vor, welche aufs genaueste nach der Erzählung der Bibel und den üblichen der Alten vorgestellt ward. Die beiden Armeen der Israeliten und Philister stießen aufeinander und marschierten nach dem Schalle alter Instrumente, wie z. E. des Crotalon oder des Cymbels, des Sistrum und dergleichen. Alle waren *à l'antique* gekleidet; die Könige, Prinzen und Generale auf beiden Seiten recht prächtig und alle zu Pferde sowie einige hundert von beiden Heeren.

Der Riese Goliath trat hervor und forderte einen Israeliten heraus. Diese zogen sich in der größten Bestürzung zurück, bis zuletzt der kleine David erschien und Saul bat, ihn an seiner Statt fechten zu lassen, welche Bitte ihm nach einiger Überlegung gewähret ward. Das übrige von der Geschichte ward recht gut vorgestellt, und zwar so, daß, als David dem zu Boden geschleuderten Riesen den

39 Der Abt Fibbietti, ein vortrefflicher Tenorist.

Kopf abhieb, viel Blut herausströmte, worüber eine Menge Zuschauer, die sich einbildeten, es sei das Blut des Menschen, der den Philister vorstellte, heftig erschraken. Es kam hierauf zu einer Schlacht zwischen den beiden Heeren, und die siegreichen Israeliten führten David an der Spitze der Gefangenen und vor den Beutewägen auf einem nach Art der Alten gemachten prächtigen Wagen im Triumph auf.

In der Vesper hörte ich eben die Geschichte in einem Oratorium, welches der Abt Feroce komponiert hatte und worin Sgr. Fibbietti, der Tenorist, die Hauptperson hatte, welcher er vollkommen Genüge leistete. Während dieser Musik war das ganze Städtchen ungemein artig erleuchtet, und es wurden auf dem großen Platze wohlerfundne Feuerwerke abgebrannt. Zum Ruhme der friedlichen Gesinnung der Toskaner muß ich bemerken, daß, ungeachtet hier wenigstens zwanzigtausend Leute bei dieser Gelegenheit versammlet und gar keine Wachen dabei waren, dennoch nicht der geringste widrige Vorfall oder Unordnung sich eräugete. Vielleicht muß man dies einigermaßen der besondern Mäßigkeit der Italiener zuschreiben; denn ich erinnere mich nicht, nur einen einzigen trunkenen Menschen während der ganzen Zeit, die ich in Italien war, gesehen zu haben.

Da ich hier auf keine Weise ein Bettc bekommen konnte, wenn ich auch hätte acht, ja zehn Zechinen dafür geben wollen, und es eine sehr schöne Nacht war, so machte ich mich noch um eilf Uhr auf den Weg nach Florenz, wo ich um vier Uhr des Morgens anlangte. Ob die Musik zu Figline gleich das nicht war, was man mich erwarten ließ, so hielt mich doch das übrige schadlos; denn ich werde vermutlich dergleichen nirgends wieder zu sehen kriegen, so daß ich im Ganzen nicht glaube, daß die Zeit, die ich auf diese Ausflucht wandte, verloren war.

Mittwochen, den 6ten September

Heute wohnte ich abermals einer Oper, *Le donne Vendicate,* von Piccinni bei. Es waren nur vier Personen in diesem Drama, welche von eben den Sängern, welche die *Pescatrice* aufführten, recht gut vorgestellet wurde. Alle komischen Opern, die ich bisher in Italien gesehen habe, bestehen nur aus zwei Akten, doch kann man die Ballette gleichfalls für zwei rechnen; diese kann man *Balli pantomimi* oder pantomimische Schauspiele nennen, da jedes beinahe so lang ist als ein Akt aus einer Oper. Es sind ein paar reizende Arien in dieser Scherzoper. Costanza Baglioni sang vorzüglich schön, und der Tenorist, welcher ein Favorit hieselbst ist, ward ungemein beklatschet; allein ob er gleich ein guter Sänger ist, so deucht mich doch, daß er weder an Stimme noch an Geschmack Sgr. Lovatini gleichkomme.

Freitags, den 7ten September

Die Vesper hörte ich heute in der Kirche *dell'Annunciata*, sie ward von einer Menge Priester und Laien gesungen, die bloß von einer kleinen Orgel, einem Violoncell und zwei Violons begleitet wurden. Die Musik war in dem alten Stile des sechzehnten Jahrhunderts. Nach dieser vollstimmigen Musik auf dem hohen Chore ward noch in den verschiedenen Kapellen dieser schönen Kirche von Knaben gesungen, die auf verschiedenen Orgeln stunden, und von Tenor- und Baßstimmen, die unten waren, begleitet wurden.

Sonnabends, den 8ten September

Heute früh waren keine andre Instrumente zur Begleitung der Stimmen als die, welche ich gestern in dieser Kirche hörte, ungeachtet es ein hohes Fest war; doch waren die Sänger viel mehr, und sie sangen eine achtstimmige Messe, vier auf jeder Seite, sehr gut. Orazio Benevoli aus der römischen Schule, der bald nach Palestrina lebte, hatte sie gesetzt, und für die Zeit und in ihrer Art war die Musik vortrefflich. Es kommen keine regelmäßige Fugen darin vor, mit neuen Worten treten neue Subjekte ein, und die Melodie tut wenig oder gar keine Wirkung, wenn sie unter so viel Stimmen verteilt ist; allein die Themas und

Nachahmungen müssen kurz sein, weil sonst die Stücke kein Ende haben würden. Doch tut das Ganze auf die Freunde der Harmonie bewundernswürdige Wirkung. Als diese verschiedenen Kirchenmusiken vorbei waren, sang Sgr. Veroli, ein sehr guter Diskantist, eine ernstvolle *Motette a voce sola.* Er ist gewöhnlich der erste Sänger in der hiesigen Oper und hat eine sehr angenehme Stimme und sehr viel Geschmack. Die Motette war vom Pater Dreyer, *Maestro di Capella* der Kirche *dell' Annunciata,* gesetzt. Er war ehmals ein berühmter Sänger zu Dresden und sang den Diskant; weil er aber einer gewissen vornehmen Person zu sehr ins Auge fiel, so schickte man ihn fort. Er hält sich seit vielen Jahren in dieser Stadt auf und ist gegenwärtig schon bei Jahren. Ich hatte eine lange Unterredung mit ihm und fand einen sehr einsichtsvollen und gefälligen Mann an ihm. Wie er mir sagte, wird die Palestrinische Musik hier alle Tage gemacht, ausgenommen an Festtagen. Als ich ihn bat, mir eine Abschrift von der berühmtesten Komposition zu verschaffen, welche in dieser Kirche aufgeführet würde, so erzählte er mir, daß es das *Miserere* des Allegri sei, welches hier bloß am Karfreitag auf die Art wie in der päpstlichen Kapelle gesungen würde, und daß er es mir gleich wollte abschreiben lassen; allein da ich schon eine Abschrift dieser berühmten Komposition vom Pater Martini, dem sie auf ausdrücklichen Befehl des vorigen Papstes war mitgeteilt worden, erhalten hatte, so verbat ich sein gütiges Anerbieten.
Des Abends ging ich wieder in die Oper *Le donne Vindicate,* welches ich nur anführe, weil ich dabei Gelegenheit habe, die außerordentliche gute Laune der italienischen Zuschauer zu rühmen. Weil dies der letzte Abend war, da die gegenwärtige Gesellschaft spielte, so war der Zulauf und der Beifall unbeschreiblich. Man warf gedruckte Sonette zum Lobe der Sänger und Tänzer herab, die in großer Menge herumflogen und welche die Zuschauer mit vollem Eifer zu erhaschen suchten, und beim Beschlusse hörte man mehr Freudengeschrei als Klatschen.

Sonntags, den 9ten September

Heute früh hörte ich eine feierliche Kirchenmusik in dem Kloster delle Monache oder der Nonnen des Portico, etwa eine Meile von Florenz.

Die Aufführung derselben kostete an 300 Zechinen; es war die letzte Einsegnung von acht Nonnen; der Erzbischof war gegenwärtig und eine Menge der Vornehmsten aus Florenz. Der Sänger und Spieler war eine große Menge. Ich hatte hier das Vergnügen, Sgr. Manzoli zu hören. In dem ersten Teile dieser Messe kam ein Terzett zwischen ihm, dem Sgr. Veroli und dem zweiten Kapellmeister der Annunciata, einem Baritonisten, vor. Die Musik der Messe war von Sgr. Soffi zu Lucca; weil er aber nicht zugegen war, so schlug Sgr. Veroli den Takt bei den Chören. Sgr. Manzoli sang einige Zeilen in der Messe, welche mir sehr viel Vergnügen machten, ungeachtet seine Stimme selbst in einer kleinen Kirche nicht mehr so viel Stärke hatte, als da er in England war; außerdem sang er noch eine reizende Motette, welche Sgr. Monza von Mailand komponiert hatte.

Sgr. Guarducci und Sgr. Ricciarelli verließen Florenz einige Tage vor meiner Ankunft daselbst, sonst hätte ich ein Duett von Manzoli und Guarducci gehört, welches sie in einem Privatkonzerte sangen. Dieser Verlust war um desto mehr zu bedauren, je seltener diese großen Sänger an einem Orte zusammenkommen und einmal miteinander singen.

Obgleich Florenz itzt keinen Überfluß an musikalischen Genies hat, die es selbst hervorgebracht hätte, so ist es doch von andern Orten recht gut damit versehen worden; denn außer den oben angeführten Sängern wohnt Sgr. Campioni als Kapellmeister des Großherzogs hier; Sgr. Dothel, ein berühmter Flötenspieler, ist in der Kapelle, und Sgr. Nardini ist gleichfalls als erster Violinist in Großherzoglichen Diensten.[40]

So habe ich auch hier in dieser Stadt eine gute Spielerin

40 Diese drei großen Meister, deren Verdienste in ganz Europa bekannt sind, wurden vor einiger Zeit durch die Freigebigkeit des Fürsten bewogen, Livorno zu verlassen.

auf der Doppelharfe gehört, die Sgra. Anna Fond von Venedig, welche bei Hofe in Diensten steht, wie auch meinen kleinen Landsmann Linley, der zwei Jahr durch vom Herrn Nardini gelernt hat und zu Florenz war, als ich dorthin kam, woselbst er von allen bewundert ward. Vom Tommasino, wie man ihn nennt, und dem kleinen Mozart spricht man in ganz Italien als von zwei Genies, die die größte Hoffnung geben.

Goldonis Komödie *Il saggio Amico,* die ich zu Brescia gesehen hatte, ward heute abend auf einem andern Theater aufgeführet, das größer und prächtiger war als das, auf welchem ich die Burletten gesehen hatte. Ich fand hier so viel Zuschauer, daß es unmöglich war, einen Platz zu bekommen. Das Stück selbst gefiel mir gar nicht, allein zwischen den Akten gab man ein Türkenballett, welches fast eine halbe Stunde dauerte, das war sehr sinnreich; und die Theaterverzierungen und Kleider darin waren prächtiger, als ich solche in meinem Leben gesehen hatte.[41]

Auf meinem Wege nach diesem Theater, gerade als es anfing dunkel zu werden, begegnete mir in der Gasse eine Gesellschaft *Laudisti*; sie war zu Fiesole gewesen und war nun in Prozession auf der Rückkehr nach ihrer kleinen Kirche. Ich besaß die Neubegierde, ihnen nachzufolgen, und kaufte mir ein Buch, worin die Texte stehen, die sie sungen. Vor jeder Kirche machten sie Halte und sangen ein Versett mit drei Stimmen, und als sie in ihrer eignen Kirche anlangten, worin ich einen Platz bekam, fanden sie ein Orchester vor, das sie mit Instrumentalmusik empfing und zwischen jeder Strophe, die sie sangen, eine Sinfonie spielte. Sie sangen die Vesper im *Canto fermo* mit Hülfe ihres Kaplans; das Ganze ward mit vieler Anständigkeit ausgeführet und war gewiß ein sehr unschuldiger Zeitvertreib. Einige Gesellschaften *Laudisti* in Florenz sind schon an die fünfhundert Jahre alt. Ich habe in der Magliabechischen Bibliothek ein Manuskript in Folio von

41 In diesem Theater bezahlt man fürs Parterre, wie in jeder komischen Oper in Italien, einen Paoli, welches ungefähr drei Gutegroschen macht.

Laudi Spirituali mit Noten gefunden, komponiert zum Gebrauch der Mönche des Ordens der Umiliati und gesungen in der Kirche Aller Heiligen, Florenz 1336.

Montag, den 10ten Sept.

Diesen Nachmittag hatte ich das Vergnügen, den Herrn Nardini und seinen kleinen Schüler Linley in einem Konzert in eines Engländers, Herrn Hempsons, Hause zu hören, wobei eine zahlreiche Gesellschaft war. Dieser Herr bläset die Flöttraverse auf eine besondere Art, indem er den Ton dadurch sehr verbessert, daß er in das Oberstück ein Stückchen Schwamm anbringt, wodurch der Wind gehen muß. Er blies ein paar schwere Konzerte von Hasse und Nardini und brachte sie recht gut heraus. Es war eine Person aus Perugia da, welche ganz angenehm ein Solo auf der Viole d'Amour spielte; und Sgr. Nardini gab uns ein Solo und ein Konzert von seiner eignen Arbeit in einer Manier, die nichts zu wünschen übrigließ. Sein Ton ist egal und sanft, nicht überlaut, aber rund und fest; er hat ungemein viel Ausdruck im Adagio, und man sagt, den habe er glücklich seinem Meister, Tartini, abgelernt. Was die Schwierigkeiten anbetrifft, so erregt er mehr Beifall und Vergnügen als Bewundern. Kurz, er scheint mir der beste Violinspieler in ganz Italien zu sein, und nach meinem eignen Gefühle und Urteile ist sein Stil delikat, gut gewählt und sehr gefeilet.[42]

Der Tommasino Linley spielte zwei Konzerte ziemlich genau in der Manier seines Meisters. Sgr. Nardini hat viele junge Lehrlinge unter seiner Aufsicht, wie sein Lehrer Tartini gleichfalls gewohnt war, und unter diesen ist ein Sohn des Herrn Agus aus England.

Dienstag, den 11ten Sept.

Eine andere große Akademie, im Hause des Sgr. Domenico Baldigiani. – Diesen Abend ward ich mit der berühm-

42 Wer den feinen und polierten Vortrag der berühmten Madame Sirmen gehört hat, kann sich einen so ziemlich richtigen Begriff von der Spielart des Sgr. Nardini machen.

ten *Improvvisatrice,* Sgra. Maddalena Morelli, bekannt, die ich hernach ofte in ihrem Hause besucht habe. Man nennt sie gemeiniglich *La Corilla,* und sie ist gleichfalls eine Schülerin des Herrn Nardini.[43] Außer dem bewunderns-würdigen Talente, über jede vorgegebene Materie auf der Stelle in Versen zu reden und in einem Konzerte eine Ripienstimme auf der Violine zu spielen, singt sie auch mit vielem Ausdrucke und hat ziemlich viel Fertigkeit in der Kehle.

Ich bin verschiedenemal im Hause des Sgr. Campioni gewesen, dessen Trios in England so viel Beifall gefunden haben. Er ist mit einem Frauenzimmer verheiratet, die recht hübsch malt und auch sehr artig auf dem Flügel spielt. Nächst dem Pater Martini hat er die größte Sammlung von alter Musik, besonders Madrigale vom sechzehnten und siebenzehnten Jahrhundert, die ich jemals gesehen habe. Er hat auch, seitdem er sich in Florenz niedergelassen, vieles für die Kirche komponiert. Er zeigte mir die Partitur von dem *Tedeum,* das er für die Geburtsfeier des ältesten Prinzessin des Großherzogs gesetzt hatte, welches voller artiger Kanons und dergleichen sinnreichen Erfindungen ist; es ward von einem Orchester von zweihundert Personen an Sing- und Instrumentalstimmen aufgeführt.

Unter den Liebhabern zu Florenz wird der Marquis von Ligniville für einen großen Theoretiker und Komponisten gehalten. Er hat den Hymnus *Salve regina* als einen dreistimmigen Kanon komponiert; er ist zierlich in Kupfer gestochen, und seinen Freunden werden Exemplare ausgeteilet. Der Marquis war zeit meines Aufenthalts nicht zu Florenz; ich ward gleichwohl mit einem Abdrucke von dieser fleißigen Komposition durch einen Musiker beschenkt, der bei Sr. Exzellenz in Diensten steht.[44]

43 Sie hat fast jeden Abend eine *Conversazione* oder Assemblée, wobei sich die Fremden sowohl als auch die Gelehrten von Florenz häufig einfinden.

44 Auf dem Titel dieses *Salve regina* wird der Marquis von Ligniville auch Prinz von Conca, Kammerherr Ihre Kaiserlichen

Herr Perkins, ein Engländer, der sich hier und in Bologna eine ansehnliche Zeit aufgehalten hat, ist ebenfalls ein guter Musikus. Ein Brief vom Pater Martini verschaffte mir die Ehre seiner Bekanntschaft. Diesem Herrn bin ich meinen besten Dank schuldig für manche musikalische Seltenheit, die er so gütig war, mir zu verschaffen; und unter andern für einen Versuch, den er selbst geschrieben hat, über die Fähigkeit und den Umfang des Violoncells, die Violine, die Flöte, das Waldhorn, die Trompete, Oboe und den Basson nachzuahmen.

Zu Florenz fand ich das Clavecin des Zarlino, dessen er in seinen *Harmonischen Institutionen*, pag. 140, erwähnt. Zarlino hatte dieses Instrument erfunden, um die Temperatur der drei Klanggeschlechte, des diatonischen, chromatischen und enharmonischen, genau anzugeben; es ward unter seiner Aufsicht 1548 von Domenico Pesarese verfertigt und ist nun in den Händen der Sgra. Moncini, Witwe des verstorbenen Pescetti. Ich habe Zarlinos Unterricht, wie es zu stimmen, von seiner eignen Handschrift auf der Rückseite des Vorderbrettes befindlich, abgeschrieben; allein sowohl diesen als die ausführliche Beschreibung dieses seltnen Instruments werde ich für die Geschichte der Musik aufsparen, wohin beides eigentlicher hingehört.

Die Galerie des Großherzogs, die Bibliotheken in den Palästen Pitti, die Lorenzische, Magliabechische und Rinuccinische Bibliothek haben mir sämtliche teils Reflexionen, teils auch Materialien für mein vorhabendes Werk an die Hand gegeben, und die verschiednen Unterredungen, womit mich die Herren Dr. Bichierai, Dr. Perelli, Professor der Mathematik, Dr. Guadagni, Professor der Experimentalphysik, der Dr. Fossi und der Bibliothekar bei der großherzoglichen Bibliothek, Sgr. Bandini, nebst

Majestät, Direktor der Musik des Toskanischen Hofes und Mitglied der *Philharmonischen Gesellschaft* zu Bologna genannt. Er ist Prinz von Conca im Königreich Neapel von wegen seiner Mutter, und ein Sohn des berühmten Marschalls Ligniville, der in dem Kriege 1733 in dem Garten zu Colorno, einem Landsitz des Herzogs von Parma, getötet ward.

andern mehr beehrt haben, erleichterten meine Untersuchungen und verschafften mir jede Gelegenheit, die ich zur Belehrung nur wünschen konnte, und machten meinen Aufenthalt in dieser reizenden Stadt, welcher die Künste seit so langer Zeit her so viel zu verdanken haben, zugleich angenehm und nützlich.

...

Rom

Es ist unmöglich, sich dieser Stadt, welche noch immer in Absicht auf die Künste die Hauptstadt der Welt ist, zu nahen, ohne von einem Gefühl hingerissen zu werden, dergleichen keine andere Situation erregen kann. Die Überbleibsel des Altertums erhalten, wie die Sibyllinischen Bücher, immer einen größern Wert, je weniger ihrer sind. Ungeachtet meine Absichten und Wünsche, als ich nach Rom kam, vornehmlich auf Altertümer und die Materialien gingen, welche die Vatikanische und andere Bibliotheken mir zur Geschichte der alten Musik geben würden, so machte mir doch auch die neue viel Vergnügen.

Den 21ten September

Als den Tag nach meiner Ankunft hörte ich in des Herzogs von Dorset Hause den vornehmsten Geiger hieselbst, Sgr. Celestino, welcher sehr geschickt und mit viel Ausdrucke spielt. Sgr. Corri, ein sinnreicher Komponist, begleitete ihn. Es war auch ein guter Violoncellspieler da.

Sgr. Celestino spielte unter andern eins von seinen eignen Solos, welches zwar außerordentlich schwer, aber doch sehr gefällig war, mit vielem Geschmacke, Genauigkeit und glänzendem Vortrage.

Sonnabend, den 22sten September

Heute Nachmittag gab Herr Beckford, dessen Eifer für mein Hauptgeschäft ich so viel zu verdanken habe, mir zu Gefallen ein Konzert, welches aus zwölf oder vierzehn der besten Spieler in Rom bestund, die von Sgr. Celestino angeführet wurden. Es waren drei Singstimmen dabei, Sgr. Cristofori aus der päpstlichen Kapelle, der beinahe ganz in Guarduccis Manier singt und in Absicht auf die Delikatesse ihm wenig nachgibt; Il Grassetto, ein Knabe, der sich aus eigner Wahl und wider seiner Freunde Rat kastrieren ließ, um seine Stimme zu behalten, die wirklich sehr gut ist, so wie er überhaupt eine gefällige Singart hat, und ein Buffo-Tenorist, ein erzkomischer Kerl.

Den 23sten September

ward ich zu Sgr. Crispi, einem berühmten Kapellmeister, geführt, in dessen Hause heute nachmittag eine Academia war, worin seine Frau sang. Dieser Komponist hat alle Freitage nachmittags ein Konzert, welches gut besetzt ist und von einer ansehnlichen Gesellschaft besucht wird.

Den 24sten September

Heute war wegen der Versöhnung des Papstes mit dem Könige von Portugal eine große *Funzione* in der Kirche der Santi Apostoli; hier sah ich Seine Heiligkeit zuerst nebst einer großen Menge Kardinäle und hörte das *Tedeum*. Es waren zwei starke Musikchöre und eine unbeschreibliche Menge Zuhörer. Die Musik war von Sgr. Mosi.[45] Cristofori sang sehr reizend; die Arien waren schön, aber die Chöre armselig.

Des Abends war die äußere Seite der Kuppel, der Kirche und der Kolonade des Heiligen Petrus nebst dem Vatikanischen Palaste sehr schön erleuchtet, welches den Einwohnern von Rom ein Schauspiel gibt, dergleichen in der ganzen Welt nicht aufzuweisen ist. In den Palästen der meisten Kardinäle waren auf den Balkons, die an der Straße liegen, außer der Illumination mit einer Menge Spielern besetzte Konzerte. Das vornehmste war in des portugiesischen Gesandten Hause, wobei über hundert

45 P. Masi (bei dem Verfasser vermutlich durch einen Druckfehler Mosi), Kapellmeister an der Kirche der Santi Apostoli und Sänger in der päpstlichen Kapelle, starb im April 1772 am Schlage, nachdem er eben in der Messe gesungen hatte. (Übers.)

Musiker waren, welche die ganze Nacht hindurch spielten. Doch war diese Musik, ungeachtet sie in freier Luft aufgeführt ward, zu lärmend für mich, und ich ging bald weg, um meine Ohren in des Grafen von Dorset Konzerte mit gefälligern Tönen zu erquicken.

Dienstags, den 25sten September

Heute früh hatte ich die Ehre, den Kardinal Alessandro Albani, ersten Bibliothekar im Vatikan und *Prefetto* oder Oberaufseher der päpstlichen Kapelle, vorgestellt zu werden. Seine Eminenz nahm mich aufs gefälligste und sehr herablassend auf, ergriff mich bei der Hand und sagte: „*Figlio mio, che volete?*" Mein Sohn, womit kann ich dienen? Als ich ihm die Absichten meiner Reise nach Italien erzählte und meinen Wunsch nach der Erlaubnis äußerte, musikalische Manuskripte in der Vatikanischen Bibliothek und in den Archiven der päpstlichen Kapelle durchzusehen, so sagte er mir: „Sie sollen die verlangte Erlaubnis haben, aber bringen Sie es in Form eines Memorials zu Papiere." Als dies geschehen war, rief er seinen Sekretär, den er einen Befehl ausfertigen hieß, welchen er unterschrieb und an *Monsignore l'Arcivescovo di Apomea, Prefetto della Vaticana,* adressierte, um mich in die Vatikanische Bibliothek einzulassen, wenn mir's beliebte, mich so viel Bücher und Manuskripte sehen zu lassen, als mir beliebte, und mir kopieren zu lassen, was mir anstünde.
Hiemit war ein wichtiger Punkt gewonnen, aber ohne die Einwilligung und den Beistand des Abts Elie, eines von den *Custodi* oder Buchhaltern der Vatikanischen Bibliothek, wäre mir mit der erhaltenen Erlaubnis wenig geholfen gewesen. Denn der Manuskripte in dieser berühmten Bibliothek ist eine solche Menge, und manche davon sind in solcher Unordnung, daß es ein Werk von mehr als einem Jahr gewesen wäre, die Schriften, welche ich brauchte, aufzusuchen, wenn er sie mir nicht angewiesen hätte.[46] Fünf

46 Bis itzt hat man noch keinen ordentlichen Catalogus der okzidentalischen Manuskripte in der Vatikanischen Bibliothek. Von den orientalischen ward vor einigen Jahren einer verfertigt und 1719

bis sechs ganze Tage wandte er dazu an, mir ein Verzeichnis von allen dem zu machen, was die Vatikanische Bibliothek zu meinem Zwecke Brauchbares enthielt, worauf ich gewöhnlich den Morgen daselbst zubrachte und dasjenige las und aussuchte, was ich entweder ganz abgeschrieben oder wovon ich Auszüge zu haben wünschte. Mein Freund, der Abt, übernahm es, dies für mich aufzuschreiben, unterdes daß ich nach Neapel reiste.

Während meines ersten Aufenthaltes in Rom fand ich so viel zu betrachten, ich hatte so viel Untersuchungen, die alte Musik betreffend, zu machen und so viel Zeit in der Vatikanischen und andern Bibliotheken zuzubringen, daß ich nur wenige Zeit für die neuere übrigbehielt. Doch diese wenige Zeit wandte ich mit großem Vergnügen an, öffentliche Kirchenmusiken und Privatkonzerte sowohl in den Häusern der verschiedenen Virtuosen als bei einigen Vornehmen zu hören. Weil aber viele Tage hieselbst von mir auf einerlei Weise zugebracht wurden, so will ich, um Wiederholung zu vermeiden, die Schreibart eines Tagebuchs verlassen und meine vornehmsten musikalischen Begebenheiten zu Rom ohne Rücksicht auf das Datum durchgehen. Ich würde mich bei dieser Erzählung einer großen Undankbarkeit schuldig machen, wenn ich die Unterstützung und den Beistand, womit mich meine Landsleute beehrten, mit Stillschweigen überginge. Man wird mir daher, wie ich hoffe, die Freiheit verzeihen, gelegentlich ihrer mit der schuldigen Verehrung für ihren Stand und für die Dienste, welche ich von ihnen erhalten habe, zu erwähnen.

Ich habe wenige Abende in Rom zugebracht, ohne in des Herzogs von Dorset Hause ein Konzert zu hören. Er hatte die Gnade, dafür zu sorgen, daß meine Neugierde meistens durch etwas Neues und Merkwürdiges entweder in Ansehung der Komposition oder des Vortrages unterhalten ward. Hier war es, wo ich die Gelegenheit hatte, die be-

bis 1728 in vier Folianten gedruckt; allein der Verfasser (J. S. Assemani) starb, ehe das Werk vollendet ward, und nachher hat sich niemand daran gemacht.

sten Spieler in Rom zu der Zeit zu hören, als die Theater geschlossen waren und es schwer gewesen wäre, sie anderwärts zu hören.

Herrn Leighton, der an Vortrag und Geschmack in der Musik die meisten Liebhaber zuvortut, habe ich einige merkwürdige Kompositionen und den Umgang mit verschiedenen Leuten in Rom zu verdanken, die wegen ihrer Geschicklichkeit in der Ausübung oder wegen ihrer Gelehrsamkeit in der Theorie der Musik hervorragen, worunter der Marchese Gabriele und Monsignore Reggio waren.

Dem Rate und Beistande der geschickten Altertumskenner, Herrn Perkins, Morrison und Byers, verdanke ich den größten Teil meiner Originalzeichnungen von alten Instrumenten; und ihrer geschäftigen Freundschaft muß ich gleichfalls einen großen Teil des Vergnügens und Unterrichts, welchen ich in Rom genossen habe, zuschreiben.

Nachdem ich diese Schuld meinen Landsleuten abgetragen habe, muß ich nochmals sagen, daß die gelehrten Italiener und die schönen Geister unter ihnen mich auf meiner Reise mit der größten Gastfreiheit und Güte aufgenommen haben, indem jeder zu wetteifern schien, wer am meisten zu meinem Unterrichte und Unterhaltung beitragen könnte. Denn außer den Gefälligkeiten, womit Herr Richie, Sir Horace Man und die Herren Perkins und Hempson zu Venedig mich beehrten, muß ich allen Unterricht und Vergnügen bis zu meiner Ankunft in Rom den Italienern selbst zuschreiben. Sie waren es, an die ich mich hauptsächlich wandte, indem ich es sowohl in Ansehung der Sprache als des Unterrichts für sehr vorteilhaft hielt, mich mit den Eingebornen abzugeben. Allein zu Rom und Neapel fand ich so viele Engländer, die so sehr bereit waren, mein Unternehmen zu begünstigen und mir in meinen Untersuchungen beizustehen, daß ich nicht brauchte oder richtiger, keine Zeit hatte, verschiedene Empfehlungsschreiben an angesehene Gelehrten und Tonkünstler in diesen beiden Hauptstädten abzugeben.

Jedoch muß ich unter den Römern den Cavaliere Piranesi vorzüglich nennen, der mir verschiedne Zeichnungen von solchen alten Instrumenten, die sich unter den besten Überbleibseln des Altertums noch befinden, gab und Gelegenheit, andere zu nehmen, anwies. Ferner den Abt Orsini, welcher eine große Sammlung von musikalischen Kompositionen und Abhandlungen besitzt und unter andern nützlichen Materialien zu meinem vorhabenden Werke mir alle musikalischen Dramas zeigte, die zu Rom vom Anfange des letzten Jahrhunderts an bis zu unsern Zeiten aufgeführet worden, und mir ein Verzeichnis davon gab, wie auch den Rat Reiffenstein, welcher zwar kein Römer von Geburt, aber doch so lange daselbst gelebt hat und so viel Gelehrsamkeit und Geschmack in den schönen Künsten besitzt, daß ich durch seinen Umgang sehr viel lernte und ihm für seinen Eifer und Einsicht, die mir sehr nützlich waren, vielen Dank schuldig bin; und den Cavaliere Santarelli, *Capellano di Malta*[47] und Kapellmeister Seiner Päpstlichen Heiligkeit.

Pater Martini hatte die Güte gehabt, mir an Sgr. Santarelli einen Brief mitzugeben, welcher alle erwünschte Wirkung tat, indem ich diesen vortrefflichen Musiker und würdigen Mann nicht nur geneigt fand, mich mit Höflichkeit, sondern auch mit Freundschaft in dem strengsten Verstande dieses Worts aufzunehmen. Er war um desto mehr imstande, mir bei meinen musikalischen Untersuchungen wahre Dienste zu leisten, indem er außer seiner Stelle in der päpstlichen Kapelle und seiner großen Geschicklichkeit und Erfahrung in dem praktischen Teile der Musik eine tiefsinnige Theorie und viel gelehrte Kenntnis der Geschichte seiner Kunst besitzt und seit vielen Jahren mit einem lehrreichen Werke *Della musica del Santuario e della disciplina dei suoi Cantori* oder einer historischen Abhandlung von der Kirchenmusik beschäftigt ist. Dies Werk ist nach den verschiednen Jahrhunderten der christlichen Zeitrechnung abgeteilt und durchgehends mit Zeugnissen aus der Kirchengeschichte belegt worden. Der

47 Als solcher trägt er ein kleines Kreuz und einen elfenbeinernen Stern an der Brust.

erste Band ward im Jahre 1764 gedruckt, ist aber niemals ausgegeben worden; der zweite liegt noch im Manuskripte und ist meist fertig. Es scheint alle Mängel eines andern merkwürdigen und seltenen Werkes über eben diese Materie zu ergänzen, welches 1711 unter dem Titel *Osservazioni per ben regolare il coro della capella pontificia* oder Regeln zur Anführung des Chors der päpstlichen Kapelle von Andrea Adami erschienen ist. Der historische Teil dieses Buchs fängt erst mit dem Jahre 1400 und schließt 1711, da aber Sgr. Santarellis Werk von den ersten Anfängen der Kirche an bis auf unsre Zeiten sich erstreckt, so würde es gewiß für die Freunde der Kirchenmusik, die sie gern von ihrem Ursprunge an kennen wolen, ein erwünschtes Geschenk sein.[48]

Herr Santarelli schenkte mir sein noch nicht ausgegebenes gedrucktes Werk, teilte mir den zweiten Band in der Handschrift mit und war außerdem so gütig, mir Auszüge aus zwei geschriebenen Bänden merkwürdiger Anekdoten und Stellen aus alten und raren Büchern, welche die Musik betreffen, zu machen, welches alles er durch vieljährigen Umgang und Lektüre gesammlet hatte. Zu diesen Gefälligkeiten kam noch hinzu, daß er mir einige der merkwürdigsten und rarsten geschriebenen Bücher, welche ich zu Rom suchte, durch seinen freundschaftlichen Eifer verschaffte. Ich hatte hier drei Wochen lang mit meinen Freunden mich vergeblich bemühet, das erste Oratorium, welches jemals in Musik gesetzt war, aufzusuchen, endlich bekam ich es durch seine Hülfe zu sehen und erhielt eine Abschrift da-

48 Es scheint, als wenn Sgr. Santarelli von der Ausgabe seines Werks dadurch abgeschreckt worden, weil er keinen Beförderer desselben in Rom gefunden. Er ist von der Verachtung, womit die Musik gegenwärtig von den hohen Vorstehern der Kirche belegt wird, so empfindlich gerührt, daß er sich nur wenig Hoffnung macht, daß sein Buch Beifall finden werde, ungeachtet es ihm so viel Zeit und Arbeit gekostet hat und gewiß des Schutzes und der Befördrung Sr. Heiligkeit vollkommen wert ist, da es zum Nutzen seiner Kapellbedienten sowohl als zum Besten der Musik überhaupt vortrefflich eingerichtet ist.

von, und um das Maß seiner Güte vollzumachen, gab er mir nicht nur eine echte richtige Abschrift des berühmten *Miserere* von Allegri, sondern auch alle Kompositionen, welche in der Karwochen in der päpstlichen Kapelle aufgeführet werden.[49] Zugleich erhielt ich von ihm viele andere Kirchenmusiken von Palestrina, Benevoli, Luca Marenzio und andern, welche nie gedruckt, ja nicht einmal irgendwo außer in besagter Kapelle sind aufgeführet worden.

So neugierig ich war, die Vatikanische Bibliothek zu sehen, so war ich es wegen der päpstlichen Kapelle nicht weniger. Die Kirchenmusik scheint in diesem berühmten Heiligtume wo nicht ihr erstes Dasein, doch wenigstens ihre erste Ausbildung erhalten zu haben. Cavaliere Santarelli war so gütig, meine Neugier in Ansehung dieser Kapelle völlig zu befriedigen.

In der päpstlichen oder Sixtinischen Kapelle braucht man weder Orgel noch irgendein ander Instrument, die Singstimmen zu begleiten. Diese sind zweiunddreißig, nämlich: acht Bässe, acht Tenore, acht Alte und acht Diskante, diese sind alle ordentlich angenommen; außerdem sind noch verschiedene Überzählige, welche die Stelle derjenigen ersetzen, die etwa zufälligerweise abwesend sind, so daß allemal die Zahl der zweiunddreißig Sänger an den gewöhnlichen Feiertagen vollständig ist; an hohen Festtagen wird sie fast verdoppelt.[50]

Die Kleidung der ordentlichen Sänger besteht in einer Art von purpurfarbner Uniform; ihre Besoldung ist nicht groß, und itzt werden Sänger von außerordentlichen Diensten

49 Dies *Miserere* von Allegri nebst einem *Stabat mater* von Palestrina, einem *Fratres, ego enim accepi,* einem *Miserere* von Tommaso Baj und einem *Populus meus, quid feci tibi* von Petrus Aloysius Prenestinus hat Herr Burney vor kurzem in London unter dem Titel *La Musica che si canta la settimana santa* in Partitur herausgegeben und Kennern damit ein wichtiges Geschenk gemacht.

50 Außer den überzähligen Exspektanten bei dieser Kapelle werden in der Karwoche viele der besten Opernsänger aus andern Orten Italiens hier gebraucht.

nur wenig bemerkt und aufgemuntert, so daß die Musik hier, wie es scheint, sehr abnimmt und zu verfallen anfängt, wozu die hohen Besoldungen, welche schöne Stimmen und Sänger von großer Geschicklichkeit in den vielen italienischen Opern erhalten, nicht wenig beitragen. Allmählich werden sowohl die Auszierungen und die feine Ausführung der alten Musik als auch die elegante Simplizität, weswegen diese Kapelle so berühmt ist, ganz verlorengehen. Ehemals war hieselbst der *Canto fermo* seiner Reinigkeit und der ausdrucksvollen Art wegen, womit er gesungen ward, unendlich besser als an allen übrigen Orten.

Ein Freund, der neunzehn Jahr in Rom gewesen war, versicherte mich, ehe ich dahin reisete, daß ich nicht erwarten müßte, die Musik in der päpstlichen Kapelle so vorzüglich vor aller übrigen italienischen Musik zu finden, als sie ehedem gewesen wäre, eher die Opern aufgekommen und man den vornehmsten Sängern so hohe Salarien gab; denn weil damals die päpstlichen Sänger besser bezahlt wurden, so konnte man hier auch leichter geschickte Leute haben als anderwärts. Jetzt ist das der Fall nicht mehr, und die Folge davon fällt in die Augen. Die Lage, worin die Sänger sind, ist der ähnlich, worin die englischen Chorsänger und Chorknaben sich befinden; ihre Salarien bleiben, wie sie bei der ersten Stiftung waren, und auf dieser Stufe der Vollkommenheit scheint ihr Gesang gleichfalls stehenzubleiben; die Lebensart ist kostbarer, das Geld von geringerem Werte, anderwärts gibt man mehr; man ergreift, um zu leben, noch ein anders Geschäfte neben dem Singen, und die Kirchenmusik gerät also in Verfall und wird immer schlechter, indem die theatralische durch die vermehrten Belohnungen täglich mehr und mehr emporkömmt.

Sgr. Santarelli hat mir folgende besondere Nachrichten, das berühmte *Miserere* des Allegri betreffend, mitgeteilet. Dies Stück, welches über hundertundfunfzig Jahr jährlich in der Karwoche in der päpstlichen Kapelle am Mittwochen und Karfreitage aufgeführet werden und dem Ansehn nach so simpel ist, daß diejenigen, welche es bloß auf dem Papiere gesehen haben, sich wundern, woher seine

Schönheit und Wirkung entstehen könne, hat seinen Ruhm mehr der Art, wie es aufgeführet wird, als der Komposition zu danken. Die nämliche Musik wird verschiedenemal mit verändertem Texte wiederholt, und die Sänger haben eine gewisse, von alters her überlieferte Art zu singen, gewisse Ausdrücke, gewisse hergebrachte Auszierungen (*certe espressioni e gruppi*), welche große Wirkung tun: z. E. eine gemeinschaftliche Verstärkung oder Schwächung des Tons, die Beschleunigung oder Verzögerung des Takts bei gewissen Worten und daß sie einige ganze Strophen geschwinder singen als andere. Soweit Sgr. Santarelli. Ich will noch aus Andrea Adamis oben angeführtem Buche folgendes hinzufügen: „Nach verschiedenen vergeblichen Versuchen älterer Komponisten vor mehr als hundert Jahren, eben diese Worte so in Musik zu setzen, daß die Häupter der Kirchen völlig damit zufrieden wären, hatte Gregorio Allegri das Glück, eine Komposition zu liefern, die sich ewigen Ruhm erwarb; denn mit wenigen wohl modulierten und wohl angebrachten Noten setzte er ein *Miserere,* welches noch lange jährlich an eben den Tagen in künftigen Zeiten wird gesungen werden, welches gerade so gesetzt ist, daß es dereinst noch jeden in Erstaunen setzen wird, so wie es itzt alle Zuhörer entzückt."
Doch müssen wohl einige von den großen Wirkungen, welche dieses Stück hervorbringt, eigentlich der Zeit, dem Orte und den feierlichen Zeremonien zugeschrieben werden, welche bei der Aufführung gewöhnlich sind. Der Papst und das ganze Konklave liegen kniend auf der Erde, die Lichter der Kapelle und die Fackeln auf dem Geländer werden eins nach dem andern ausgelöscht, und der lange Vers dieses Psalms wird von zwei Chören beschlossen, indem der Kapellmeister den Takt immer langsamer schlägt und die Sänger die Harmonie bis zum völligen Schlusse ganz allmählich endigen oder vielmehr ausgehen lassen.

Es wird ebenfalls von ausgesuchten Sängern aufgeführt, welche viele Proben machen, vornehmlich des Montags in der Karwoche, welchen man dazu anwendet, das Stück oft-

mals zu probieren und die Feinheiten der Ausführung zu lehren.
Diese Komposition wird so heiliggehalten, daß man glaubte, der Bann würde darauf stehen, wenn jemand sie abschriebe. Pater Martini erzählte mir, daß niemals mehr als zwei Abschriften auf päpstlichen Befehl davon gemacht wären, nämlich eine für den verstorbenen König von Portugal, die andere für ihn selbst. Er erlaubte mir, diese letzte zu Bologna abzuschreiben, und Sgr. Santarelli verschaffte mir gütigst eine andere Abschrift aus den Archiven der päpstlichen Kapelle; bei der Vergleichung beider Abschriften fand ich, daß sie sehr genau, vornehmlich in den ersten Versen, übereinstimmten. Ich habe hie und da verschiedene unechte Abschriften dieser Komposition gefunden, worin die Diskantstimme ziemlich richtig war, dahingegen die übrigen Stimmen sehr abweichen, und dies machte mir's glaublich, daß die Oberstimme aus dem Gedächtnisse sei aufgeschrieben worden, welches nicht schwer sein konnte, da sie so oft in diesem Stücke zu verschiedenen Worten wiederholet wird, und daß hernach irgendein neuer Kontrapunktist die übrigen Stimmen hinzugesetzt habe.
Ehe ich einen Gegenstand verlasse, der für die Freunde der Kirchenmusik so interessant ist, will ich noch folgende Anekdote mitteilen, die ich ebenfalls von Sgr. Santarelli habe.
Kaiser Leopold, welcher nicht nur ein Liebhaber und Gönner der Musik war, sondern auch selbst gut komponierte, befahl seinem Gesandten zu Rom, vom Papste die Erlaubnis zu erbitten, daß er eine Abschrift von dem berühmten *Miserere* des Allegri zum Gebrauch der Kaiserlichen Kapelle zu Wien nehmen dürfte; als er diese Erlaubnis erhalten hatte, schrieb der päpstliche Kapellmeister es für ihn ab und schickte es dem Kaiser zu, der damals einige von den größten Sängern seiner Zeit in Diensten hatte. Allein der Geschicklichkeit dieser Sänger ungeachtet, tat diese Komposition der Erwartung des Kaisers und seines Hofes, als sie aufgeführt ward, so wenig Genüge, daß er

den Schluß machte, der päpstliche Kapellmeister hätte ihn hintergangen und, um seinen Schatz als ein Geheimnis für sich zu behalten, eine Komposition untergeschoben. Der Kaiser war darüber sehr aufgebracht und schickte einen Kurier an Seine Heiligkeit, sich über den Kapellmeister zu beschweren, der deswegen in Ungnade fiel und sogleich abgesetzt ward. Der Papst war durch den vorgeblichen Betrug seines Kapellmeisters so sehr beleidigt, daß er ihn lange Zeit hindurch weder sehen noch seine Verteidigung hören wollte; doch endlich übernahm es einer von den Kardinälen, Fürsprache für ihn zu tun, und sagte Seiner Heiligkeit, daß die in der päpstlichen Kapelle übliche Art zu singen vornehmlich bei diesem *Miserere* so beschaffen wäre, daß sie nicht in Noten ausgedrückt werden oder anders als durchs Exempel könne gelehrt und an andern Orten eingeführt werden, weswegen diese Komposition, wäre sie auch noch so richtig abgeschrieben, ihre Wirkung verfehlen müßte, sobald man sie anderswo aufführte. Seine Heiligkeit verstund keine Musik und konnte gar nicht begreifen, wie die nämlichen Noten an verschiedenen Orten so verschieden klingen könnten; indessen befahl er doch seinem Kapellmeister, eine schriftliche Verteidigung einzugeben, welche nach Wien gesandt werden sollte; dies geschah, und der Kaiser, welcher sah, daß sein Wunsch in Ansehung der Musik nicht anders konnte befriedigt werden, bat den Papst, daß einige Sänger aus seiner Kapelle nach Wien gesandt werden mögten, um den kaiserlichen Sängern Anweisung zu geben, wie sie das *Miserere* von Allegri mit ebensoviel Ausdrucke, als in der Sixtinischen Kapelle zu Rom geschähe, aufführen müßten. Der Papst bewilligte es; allein ehe sie ankamen, brach ein Krieg mit dem Türken aus, welcher den Kaiser von Wien wegzugehen nötigte, und das *Miserere* ist vermutlich itzt noch nirgends gehörig aufgeführt worden als in der päpstlichen Kapelle.

Bei meinem Aufenthalte in Rom besuchte ich verschiedentlich Sgr. Mazzanti, der nicht nur mit außerordentlich vielem Geschmacke singt, sondern auch ein vortrefflicher Musiker ist. Er liest und schreibt über die Musik und hat eine beträchtliche Sammlung von Büchern und Manuskripten. Der Reichtum seines Geschmacks im Singen ersetzt den Mangel an Stärke seiner Stimme, welche überaus schwach ist. Er besitzt eine große Menge von Palestrinas Kompositionen und teilte mir verschiedene davon mit, die ich sonst nirgends bekommen konnte. Sgr. Mazzanti ist berühmt wegen seiner Kunst, das Gedicht des Tasso nach der Melodie der *Barcarolli* zu Venedig zu singen. Er tut es mit unbeschreiblichem Geschmacke und begleitet sich selbst mit der Violine, durch welche Harmonie er außerordentlich angenehme Wirkungen hervorzubringen weiß. Er schrieb mir zu Gefallen die Originalmelodie nieder, um sie mit dem zu vergleichen, was ich in Venedig aufgeschrieben hatte, da ich sie in dem großen Kanale singen hörte. Er hat selbst viel gesetzt, z. E. Opern und Motetten für die Singstimme wie auch Trios, Quatuors, Quintetten und andere Stücke für die Geige. Er spielt recht schön auf der Geige und ist im Besitze der schönsten und vollkommensten Steiner-Geige, die ich je gesehen habe. Er ist sehr weit in der Theorie der Musik und hat zur Übung einen Auszug aus der Modulation des Palestrina gemacht, welcher sehr auserlesen und wohlgeordnet ist; auch zeigte er mir einen beträchtlichen Teil eines musikalischen Traktats im Manuskripte, welchen er selbst verfertigt hatte.

Zu Rom hatte ich gleichfalls vielen Umgang mit Rinaldo di Capua, einem alten vortrefflichen neapolitanischen Komponisten. Er ist ein natürlicher Sohn eines sehr vornehmen Mannes in diesem Lande und studierte anfangs nur die Musik zu seinem Vergnügen; allein da ihm sein Vater nur ein geringes Vermögen hinterließ, welches er bald herdurchbrachte, so sah er sich gezwungen, Profession davon zu machen. Er war nur siebzehn Jahr alt, als er seine erste Oper zu Wien in Musik setzte. Seine Kompositionen haben mir oft viel Vergnügen gemacht; jetzt ist er nicht sehr Mode mehr, wiewohl er vorigen Winter noch ein *Intermezzo* für das Capranica-Theater in Rom mit großem

Beifalle gesetzt hat. Sein Umgang ist sehr vernünftig; allein ein so gutes Herz er auch hat, so hegt er doch von seinen Mitkomponisten etwas sonderbare und strenge Meinungen. Er glaubt, sie hätten nichts mehr zu tun übrig, als sich selbst und andere auszuschreiben, und das Glück, welches sie hätten, den Ruhm der Neuheit und der Erfindung davonzutragen, käme bloß entweder von der Unwissenheit oder Vergessenheit des Publikums her, indem von allem, was der Mühe wert wäre, sowohl in der Melodie als Modulation schon Gebrauch gemacht sei. Er schließt sich selbst nicht von dem Tadel aus und gestehet frei, daß, ungeachtet er vollkommen so viel geschrieben als alle seine Nachfolger, doch in allen seinen Werken vielleicht nicht mehr als eine neue Melodie könne gefunden werden, welche nicht in verschiedenen Tönen und Traktaten tausendmal durchgepeitscht worden. Was die Modulation anbeträfe, so müsse sie allezeit einerlei sein, um natürlich und gefällig zu bleiben; was man dem Publikum nicht mitgeteilt habe, sei bloß der Ausschuß von Tausenden, die es versuchten und als unangenehm oder in der Ausführung unmöglich verwarfen. Die einzige Gelegenheit, die ein Komponist habe, neue Modulationen in Arien anzubringen, sei ein kurzer zweiter Teil, um den Zuhörer zu dem ersten zurückzuschrecken, dem er nur zum Zierate diente, um ihn vergleichungsweise schön zu machen. Er tadelt gleichfalls den Lärm und Tumult der Instrumente in den neumodischen Arien sehr heftig.

Sgr. Rinaldo di Capua wird zu Rom für den Erfinder der begleiteten Rezitative gehalten; allein als ich alte Kompositionen in den Archiven des Kollegiums St. Girolamo della Carità durchsuchte, so fand ich ein Oratorium von Alessandro Scarlatti, welches er zu Ende des vorigen Jahrhunderts, ehe Rinaldo di Capua noch geboren war, gesetzt hatte, worin sich begleitete Rezitative befinden. Er selbst macht gar keinen Anspruch auf die Ehre der Erfindung und eignet sich nichts mehr zu, als daß er einer von den ersten gewesen, welche lange Ritornelle oder Zwischenspiele in die Rezitative, die eine heftige Leidenschaft oder Unglück enthielten, eingeführt, worin das ausgedruckt oder nachgeahmt wird, was die Singstimme nicht ohne Lächerlichkeit unternehmen konnte.

Rinaldo di Capua hat in seinem langen Lebenslaufe verschiedene Abwechselungen des Glücks ausgestanden; bald hatte er viel Ansehn, bald ward er nicht geachtet. Inzwischen, wie er sein Alter herannahen sahe, sammlete er seine Hauptwerke, welche er in der besten Blüte seines Glücks und seines Genies verfertigt hatte, und glaubte, dazu seine Zuflucht zur Zeit des Unglücks nehmen zu können. Diese Zeit kam; allerhand Widerwärtigkeiten und Unglück überfielen ihn und seine Familie, als seine Hülfe, seine einzige Hülfe, die gesammelten Früchte seiner Feder, von seinem ungeratenen Sohne für Makulatur verkauft wurden!

Die römischen Musiker, welche mir das größte Vergnügen machten, waren im Singen Sgr. Cristofori aus der päpstlichen Kapelle in Ansehung der Stimme und vollkommenen Ausbildung seines Gesanges und Sgr. Mazzanti in Ansehung des Geschmacks und der Einsicht in die Musik; La Bicchelli, gewöhnlich *la Miniatrice*[51] genannt, wegen ihres glänzenden und mannigfaltigen Vortrags; und die älteste Tochter eines berühmten Malers, Cavaliere Battoni, eine Dilettante und Schülerin des Sgr. Santarelli, wegen ihrer Kunst, die sie sehr gut zu bedecken weiß, und wegen der feinen Simplizität und des wirklich pathetischen Ausdrucks, welche ganz unbeschreiblich sind.

Die besten Geiger waren Sgr. Celestino, dessen ich oben gedachte, Sgr. Niccolai, ein würdiger Schüler von Tartini, und Sgr. Ruma, ein junger Mann, den ich oftmals in Sgr. Crispis Konzerte gehört habe und der mit vieler Leichtigkeit und Nettigkeit spielt.

Man hält den Abt Rossi für den feinsten Flügelspieler zu Rom, Sgr. Crispi, ohne sich dafür auszugeben, spielt dies Instrument recht gut. Allein die Wahrheit zu sagen, so habe ich in ganz Italien noch keinen großen Flügelspieler noch irgendeinen originalen Komponisten für dies

51 Ihr Geschäft ist nämlich nicht die Musik, sondern die Malerei.

Instrument gefunden.[52] Ich weiß keine Ursache davon anzugeben, als weil dies Instrument hier außer zur Begleitung der Singstimmen so wenig gebräuchlich ist. Jetzt wird es von Instrumentenmachern und Spielern so sehr vernachlässigt, daß es sich schwerlich bestimmen läßt, ob die Instrumente oder die Spieler elender sind.[53]

Hingegen was die Orgel anbetrifft, so habe ich sie oft in Italien mit Geist und Geschmacke spielen hören. Sammartini zu Mailand hat eine ihm eigene Art, die Orgel zu schlagen, welche gewiß meisterlich und einnehmend ist. Die ersten Organisten der St.-Markus-Kirche zu Venedig, der Domkirche zu Florenz und der St.-Johannis-Kirche im Lateran zu Rom (von welchem ich nachher noch gelegentlich reden werde) übertreffen in ihren Spielen beinahe alle andere, die ich auf dem festen Lande gehört habe. Überhaupt aber sind die Mönche und Ordensgeistlichen in Italien die besten Organisten; ich habe sie in den Kirchen und Kapellen ihrer Klöster nicht nur auf eine meisterhafte, sondern auch auf eine glänzende moderne Art, ohne den Geist ihres Instruments zu vergessen, spielen hören. Einige Mädchen in den Konservatorien zu Venedig

52 Es scheint, als wenn Alberti in jeder neuen Flügelsonate ausgeschrieben oder nachgeahmt würde.

53 Wer der englischen Flügel gewohnt ist, dem kommen alle Klavierinstrumente auf dem festen Lande (Deutschland hatte der Verfasser damals noch nicht gesehen) gar nicht sonderlich vor. Durch ganz Italien hat man in Privathäusern kleine Oktav-Spinette zur Begleitung beim Singen, zuweilen in Gestalt eines Dreiecks, doch öfter unsern alten Virginals (einer Art kleiner Flügel) ähnlich. Die Tasten daran machen so viel Lärm und der Ton ist so schwach, daß man mehr Holz als Saiten hört. Der beste Flügel in Betracht des Anschlags, den ich in Italien angetroffen habe, gehörte Sgr. Grimani zu Venedig, und in Ansehung des Tones der, welchen Monsignore Reggio zu Rom besaß; allein ich fand drei englische Flügel in den drei vornehmsten Städten Italiens, welche von den Italienern als so viel Wunderwerke angesehen wurden. Der eine war von Shudi gemacht, und der englische Gesandte zu Neapel besaß ihn. Die andern beiden, welche Herrn Kirchmanns Arbeit sind, gehörten damals der Frau Richie zu Venedig und der Frau von Earl.

sowohl als die Nonnen in verschiedenen Teilen Italiens spielen in ihren Kirchen nett und sehr fertig, doch fehlt es dem Spielen des Frauenzimmers fast allemal an Stärke, an Gelehrsamkeit und an Mut, welches vermutlich von dem weiblichen sanften Charakter herrührt, womit das Frauenzimmer uns sonst so zu bezaubern pflegt.
Nachdem ich die vorzüglichsten Sänger und Spieler gehört und mit den vornehmsten Theoretikern und Komponisten Bekanntschaft gemacht, nachdem ich viele von den Büchern, Manuskripten und Altertümern, die ich suchte, gefunden, und was mir noch fehlte meinen Freunden zu Rom aufgezeichnet hatte, welche mir gütigst ihren Beistand versprachen, in meiner Abwesenheit das Fehlende zu verschaffen, so ging ich sonntagsnachmittags den vierzehnten Oktober nach Neapel.

Neapel

Ich kam hieher mit der größten Idee von der Vollkommenheit, worin ich die praktische Musik finden würde. Bloß zu Neapel hoffte ich, daß meine Ohren durch die feinste musikalische Wollust, welche Italien hervorzubringen vermag, sollten erquickt werden. Die übrigen Örter besuchte ich meiner Geschäfte wegen, um eine bestimmte Arbeit zustande zu bringen, die ich mir selbst aufgelegt hatte; hieher aber kam ich, von der Hoffnung, mich zu ergötzen, beseelt. Und welcher Freund der Musik könnte an einen Ort kommen, der die beiden Scarlatti, Vinci, Leo, Pergolesi, Porpora, Farinelli, Jommelli, Piccinni und unzählige andere Komponisten, Sänger und Spieler vom ersten Range hervorgebracht hat, ohne von den lebhaftesten Erwartungen voll zu sein. Wieweit diese Erwartung erfüllet worden, wird der Leser aus dem Verfolge meiner Erzählung sehen, welche beständig eine getreue Übersetzung der Empfindungen ist, die ich hatte, indem ich sie in mein Tagebuch, gleich nachdem ich etwas gehört und gesehen hatte, ohne alle wissentliche Vorurteile oder Parteilichkeit eintrug.

Dienstags, den 16ten Oktober

Ich langte hier etwa um fünf Uhr des Nachmittags an und ging denselben Abend zu dem Teatro de Fiorentini, die komische Oper, *Gelosia per Gelosia,* welche Sgr. Piccinni gesetzt hat, zu sehen. Dies Theater ist so klein als das Footesche in London, aber höher, denn es sind fünf Reihen Logen darin. Ungeachtet der Hof zu Portici und eine Menge vornehme Familien auf ihren *Villeggiature* oder Landhäusern waren, so war doch das ganze Haus voll Zuschauer; so groß ist Piccinnis Ansehen. Eigentlich hatte diese Oper auch nichts als die Verdienste und dem Ruhm des Komponisten für sich, indem sowohl die Poesie als die Sänger schlecht waren. Ich nehme eine komische Rolle aus, die Sgr. Casaccia, ein Mann von unbeschreiblicher Laune, spielte. Sobald er erschien, geriet das ganze Haus in Bewegung; die Lustbarkeit dieses Schauspielers bestund nicht in Narrenspossen und war nicht bloß lokal, wie es in Italien sowohl als auch an andern Orten nicht selten der Fall ist, sondern sie war von der originalen allgemeinen Art, welche zu allen Zeiten und an allen Orten Lachen erregt.

Die Arie dieser komischen Oper ist voll schöner Stellen und hat überhaupt eine sehr sinnreiche Instrumentalbegleitung; Ballette waren nicht dabei, so daß die drei Akten, woraus sie bestund, ziemlich lang zu sein schienen.

Es sind in dieser Stadt drei Konservatorien zur Erziehung der Knaben, welche von der Musik Profession machen wollen, welche ebenso eingerichtet sind als die venezianischen für die Mädchen. Gleichwie die Schülerinnen in den venezianischen Konservatorien wegen ihres Geschmacks und netten Ausführung berühmt sind, so haben die Schüler der neapolitanischen lange Zeit den Ruhm der besten Kontrapunktisten oder Komponisten in Europa gehabt.

Mittwochens, den 17ten Oktober

Diesen Nachmittag ging ich, eine Musik zu hören, in die Franziskanerkirche, wo die drei Konservatorien morgens und abends Musik und Musiker zu einem achttägigen Feste hergeben.[54] Diese Kirche ist groß und schön, aber allzu verziert. Die Bauart daran scheint gut zu sein, aber sie ist so sehr übergoldet, daß ich geblendet ward, wenn ich sie betrachten wollte; und an den wenigen Orten, wo kein Gold ist, hat man eine Menge bunte Blumen angebracht. Das Orchester war zahlreich und bestund aus mehr als hundert Sängern und Spielern. Sie stunden auf einer dazu errichteten Galerie, welche ganz überguldet und übersilbert war. Ungeachtet es eine recht gute Gesellschaft von Musikern zu sein schien und ihre Anführer sorgfältig und aufmerksam genug waren, so machte doch die Entfernung einiger Spieler von den andern es beinahe unmöglich, allezeit genau Takt zu halten. Die Komposition war von Sgr. Gennaro Manna, und einige Stücke davon waren vortrefflich; er schlug selbst den Takt. Die Einleitung war in einem wilden Geschmacke geschrieben, worauf diese Art von Anfangssinfonie zur Begleitung eines wohlgearbeiteten Chores ward. Es folgten verschiedene Arien und ein Duett darauf, welche mir sehr gefielen, es herrschte Einbildungskraft und Erfindung, Licht und Schatten darin, und obgleich der Gesang nicht von der besten Gattung war, so gefiel mir doch ein Altist und Bassist ungemein. Der Altist hatte eine so helle Stimme, als ich je gehört habe, die drang durch das ganze Orchester in den lautesten und wildesten Teilen des Chors hervor. Er sang auch eine Arie, und da fand ich seinen Triller gut und seinen Vortrag ungezwungen; allein sein Portamento war nicht völlig gut und hatte etwas von der in England sogenannten Kathedralmanier im Singen, durch die Gurgel. Die Baßarie war so geistreich geschrieben, als ich je eine gehört habe, die Instrumentalbegleitung war vollstimmig, ohne die Melodie der Singstimme zu unterdrücken; die Instrumente schienen, ohne ihren Gesang zu unterbrechen oder zu verstümmeln,

54 Dieser Musik wegen bekommen die Konservatorien ihre Privilegien; und in Betracht dessen, daß die Knaben umsonst spielen, hat der König sie von allen Abgaben von Wein und Lebensmitteln befreit, welche die übrigen Einwohner von Neapel bezahlen müssen.

vielmehr ihn immer fortzusetzen und zu schließen, indem sie dem Sänger Zeit zum Atemholen gaben. In einem Duette zwischen zwei Diskanten war die Begleitung ebenfalls unvergleichlich, wie auch in einem mit verschiedenen Solostellen untermischten Chore. In der Folge schien der Verfasser nicht so glücklich zu sein. Es kamen einige unbedeutende, schwerfällige Stücke darin vor; in einem der ersten war nichts Neues, als daß der Akzent oftmals auf der unrechten Note stund, z. E. auf der zweiten anstatt der ersten oder im schlechten Takt auf der vierten statt der dritten. Dies mag in komischen Opern, wo man irgendeine Laune damit ausdrücken will, angehen; allein ein so elendes Notbehelf ist unter der Würde der Kirchenmusik, wo selbst in geschwinden Stücken ein ernsthafter und majestätischer Stil sollte beibehalten werden. Aber eben die Neuheitssucht, welche in der italienischen Musik solche plötzliche Veränderungen hervorgebracht hat, bringt manchmal sonderbare *Concetti* zur Welt.

Die Nationalmusik ist hier sonderbar und weicht sowohl in Ansehung der Melodie als Modulation von allen dem ab, was ich sonstwo gehört habe. Heute abend sangen zwei Leute eins ums andere; einer von ihren neapolitanischen *Canzoni* ward von einer Violine und *Calascione* begleitet. Der Gesang ist lärmend und gemein, aber die Begleitung ist vortrefflich und wird gut ausgeführt. Die Violin- und *Calascione*stimmen waren sowohl während des Singens als der Ritornelle beständig geschäftig.[55] Die Modulation überraschte mich sehr; der Gang von a-Moll ins c und f war weder schwer noch neu; allein der von A-Dur in c-Moll war erstaunend fremd und das um so mehr, weil der Rückgang zu dem Haupttone so unmerklich war, daß er weder das Ohr beleidigte noch leicht zu entdecken war, auf welchem Wege oder durch welche Tonfolge er ging.

55 Das *Calascione* ist ein zu Neapel sehr gewöhnliches Instrument. Es ist eine Art von Zither, aber bloß mit zwei Saiten, welche quintenweis gestimmt sind. Die Gebrüder Colla haben sich seit einiger Zeit in Deutschland damit hören lassen.

Donnerstags, den 18ten Oktober.

Es war bei meiner Ankunft zu Neapel ein großes Glück für mich, daß ich, ungeachtet viele, an welche ich Briefe hatte, auf dem Lande waren, Sgr. Jommelli und Sgr. Piccinni in der Stadt antraf. Jommelli machte eine ernsthafte Oper für das Theater von S. Carlo fertig, und Piccinni hatte eben die komische Oper auf die Bühne gebracht, deren ich oben gedacht habe.

Heute früh besuchte ich Sgr. Piccinni und hatte das Vergnügen, mich lange mit ihm zu unterhalten. Er scheint recht bequem zu leben, hat ein gutes Haus und viele Bediente und Aufwärter. Er ist erst vier- oder fünfundvierzig Jahr alt, sieht wohl aus, hat ein sehr lebhaftes Ansehn und ist ein höflicher und angenehmer Mann, klein von Statur, aber für einen Neapolitaner, der so viel Feuer und Genie hat, ziemlich ernsthaft in seinem Betragen. Seine Familie ist ziemlich zahlreich, einer von seinen Söhnen studiert zu Padua. Nachdem er den Brief gelesen, den Herr Giardini mir mitgegeben hatte, sagte er mir, daß es ihm eine große Freude sein würde, wenn er mir oder meinem Werke nützliche Dienste leisten könnte. Meine ersten Untersuchungen betrafen die neapolitanischen Konservatorien; denn weil er selbst in einem erzogen war, so konnte ich seine Nachrichten für authentisch und hinlänglich halten. Bei meinem ersten Besuche schränkte ich meine Fragen vornehmlich auf folgende Punkte ein:

1. Das Alter dieser Anstalt
2. Ihre Namen
3. Die Zahl ihrer Lehrer und Schüler
4. Die Zeit, wenn man in diese Schulen eintritt und wenn man sie verläßt.

Auf meine erste Frage antwortete er mir, daß die Konservatorien von alten Zeiten herstammten, welches man aus der verfallenen Beschaffenheit des einen Gebäudes sehen könnte, welches im Begriff war einzustürzen.[56]

56 Ich erhielt nachher von guter Hand die genaue Jahrzahl ihrer Stiftung, ihre festgesetzten beständigen Gesetze, deren einunddrei-

Auf die zweite, daß sie *S. Onofrio, La Pietà* und *Santa Maria di Loretto* hießen.
Die dritte Frage beantwortete er also: Die Zahl der Schüler in dem ersten belaufe sich etwa auf neunzig, in dem zweiten auf hundertundzwanzig und in dem dritten auf zweihundert. Jedes habe zwei Oberkapellmeister, wovon der eine die Kompositionen der Lehrlinge durchsehe und verbessere, der zweite auf das Singen achte und Lektionen gebe. Es wären Untermeister da, welche *Maestri secolari* genannt würden, einer für die Violine, der andere für das Violoncell, einer für den Flügel, einer für die Oboe, einer für das Waldhorn und so weiter für die übrigen Instrumente.
Auf meine vierte Frage gab er mir zur Antwort, daß man Knaben von acht oder zehn bis zu zwanzig Jahren aufnehme, daß man sie auf acht Jahre verpflichtete, wenn sie jung aufgenommen würden; wären sie älter, so sei ihre Aufnahme schwerer, wenn sie anders nicht schon in dem Studium und der Ausübung der Musik etwas getan hätten. Wenn ein Knabe einige Jahre in einem *Conservatorio* gewesen sei und man finde kein Genie an ihm, so werde er entlassen, um andern Platz zu machen. Einige nähme man als Pensionärs an, und diese bezahlten für den Unterricht, andere, die ihre Zeit ausgehalten haben, bestelle man zu Lehrern für die andern; doch in beiden Fällen könnten sie das Konservatorium nach Belieben verlassen.
Ich erkundigte mich durch ganz Italien, an welchem Orte vornehmlich die Knaben durchs Kastrieren zum Singen tüchtig gemacht würden, aber ich konnte keine gewisse Nachricht erhalten. Zu Mailand sagte man mir, es geschehe zu Bologna; zu Bologna leugnete man es und wies mich nach Florenz, von Florenz nach Rom und von da nach Neapel.
Eine solche Operation ist freilich an allen diesen Orten so sehr wider die Gesetze, als sie wider die Natur ist,

ßig sind, und die Vorschrift, welche den Aufsehern alle Monate in Ansehung der Studien und Aufführung der Knaben gegeben wird.

und die Italiener schämen sich derselben so sehr, daß sie sie von einer Provinz auf die andere schieben.

Ask, where's the North? at York, 'tis on the tweed;
In Scotland, at the Orcades; and there
At Greenland, Zembla, or the Lord knows where.

Doch versicherte mich Herr Jamineau, britischer Konsul zu Neapel, der so lange daselbst gelebt und besondere Untersuchungen darüber angestellt hat in Ansehung der neapolitanischen Konservatorien, daß diese Gewohnheit in denselben durchaus verboten sei und daß die jungen Kastraten von Leocia in Puglia kämen. Dr. Cirillo, ein berühmter Arzt zu Neapel, bestätigte seine Aussage. Doch ehe die Operation vorgenommen wird, führt man sie in ein Konservatorium, um sie daselbst zu prüfen, ob eine gute Stimme von ihnen zu erwarten ist, alsdenn nehmen ihre Eltern sie zu diesem barbarischen Zwecke mit nach Hause. Inzwischen steht die Todesstrafe darauf, wenn jemand die Operation verrichtet, und der Bann, wenn man darum weiß, es sei denn, daß es, wie man oftmals vorgibt, wegen einer Krankheit an diesen Teilen, wovon man glaubt, daß sie die Operation erfordere, und mit Einwilligung des Knaben geschehe. Man hat Exempel, daß es selbst auf Verlangen des Knaben geschehen sei, welches mit Grassetto zu Rom der Fall war. In Ansehung der vorläufigen Proben der Stimme glaube ich, daß diese grausame Operation nur zu oft ohne Probe oder wenigstens ohne hinlängliche Beweise geschieht, daß die Stimme dadurch besser werden könne; sonst würde man gewiß nicht in jeder italienischen Stadt eine solche Menge Verschnittener finden, die gar keine Stimme oder doch keine so gute haben, die einen solchen Verlust ersetzen könnte. Alle *Musici*[57] in den Kirchen werden itzt aus dem Ausschusse der Opernhäuser zusammengelesen, und sehr selten findet man einen Sänger

57 Das Wort *Musico* scheint itzt in Italien nichts als einen Diskantisten oder Altisten zu bedeuten, dessen Stimme durch die Kunst erhalten worden.

mit erträglicher Stimme in ganz Italien, der bei einer Kirche in Diensten stünde. Die *Virtuosi,* welche gelegentlich bloß an hohen Festtagen daselbst singen, sind gemeiniglich Fremde, die für diese Zeit bezahlt werden.

Ich ging diesen Nachmittag wieder nach der Franziskanerkirche, wo das Orchester stärker war als gestern. Es war mit dem ganzen *Conservatorio* der *Pietà,* bestehend aus hundertundzwanzig Knaben, welche alle blau gekleidet waren, besetzt. Die Sinfonie war eben angefangen worden, als ich ankam; sie war sehr glänzend und wohl ausgeführt; es folgte ein recht gutes Chor und darauf eine Tenorarie, eine für den Sopran, eine für den Alt und noch eine für einen andern Tenoristen; aber nie habe ich in Italien schlechter singen hören; alles war mittelmäßig und schülerhaft; die Kadenzen waren steif, studiert und schlecht herausgebracht, und der ganze Haufen der Sänger hatte nichts einem Triller Ähnliches vorzuweisen. Der Diskant zwang die hohen Noten so übelklingend hervor, daß sie jedem Zuhörer durch die Seele gingen, und der Bassist sang so rauh als ein Dorfhund, dessen Bellen er nachzuahmen suchte. Ein junger Mann spielte ebenso unrein und schülermäßig ein Solo auf dem Basson, welches mich aus der Kirche trieb, ehe die Vesper zu Ende war.

Von hier ging ich gerade nach der komischen Oper, welche heute auf dem *Teatro nuovo* gespielt ward. Dies Schauspielhaus ist nicht nur kleiner als das der Fiorentini, sondern auch älter und schmutziger. Die Kutschen haben einen sehr unbequemen Weg durch enge Straßen dahin. Die heutige Burlette hieß *Le Trame per Amore* und war von Sgr. Giovanni Paisiello, *Maestro di Capella Napolitano,* gesetzt. Das Singen war nur mittelmäßig; es waren neun Personen in dem Stücke und dennoch keine einzige gute Stimme unter ihnen; gleichwohl gefiel mir die Musik sehr; sie war voller Feuer und Einbildungskraft, die Ritornelle waren reich an neuen Gedanken, und die Singstimmen hatten solche edle, simple Melodien, die man gleich beim ersten Male faßt und sich ihrer wieder erinnert, wären sie auch nur von einem schwachen Orchester oder auf dem bloßen Flügel gespielt worden.[58] Die Anfangssinfonie, welche bloß aus einem Satze bestund, war ganz komisch und enthielt eine zusammenhängende Reihe artiger Einfälle. Ballette waren nicht dabei, und daher mußte man die Akte zu einer ermüdenden Länge ausdehnen! Man beklatschte die Arien sehr, ungeachtet dies die vierzehnte Vorstellung der Oper war. Der Verfasser hatte sich verbunden, auf das bevorstehende Carnaval für Turin zu komponieren, wohin er abreiste, als ich noch zu Neapel war. Die Vorstellung dauerte von dreiviertel auf acht bis nach eilf Uhr.

Freitags, den 19ten

Heute nachmittag ging ich zum dritten Male nach der Franziskanerkirche und hörte eine Musik, die von den Schülern des andern Konservatoriums, *Santa Maria di Loretto,* aufgeführt ward. Sie erschienen alle in weißer Uniform mit einer Art von schwarzem Gürtel. Das Singen war ein bißchen besser als des Tages zuvor; aber die Instrumente waren kaum so gut. Die erste Arie, welche auf eine lebhafte Sinfonie und Chor folgte, ward von einem unbedeutenden Tenoristen gesungen, eine andere Arie von einem Diskantisten, der etwas besser war, hierauf folgte ein Bassist, dessen Stimme nichts weniger als unbedeutend war. So ein brüllender Stentor mit einer so unbeugsamen Kehle muß noch nie existiert haben. Die Acht- und Sechzehnteile wurden so derb und so abgestoßen hergesungen,

58 Dies ist bei den neuen Opernarien sehr selten, so sehr ist die Partitur und die Instrumentalbegleitung überladen. Auch Piccinni wird beschuldigt, daß er die Instrumente so übermäßig beschäftigt, daß kein Notenschreiber in Italien eine von seinen Opern abschreiben will, ohne sich eine Zechine mehr bezahlen zu lassen, als er für jedes andern Komponisten Opern bekömmt. Allein bei den komischen Opern muß er gewöhnlich für schlechte Stimmen schreiben und müssen die Instrumente also die beste Wirkung tun; und freilich kömmt in dergleichen Dramen so viel Zank und Lärm vor, daß man sie notwendig durch die Instrumente kräftig ausdrücken muß.

daß sie ganz groteske und lächerliche Wirkung taten; hätte man nicht den ernsthaften Eindruck gesehen, den diese Musik auf die melancholischen Zuhörer machte, so würde man nimmermehr gedacht haben, daß sie ernsthaften Inhalts wären. Ein Solo auf dem schlechtesten Kontraviolon wäre im Vergleich mit dieser Arie eine süße Musik gewesen. Nach ihm sang ein mittelmäßiger Altist, den alle Kraft der Lunge nicht angenehm machen konnte. Auf ihn folgte ein andrer Sopran, der was Gutes hoffen ließ; seine Stimme war tonvoll, und er hatte einen leichten Triller, woraus was zu machen war. Kurz, dies war der einzige hoffnungsvolle Sänger, den ich seit zwei Tagen hörte. Zu den schlechten Stimmen kam eine plumpe, dumme und rohe Manier, daß die Leute aus der Kirche gesungen, sobald sie hereinkamen. Ein junger Mann spielte solo in den Ritornellen auf einer Art Klarinetten, welche zu Neapel eine *Vox humana* genannt wird, ein anderer die Trompete und ein dritter die Oboe, aber auf eine unangenehme, unreine Art. Die Knaben, welche die Arien sangen, brachten sehr armselige Kadenzen darin an, welche, weil es Arien mit einem zweiten Teil waren, beim *Da capo* noch einmal vorkamen.

Sonnabend, den 20sten

Heute früh hörte ich in eben derselben Kirche die Knaben aus dem *Conservatorio S. Onofrio*, welche weiße Uniformen tragen. Ihre Musik war ohngefähr ebenso wie die der andern beiden Konservatorien. Diese Pflanzschulen, welche ehemals so große Virtuosen gezogen haben, scheinen itzt ziemlich arm an Genie zu sein. Jedoch so wie diese Institute gleich andern der Veränderung unterworfen sind, so werden sie doch vielleicht, nachdem sie einige Zeit ermattet liegen, gleich ihrem Nachbar, dem Vesuv, in ein neues Feuer ausbrechen.

Sonntags, den 21sten, und Montags, den 22sten

Brachte ich zu, die Gegend um Neapel zu besehen. Doch kam ich, Paisiellos Oper in dem *Teatro nuovo* zum zweiten

Male zu sehen, früh genug zur Stadt zurück. Sie gefiel mir itzt ebensosehr als zuvor, und zwar an einerlei Stellen. Die Anfangssinfonie schien mir noch immer komisch und original, die Arien waren gar nicht gemein, obgleich meistenteils plan und simpel. Wenn der Verfasser einen Fehler hat, so ist es der, daß er gewisse Stellen zu oft, ja wohl fünf- oder sechsmal wiederholt, welches ebenso ist, als wenn man einen Nagel in eine übertünchte Mauer schlägt, zwei oder drei Schläge befestigen ihn besser als mehrere, denn sonst wird er los oder prellt zurück; so druckt eine wiederholte Berührung des Trommelfells im Ohre oftmals einen Satz desto stärker ein, allein wenn sie zu oft wiederholt wird, so fällt nicht nur aller neuer Eindruck weg, sondern auch der schon gemachte wird dadurch ausgelöscht. Ich glaube noch immer, daß diese Oper aus Mangel der Ballette zu lang ist.[59]

Dienstags, den 23sten

Als ich heute abend einige echte neapolitanische Sänger, von einem *Calasciontino,* einem Mandolin und einer Violine begleitet, hörte, so ließ ich die ganze Truppe zu mir heraufholen, doch nahm sie sich wie alle andere Gassenmusik besser in der Ferne aus; im Zimmer war sie rauh, übel stimmend und ohne Harmonie; da hingegen sie auf der Straße von allen diesem das Gegenteil schien; doch man mag sie hören, wo man will, so ist die Modulation und Begleitung außerordentlich.

In dem heutigen Canzone fingen sie in a-Moll an, und ohne zu wissen wie, gingen sie in die fremdesten Töne über, die man sich denken kann, jedoch ohne das Ohr zu beleidigen. Nachdem die Instrumente eine lange Sinfonie in a gespielt hatten, fing der Sänger in f an und schloß in c, welches weder ungewöhlich noch schwer war; allein nach einem andern Ritornell aus f fiel er in e-Moll und schloß in a-Moll, hierauf kamen noch einige Übergänge in b-Moll und d-Moll vor, welche, ohne das Ohr zu beleidigen, alle-

59 Ich erfuhr nachmals, daß Ballette bloß auf dem Theater S. Carlo, welches das Hoftheater ist, erlaubt sind.

mal wieder in den Hauptton a-Moll übergingen oder vielmehr glitten. Die Instrumente gingen inzwischen in geschwinden Noten ohne die geringste Pause fort. Die Singstimme ist sehr langsam, eine Art von Psalmodie. Der Text, wovon allzeit einige Strophen auf die nämliche Melodie gehen, ist in neapolitanischer Sprache und vom guten Italienisch so verschieden als Wällisch vom Englischen. Diese sonderbare Art von Musik ist so wild in ihrer Modulation und so verschieden von aller übrigen europäischen als die schottische und ist vielleicht ebenso alt, da sie bloß durch Überlieferung sich unter dem gemeinen Manne erhält. Doch schrieb der Violinspieler die Melodie der Singstimme für mich nieder und brachte mir nachher etwas, das der Instrumentalbegleitung ähnlich war; allein diese Stimmen haben ein sonderbares Ansehn, wenn man sie auf dem Papiere zugleich sieht. Ich hörte die Musikanten eine Menge neapolitanischer Lieder spielen, die durchgehends von aller andern Musik verschieden war.

Kurz vor Weihnachten kamen dergleichen Musikanten aus Kalabrien nach Neapel, allein ihre Musik ist von dieser ganz verschieden; sie singen gemeiniglich in die Zither und Violine, welche sie nicht an die Schulter halten, sondern niederhängen lassen. Paisiello hatte einiges von dieser Musik in seine komische Oper gebracht, welche itzt gespielt ward. Sgr. Piccinni versprach, mir einige von diesen wilden Nationalmelodien zu verschaffen. Eine andere Art ist Apulien eigen, wodurch die Leute ins Tanzen und Schwitzen gebracht werden, welche von der Tarantul gebissen sind oder sein sollen. Dr. Cirillo verschaffte mir eine Probe von dieser Art Musik. Sgr. Serao, welcher eine besondere Disputation über diese Materie geschrieben, und Dr. Cirillo, der verschiedene Versuche angestellt hat, um die Sache zu entscheiden, sind beide der Meinung, daß das ganze Faktum eine Betrügerei sei, welche die Einwohner von Apulien treiben, um Geld zu gewinnen, und daß nicht nur die Kur, sondern auch die Krankheit selbst erdichtet ist. Dr. Cirillo versicherte mich, daß er die Tarantul nie hätte reizen können, entweder ihn selbst noch andere, mit denen er mehr als einmal den Versuch gemacht hätte, zu stechen. Dennoch glauben die Einwohner dieser Landschaften alles so treuherzig, daß sie, wenn andere giftige Insekte oder Tiere sie beißen, sich dieser Methode, nach einer besonderen Melodie zu tanzen, bedienen, bis sie in den Schweiß geraten, welches sie nebst dem guten Glauben an die Kur manchmal gesund macht. Sie setzen den Tanz manchmal in einer Art von Wut stundenlang fort, daß sie sogar vor Mattigkeit und Schwachheit niederfallen.[60]

Mittwochen, den 24sten

Heute abend ging ich wieder nach Piccinnis Oper, kam aber zu spät zur Sinfonie; das Theater war ganz voll, und die Musik gefiel mir mehr als das erste Mal. Diese Melodien sind nicht so gemein als in Paisiellos Oper, und es ist auch mehr Fleiß darin; einige begleitete Rezitative habe ich darin angetroffen, in deren Ritornellen, ungeachtet einige ganz verschiedene Stimmen zugleich arbeiten, eine Deutlichkeit und, wenn ich so reden mag, Durchsichtigkeit herrscht, die recht wundernswürdig ist. Das Singen, wie ich vorhin bemerkt habe, ist elend; allein Casaccia hat so viel komische Stärke *(vis comica)*, daß man an sein Singen gar nicht denkt; allein aus Mangel an Ballette müssen die Akte so lang sein, daß es ganz unmöglich ist, sich in der Aufmerksamkeit zu erhalten; daher fangen diejenigen, welche nicht plaudern oder die Karten spielen, gemeiniglich an zu schlafen.

Donnerstags, den 25sten

Nach Tische ging ich noch einmal in die Franziskanerkirche, die Knaben zu *S. Onofrio* zu hören. Sie sangen eine Litanei, welche Durante gesetzt hatte.[61] Die übrige Musik,

60 Diese Nachricht mag vielleicht die Ehre der Musik schmälern, indem sie die Zweifler an ihrer Wundermacht vermehrt; doch zur Steuer der Wahrheit durfte ich sie nicht verhehlen.

61 Durante, der seit einigen Jahren tot ist, war lange Zeit Kapellmeister bei dem Konservatorium *S. Onofrio*. Ich hatte mir aus Rousseaus Schilderung von den Verdiensten dieses Komponisten

welche von einem rohen, unerfahrnen Komponisten herzukommen schien, hatte ein junger Mensch gesetzt, der den Takt schlug. Es kam hier wieder ein Solo auf der sogenannten *Vox humana* vor, welches Instrument einen angenehmen Ton und einen weiten Umfang hat, aber nicht sonderlich gespielt ward. Auch wurde ein Violinkonzert dazwischen gespielt, wobei der Spieler eine fertige Hand und Feuer, aber keinen Geschmack noch Vollkommenheit zeigte.

Freitags, den 26sten

Heute früh hatte ich das Vergnügen, Sgr. Jommelli[62], der des Abends zuvor vom Lande in die Stadt gekommen war, zu sehen und zu sprechen. Er ist außerordentlich korpulent und hat im Gesicht etwas Händeln Ähnliches, soviel ich mich des letztern erinnern kann, doch ist er weit höflicher und sanfter in seinem Betragen. Ich fand ihn in seinem Schlafrocke, er saß bei einem Flügel und schrieb. Er nahm mich sehr höflich auf und entschuldigte sich sehr, daß er mir auf die Karte, die ich in seinem Hause abgegeben, keinen Gegenbesuch gemacht hätte; allein es bedurfte hier gar keiner Entschuldigung, da er eben in die Stadt gekommen und im Begriffe war, eine neue Oper auf die Bühne zu bringen, welche ihm Zeit und Nachdenken genug kosten mußte. Herr Hamilton hatte mit ihm von mir gesprochen. Ich gab ihm Pater Martinis Brief, und nachdem er ihn gelesen hatte, schritten wir unmittelbar zum Werke. Ich sagte ihm den Zweck meiner italienischen Reise und zeigte ihm meinen Plan, denn meine Zeit war kostbar. Er las ihn mit großer Aufmerksamkeit und sprach

die größte Idee gemacht, und sammlete während meiner Reise durch Italien eine große Menge seiner Kirchenmusik. Herr Rousseau spricht in sehr starken Ausdrücken von ihm: *„Durante est le plus grand Harmoniste de l'Italie, c'est à dire, du monde."* (Dict. de musique.)

62 Jommelli ward im September des vorigen Jahres von einem Schlagflusse befallen, ist aber, soviel man in Deutschland weiß, noch am Leben. (Übers.)

sehr offen und einsichtsvoll mit mir. Die Geschichte der Musik, die ich bearbeiten wollte, sagte er, sei in Italien sehr vernachlässigt; die Konservatorien, wovon ich mir Nachricht ausbat, wären sehr heruntergekommen, ungeachtet sie ehemals an großen Männern so fruchtbar gewesen. Er nannte mir einen großen Gelehrten, der die Psalme in vortreffliche italienische Verse übersetzt und in dies Werk eine Abhandlung über die alte Musik einzuschalten beliebt habe, die er ihm auch mitgeteilet. Er hielt diesen Schriftsteller für einen feinen, scharfsinnigen Kritiker, er sei in manchen Punkten mit Pater Martini nicht gleicher Meinung, habe mit Metastasio im Briefwechsel gestanden und habe einen langen Brief von ihm über die lyrische Poesie und Musik erhalten, welches alles ich notwendig sehen müßte. Er versprach, mir das Buch zu verschaffen und mich mit dem Verfasser bekannt zu machen. Er sagte sehr vieles zum Ruhme des Alessandro Scarlatti wegen seiner Kirchenmusik, nämlich Motetten, Messen und Oratorien, und versprach mir nähere Nachrichten von den Konservatorien zu verschaffen oder was sonst zu meinem Zwecke dienlich und in seinem Vermögen stünde. Er schrieb meine Adresse auf und versicherte mich, daß er ganz zu meinen Diensten wäre, sobald er nur seine Oper auf die Bühne gebracht hätte. Als ich ihm sagte, daß mein Aufenthalt zu Neapel nur sehr kurz sein könnte, daß ich sogar schon auf der Rückreise sein würde, wenn mich seine Oper, die ich so sehr zu hören wünschte, nicht aufgehalten hätte, daß sowohl dringende Geschäfte zu London als auch die Furcht vor einem nahen Kriege, der mich auf dem festen Lande gefangenhalten möchte, meine Abreise beschleunigte; worauf er mir allem Ansehn nach sehr aufrichtig zur Antwort gab, wenn ich nach meiner Zuhausekunft irgend etwas Wichtiges, zu meinem Plane gehöriges brauchte, so wolle er mir's gewiß übersenden. Kurz, ich ging sehr zufrieden von diesem wirklich großen Komponisten hinweg, der ohne Zweifel unter den itztlebenden einer der ersten in seiner Kunst ist; denn wenn ich die itzigen Theaterkomponisten in Italien nach meinem Urteile von ihren Verdien-

sten ordnen sollte, so wäre es folgendermaßen: Jommelli, Galuppi, Piccinni und Sacchini. Es ist inzwischen schwer zu entscheiden, wessen Verdienste von den beiden erstgenannten Komponisten am höchsten gehalten werden. Jommellis Werke sind voll großer und edler Ideen, die er mit Geschmack und Gelehrsamkeit ausbildet; Galuppi ist reich an Einbildungskraft, Feuer und Empfindung; Piccinni hat im komischen Stile alle seine Vorgänger weit übertroffen, und Sacchini scheint in der ernsthaften Schreibart mehr als irgend jemand zu versprechen.
Der englische Minister an diesem Hofe, Herr Hamilton, der wegen seines Geschmacks und Eifers für die Künste und als Gönner der Künstler in ganz Europa bekannt ist, war nicht in der Stadt, als ich nach Neapel kam, er bewies mir aber die Ehre, sobald er meine Ankunft erfuhr, mich auf sein am Fuß des Vesuvs gelegenes Landgut, *Villa angelica* genannt, einzuladen. Ich machte ihm also heute, nachdem ich Sgr. Jommelli besucht hatte, zum ersten Male meine Aufwartung und ward von ihm und seiner Gemahlin nicht nur höflich, sondern auch ungemein gütig aufgenommen. Ich hatte das Glück, daselbst zwei oder drei Tage bei ihnen zuzubringen, und während der Zeit fehlte es unter andern Belustigungen nicht an Musik, indem Herr Hamilton zwei Personen in Diensten hatte, die zugleich beide, der eine auf der Geige, der andere auf dem Violoncell, vortrefflich spielten.

Sonnabends, den 27sten

Ungeachtet ich heute abend heftiges Kopfweh hatte, so entschloß ich mich doch, teils dem Schmerz zu trotzen, teils ihn zu lindern, in Piccinnis Oper zu gehen, und fand, daß sie zwar mein Übel nicht kurieren konnte, aber doch den Schmerz linderte und meine Aufmerksamkeit davon abzog. Das Theater war voll Zuschauer, und die Schauspieler agierten sehr lebhaft. Endlich kam ich diesmal früh genug, die Sinfonie zu hören; sie war sehr schön und voller Einbildungskraft; sie bestund nur aus zwei Sätzen, wobei die Violinen schwere Arbeit zu verrichten hatten. Was mir vorher gefiel, gefiel mir itzt noch mehr. Es ist unmöglich, an den originalen Gedanken und an dem unerschöpflichen Reichtum dieses Komponisten kein Vergnügen zu finden.

Montags, den 29sten

Als Herr Hamilton nach Neapel zurückkam, gab er, um meine musikalische Neugierde zu befriedigen, ein großes Konzert in seinem Hause, wo viele Gesellschaft war und wo ich das Vergnügen hatte, die vornehmsten Musiker dieser Stadt anzutreffen, worunter Sgr. Barbella, ein berühmter Geiger, und Orgitano, einer der besten Flügelspieler und Komponisten für dieses Instrument, sich befanden. Doch übertrifft Mrs. Hamilton sowohl ihn als alle andere, die ich hier gehört habe, auf diesem Instrumente. Sie spielt ungemein rund, leicht und mit mehr Ausdrucke und Gefühl, als man gewöhnlich bei den Flügelspielerinnen antrifft; denn man muß gestehen, daß das Frauenzimmer, ungeachtet es oftmals viel Fertigkeit erlangt, dennoch sich selten um den Ausdruck bekümmert. Barbella hinterging meine Erwartung, sein Spiel hat itzt nichts Außerordentliches; freilich ist er nicht jung, und man macht hier nichts aus den Solospielen, welche selten vorkommen, so daß Unterrichten und im Orchester Mitspielen sein vornehmstes Geschäft ist. Er spielte jedoch das berühmte neapolitanische Lied, welches der gemeine Mann gewöhnlich um Weihnachten zu Ehren der Jungfrau Maria zu spielen pflegt, vortrefflich. Dies spielt er mit einem brummenden Dudelsack-Baß in einer sehr launigten, aber delikaten Manier. Als Solospieler hingegen, so sanft und angenehm auch sein Ton ist, muß er Nardini und verschiednen andern Italienern nachstehen; doch scheint er die Musik recht gut zu verstehen und viele Einbildungskraft in seiner Komposition zu haben, die zuweilen in eine nicht unangenehme Raserei übergeht.

Hier ward ich zuerst dem Lord Fortrose vorgestellt, von welchem ich nachher viele besondere Gütigkeit genossen habe. Auch ward ich mit dem französischen Konsul, Herrn d'Astier, bekannt, der ein wahrer Kenner der Musik und mit den verschiednen Schreibarten aller großen Komponisten in Europa, sowohl der ehemaligen als der itztlebenden, genau bekannt ist, deren verschiedene Verdienste er sehr gut auseinanderzusetzen weiß. Ich teilte ihm meinen Plan mit und hatte eine lehrreiche Unterredung mit ihm. Um zu musikalischen Untersuchungen mit diesem Herrn und Sgr. Barbella desto besser Zeit zu haben, ward eine ausgesuchte Gesellschaft von zehn bis zwölf Personen zum Abendessen behalten, und wir blieben bis früh um zwei Uhr beisammen.

Barbella ist der beste Mann von Charakter, sein Temperament ist, wie einer von der Gesellschaft bemerkte, so sanft wie der Ton seiner Geige. Indem ich dicht bei ihm saß, erfuhr ich viele Lebensumstände alter neapolitanischer Komponisten. Herr Hamilton hatte sich erboten, an alle Aufseher der verschiednen Konservatorien zu schreiben, allein Herr Barbella übernahm es gütigst, mir alle Nachrichten zu verschaffen, welche ich von diesen berühmten musikalischen Schulen zu haben wünschte. Lord Fortrose, zu dem er alle Morgen geht, lud mich ein, mit ihm in seinem Hause, sooft es mir beliebte, zusammenzukommen. Auf diese Weise erhielt ich vom Herrn Barbella und einem jungen Engländer, Herrn Oliver, der vier Jahre in dem Konservatorium *S. Onofrio* gewesen ist, hinlänglichen Unterricht von allem, was ich deswegen zu wissen brauchte. Herr Hamilton nahm sich meines Geschäfts so eifrig an, daß er eine Liste alles dessen, was mir noch fehlte, von mir verlangte, um zu sehen, wie er mir es am besten verschaffen könnte.

Mittwochen, den 31sten Oktober

Heute früh ging ich mit dem jungen Herrn Oliver zu dem Konservatorium *S. Onofrio* und besah alle Zimmer, wo die jungen Leute sich üben, essen und schlafen. Auf dem ersten Absatze der Treppe stund ein Trompeter, der auf seinem Instrumente so lange kreischte, bis er beinahe zerplatzte; auf dem andern war ein Waldhornist, der ebenso

laut bellete. In dem gewöhnlichen Übungssaale war ein holländisches Konzert (*dutch concert*), welches aus sieben oder acht Flügeln, noch mehr Violinen und verschiedenen Stimmen bestund, die alle verschiedene Stücke aus verschiedenen Tönen spielten; andere Knaben schrieben in einem Zimmer, weil es aber ein Heiligentag war, so fehlten viele, die sonst auch in diesem Saale studieren und sich üben. Die Einrichtung des Hauses mag diese Zusammenhäufung aller Lehrlinge erfodern, wodurch die Knaben vielleicht, wenn auch neben ihnen noch so viel vorgeht, fest auf ihre Arbeit achtzuhaben lernen; sie mögen auch dadurch Stärke erhalten, weil sie so laut spielen müssen, um sich selbst zu hören; allein mitten unter solchem beständig fort unharmonischen Lärm ist es unmöglich, ihrem Spielen die geringste Feinheit oder Vollkommenheit zu geben. Daher ihre plumpe, rauhe Manier, welche in ihrer öffentlichen Ausführung so merklich ist, daher der gänzliche Mangel an Geschmack, Rundung und Ausdruck bei allen diesen jungen Musikern, so lange sie diese Vorzüge nicht außerhalb Landes erlangt haben.
Die Betten, welche in eben dem Zimmer sind, dienen den Flügel- und andern Instrumentspielern zu Sitzen. Von dreißig bis vierzig Knaben, die sich hier übten, konnte ich nur zwei ausfindig machen, die einerlei Stück spielten; einige von denen, die sich auf der Violine übten, schienen nicht Stärke in der Hand zu haben. Die Violoncellisten üben sich in einem andern Zimmer, und diejenigen, welche die Flöte, Oboe und andere Blasinstrumente spielen, in einem dritten; ausgenommen die Trompeter und Waldhornisten, welche entweder auf der Treppe oder auf dem Boden ihre Künste üben müssen.
Es sind sechzehn junge Kastraten in diesem Collegio, und diese liegen oben allein, in wärmern Zimmern als die übrigen Knaben, aus Furcht, sich zu verkälten, wodurch ihre weichlichen Stimmen nicht nur zu ihren gegenwärtigen Übungen ungeschickt werden, sondern auch Gefahr laufen mögen, ganz verlorenzugehen.
Die einzigen Ferien in dieser Schule fallen in den Herbst

und dauren nur wenige Tage. Während des Winters stehen die Knaben zwei Stunden vor Tage auf, von welcher Zeit an sie ihre Übungen (anderthalb Stunde zum Mittagsessen ausgenommen) bis acht Uhr des Abends fortsetzen. Diese anhaltende Übung, welche einige Jahre hindurch währet, muß, mit Genie und gutem Unterrichte verbunden, große Musiker hervorbringen.

Nach Tische ging ich nach dem Theater S. Carlo, die Probe von Jommellis neuer Oper zu hören. Es waren nur zwei Akte fertig, allein diese gefielen mir ungemein, die Anfangssinfonie ausgenommen, welche sehr kurz war und meine Erwartungen nicht befriedigte. Die Arien und begleiteten Rezitative hingegen hatten durchgehends ihre besondern Vorzüge, und ich wüßte mich keiner zu erinnern, die so unbeträchtlich gewesen wäre, nicht Aufmerksamkeit zu erregen. Die Oper hieß *Demophoon*, die Namen der Sänger wußte ich nicht, ausgenommen Aprile, der ersten Sänger, und Bianchi[63], die erste Sängerin. Aprile hat eine schwache, ungleiche Stimme, doch ist er in seinen Intonationen standfest, seine Person ist wohlgebildet, sein Triller gut, und er hat viel Geschmack und Ausdruck. Die Bianchi hat eine angenehme, niedlich tönende Stimme, hält allezeit genau Ton und hat ein vortreffliches Portamento; nie hörte ich eine mit mehr Leichtigkeit oder so ganz ohne allen Zwang singen. Die übrigen Sänger waren alle über das Mittelmäßige hinweg; ein Tenorist, der Stimme und Geschmack genug hatte, Aufmerksamkeit zu erregen; ein sehr schöner Altist; ein junger Sopranosänger, dessen Gesang voll Gefühl und Ausdruck war, und eine zweite Sängerin, deren Gesang gewiß nicht verächtlich war. Solche Sänger und Sängerinnen waren zu dieser Musik nötig, welche in einer schweren Schreibart abgefaßt ist und durch die Instrumente mehr Wirkung tut als durch die Singstimmen. Zuweilen scheint sie etwas mühsam ge-

63 Dies ist ohne Zweifel, wie man mich versichert hat, die ehmals in Braunschweig so beliebte Sängerin, Sgra. Tozzi, deren zweiter Mann Herzoglich Braunschweigischer Kapellmeister war. Ihr Familienname ist Bianchi. (Übers.)

setzt zu sein, allein im Ensemble ist sie bewundernswürdig, meisterhaft in der Modulation und in der Melodie voll neuer Gedanken. Dies war die erste Probe. Die Instrumente waren noch rauh und nicht standfest genug, weil sie das eigentliche Zeitmaß oder den Ausdruck eines jeden Satzes noch nicht genau kannten; doch soviel ich damals urteilen konnte, war die Komposition den Talenten der Sänger vollkommen gemäß, welche zwar alle gut, aber keiner vom ersten Range war und daher der Hülfe der Instrumente sehr bedurften, um die Bilder auszumalen und die Leidenschaften zu verstärken, welche der Dichter vorgezeichnet hatte.

Die allgemeine Erwartung von dieser Arbeit des Sgr. Jommelli war nach der Menge Zuhörer zu urteilen, die bei der ersten Probe waren, sehr groß, denn das Parterre war ganz voll und viele Logen mit Leuten von Stande besetzt.

Die Bauart des Theaters S. Carlo ist edel und zierlich; es ist ein Oval oder vielmehr ein Segment eines Ovals, das an der Theaterseite abgeschnitten ist. Es sind sieben Reihen Logen darin, welche weit genug sind, daß in jeder zehn oder zwölf Personen so bequem auf Stühlen sitzen können, als wenn sie zu Hause wären. In jedem Range sind dreißig Logen, ausgenommen in den drei untersten, welche wegen der königlichen Loge, die darin angebracht ist, nur neunundzwanzig haben. Im Parterre sind vierzehn oder funfzehn Reihen Sitze, welche sehr geräumig, bequem und mit ledernen Küssen und ausgestopften Rücklehnen versehen sind, wobei auch jeder Sitz von dem andern durch eine breite Armlehne abgesondert ist; mitten im Parterre können dreißig nebeneinandersitzen.

Den 1sten November

Da es heute Allerheiligentag war, so ging ich wenigstens zwei Meilen nach der Kirche der *Incurabili,* wo man mir eine gute Musik verheißen hatte; allein ich fand sie erbärmlich. Von hier ging ich zu verschiednen andern, wo ich schlechte Musik hörte, die schlecht aufgeführt ward.

Freitags, den 3ten November

Heute besah ich das Königliche Museum zu Portici, wo ich über alte Instrumente und Manuskripte Untersuchungen anzustellen hatte, die für meine Geschichte vorzüglich wichtig waren. In dem dritten Zimmer dieses merkwürdigen Kabinetts, wo die alten chirurgischen Instrumente liegen, fand ich folgende musikalische: drei *Sistra,* nämlich zwei mit vier Stangen von Erz und eins mit dreien, verschiedene *Crotola* oder Cymbeln, *Tambours de basque,* eine *Syrinx* mit sieben Pfeifen und eine große Anzahl zerbrochener Flöten von Elfenbein.

Das sonderbarste von allen diesen Instrumenten ist eine Art von Trompete, die vor etwa einem Jahre zu Pompeji gefunden worden; sie ist zum Teil zerbrochen, allein doch nicht so sehr, daß man die Form des Ganzen nicht noch wahrnehmen könnte. Es sind noch Überbleibsel von sieben kleinen Pfeifen von Knochen oder Elfenbein dabei, die in ebenso viel andern von Erz stecken, alle von gleicher Länge und Durchschnitt; diese umgeben die große Röhre und scheinen in ein Mundstück auszugehen. Einige von den kleinen ehernen Pfeifen sind zerbrochen und also die von Elfenbein bloß. Es ist natürlich vorauszusetzen, daß sie alle auf einmal geblasen worden und daß die kleinen Pfeifen miteinander so unisono gestimmt und eine Oktave höher waren als die große. Man pflegte dies Instrument über die Schulter zu hängen. Diese sonderbare Art von Trompete ward in der Hauptwache gefunden und scheint der wahre *Clangor tubarum* zu sein.

Da niemand in dem Museum eine Bleifeder brauchen darf, so war Herr Robertson, ein geschickter junger Künstler von unsrer Gesellschaft, so gütig, als wir mit den übrigen, die das Museum besehen hatten, in das Wirtshaus, wo wir speiseten, zurückgekommen waren, aus dem Gedächtnisse eine Zeichnung dieser Instrumente in meine Schreibtafel zu machen, welche die ganze Gesellschaft, die aus sieben Personen bestund, sehr richtig fand.

In dem neunten oder zehnten Zimmer sind alle Manuskripte, welche man bisher in Herculanum gefunden hat,

wovon nur zwei, welche griechisch geschrieben sind, lesbar gemacht worden. Eins handelt von der epikurischen Philosophie, eins von der Rhetorik, eins von der Moral und eins von der Musik; jedes Manuskript scheint ganz zu Kohle verbrannt zu sein.
Von dem musikalischen Manuskripte, wovon Philodemus Verfasser ist, sah ich zwei Blätter entwickelt und aufgespannt. Es ist kein Gedicht über Musik, wie Herr de Lalande sagt, noch eine Satire darauf, sondern eine Widerlegung des Systems des Aristoxenus, der ein praktischer Musiker war und also das Urteil des Ohrs den pythagorischen Zahlen und den arithmetischen Proportionen bloßer Theoristen vorzog. Ptolomäus tat ebendasselbe nachmals auch. Ich unterredete mich über das Manuskript mit dem Pater Antonio Pioggi, der es entwickelt und erklärt hatte. Er hat itzt die Aufsicht in einer Schriftgießerei, wo eine neue Art griechischer Lettern gegossen werden, welche denen, worin dies Manuskript geschrieben ist, völlig ähnlich sind und womit dies Werk soll gedruckt werden. Jeder Freund der Gelehrsamkeit muß sich über die Langsamkeit wundern, womit man bei der Entwicklung dieser Manuskripte verfährt. Alle die bisher gefunden, sind aus Herculanum; die zu Pompeji sollen alle im Feuer aufgegangen sein.

Sonnabend, den 3ten

Heute abend ging ich nach einem niedlichen neuen Komödienhause, welches eben eröffnet ward. Man spielte eine Komödie in Prosa, welche eine türkische Geschichte enthielt; schlecht geschrieben und nicht sonderlich vorgestellt.

Sonntags, den 4ten

Ich ging heute früh in die Kirche des Hl. Januarius, um die Orgel zu hören und die Kapelle zu sehen, worin die Gemälde von Domenichino sind. Hierauf führte mich ein Freund nach Don Carlo Cotumaccis Hause, welcher Kapellmeister des Konservatorium *S. Onofrio* ist. Ich hörte ihn auf dem Flügel spielen, und er teilte mir eine große Menge Anekdoten, die ältere Musik betreffend, mit. Er war im Jahre 1719 ein Schüler des Ritter Scarlatti und zeigte mir die Sonaten, welche dieser große Meister ihm eigenhändig vorgeschrieben hatte. Ich erhielt auch eine sehr genaue Nachricht von Scarlatti und seiner Familie. Sgr. Cotumacci war Durantes Nachfolger. Er spielte in dem alten Orgelstil sehr vollstimmig und künstlich in der Modulation. Er hat sehr viel Kirchenmusiken gesetzt, wovon er mir ein paar merkwürdige Stücke schenkte. Er hat große Geschicklichkeit im Unterrichte, und er zeigte mir zwei von ihm selbst geschriebene Manuskripte, das eine vom Akkompagnement und das andere vom Kontrapunkt. Ich halte ihn für älter als siebzig.

Diesen Abend ging ich in die erste öffentliche Vorstellung von Sgr. Jommellis Oper *Demophoon* auf dem großen Theater S. Carlo, wo Herr Hamilton mich mit einem Platze in seiner Loge beehrte. Es ist schwer, sich die Hoheit und Pracht dieses Schauspiels vorzustellen und sie zu beschreiben. Weil es S. Carls Heiligentag und des Königs von Spanien Namenstag war, so erschien er in großer Gala, und das Haus war nicht nur zwiefach erleuchtet, sondern auch erstaunend voll von wohlgekleideten Leuten.[64] Vor jeder Loge hängt ein drei bis vier Fuß langer und zwei bis drei breiter Spiegel, vor welchen zwei große Wachskerzen stecken; diese leuchten durch den Widerschein doppelt und vermehrten das Licht, das vom Theater und aus dem Innern der Logen kam, und machten den Glanz zu blendend und dem Auge beschwerlich. Der König und die Königin waren gegenwärtig. Ihre Majestäten haben eine große Loge vorn im Schauspielhause, welche in der Länge und Breite den Platz von vier Logen einnimmt. Der Umfang des Theaters ist unermeßlich, und die Szenen, Kleidungen und Theaterverzierungen waren außerordentlich prächtig. Mir deucht, dies Theater übertreffe hierin sowohl

64 Der vierte November wird ebenso gefeiert als der Namenstag der Königin von Neapel und des Prinzen von Asturien.

als in der Musik das große französische Operntheater zu Paris. Herr de Lalande ist zwar anderer Meinung, denn nachdem er eingeräumt hat, daß die italienische Oper, sowohl was die Musik als die Poesie anbetrifft, sehr gut ist, so schließt er folgendermaßen: „Dies ist sie aber in andern Stücken meiner Meinung nach gar nicht, und zwar aus folgenden Ursachen:

1. Es ist beinahe gar keine Maschinerei in den italienischen Opern.[65]
2. Sie haben keine solche Menge reicher und prächtiger Kleidungen als zu Paris.[66]
3. Die Anzahl und Mannigfaltigkeit der Schauspieler ist geringer.
4. Der Chöre sind nicht so viel, und sie sind weniger gearbeitet, und
5. Die Vereinigung des Gesanges und der Tänzer wird vernachlässigt."

Allein, auf alle diese Einwürfe würde ein wahrer Liebhaber der Musik antworten: Desto besser.

Herr de Lalande gesteht, daß das Orchester zahlreicher und mannigfaltiger sei, allein er klagt, daß der schönen Stimmen in einer italienischen Oper so wenige sind und daß sie auch mit der Musik und der Auszierung derselben zuviel zu tun haben, als daß sie auf Deklamation und Gesten achten könnten.

Diese letzte Beschuldigung ist ganz und gar ungerecht. Wer sich nur des Pertici und Laschi in den komischen Opern, die etwa vor zwanzig Jahren zu London waren, erinnert oder neulich die *Buona Figliuola* daselbst gesehen hat, als Sgra. Guadagni, Sgr. Lovatini und Sgr. Morigi sie aufführten, oder in der ernsthaften Oper an Monticelli, Elisi, Mingotti, Colombo Mattei, Manzoli zurückdenkt, oder in den itzigen Opern Sgr. Guadagni gesehen hat, muß

65 Die Italiener haben längst die kindischen Vorstellungen fliegender Götter und Göttinnen aufgegeben, worin die Franzosen so verliebt und worauf sie so stolz sind.

66 Wenn der spielenden Personen weniger sind, so müssen folglich auch der Kleidungen weniger sein.

gestehen, daß die Italiener nicht nur gut rezitieren, sondern auch vortreffliche Akteurs sind.

Man gebe einem Freunde der Musik eine Oper auf einem schönen Theater, das wenigstens noch zweimal so groß als das Pariser ist, die Musik sowohl als die Poesie sei gut und die Sänger und Spieler tun das ihrige, so wird er allem übrigen ohne Murren entsagen, sollte auch sein Ohr weniger durch Chöre betäubt und sein Auge durch Maschinereien, Kleidungen und Tänze weniger geblendet werden als zu Paris.

Doch ich komme wieder auf das Theater S. Carlo. Es übertrifft an Pracht alles, was Dichtkunst und Romanen je geschildert haben; doch man muß bei allen dem gestehen, daß wegen der Größe des Gebäudes und des Lärms der Zuschauer die Sänger sowenig als die Instrumente können deutlich gehört werden. Man erzählte mir indessen, daß die Zuschauer wegen der Gegenwart des Königs und der Königin weit weniger Lärm machten als sonst. Keine Hand bewegte sich zum Klatschen während der ganzen Vorstellung, ungeachtet die Zuschauer mit der Musik sehr zufrieden zu sein schienen; allein die Wahrheit zu gestehen, so machte sie mir nicht so viel Vergnügen als bei der Probe und zeigten sich die Sänger, ungeachtet sie sich noch mehr angriffen, nicht so sehr zu ihrem Vorteile, indem keine einzige von den itzigen Singstimmen Stärke genug für so ein Theater hatte, vornehmlich wenn es voll und unruhig ist. Sgra. Bianchi, die erste Sängerin, deren angenehme Stimme und simple Singart mir und andern bei der Probe so viel Vergnügen machte, tat den Neapolitanern, welche an die Stärke und das Glänzende einer Gabrielli[67], Teyber und de Amicis gewohnt waren, keine Genüge. Ihre Manier hat für den verderbten Geschmack dieser *enfants gatés,* die nie zufrieden sind, als wenn sie in Erstaunen gesetzt werden, zu viel Simplizität. In Ansehung

67 Sgra. Garielli ist vor kurzer Zeit nach Petersburg gegangen, wo sie außer freier Wohnung und Tafel ein Gehalt von 6500 Rubel bekömmt; Sgra. Teyber ist schon im vorigen Jahre, wie man mir erzählt hat, von Petersburg nach London gegangen. (Übers.)

der Musik ging viel von dem Helldunkeln verloren, und man konnte nichts deutlich hören, als die lärmenden und wütenden Sätze, welche bloß dazu dienen sollten, das übrige hervorstehend zu machen, die Mezzotinte und der Hintergrund gingen ganz verloren, und es blieb eigentlich nicht viel mehr übrig als die kühnen und rauhen Pinselzüge des Komponisten.

Während der Vorstellung kam Caffarelli in das Parterre; Sgr. Giraldi, der in Herrn Hamiltons Loge war, versprach, mich mit ihm bekannt zu machen, und führte mich, als die Oper aus war, zu ihm. Er sieht wohl aus und hat eine lebhafte, feurige Miene; er scheint nicht über funfzig Jahr alt zu sein, ungeachtet man ihn für dreiundsechzig ausgibt. Sein Betragen war sehr höflich, und er ließ sich sehr zuvorkommend und gefällig mit mir ins Gespräch ein; er fragte mich nach der Herzogin von Manchester und Lady Fanny Shirley, die ihn während seines Aufenthalts in England, welcher, wie er sagte, in die letzten Jahre der Regierung Heideggers[68] fiel, mit ihrer Gunst beehrten. Er stellte mich Sgr. Gennaro Manna, einem berühmten neapolitanischen Komponisten, vor, der hinter ihm saß. Sgr. Giraldi war vorhin bei ihm gewesen, um von ihm die Zeit zu erfahren, wenn er mich zu ihm führen dürfte; es war nun ausgemacht, daß wir bei Lord Fortrose zusammenkommen sollten; der Lord war es, dem ich diese und sehr viele andere Gelegenheit, meine Kenntnisse zu vermehren, in Neapel zu danken hatte.

Das Haus ward sehr bald leer, und ich war verbunden, diesem Altvater des Gesanges mich zu empfehlen, welcher der älteste Sänger in Europa ist, der seine Kunst noch öffentlich ausübt; denn er singt noch oftmals in Klöstern und Kirchen, ungeachtet er das Theater vor einiger Zeit verlassen hat.

In der heutigen Oper kamen unterhaltende Tänze vor, aber alle von der lebhaften Art, denn andere können die

68 Heidegger war vordem Unternehmer der Oper in London, zu der Zeit, als Händel daselbst blühete. (Übers.)

Italiener nicht leiden. Ihre Ballette, wie ich oben bemerkt habe, sind eigentlich mehr pantomimische Unterhaltungen, worin die Theaterverzierungen gewöhnlich schön sind und die Geschichte faßlich und angenehm vorgestellt wird. Der Gegenstand des ersten war *L'isola disabitata* (Die wüste Insel), die zweite stellte die Belustigungen vor, welche Vauxhall in England eigen sind; hier kamen Quäker, Matrosen, savoyardische Guckkästen und dergleichen vor, und in dem dritten Ballette zum Schlusse der Oper tanzten Thrazier zu Ehren der Vermählung Creusens und Cherinths, zweier Personen, welche in der Oper vorkommen. Die sechs vornehmsten Tänzer waren die Sgri. Onorato Vigano, Giuseppe Trafieri, Francesco Rafetti, und unter den Tänzerinnen waren Sgra. Colomba Beccari, Anna Torselli und Caterina Ricci die vornehmsten. Der erste Tänzer hat viel Kraft und Nettigkeit und scheint Slingsby in seinem Aplomb oder genauen Beobachtung des Zeitmaßes gleichzukommen, und der Beccari vielfüßig hüpfender Tanz scheint an Flüchtigkeit der Radicati ihrem zu gleichen.

Montags, den 5ten

Heute früh ging ich in das Konservatorium *S. Onofrio*, um die Knaben in ihren Lehrstunden zu sehen und einige der besten unter ihnen spielen zu hören. Sie waren alle eifrig bei der Arbeit und machten ein vortreffliches Getöse, welches nicht erreicht werden konnte.

> Von hundert Kehlen, nicht von hundert Zungen,
> von hundert Paaren ehrner Lungen,
> von zehn laut tönenden Trompeten nicht.

Doch schont man der Ohren sowohl der Lehrer als Schüler, wenn Unterricht im Singen gegeben wird, denn dies Geschäft wird in einem ruhigen Zimmer verrichtet, allein in andern Übungssälen ist der Lärm und das Mißgetöne unbeschreiblich. Dennoch hörte ich in einem Nebenzimmer zwei Knaben miteinander besonders spielen; der eine spielte ein Solo von Giardini auf der Violine und der andere eines von seiner eignen Arbeit auf dem Violoncell.

Das erste ward nur mittelmäßig ausgeführt, allein das zweite war schön gesetzt und ward sehr gut gespielt. Ich habe durch ganz Italien gefunden, daß Giardinis Solos nebst des Londoner Bachs und Abels Sinfonien in großem Ansehn stehen, und zwar mit Recht, weil ich auf meiner ganzen Reise nichts gehört habe, das ihnen gleichkäme.

Von hier ging ich nach dem Kloster der *Donna Regina*, um einer großen Feierlichkeit zuzusehen. Es war eine *bellissima Funzione*, wie die Italiener es zu nennen pflegen, bei Gelegenheit zweier Türkensklaven, die sich zum Christentum bekehrt hatten und heute öffentlich getauft wurden. Verschiedne Bischöfe wohnten der Handlung bei, und die Kirche war voll der feinsten Leute aus Neapel. Die Musik hatte Giuseppe de Majo, ein neapolitanischer Komponist, der in dem Konservatorium der *Pietà* erzogen war, gesetzt; sie war vortrefflich, aber die Ausführung taugte nichts.

Heute hatte ich die Ehre, bei unserm Minister zu essen, und ward nach Tische durch einen fetten Dominikaner, der dahin kam, Buffo-Arien zu singen, sehr angenehm unterhalten. Er akkompagnierte sich selbst auf dem Flügel und sang eine Menge lustiger Szenen aus Piccinnis und Paisiellos komischen Opern, welche er mit einer komischen Stärke vortrug, die Casaccias seiner wenig nachgab, den er an Stimme weit übertraf.

Sgr. Nasci, Direktor der Orchesters bei der komischen Oper in dem Theater de Fiorentini, begleitete den Dominikaner mit der Violine und spielte nachher in einigen Trios von seiner Arbeit, die außerordentlich schön waren und einen ungewöhnlichen Grad von Anmut und Leichtigkeit hatten.

Hierauf war Herr Hamilton so gütig, mir ein reizendes Gemälde von Correggio, welches er besitzt, zu zeigen. Es stellt die nackte Venus vor, mit welcher Cupido um den Bogen ringt, den sie ihm geraubt hat, unterdes daß ein Satyr mit seinem Köcher davonläuft. Es ist ein wunderns-würdiges Stück und wird wegen der vielen Figuren dem Hl. Hieronymus zu Parma gleich geschätzt.

Das Kunst- und Naturalienkabinett des Herrn Hamiltons

ist sehr groß und unschätzbar. Es war für meine Untersuchungen ein wichtiges Geschäft, seine unermeßlich große Sammlung von etruskischen Vasen und andern Seltenheiten des höchsten Altertums zu besehen; doch sein Umgang und Rat gaben mir mehr Licht in Ansehung der Musik und Instrumente der Alten als diese kostbaren Überbleibsel der Kunst.

Als wir aus den Zimmern, die wir besehen hatten, zurückkamen, um die Bibliothek zu besehen, fanden wir einen neapolitanischen Prinzen und Prinzessin, einige Abgesandten, Lord Fortrose, den französischen Konsul, verschiedne Herren aus England und viele andere; des Nachmittags war wieder Konzert, und eine ausgesuchte Gesellschaft blieb zum Abendessen und ging erst um zwei Uhr auseinander, da ich von Herrn Hamilton und seiner Gemahlin sehr gerührt Abschied nahm, weil die Unterstützung und gütige Aufnahme, womit sie mich während meines Aufenthalts zu Neapel beehrten, mir und meinem Plane so nützlich und wichtig waren, daß ich nie unterlassen werde, mit der größten Dankbarkeit daran zu gedenken.

Donnerstag, den 6sten

Heute hatte ich die Ehre, bei Lord Fortrose zu speisen. Die Gesellschaft war sehr zahlreich und meistenteils musikalisch. Barbella und Orgitano waren auch eingeladen, auch war der französische Konsul, Herr d'Astier, da. Nach Tische versammlete sich ein zahlreiches Orchester auf der Galerie, und wir hatten Musik bis nach eilf Uhr. Barbella gefiel mir heute weit mehr als zuvor; er ist sehr fest im Tone und hat viel Geschmack und Ausdruck, wenn er nur mehr Glänzendes, einen vollern Ton und mehr Mannigfaltigkeit im Stil hätte, so wäre sein Spielen unverbesserlich und überträfe vielleicht manche Spieler in Europa; so aber scheint sein Ton schläfrig und seine Manier unbelebt zu sein.

Orgitano spielte den Flügel und Sgr. Consorte, ein Kastrat, sang; auch hörte ich einen recht guten Oboisten ein Solo spielen. Die ganze Gesellschaft verzweifelte, daß Caffarelli kommen würde, siehe, da kam er herein und war außerordentlich aufgeräumt; und wider alles Vermuten ließ er sich sehr bald erbitten zu singen. Manche Töne gibt seine Stimme itzt nur schwach an, doch hat sein Gesang noch Schönheit genug, um jedem, der ihn hört, zu beweisen, daß er ein außerordentlich großer Sänger müsse gewesen sein; er akkompagnierte sich selbst auf dem Flügel und sang ohne alle andere Begleitung. Gefühl und Anmut und ein außerordentlich genau angemessener Ausdruck sind seine charakteristischen Züge. Ungeachtet Caffarelli und Barbella ziemlich alt sind und in Verfall geraten, so sind die Überbleibsel ihrer Kunst eben deswegen desto schätzbarer. Caffarelli schlug mir vor, einen ganzen Tag miteinander zuzubringen, um über musikalische Materien zu reden, und sagte, diese Zeit würde noch zu kurz sein für alles, was wir zu sagen hätten; allein, als ich ihn überzeugte, daß ich notwendig den folgenden Abend gleich nach geendigter Oper nach Rom reisen müßte, so tat er mir den Vorschlag, den folgenden Morgen bei Lord Fortrose zusammenzukommen.

Nach dem Abendessen spielte Barbella verschiedene kalabrische, leccische und neapolitanische Arien, und unter andern ein launigtes Stück, das er selbst gesetzt hatte und welches er *ninna nonna* nannte; es ist ein *lullaby* oder ein Wiegenlied, vortrefflich in seiner Art und gut ausgedruckt.

Mittwochs, den 7ten

...

Heute erwies mir Sgr. Fabio, erster Violinist bei dem Operntheater S. Carlo, die Ehre, mit mir zu Mittag zu essen; er war so gefällig und so gütig, seine Geige mitzubringen. Es ist gar nichts Neues in den großen Städten Italiens, daß Virtuosen vom ersten Range selbst ihre Instrumente über die Gassen tragen. Ein so kleiner Umstand scheint nicht der Mühe wert zu sein, erwähnt zu werden, doch bezeichnet er den Unterschied der Sitten und des Charakters zweier nicht weit voneinander entfernten Länder sehr stark. In Italien trägt der Vorspieler der ersten Oper in der ganzen Welt das Instrument seines Ruhms und seines Glücks mit ebensoviel Stolz bei sich als ein Soldat sein Schwert oder seine Flinte; dahingegen in England die unwürdige Begegnung, die er von dem Pöbel würde auszustehen haben, ihn bald lehren würde, sich seiner Kunst zu schämen und sein Instrument aus Furcht zurückzulassen.

Ich erhielt vom Sgr. Fabio eine genaue Nachricht von den Personen, die das große Opernorchester ausmachen: es sind achtzehn bei der ersten, achtzehn bei der zweiten Geige, fünf bei dem Violon und nur zwei bei dem Violoncell, welches, wir mir deucht, schlechte Wirkung tut, da der Violon durch ganz Italien so schlecht gespielt wird, daß er keinen musikalischern Ton hervorbringt als ein Hammer oder dergleichen Handwerkszeug. Dieser Spieler, ein fetter, gutherziger Mann, hat sich durch sein beständiges Vorspielen bei einem so großen Orchester einen etwas rauhen und harten Ton zu spielen angewöhnt, und er schickt sich also besser zum Mitspielen im Orchester als zum Solospielen. Doch sang er einige Buffo-Arien sehr schön und begleitete sich selbst auf der Violine so meisterhaft, daß es beinahe eben die Wirkung tat, als wenn ein ganz Musikchor gespielt hätte. Nach Tische akkompagnierte ihn ein anderer verschiedene Solos von Giardini und andere Stücke.

Ich brachte den Nachmittag mit Barbella zu, der mir alle Materialien einhändigte, die er für mich hatte sammeln können, sowohl was die Geschichte der neapolitanischen Konservatorien als auch Anekdoten von alten Komponisten und Spielern aus dieser Schule betraf; außer diesen schrieb ich alle mündlichen Nachrichten von Musikern und musikalischen Sachen nieder, die er mir aus dem Gedächtnisse mitteilte. Während meines Besuchs hörte ich einige von seinen besten Schülern ein Solo von Giardini sehr geschickt spielen; er war der brillanteste Violinspieler, den ich in Neapel angetroffen habe.

Nachdem ich meinen Lesern eine Nachricht von der musikalischen Unterhaltung gegeben habe, welche Neapel mir

verschaffte, so hoffe ich, die Erlaubnis zu haben, noch einige wenige Betrachtungen anzustellen, ehe ich diese Stadt verlasse, die man so lange Zeit für den Mittelpunkt der Harmonie und die Quelle angesehen hat, woraus sich musikalisches Genie, Geschmack und Gelehrsamkeit über ganz Europa ergossen, daß sogar diejenigen, welche selbst urteilen können, dies auf Treu und Glauben für wahr annehmen und den Neapolitanern mehr Ruhm beilegen, als sie itzt verdienen, ungeachtet sie in vorigen Zeiten gegründeten Anspruch auf diesen Ruhm machen konnten.
Herrn de Lalandes Nachricht von der Musik zu Neapel ist nichts weniger als genau, und man gerät in Versuchung zu glauben, daß er entweder nicht gehörig darauf achtete oder daß er kein feines musikalisches Ohr hatte.
„Die Musik", sagt er, „ist vorzüglich der Triumph der Neapolitaner; es scheint, als wenn das Trommelfell in diesem Lande schärfer gespannt, harmonischer und empfindlicher gegen die Töne wäre als in dem übrigen Europa. Die ganze Nation singt, jede Gebärde und jede Biegung der Stimme, ja sogar die Prosodie ihrer Silben im Umgang sind voll Harmonie und Musik. Daher kömmt es, daß Neapel die vornehmste Quelle der italienischen Musik, großer Kirchenkomponisten und vortrefflicher Opern ist."[69]
Ich gebe gern zu, daß die Neapolitaner eine natürliche Anlage zur Musik haben; allein ich kann nimmermehr zugeben, daß ihre Stimmen biegsamer und ihre Sprache harmonischer sei als die der übrigen Italiener, da vielmehr gerade das Gegenteil wahr zu sein scheint. Der Gesang in den Straßen ist weit weniger angenehm, obgleich originaler, als in andern Orten; und man behauptet durchgehends,

69 *Voyage d'un François,* Tom VI. (der deutschen Übersetzung z. B.). Eben die Unrichtigkeit, womit Herr de Lalande hier von der Musik und Musikern spricht, herrscht durch sein ganzes Werk und ist von dem deutschen Herausgeber nicht allemal berichtigt worden. Er rechnet Corelli und Galuppi unter die neapolitanischen Komponisten, da es doch bekannt genug ist, daß Corelli aus der römischen Schule war, und er selbst an einem andern Orte (Tom. V) sagt, daß Galuppi zu den venezianischen gehöre. (Übers.)

daß die neapolitanische Sprache die barbarischste von allen Dialekten Italiens sei.[70]

Man muß freilich gestehen, daß das itzt emporkommende Geschlecht von neapolitanischen Musikern, ungeachtet es eigentlich weder Geschmack noch Delikatesse, noch Ausdruck hat, dennoch in seinen Kompositionen, was den Kontrapunkt und die Erfindung betrifft, vortrefflich ist. In ihrer Manier, sie auszuführen, herrscht ein Nachdruck und Feuer, dergleichen man vielleicht in der ganzen Welt nicht findet; sie ist so hitzig, daß sie beinahe zur Wut übergeht; und diese Heftigkeit des Genies macht, daß ein neapolitanischer Komponist in einem Stücke, welches ruhig und in einem mäßigen Feuer anfängt, das Orchester, ehe es geendigt ist, in lichte Flammen setzt. Dr. Johnson sagt, daß Shakespeare in der Tragödie allzeit der Gelegenheit, etwas Komisches anzubringen, nachjagte; und die Neapolitaner können gleich mutigen Pferden den Zügel nicht leiden und beschleunigen voller Unwillen ihren Lauf bis zu äußersten Schnelligkeit. Das Rührende und Anmutige sucht man in den Konservatorien selten zu erreichen, und um die feinen, ausgesuchten Manieren, wodurch einzelne Stellen nicht nur verändert, sondern auch verbessert werden, bemühen sich die meisten Spieler zu Neapel weniger als in dem übrigen Italien.

Rom

...

Montags, den 12ten November

Ich besuchte die päpstliche oder Sixtinische Kapelle, und da eben kein Gottesdienst gehalten ward, so erhielt ich

70 Ein hinlänglicher Beweis, daß die neapolitanische Sprache bloß ein Patois oder Provinzialdialekt sei, liegt darin, daß sie bloß geredet wird und daß die Eingebornen selbst, die eine gute Erziehung gehabt haben, niemals darin zu schreiben wagen. (Doch hat man eine neapolitanische Übersetzung des *Gerusalemme liberata* von Tasso.)

Erlaubnis, allenthalben hinzugehen, welches ich aus verschiedenen Ursachen gern tat. Erstlich, weil dies der Ort war, wo das berühmte *Miserere* von Allegri aufgeführt wird; zweitens, weil hier die Kirchenmusik zuerst entstund und zu ihrem höchsten Grade der Vollkommenheit gebracht ward; und drittens wegen des wundernswürdigen Altarstücks. Dies Gemälde vom Jüngsten Gerichte ist das größte Werk des Michelangelo und vielleicht der Kunst überhaupt. Nichts kann schrecklicher und erstaunender sein als die Gedanken und Figuren, welche seine schwarze Einbildungskraft hervorgebracht hat; weder das *Inferno* des Dante noch die Miltons Hölle kann etwas Schrecklicheres hervorbringen. Allein dies erstaunliche Werk ist sehr verbleicht, und von der Decke, welche eben dieser Maler verfertiget hat, ist an manchen Orten der Kalk ein paar Fuß breit abgefallen. Die Wände hat von Pietro Perugino gemalt, und dies sind die besten Gemälde, welche ich von diesem berühmten Meister des göttlichen Raffael gesehen habe.

Ich ging in das Orchester mit ehrfurchtsvoller Begierde, den Ort zu sehen, der den Werken des Palestrina heilig ist. Es scheint kaum groß genug für dreißig Personen, welches die ordentliche Zahl der Sänger in der päpstlichen Kapelle ist, und doch werden bei hohen Festen noch Überzählige hinzugetan. Itzt war in dem Orchester nichts als ein großer, hölzerner Tisch für die Partitur des Kapellmeisters und hinten und zur Seite Marmorbänke. Es liegt rechter Hand, wenn man auf den Altar zugeht, dem päpstlichen Thron gegenüber, welcher auf der andern Seite nahe am Altar liegt. An beiden Seiten der Kapelle sind abgesonderte Sitze für die Kardinäle und Plätze zum Stehen für die fremden Abgesandten noch innerhalb des Gitterwerks, das dem Altar gegenüber ist. Andere Fremde werden niemals hineingelassen, außer den Spielern, welche während des Gottesdienstes in das Orchester kommen dürfen. Die Balustrade, welche vergoldet ist, scheint ein Dritteil der ganzen Kapelle einzunehmen, welche aber auch, so hoch und prächtig sie ist, sehr bestäubt und lange nicht

repariert ist. Der Fußboden ist von schöner mosaischer Arbeit in Marmor.
Von hier ging ich in die Paulinische Kapelle, welche nur einmal des Jahrs gebraucht wird, da sie mit vielen tausend Lampen erleuchtet ist.
Des Nachmittags hatte ich das Vergnügen, meinen lieben Freund Santarelli zu sehen, der nicht nur sehr geschäftig gewesen war, musikalische Merkwürdigkeiten für mich in meiner Abwesenheit von Rom aufzusuchen, sondern auch verschiedene Leute gebraucht hatte, sie abzuschreiben.
Der Abt Elie hatte in der Vatikanischen Bibliothek ebendas getan, und der Cavaliere Piranesi, einige Engländer, die meine Freunde waren, und verschiedene geschickte Antiquarien und Künstler hatten fleißig auf dem *bassi rilievi* und den besten antiken Bildhauereien alte musikalische Instrumente aufgesucht und für mich abzeichnen lassen, damit sie bei meiner Rückreise zu Rom fertig wären. Sgr. Santarelli hatte die Gütigkeit, mich nach des Cavalieres Battoni Hause zu begleiten, wo seine Schülerin, Signorina Battoni, mit aller Simplizität und wahrem Ausdrucke der Leidenschaften einige Arien von Hasse, Galuppi, Traetta und Piccinni sang.
Von hier ging ich in ein großes Konzert, welches in dem Hause des russischen Generals Schuwalow war, und beinahe hätte ich hier geglaubt, ich wäre in London; denn, drei oder vier Personen ausgenommen, bestund die ganze Gesellschaft, welches etwa dreißig Edelleute, Herren und Damen waren, aus Engländern. Die kleine Miniatrice Bicchelli sang daselbst und noch eine andere Sängerin; die erste sang sehr gut, und die andere wird es mit der Zeit auch. Bei den Instrumenten war nichts Merkwürdiges.
...

Sonntags, den 18ten

Heute früh ging ich mit Herrn Wyseman in die Kirche des Hl. Johannes im Lateran, welches die älteste Kirche der Christenheit ist.[71] Ich hörte hier die *Hohe Messe* in der Colonna-Kapelle, welche von zwei Chören gesungen und von Sgr. Colista, dem berühmten Organisten dieser Kirche, auf einer kleinen beweglichen Orgel gespielt ward. Die Komposition war von Sgr. Casali, *Maestro di Capella,* welcher auch gegenwärtig war und den Takt schlug. Nach geendigter Messe ward ich sowohl ihm als Sgr. Colista vorgestellt. Als ich letztern bat, mich die große Orgel hören zu lassen, so bewilligte er mir diese Bitte mit der Bedingung, daß *Monsignore il Prefetto* der Kirche um Erlaubnis gebeten würde, welche Zeremonie deswegen nötig ist, weil das Werk einmal durch die Bosheit und Unwissenheit eines Fremden, der darauf spielte, Schaden gelitten hatte. Sgr. Casali ging sogleich zu ihm und erhielt die Erlaubnis.

Sgr. Colista führte mich auf die große Orgel, machte mir das Gehäuse auf und zeigte mit den ganzen innern Bau dieses berühmten Werks. Es ist eine zweiunddreißigfüßige Orgel und die größte in Rom. Sie ward 1549 gebauet und ist seitdem zweimal ausgebessert worden, einmal 1600 von Luca Blasi Perugino und zum zweiten Male vor einigen Jahren unter der Aufsicht des itzigen Organisten. Sie hat sechsunddreißig Register, zwei Manuale, große Oktave und geht unten bis Kontra-f und oben bis dreigestrichen e. Sie hat auch ein Pedal, worauf Sgr. Colista sehr geschickt ist. Seine Art, dies Instrument zu behandeln, scheint der wahre Orgelstil, wiewohl sein Geschmack etwas altmodisch ist. Ich muß gestehen, daß der Orgelstil sich in Italien besser erhalten hat als bei uns, weil der Flügel zu-

71 Herr Wyseman ist ein würdiger englischer Musiklehrer, welcher bei allen Engländern zu Rom sehr bekannt und beliebt ist. Er hat so lange daselbst gewohnt, daß er beinahe seine Muttersprache vergessen hat. Itzt wohnt er in dem *Palazzo Raffaele,* außerhalb der Stadt, wo er während des Winters, bis die Opern angehen, wöchentlich ein Konzert gibt. Hier wohnte der große Raffael, von welchem daselbst noch einige Freskomalereien übrig sind; der verstorbne Herzog von York, der Erbprinz von Braunschweig, und verschiedene andere fürstliche Personen haben hier den Großen in Rom Konzerte gegeben.

wenig gespielt und geachtet wird, als daß die Art, ihn zu spielen, sich der Orgel bemeistern könnte. Sgr. Colista spielte verschiedene Fugen, worin das Pedal oftmals das Thema recht meisterhaft mitspielte –. Doch es scheint fast, als wenn jede musikalische Tugend an eine Ausschweifung grenzt, denn diese Spielart schließt alle Grazie, Geschmack und Melodie aus, dagegen die leichte, durchsichtige Manier des Flügels alles *Sostenuto* und allen Reichtum der Harmonie und Erfindung zerstört, deren dies göttliche Instrument so vorzüglich fähig ist.

Es ist sehr sonderbar, daß die Schwellung bis itzt in Italien ganz unbekannt geblieben ist, da man sie doch seit mehr als funfzig Jahren bei den englischen Orgeln ausgebracht hat und da sie den Ausdruck so sehr befördert und so angenehme Wirkung tut, daß man sie mit Recht für die beste Verbesserung halten mag, welche jemals an einem Klavierinstrumente ist gemacht worden.[72]

72 Es ist einerlei mit dem Anschlage (*beat*) im Einklange, in der Oktave oder einem andern konsonierenden Tone mit einer Note auf der Violine, welche die Stelle der alten Bebung (*close-shake*) so glücklich ersetzt. Die schöne Manier ist, wo nicht ganz unbekannt, doch wird sie wenigstens von allen Violinspielern, die ich auf dem festen Land gehört habe, ganz vernachlässigt; dahingegen die Giardinische Schule in England sie häufig und glücklich ausübt. (Anm. d. Verf.)

In Deutschland ist diese Manier gar nicht unbekannt, wiewohl ich keinen eigenen Namen dafür kenne. Was der Verfasser unter dem alten *close-shake*, dessen Stelle sie glücklich ersetzen soll, eigentlich verstehe, habe ich nicht ausfindig machen können. Noch weniger haben mir englische und deutsche Musiker erklären können, wie die Schwellung in der Orgel damit verglichen werden könne. *The swell*, die Schwellung, so wie sie in den englischen Orgeln und in der neuen Orgel zu St. Michaelis in Hamburg angebracht worden, ist eine Erfindung, den Ton durch Bedeckung und Aufdeckung der Pfeifen schwächer und stärker zu machen. Diese Erfindung hilft einem wesentlichen Mangel der Orgel ab, die sonst keinen allmählichen Übergang aus dem Piano ins Forte und umgekehrt hervorbringen konnte. Sie ist von dem *Tremulante* ganz unterschieden. Vielleicht versteht aber der Verfasser eben diesen unter der Schwellung, wovon er redet. (Übers.)

Die Tastatur der Orgel, welche unsre Orgelbauer so sehr verbessert haben, bleibt noch immer so schwer und lärmend, als sie vor Zeiten war; und ich muß bei dieser Gelegenheit bemerken, daß die meisten Orgeln, welche ich auf dem festen Lande angetroffen habe, unsre von Vater Smith, Byfield oder Snetzler gebauten Orgeln in keinem Stück als in der Größe übertreffen. Wie die Kirchen oftmals unermeßlich groß sind, so sind es auch die Orgeln; zwar wird der Ton durch den Raum und die Entfernung etwas gemildert und verfeinert, allein wenn man ihn in der Nähe hört, so klingt er rauh und lärmend. Ungeachtet die Anzahl der Register in diesen weitläuftigten Werken sehr groß ist, so sind sie doch weniger Verändrung fähig, indem es meistenteils Verdoppelungen untereinander im Einklange oder in der Oktave sind, z. E. acht- oder vierfüßige *Duodena, Quintadena* und Hohlflöten. Daher sind in unsern Orgeln nicht nur der Anschlag und Ton leichter und angenehmer, sondern auch die Register zur Nachahmung übertreffen die in den auswärtigen Orgeln, welche ich gesehen habe, bei weitem.

...

Dienstags, den 20sten

Heute früh ging ich in die berühmte Todinische Galerie in dem Verospischen Palaste. Alle Beschreibungen von Rom sind voll vom Lobe dieser musikalischen Galerie oder, wie man sie zu nennen pflegt, Galerie der Instrumente; allein, nichts beweist die Notwendigkeit, selbst zu sehen, mehr als diese Nachrichten. Die hiesigen Instrumente können seit vielen Jahren nicht mehr sein gebraucht worden; allein wenn etwas einmal als eine Merkwürdigkeit in eine Reisebeschreibung geraten ist, so wird es von den Nachschreibern ohne weitere Untersuchung beständig fort dafür ausgegeben.

Es befindet sich ein dem Ansehen nach sehr schöner Flügel daselbst, auf welchem aber kein Ton anspricht; er war vordem mit der Orgel mit zwei Spinetten und einem Virginal, die in demselben Zimmer stehen, verbunden; unten an dem Flügel ist ein Bratschen- und Violoncellzug, den man mit dem Fuße anzieht und vermittelst des ordentlichen Klaviers spielt. Die Orgel ist vorn im Zimmer, nicht aber zur Seiten, wo Pfeifen und Maschinen eingeschlossen zu sein scheinen; allein, weil der alte Cicerone eben gestorben war, so konnte es uns niemand anschließen oder erklären.

Mittwochs, den 21sten

Heute früh ging ich in das Kirchersche Museum, welches um die Mitte des vorigen Jahrhunderts von dem berühmten Pater Kircher, dem Verfasser der *Musurgie* und verschiedener anderer sonderbaren und gelehrten Werke, ist gestiftet worden. Herr Morrison, der mir die Erlaubnis verschafft hatte, es zu sehen, war so gütig, mich dahin zu begleiten. Das Museum zeigete uns ein junger Jesuit aus Irland, Pater Plunket, der, wie mir deucht, auch ein junger Antiquar ist; allein Herr Morrison, der ohne Zweifel einer der besten, scharfsinnigsten Antiquaren zu Rom ist, half ihn bei manchen Dingen zurecht. Alte Gemälde, Urnen, Vasen, Juwelen, Gemmen, Kameen und andere Altertümer gibt es hier in solchen Mengen, daß ich zu Portici zu sein glaubte; allein die Merkwürdigkeiten, welche ich hier vornehmlich sehen wollte, waren Pater Kirchers musikalische Instrumente und Maschinen, welche er in seiner *Musurgie* beschrieben hat. Sie sind itzt alle in Anordnung; allein ihre Einrichtung ist würklich merkwürdig und ein Beweis sowohl von der Erfindungskraft als dem Eifer dieses gelehrten Jesuiten bei seinen musikalischen Untersuchungen und Erfindungen.
Da ich itzt Rom zum zweiten Male besuchte, nahm ich auch die Schauplätze, deren sieben oder acht sind, in Augenschein; die vornehmsten sind: *Argentina, Aliberti, Pordinone* und *Capranica;* die ersten beiden sind sehr weitläuftig und bloß ernsthaften Opern gewidmet. Das Pordionische Theater wird zu Lust- und Trauerspielen gebraucht und das Capranica-Theater zu komischen Opern.
Die öffentlichen Schauspiele sind in Rom bloß in der Kar-

nevalszeit erlaubt, welche vom siebenten Januar bis Aschermittwochen währet; auch darf nie ein Frauenzimmer die Bühne betreten, und die weiblichen Charaktere werden von Kastraten, und zwar oftmals wegen der Schönheit ihrer Stimme und Figur so gut vorgestellt, daß manche, die von diesen Verboten nichts wissen, dadurch hintergangen werden.
Rom ist der gefährlichste Posten für einen Komponisten, weil die Römer die eigensinnigsten Richter der Musik in Italien sind. Die Kabale und der Parteigeist sind hier auch weit stärker als anderswo. Man glaubt gewöhnlich, daß ein Komponist oder Spieler, der in Rom glücklich ist, von der Strenge der Kritik in andern Städten nichts zu fürchten habe. Im Anfange einer Oper währt das Geschrei und das Beifallrufen oft eine lange Zeit, ehe man die Noten hören kann. Ein Lieblingskomponist wird mit jauchzendem *„Bravo! Signor Maestro, viva Signor Maestro!"* empfangen. Wenn die Zuschauer einen Komponisten verwerfen, so geschieht es ausdrücklich mit Ausnahme des Sängers, indem sie, wenn sie ausgezischt haben, rufen: *„Bravo pure il Guarducci!"*; und im Gegenteil, wenn der Sänger bei der Ausführung einer Arie von einem guten Komponisten mißfällt, so ruft man, nachdem der Sänger ausgezischt worden: *„Viva! pure il Signore Maestro!"*
Ich verließ sehr ungern diese ehrwürdige Stadt, welche den Fremden ebensowohl wegen des ungezwungenen gesellschaftlichen Umganges mit den Einwohnern und unter sich selbst, als wegen der unzähligen Merkwürdigkeiten, die darin zu sehen sind, ungemein angenehm ist.

...

Vielleicht möchte man wegen der Menge musikalischer Institute und der aufgeführten Musiken die Italiener beschuldigen, daß sie die Musik bis zur Ausschweifung lieben; allein, wer sich nur kurze Zeit in einer von ihren Handelsstädten aufhält, wird bald bemerken, daß andere Künste und Wissenschaften nicht vernachlässiget werden;

und wenn man auch selbst das Land durchreiset, so sieht man (einen Teil des Kirchenstaats ausgenommen), daß die natürliche Fruchtbarkeit des Bodens nicht die einzige Ursache des Überflusses an Lebensmitteln ist; denn ich möchte behaupten, daß durch die ganze Lombardei und Toskana der Ackerbau so geschickt und lebhaft getrieben wird, daß ich nie, soviel ich mich erinnern kann, Ländereien besser angebauet oder weniger habe brachliegen sehen. Die Armen werden freilich unterdrückt und durch die harte Regierung entnervt; aber waren sie es weniger unter ihren gotischen Tyrannen, da Künste und Wissenschaften bei ihnen nicht nur vernachlässigt, sondern sogar ausgerottet wurden? Vielleicht mag die Kultur der Künste des Friedens ebensoviel zu der Glückseligkeit der itzigen Einwohner Italiens so wie der übrigen Welt beitragen, als die Eroberung ganzer Königreiche ihre kriegerischen Vorfahren beglückte, welche alle ihre Zeit und Talente, sobald sie nicht beschäftigt waren, einander die Hälse zu brechen, bloß dazu anwendeten, das menschliche Geschlecht auszuplündern und zu Sklaven zu machen.

Allein gegenwärtig wird die Musik in ganz Europa für ein Bedürfnis gehalten; und wenn man solche einmal haben muß, warum soll sie dann nicht auch vortrefflich sein? Man kann die vorzügliche Schönheit der italienischen Musik wohl nicht füglich auf Rechnung der großen Anzahl künstlich gemachter Stimmen setzen, woran Italien, gar nicht zu seiner Ehre, einen solchen Überfluß hat; denn die Vokalmusik erscheint itzt in ihrem höchsten Punkte der Vollkommenheit in den venezianischen Konservatorien, woselbst man nur natürliche, weibliche Stimmen zu hören bekommt. Das größte Verbrechen, dessen die Italiener schuldig zu sein scheinen, bestehet also darin, daß sie sich unterstanden haben, zu ihrer sanften Sprache eine Art von Musik zu erfinden, die delikater und verfeinerter ist, als der Überrest von Europa von der seinigen rühmen kann.

Es ist Zeit, meine Nachricht von dem gegenwärtigen Zustande der Musik in Italien zu schließen, wobei ich meine

Besorgnis nicht verbergen kann, daß meine Leser solche für ein wenig weitschweifig halten werden, weil ich, nachdem ich mein Tagebuch wieder durchgesehen, zu meinem Mißvergnügen bemerke, daß das Gewebe meiner Erzählung immer lockrer wird, je weiter ich in dieses Land hineingekommen bin; denn in dem Verhältnisse, als ich mehr zu sehen und zu hören hatte, fehlte mir die Zeit zum Überlegen und Schreiben. Ich zweifle würklich, ob eine bloße Geschichtserzählung von musikalischen Ausführungen dem Leser ein sonderliches Vergnügen machen werde, denn diese sind sich einander so ähnlich, daß eine Beschreibung der einen, in vielen Umständen wenigstens, eine Beschreibung der andern ist; so daß eine umständliche Erzählung von Dingen, die vielleicht an sich selbst nicht einmal sehr anziehend sind, selbst trotz der Abwechslung langweilig sein mag. Alles, was ich zu meiner Entschuldigung anzuführen habe, ist, daß meine Erzählungen getreu sind und daß, wenn die Örter, durch welche ich gereiset bin, mehr Unterhaltendes geliefert hätten, ich solches dem Publikum mitgeteilt haben würde.

Nach einer sehr beschwerlichen und gefährlichen Reise über die fürchterlichen Alpen und durch Provence und Languedoc, während welcher ein unaufhörlicher Regen die Wege aufs äußerste verdarb, langte ich den 3. Dezember auf meiner Rückreise zu Lyon an. Ich besuchte hier das Theater, und meine Ohren litten itzt mehr als jemals vom Anhören französischer Musik, nachdem ich an die vortrefflichen italienischen Arbeiten gewöhnt worden war. Nach der *Eugenie*, einem ganz artigen Drama, führte man eine Operette von der Komposition des Herrn Grétry auf: *Silvain.* In der Musik waren manche hübsche Stellen, sie ward aber so elend gesungen, mit einem so falschen Ausdrucke, mit einem so erzwängten Geschrei, mit einem solchen Getrillere, daß mir fast übel dabei ward.

Ich bemühte mich, auf dem Wege zu entdecken, durch was für Mittelstufen die Franzosen zu diesem äußersten Verderben in ihrem musikalischen Ausdrucke gelangen, und ich finde, daß man solche nicht einmal antrifft, wenn man von den Alpen kommt. In Provence und Languedoc sind die Liedermelodien der Landleute mehrenteils recht hübsch; ich beredete einige an dem Orte, wo ich still hielt, mir etliche vorzusingen, welches sie mit einer natürlichen und ungekünstelten Art taten. Ihre Gesangsweisen sind nicht so wild als die schottischen, wie sie denn auch nicht so alt sind; dennoch glaube ich fast, daß die Melodien in Provence und Languedoc älter sind als irgendwo andere, die noch vorhanden und auf das System des Guido geschrieben sind.

Von Lyon reisete ich Nacht und Tag durch nach Paris, woselbst ich den 8. Dezember eintraf. Allein, ich will meine Leser nicht länger mit Anmerkungen über die französische Musik aufhalten, deren Ausdruck von keinem andern Volke in Europa, als den Franzosen selbst, wie bekannt, leidlich gefunden wird. Gleichwohl ist es bei diesem scheinbar harten Urteile billig, daß man einräume, daß die Franzosen die mechanischen Regeln des Kontrapunkts ebensolange gekannt haben als irgendeine andere Nation in Europa und daß sie gegenwärtig durch Hülfe des Systems und der Anweisung zum Generalbasse vom Herrn Rameau recht gute Beurteiler der Harmonie sind. So muß man auch einräumen, daß sie lange Zeit im Besitze der ungekünstelten und angenehmen provenzalischen und languedocischen Melodien gewesen sind, zu welchen sie noch täglich die artigsten Verse machen, um in Gesellschaften gesungen zu werden; in welchem geselligen Gesange sie den Vorzug vor allen andern Völkern auf dem Erdboden haben; und daß sie auch itzt das Verdienst haben, in ihren komischen Opern die Musik der italienischen Burlette mit vielem Glücke nachzuahmen; wie auch, daß sie in der poetischen Komposition dieser musikalischen Lustspiele nicht allein die Italiener, sondern vielleicht alle übrigen Nationen weit hinter sich zurücke lassen.

Während meines letzten Aufenthalts zu Paris hatte ich die Ehre, mich mit verschiedenen Gelehrten von der ersten Klasse zu besprechen, deren offenes und höfliches Betragen gegen mich meinen aufrichtigen und öffentlichen Dank verdient; und ich kann dem Reize nicht widerstehen, zwei unter ihnen ganz vorzüglich zu nennen, nämlich die Herren Diderot und Rousseau. Mit dem Herrn Diderot hatte ich das Glück, öfters zu sprechen, und es freuet mich zu finden, daß unter allen Wissenschaften, welche sein großes Genie und seine weitläuftige Gelehrsamkeit umfasset, keine ist, um die er sich angelegentlichere Mühe gibt als um die Musik. Mademoiselle Diderot, seine Tochter, ist eine der besten Flügelspielerinnen in Paris, und für ein Frauenzimmer besitzt sie ungewöhnlich viele Kenntnis von der Modulation; indessen, ob ich gleich das Vergnügen gehabt habe, sie verschiedene Stunden zu hören, so hat sie doch platterdings nichts von französischen Komponisten gespielt, sondern alles war italienische und deutsche Arbeit; und hieraus läßt sich leicht auf des Herrn Diderots Geschmack in der Musik schließen. Er nahm so warmen Anteil an meinem Vorsatze, die Geschichte seiner Lieblingskunst betreffend, daß er mich mit vielen von seinen eignen Handschriften beschenkte, welche einen Folianten über diese Materie ausmachen würden. Diese von einem solchen Schriftsteller halte ich für unschätzbar. „Da, nehmen Sie hin", sagte er, „ich weiß nicht, was sie enthalten; ist etwas darin, das Ihnen zu Ihrem Zwecke dienlich sein kann, so brauchen Sie es in Ihrem Werke, als ob es Ihr Eigentum wäre; wo nicht, so werfen Sie es ins Feuer." So redlicherweise indessen diese Papiere in meine Hand gekommen sind, so werde ich mich doch für verbunden achten, nicht allein Herrn Diderot, sondern auch dem Publikum Rechenschaft davon abzulegen.

Meine Bekanntschaft mit dem Herrn Rousseau zu Paris betrachte ich als eine besonders glückliche Ergänzung meiner persönlichen Verbindungen mit gelehrten und witzigen Köpfen des festen Landes. Ich war so glücklich, eine ziemlich lange Zeit mit ihm über die Musik zu reden; eine Kunst, die von seiner Feder so viele Verschönerung erhalten hat, daß auch ihre trockensten Teile unter seiner Bearbeitung sowohl in der *Encyclopedie* als in seinem musikalischen Wörterbuche etwas Anziehendes erhalten haben. Er überlas meinen Plan mit vieler Aufmerksamkeit und sagte mir über jeden Artikel seine Meinung. Hierauf erkundigte er sich nach verschiedenen italienischen Komponisten von seiner Bekanntschaft und schien vielen Anteil an dem gegenwärtigen Zustande der Musik in Italien zu nehmen wie auch an allen dem, was ich als einen Vorrat zu meinem künftigen Werke gesammlet hatte.

Der Leser dieses Tagebuchs wird nunmehr in den Stand gesetzt sein, sich nicht allein einen Begriff von dem Zustande der Musik in den Ländern zu machen, durch welche ich gereiset bin, sondern auch von den Gelegenheiten, womit ich begünstiget worden, die Bibliotheken und Gelehrte über alles das zu Rate zu ziehen, was in meiner künftigen Geschichte als das Zweifelhafteste und Merkwürdigste vorkommen kann. Ich habe einige von den Materialien erwähnt, die ich zusammengebracht habe, und zu diesen können noch die andern hinzugerechnet werden, an denen ich schon manches Jahr in England gesammlet, und fast vierhundert Bände rarer Bücher über die Musik, die ich mir auswärts angeschafft habe. Gleichfalls habe ich in jeder großen Stadt, die ich auf dem festen Lande besucht habe, eine Korrespondenz verabredet, vermittelst welcher ich hoffen kann, von Zeit zu Zeit mit den neuesten Nachrichten, die Musik betreffend, versorgt zu werden, wie auch mit solchen Entdeckungen, welche zur Aufklärung der Alten etwas beitragen können; und dabei bin ich überzeugt, daß kein Ort reichhaltiger an Männern von gesunder Gelehrsamkeit oder Sammlern von seltnen Kompositionen und guten und zu meinem vorhabenden Werke nötigen Materialien ist als mein Vaterland. Ich hoffe ergebenst, daß auch diese mich mit ihrem Rate und Beitrage beehren werden.

Bei allen diesen Hülfsmitteln wird mich dennoch die Hochachtung gegen das Publikum, gegen die Kunst, von der ich schreibe, und auch gegen mich selbst abhalten, den

Druck zu übereilen. Eine Geschichte, wie diejenige ist, die ich vorhabe, muß unvermeidlicherweise ein Werk der Zeit sein. Denn außer der Arbeit, aus den seltensten und besten Büchern und Handschriften Auszüge zu machen und mit den erfahrensten Künstlern und Theoretikern zu referieren, erfordert das Auswählen, Verdauen und Ordnungbringen so verschiedner und zerstreuter Materien nicht bloß Muße und Arbeit, sondern eine so geduldige und anhaltende Anstrengung, wozu man sich ohne einen fast enthusiastischen Eifer schwerlich entschließen könnte. Es ist nicht die Geschichte einer Kunst in ihrem Stande der Kindheit, deren Eltern noch am Leben sind, mit welcher ich's zu unternehmen gewagt habe, sondern einer Kunst von gleichem Alter mit der Welt, deren Altertum ihre Abstammung ebenso zweifelhaft macht als die Entstehung der Sprache oder die erste Artikulation der menschlichen Stimme.

...

Ende des ersten Bandes

Carl Burneys

der Musik Doktors

TAGEBUCH
SEINER
MUSIKALISCHEN REISE

Zweiter Band

Durch

Flandern, die Niederlande

und

am Rhein bis Wien

Aus dem Englischen übersetzt

Hamburg, 1773

Bei Bode

Dem
Magnifico
wohlgebornen
und
hochgelahrten Herrn,
Herrn
Jacob Schuback,
J.U.L.
der kaiserlichen freien Reichsstadt
Hamburg
hochbetrauten Syndico,
meinem
hochzuehrenden Herrn
und
hochgeneigten Freunde.

Magnifice!

Anfangs, da ich gegenwärtiges Buch mit aller Begierde eines Musikliebhabers durchlas und im Namen aller deutschen Tonkünstler dachte:

> Wir lassen uns sehr gern belehren,
> und mögens wohl zuweilen hören,
> was der und jener von uns spricht. –,

da war mir's leid, daß sein Verfasser, der Herr Doktor Burney, bei seinem Hiersein nicht das Glück gehabt hätte, mit Denenselben bekannt zu werden.
Allein, da ich schon so lange eine Gelegenheit suche, Ewr. Magnifizenz für die mir seit meinem funfzehnjährigen Aufenthalte in Hamburg erwiesene viele und ungemeine Güte und Gewogenheit wenigstens öffentlich Dank zu sagen, weil mir das Glück bis heute nach meinem Wunsche nicht zustatten kommen wollte, tätig dankbar zu sein; so war ich eigennützig genug, mich einigermaßen zu freuen, daß Herr Burney in seinem Artikel von Hamburg den Namen nicht hätte nennen können, welcher itzt der deutschen Übersetzung eine vorzügliche Empfehlung sein wird.
Der Verfasser würde, hätte er das Glück haben können, Ew. Magnifizenz persönlich kennzulernen, gewiß keine Rücksicht weder auf Dero Bescheidenheit noch auf Dero Verdienste von höherer Gattung genommen, sondern nur den großen Tonkünstler in Ihnen bewundert haben. Und hätte er sich nach dieser sichern Voraussetzung mit aller seiner Wärme des Herzens über Dero so gründliche Wissenschaft der Harmonie, über Dero glückliche Kompo-

sition in allerlei Stilen, besonders aber in demjenigen, welcher das Herz zu den höhern Empfindungen der Religion bewegt, über Dero praktische Fertigkeit, verschiedener Instrumente zu spielen und vorzüglich auch noch über den genauen Anführer eines Orchesters herausgelassen; so würde er vielleicht vielen etwas nicht Unbekanntes gesagt haben; mir aber wäre dadurch die gewünschte Gelegenheit geraubt worden, Ewr. Magnifizenz mit ehrerbietiger Ergebenheit ein Buch meines Verlages zu widmen, das von dem gegenwärtigen Zustande einer der schönsten Künste in Deutschland handelt, welche einen großen Teil der Augenblicke ausfüllet, die Ewr. Magnifizenz, von wichtigern Geschäften auszuruhen, vergönnet werden.
Ich wünschte, daß Ew. Magnifizenz bei Durchlesung desselben nur einen Teil des Vergnügens empfinden möchte, was ich in Dero geehrtem Hause so oft und in so reichem Maße genossen habe! –
Mit ebenso brünstigen Wünschen für Dero Eignes und Dero ganzen Familie Wohlergehen, als lebhafter Überzeugung von Deroselben Verdienst um unsre geliebteste Republik sowohl als um die schönen Künste und um die Musik insbesondere, habe ich die Ehre, mit der dankbarsten und ehrerbietigsten Hochachtung zu verharren Eurer Magnifizenz

Hamburg, den 20sten Sept. 1773

gehorsamergebener Diener
J. J. C. Bode

Einleitung

Es ist bekannt, daß eine Ware, die verfälscht werden kann, selten noch echt ist, wenn sie durch verschiedene Hände gegangen ist; dieser Grundsatz ist noch allgemeiner, wenn er auf Nachrichten angewendet wird, welche vielleicht nirgend rein sind als an der Quelle.

Die Musik ist mein ganzes Leben durch der Lieblingsgegenstand meiner Bemühungen gewesen, nicht allein in Betracht ihrer Ausübung als eine Profession, sondern auch in Betracht ihrer Geschichte als Kunst. Und damit mein Wissen von solchen Falschheiten und Irrtümern frei sein möchte, wie den simplesten, alltäglichsten Tatsachen durch sukzessive Erzählungen anzukleiben pflegen, habe ich eine zwote Reise nach dem festen Lande unternommen, auf welcher ich mich in nichts auf Hörensagen verlassen, worüber ich bessere Zeugnisse zu finden wußte und über die vergangnen Zeiten die glaubwürdigsten Schriften zu Rate gezogen habe; und wie ich im ersten Band meines Tagebuchs gesucht, den itzlebenden Musikern in Frankreich und Italien in Ansehung ihrer Talente und Gelehrsamkeit Gerechtigkeit widerfahren zu lassen, so werde ich itzt dasselbige in Ansehung der Deutschen tun. Ich hoffe, das Zeugnis eines Schriftstellers, der das, was er erzählt, selbst gesehen und gehöret hat, wird ein Gewicht haben, welches die größeste Aufrichtigkeit einer Erzählung nach Hörensagen nicht geben kann, und daß das Gemüt des Lesers nach eben dem Verhältnis mehr Vergnügen empfinden wird, als es sich auf die Wahrheit des Geschriebenen verlassen kann. Denn wenn, nach der berühmten Inschrift der Alexandrinischen Bibliothek, die Wissenschaften eine Arznei der Seele sind, so scheint es, muß es uns ebensosehr darum zu tun sein, solche echt zu erhalten, als für unverfälschte Arznei für den Körper zu sorgen. Die Schriftsteller des Altertums hatten es mehr zur Gewohnheit, Reisen anzustellen, um sich von dem Zustande der Sachen in entfernten Ländern zu unterrichten, als die Schriftsteller der spätern Zeiten, welche es bequemer gefunden haben, daheim bei ihrem Pulte aus Büchern zusammenzutragen, die schon selbst zusammengetragen waren, als über Seen, Gebirge und durch Wüsten in fernen Ländern zu reisen, um neue und zuverlässige Materialien zu suchen. Allein Homer, Herodot, Plato, Plutarch und Pausanias, welche große Reisen taten, lebten entweder in solchen Zeiten, worin sie wenige Bücher zu Rate ziehen konnten, oder wofern sie mehr Reichtümer besaßen als neuere Schriftsteller, müssen mehr als in neueren Zeiten gewöhnliche Gastfreiheit angetroffen haben; lange Reisen, so nötig sie auch sein mochten, würden sonst schwerlich möglich gewesen sein.

Wenn man von mir, der ich ohne diese Vorteile gereiset bin und keinen Anspruch mache, ein Weiser zu sein, sagen sollte, daß der Gegenstand meiner Untersuchungen keineswegs mit meiner Mühe und meinen Kosten in Verhältnis stünden, so kann ich weiter nichts antworten als: so ungerne ich zugeben kann, daß man die Kenntnis der Wissenschaft, die in einem so weiten Umfange so viel untadelhaftes Vergnügen verbreitet, für geringfügig halte, so aufrichtig hätte ich gewünscht, daß ich sie hätte mit weniger Aufwand erhalten und, nach der haushälterischen Weise eines Asclepiades, weit entlegne Länder besuchen können, welcher, wie Tertullian berichtet, mit seiner Kuh die Welt durchreisete, auf ihrem Rücken ritt und von ihrer Milch lebte.

Soviel ist indessen gewiß, alles was zur Rechtfertigung oder Entschuldigung meiner Reise durch Frankreich und Italien nach der *Materia musica* angeführt werden kann, wird ebenso gültig für meine Reise nach Deutschland sein. Denn obgleich Italien die *Vokalmusik* zu einer in allen andern Ländern unbekannten Vollkommenheit gebracht hat, so hat man doch einen großen Teil der gegenwärtigen Vortrefflichkeit der *Instrumentalmusik* geborenen Deutschen zu verdanken, weil vielleicht zu keinen Zeiten und in keinem Lande die Blas- und Klavierinstrumente zu einem höhern Grade der Verfeinerung gebracht worden als durch die neuern Deutschen, sowohl in Ansehung ihres Baues als des Gebrauchs.

Die Aufmerksamkeit und den Beistand, womit mich verschiedene Personen vom Stande auf dem festen Lande beehrt haben, kommen im Laufe der Erzählung vor; um aber in meinem Buche öftre Wiederholungen zu vermeiden und einem Triebe der Dankbarkeit, der vielleicht nicht ohne alle Beimischung von Eitelkeit ist, Raum zu geben, muß ich hier bezeugen, daß ich sowohl diese als viele andre Vorteile, die meine Reise veranlasset hat, hauptsächlich der Patronage des Grafen von Sandwich zu verdanken habe. Dieser Herr, um mir zu helfen, die Aufmerksamkeit des Publikums auf die Geschichte seiner Lieblingskunst zu ziehen und das Gedächtnis der Talente ihrer berühmtesten Professoren in entlegenen Ländern aufzubewahren, war so gütig, mich mit eigenhändigen Empfehlungsschreiben an alle die engländischen Herrn zu beehren, welche in den verschiedenen Städten, wodurch ich reisete, unter öffentlichem Charakter residierten. Der Einfluß derselben war so wichtig, mir zu denjenigen einen leichten Zutritt zu verschaffen, welche nicht allein die fähigsten waren, sondern die ich auch glücklicherweise sehr geneigt fand, mein Unternehmen zu befördern.

Gegenwärtiger Zustand der Musik in Deutschland, den Niederlanden und in den vereinigten Provinzen

...

Frankfurt am Main

Auf meiner Reise längst dem Ufer des Rheins, von Köln nach Koblenz, wunderte ich mich, ich gesteh' es, daß mich meine Erwartung betrog und ich keine Beweise von dem starken Hange zur Musik fand, den man den Deutschen, besonders in diesem Striche, zuschreibt; denn selbst zu Koblenz, ob es gleich ein Sonntag war, als ich daselbst ankam, und die Gassen und die Nachbarschaft voller Menschen waren, welche spazierengingen, hörte ich keine einzige Stimme oder ein einziges Instrument, wie sonst wohl in andern römisch-katholischen Ländern zu geschehen pflegt. Ich bekam also Lust, es mit einer andern Gegend von Deutschland zu versuchen. Ich setzte daher über den Rhein und über die fürchterlichen Gebirge der Wetterau und kam zu Frankfurt ermüdeter an, als ich mich ehedem nach der Reise über den Cenis befand. Hier fand ich wirklich ein wenig von dieser Anlage zur Musik, welche ich erwartete, und ob ich gleich weder einen großen Sänger noch Instrumentisten antraf, so war doch wenigstens in allen Teilen der Stadt Musik zu hören, sie war denn auch, wie sie war.

Die große Bartholomäuskirche, die der Kaiserkrönung wegen berühmt ist, war eben nicht mit Sängern von großen Talenten besetzt, indessen war eine Anzahl Mädchen vorhanden, welche ohne Begleitung der Orgel mit den Priestern und *Canonicis* sangen; und viele davon waren sogar lutherisch oder reformiert, obgleich der Gottesdienst römisch-katholisch war.

Des Nachmittags waren auch auf der Gasse eine Anzahl junger Schüler, welche unter Anführung eines Kaplans Hymnen in drei oder vier Stimmen singen. Es sind arme Schüler, die der Kirche gewidmet sind und auf diese Art milde Gaben zu ihrer Unterhaltung sammlen.

Im Gasthofe „Zum Römischen Kaiser", wo ich abgetreten war, spielte eine Bande Gassenmusikanten nach Tische verschiedene vierstimmige Sinfonien und ziemlich gut. Alles dies fiel an einem gemeinen Werkeltage vor, und es ist also natürlich zu glauben, daß es etwas Gewöhnliches sei.

An der Kathedralkirche ist ein ziemlich bejahrter Vicarius Organist. Das Werk ist nicht schlecht vom Tone, aber wie die meisten andern, die ich auf meiner Reise gehört habe, erbärmlich verstimmt und so schwer zu spielen, daß man, wie bei den meisten Glockenspielen, zuweilen das Gewicht einer ganzen Hand nötig hat, um eine Taste niederzudrücken.

Die Überschriften einiger Register an diesem Werke reizten meine Neugierde, als z. B. *Posaune, Solicionale, Cymbel, Suavial, Violon* usw. im Hauptwerke, und im Rückpositive das *Großgedackt, Kleingedackt Viol di Gamba* usf.; sie waren aber dergestalt in Unordnung, daß sie unmöglich als Solostimmen gebraucht werden konnten. Ich konnte nur gerade so viel bemerken, daß das *Suavial* die sanfte Stimme sein soll, welche Herr Snetzler in seinen Orgeln *Dulcian* zu nennen pflegt und *Violon* soviel heißt als *Kontraviolon.* Dies ist ein halbes Register und geht nicht höher als bis ins eingestrichne C.

An dieser Orgel ist ein Kunstgriff angebracht gewesen, um einen halben, einen ganzen Ton oder eine kleine Terz hinaufzutransponieren; er ist aber nicht mehr brauchbar. Das Werk ist vor langen Jahren von Meyer gebauet und vor ungefähr acht Jahren von Großwald aus Hanau wieder repariert, der auch einige neue Stimmen hineingemacht hat. Allein ein Orgelwerk, das im Grunde nicht taugt, wird gemeiniglich schlechter, wenn man's ausbessern will; und ich erinnre mich, daß Herr Snetzler einst einige Kirchenvorsteher, die ihn fragten, was die Orgel, die sie ausbessern lassen wollten, wohl wert wäre und was die Reparatur wohl kosten würde, zur Antwort gab, er schätzte sie ohngefähr auf sechshundert Reichstaler, und wenn sie noch sechshundert daran wenden wollten, so könnte vielleicht ein Werk daraus gemacht werden, das dreihundert wert wäre.

Das erste Instrument, das ich bei meinem Aufenthalte zu Frankfurt hörte, war die Orgel in der Dominikanerkirche; sie war besser von Ton und besser gestimmt als die übrigen, gleichwohl war sie nicht so gut als viele, die ich in England gehört habe; auch die *Vox humana* war nicht sonderlich angenehm oder der Menschenstimme ähnlich, ob man hier gleich viel Wesens daraus machte.

Durch diese Orgel ist ein Bogen gezogen, um durch das Fenster an der Westseite Licht in die Kirche zu bringen. Sie hat eine schöne Einfassung, die Zieraten über dem Bogen sind in einem guten Geschmacke, und die Seitenkolumnen sind gut angebracht. Die Klaviere liegen an der Seite rechter Hand der Orgel, und darüber steht eine kleine Fronte. Ihr Umfang ist von C zu C, und das Pedal hat noch eine kleine Oktaven unter dem groben C.

Die vornehmsten Musiker in dieser Stadt sind gegenwärtig Herr Sarrazin, Violinist, Herr Pfeil, Clavicimbalist, und Herr Haueisen, Organist an der reformierten Kirche zu Bockenheim, ein Ort nicht weit von der Stadt, woselbst sich diese Religionsverwandte versammlen, weil ihnen in Frankfurt kein Gotteshaus verstattet wird.

Darmstadt

Als ich durch diesen Ort nach Mannheim ging, traf sich's glücklicherweise, daß ich von meinem Wagen stieg, als eben die Garde des Landgrafen die Wachparade aufzog.

Ich habe niemals eine Kriegsmusik gehört, die mir mehr gefallen hätte. Das Chor bestund aus vier Oboen, vier Klarinetts, sechs Trompeten, an jeder Seite der Oboen und Klarinetten drei, und an jedem Flügel zwei Fagotts. Das ganze Glied bestand also aus achtzehn Personen; hinter diesen Post- und Jagdhörner.

Das Ganze tat eine vortreffliche Wirkung, es animierte ungemein, und obgleich die Trompeten und hohen Hörner gewöhnlich zu scharfgellend sind, wenn man sie in einem engen Raume hört, so war hier der Platz, wo die Wache aufzog, so geräumig, daß der Ton freies Feld hatte, sich nach allen Seiten zu verbreiten, wodurch denn das Ohr nicht so heftig angegriffen wird.

Ehe ich in meiner musikalischen Erzählung fortfahre, muß ich ein paar Worte von dem schlechten und pfiffigen Betragen der Postmeister und Postillions in diesem Teile der Welt sagen. Die Wirkung davon ist so beschaffen, daß man ihr unmöglich ausweichen kann. Wie ich über die Gebirge in der Wetterau ging, spannte man mir unter dem Vorwande von bösen Wegen drei Pferde vor den Karren, den sie eine Postchaise nannten; und nachdem ich mir diese Taxe einmal hatte gefallen lassen, war nicht wieder daran zu denken, daß ich mit weniger hätte weiterkommen können.

In Frankfurt sträubte ich mich hart, aber vergebens, obgleich der Gastwirt und die Gäste, welche Einwohner waren, mich alle versicherten, daß sie niemals mehr als zwei Pferde nähmen, wenn sie Extrapost gingen. Berge konnten sie hier nicht vorschützen, drum mußte es der tiefe Sand sein, ungeachtet der Weg von Frankfurt bis Mannheim in allem Betracht der erträglichste von allen ist, die ich bis dahin in Deutschland bereiset hatte.

Das weibliche Geschlecht unter den gemeinen Leuten ist von Herzen häßlich, vielleicht nicht so sehr von Gestalt als durch die Art, sich zu kleiden, und durch vernachlässigte Sauberkeit. Das Haar versteckt es völlig unter einer Art von Haube, die gewöhnlich von bunter Leinewand oder Kattun ist. Selten sieht man ihm Schuh oder Strümpfe

an den Füßen, obgleich das Mannsvolk beides trägt, sie mögen nun so gut sein, als sie wollen.
Ich möchte von den Leuten hier gerne mit Mäßigung und Aufrichtigkeit sprechen, trotz der Galle, die ein jeder Fremder, der unter ihnen reiset, übertreten fühlen muß; da ich ihnen aber weder schmeicheln noch sie verleumden will, so muß ich sagen, daß die unzähligen Bettler, die einen mit solchen Ungestüm überlaufen, ob sie gleich oft jung, stark, fett, gesund und zum Arbeiten sehr geschickt sind, die unaufhörliche Veränderung von Münzsorten und der unvermeidliche Verlust beim Umsetzen, die Unersättlichkeit, Unfreundlichkeit und Grobheit der Postbedienten für einen Reisenden unerträgliche Plackereien sind.

Mannheim

Die ersten Töne, die ich hier hörte, war Regimentsmusik. Mein Gasthof lag am Paradeplatze; die *Retraite* bestund bloß aus Trommeln und Pfeifen, und des Morgens fiel auch nichts vor, das des Hörens verlohnt hätte. Hätte ich Lust gehabt, in prächtigen Worten die Wirkung der Blasinstrumente bei der Regimentsmusik zu beschreiben, so hätte ich nicht nötig gehabt, aus London zu gehen, denn wir haben jetzt auf dem St.-James-Platz und im Park jeden Morgen ein vortreffliches Chor Oboisten; und so wie ich bis itzt noch keine Soldaten von besserm Ansehen gefunden hatte als die unsrigen, so wenig brauchen wir der Musik und den Musikern andrer Orten einen andern Vorzug einzuräumen als in der Anzahl und der Verschiedenheit der Instrumente. Unsre Kriegsmusik muß jedem, der wie ich ungefähr zwanzig Jahre zurückdenken kann, große und schnelle Schritte zur Vollkommenheit getan zu haben scheinen. Denn damals ward bei unsrer Fußgarde keine andre Komposition gebraucht als der Marsch aus *Scipio*, und die Feldregimenter wußten von nichts als ordentlichen Trommeln.
Pracht und Aufwand gehn in dieser kleinen Stadt er-

staunlich weit. Der Palast und die Hofgebäude machen fast die größeste Hälfte derselben aus; und eine Hälfte der Einwohner, die in Bedienung steht, lebt auf Kosten der andern, welche arm genug zu sein scheint.
Das Jesuitenkollegium, welches der gegenwärtige Kurfürst hat bauen lassen, liegt dicht am Palaste und hat dreißig Fenster in der Front, die Kirche nicht mitgerechnet, welche die prächtigste in der Stadt ist. Die Front des Theaters, welches nur einen kleinen Flügel des Palastes ausmacht, hat gleichfalls dreißig Fenster.
Die Stadt selbst ist reinlicher, schöner und regelmäßiger, als ich noch eine gesehen hatte. Ihr Plan ist ein Oval, die Gassen sind wie die zu Lille, von einem Ende zum andern in gerader Linie nach der Schnur gezogen. Sie hat viele große Plätze, ungefähr 1548 Häuser, und im Jahre 1766 belief sich die Anzahl der Einwohner auf 24 190.

Donnerstag, den 6sten August

Diesen Abend ging ich nach dem hiesigen öffentlichen Theater, woselbst *Zemire und Azor*, übersetzt ins Deutsche und untergelegt unter die hübsche Musik von Mr. Grétry, aufgeführt ward. Es war die erste dramatische Vorstellung, die ich in Deutschland zu hören bekam.
Im Sommer ist der Kurfürst mit seinem Hoflager zu Schwetzingen, drei Meilen von Mannheim; und diese Zeit über hat eine reisende Schauspielergesellschaft die Erlaubnis, die Bürger zu belustigen. Sie spielt in einer auf dem großen Marktplatz aufgeschlagenen Bude. Indessen, ob man gleich von außen nichts als Bretter zu sehen bekam, so war doch das Theater recht gut beschaffen, und die Szenen und Kleidungen waren nicht ohne Geschmack und gute Wahl.
Ich war neugierig, ein deutsches Schauspiel zu sehn, aber noch neugieriger, Deutsche singen zu hören, und ich muß gestehen, ich erstaunte, als ich fand, daß die deutsche Sprache, trotz ihrer häufigen Konsonanten und Gutturalen, sich besser zur Musik schickt als die französische. Das

junge Frauenzimmer, welche die Rolle der Zemire machte, hatte zwar keine große Stimme, ihre Art zu singen war aber natürlich und gefällig. Sie hatte einen guten Triller und übertrieb ihre Stimme nicht, dabei hielt sie Ton. Unter den Mannspersonen waren zweene, welche ziemlich gute Stimmen hatten und deren Portament und Ausdruck auch selbst denen nicht widrig gewesen sein würde, die lange mit der besten italienischen Singart vertraut gewesen.

Im Ganzen war ich mit diesem Singen besser zufrieden als mit allem übrigen, das ich seit meiner Abreise aus England gehört hatte. Die Deutschen sind in der Tat so weit in der Musik gekommen und haben so manchen vortrefflichen Komponisten unter ihren Landsleuten, daß ich mich wundern muß, warum sie nicht Originalstücke in ihrer eigenen Sprache schreiben und komponieren, oder, wenn sie ja Übersetzungen haben müssen, warum sie diese Übersetzungen nicht mit neuen Kompositionen versehen.[1]

Das Orchester hier war lange nicht so gut als das zu Brüssel, sowohl was die Anzahl als was die Aufmerksamkeit anbetraf. Denn die besten Instrumentisten des hiesigen Orts waren mit dem Hofe zu Schwetzingen, so daß die Sänger keine andre Unterstützung hatten als ihr eignes Verdienst.

Den 7ten August brachte ich in der öffentlichen Bibliothek zu, welches ein schönes Zimmer ist, worin schöne Bücher stehen, allein nicht sehr alte und wenige Handschriften, weil diese letzten alle in dem Kriege von 1622 durch die Bayern weggenommen oder an den Papst geschenkt sind; in der Vatikanischen Bibliothek sind sie unter dem Namen der Heidelberger oder Pfälzer Kollektion sehr wohl bekannt. So wie die Bibliothek ist, soll sie, wie man

1 Als ich tiefer in Deutschland kam, fand ich, daß Herr Hiller zu Leipzig seine Landsleute mit vielen komischen Opern versorgt hat, in welchen die Musik so natürlich und gefällig ist, daß die Lieblingsarien daraus, wie des Dr. Arne seine in London, von Leuten von allerlei Ständen gesungen werden; und die leichten darunter haben die Ehre, auf den Gassen gesungen zu werden.

sagt, aus vierzigtausend Bänden bestehen. Allein, was auch die prächtige Nachricht in den *Etrennes Palatines* von Manuskripten erzählt und sagt, daß sie in einem besondern Zimmer verwahrt werden, so gestund mir doch Herr Lamey, der Bibliothekar, an den mir Herr Girard zu Brüssel einen Brief mitgegeben hatte, daß die Sammlung erst seit zu kurzer Zeit angefangen wäre, um schon reich an Handschriften zu sein, und daß sie nur wenige von einiger Wichtigkeit enthielte.

Schwetzingen

Um einen sehr vorteilhaften Begriff von der Kapelle Sr. Kurfürstlichen Durchlaucht zu erregen, dürfte ich nur ihre Namenliste besetzen. Sie besteht aus beinahe hundert Personen, Sängern und Spielern. Ich will gleichwohl nur einige davon nennen, deren Namen bereits in England bekannt sind. Herr Holzbauer ist einer von den Kapellmeistern. Die Herrn Christian Cannabich und Carl Toëschi sind die ersten Violinisten und Konzertmeister. Der erste führt an der italienischen Oper und der andre in der französischen und deutschen. Von diesen drei Meistern hat man verschiedene vortreffliche Sinfonien, wovon einige in England gedruckt sind. Herr J. Bapt. Wendling ist hier der erste Flötenspieler, und unter den Geigern sind noch Johann Toëschi, Trenzel, Fr. und Karl Wendling und Cramer. Dieser letzte wird für einen der besten Solospieler in ganz Europa gehalten. Ich will indessen wenig von ihm sagen, weil er eben itzt in England ist und meine Landsleute Gelegenheit haben, selbst von seinen Talenten zu urteilen. Es sind dreiundzwanzig Sänger und Sängerinnen in dieser Kapelle, wovon einige vorzüglich gut genannt zu werden verdienen. Besonders Mademoiselle Wendling, Mademoiselle Danzi und Madame Cramer, Signori Roncaglio, Pesarini und Saporosi.

Verschiedene unter denen, die auf der Liste stehen, tun entweder altershalber keine Dienste mehr oder sind auch überzählig. Allein die erstern, wenn sie dem Kurfürsten eine Zeitlang gedient haben und durch Krankheit ihre Stimme verlieren oder sonst unbrauchbar werden, so erhalten sie eine artige Pension, welche sie so lange genießen, als sie zu Mannheim bleiben; und selbst noch alsdann, wenn sie sich nach ihrer Heimat oder sonstwohin begeben wollen, wird ihnen die Hälfte ihrer Pension zugestanden.

Mich verlangte sehr, zu meinem Hauptzwecke zu kommen, die besten aus dieser Kapelle zu hören. Aber in Deutschland kann nichts mit Übereilung geschehen. *Festina lente* scheint hier ein Leibspruch zu sein. Vorher gehörte dazu, daß ich den ersten Tag Besuch gab und den zweiten wieder annahm, auf den dritten war einige Wahrscheinlichkeit, aber keine Gewißheit, daß ich die gesuchte Gewogenheit erlangen würde.

Es ist oft wiederholt worden, daß Ungeschliffenheit und eine gänzliche Verachtung aller Personen und Sachen, die nicht durchgängig engländisch sind, meinen ehrlichen Landsmann John Bull in allen Weltgegenden bezeichnet. Ich bin nicht für unglimpfliche Anmerkungen über ganze Nationen; gleichwohl kömmt einem zuweilen ein einzelner Charakter vor, der einen an dasjenige wieder erinnert, was man über ganze Völker hat sagen hören. Der französische Abbé, den ich zu Antwerpen antraf, war so ein Mann, den mancher einen wahren Franzosen genannt haben möchte. In der Folge habe ich mit verschiedenen zu tun gehabt, die man wegen ihrer Langsamkeit in Begriffen und Handlungen wahre Deutsche nennen könnte. Wenn ich des Morgens einem Gelehrten, einem Bibliothekar oder einem Musikus den Zweck meiner Reise so deutlich als möglich erklärt und den allgemeinen Plan meines künftigen Werks gezeiget hatte, so war's gewöhnlich, daß ebenderselbe Mann des Abends sagte: „Die Geschichte der Musik, denke ich, sind Sie willens zu schreiben – hm – ja – die Geschichte der Musik – hm – gut! Und worin meinen Sie, daß ich Ihnen behülflich sein kann?" Hier war ich denn genötigt, in einem mühseligen Da capo meine

Historie noch einmal zu erzählen und um Beistand zu ersuchen.
Das Reisen ist in diesem Lande eben nicht sehr gewöhnlich, und die Leute scheuen hier, wie in England, einen Fremden und wünschen, ihn loszuwerden. In Frankreich und Italien sind die Einwohner gewohnt, die Honneurs zu machen und machen sie gut. Was meine besondre Nachforschungen hier betraf, welche in der Tat mehr ihre als meine eigne Ehre anging, so fand ich darin nur geringen Beistand. Es hielt schwer zu entdecken, wer mir einigen leisten könnte, und noch schwerer, diejenigen zu finden, welche wollten. Ich wünschte zuweilen, daß ich einen öffentlichen Ausrufer hätte brauchen können, wenn ich in einer deutschen Stadt ankam, um den musikalischen Einwohnern zu sagen, wer ich wäre und was ich suchte. Denn an solchen Orten, wo ich keinen Minister von unserm Hofe fand, begab sich's oft, daß ich schon wieder im Begriff stund abzureisen, ehe dieses bekannt ward.

Sonntag, den 9ten August

Diesen Abend hörte ich *La Contadina in Corte*, Opera buffa, auf dem kurfürstlichen Theater. Die Musik war von Signor Sacchini und voller Klarheit, Anmut und edler Einfalt, welche die Unterscheidungszeichen der Werke dieses Komponisten sind. Die Rollen waren besetzt mit Signor Giorgietto, einem italienischen Diskantisten, dessen Stimme nur schwach und dessen Geschicklichkeit auch übrigens nicht sehr groß war. Signora Francesca Danzi, ein deutsches Frauenzimmer, deren Stimme und Singart brillant sind; sie hat dabei einen artigen Wuchs, einen guten Triller und einen Vortrag, der so wahr italienisch ist, als ob sie ihr ganzes Leben in Italien zugebracht hätte. Kurz, sie ist schon eine sehr angenehme Sängerin und verspricht noch weit mehr, denn sie ist jung und diesen Sommer zum ersten Male aufs Theater gekommen. Signor Zonca, ein italienischer Tenorist, der vor einigen Jahren in England war; sein höchstes Lob heißt: er ist erträglich; und Signora Allegranti, eine junge Italienerin, Schülerin des

Herrn Holzbauer, singt in einer artigen, nicht affektierten Manier, und ob sie gleich ihrer Stimme wegen nicht nach den ersten Rollen in der Oper wird trachten können, so scheint's doch, daß sie die zwoten auf eine anziehende Art füllen wird. Zwischen den Akten wurden zwei Ballette gegeben; eins stellte einen deutschen Jahrmarkt oder Kirmes vor und hat mir unter allen, die ich noch gesehen habe, am besten gefallen. Eine der ersten Tänzerinnen ist hier die Tochter des jüngst verstorbenen berühmten Stamitz, von dessen Feuer und Genie sich in großem Maße der gegenwärtige Sinfoniestil herschreibt, der so voller großen Wirkungen, so voller Licht und Schatten ist.
Der Kurfürst, die Kurfürstin und die Königl. Prinzessin von Sachsen hörten die Oper mit an. Das Theater ist zwar nur klein, aber bequem. Die Dekoration und Kleider sinnreich und geschmacksvoll, und an Komparsen und Figuranten war eine größere Anzahl vorhanden, als ich jemals in der großen Oper zu Paris oder London gesehen habe. In dem Ballett *Die Kirmes* kamen an hundert Personen zugleich aufs Theater, dennoch ist diese Oper ganz unbeträchtlich, verglichen mit der, welche des Winters zu Mannheim in einem der größesten und splendidesten Theater von Europa gespielt wird, das fünftausend Personen fassen kann. Diese Opern fangen mit dem 4ten November an und werden bis zum grunen Donnerstage wöchentlich zweimal gespielt.
Man berichtete mir, daß die bloße Illumination des Mannheimer Theaters dem Kurfürsten jede Vorstellung an Wachslichtern über 480 Gulden zu stehen komme und daß die Kosten, um eine neue Oper auf dieses Theater zu bringen, an 4800 Gulden beliefen. Auf diesem großen Theater sollte den künftigen Winter eine Oper von der Komposition des Herrn J. Bach aufgeführt werden, dessen Ankunft von London man schon damals, als ich in Mannheim war, täglich erwartete.
Ich kann diesen Artikel nicht verlassen, ohne dem Orchester des Kurfürsten Gerechtigkeit zu erweisen, welches mit Recht durch ganz Europa so berühmt ist. Ich fand wirk-

lich alles daran, was mich der allgemeine Ruf hatte erwarten lassen. Natürlicherweise hat ein stark besetztes Orchester große Kraft. Die bei jeder Gelegenheit richtige Anwendung dieser Kraft aber muß die Folge einer guten Disziplin sein. Es sind wirklich mehr Solospieler und gute Komponisten in diesem als vielleicht in irgendeinem Orchester in Europa. Es ist eine Armee von Generälen, gleich geschickt, einen Plan einer Schlacht zu entwerfen, als darin zu fechten.

Es ist aber nicht allein in der großen Oper des Kurfürsten, daß die Instrumentalmusik so sehr ausgebildet und verfeinert worden ist, sondern in seinen Konzerten, woselbst diese außerordentliche Kapelle Platz und Raum genug hat, ihre ganze Macht zu beweisen und große Wirkungen hervorzubringen, ohne durch die Rücksicht verhindert zu werden, sie möchten die größern und feinern Schönheiten, welche der Vokalmusik besonders eigen sind, verdunkeln. Hier eben war's, wo Stamitz zuerst über die Grenzen der gewöhnlichen Opernouvertüren hinwegschritt, die bis dahin bei dem Theater gleichsam nur als ein Rufer im Dienste standen, um durch ein Aufgeschaut für die auftretenden Sänger Stille und Aufmerksamkeit zu erhalten. Seit der Entdeckung, auf welche Stamitzens Genie zuerst verfiel, sind alle Wirkungen versucht worden, deren eine solche Zusammensetzung von inartikulierten Tönen fähig ist. Hier ist der Geburtsort des *Crescendo* und *Diminuendo*, und hier war es, wo man bemerkte, daß das *Piano* (welches vorher hauptsächlich als ein Echo gebraucht wurde und gemeiniglich gleichbedeutend genommen wurde) sowohl als das *Forte* musikalische Farben sind, die so gut ihre Schattierungen haben als Rot oder Blau in der Malerei.

Unterdessen fand ich doch in dieser Kapelle eine Unvollkommenheit, die sie mit allen andern gemein hat, die ich bisher gehört habe, die aber, nach meiner Hoffnung, so aufmerksame und geschickte Männer aus dem Wege räumen werden; ich meine die nicht ganz reine Intonation der Blasinstrumente. Ich weiß, es ist diesen Instrumenten natürlich, sich leicht zu verstimmen. Allein, nur etwas Weniges von der Kunst und dem Fleiße, die diese großen Künstler in Überwindung anderer Arten von Schwierigkeiten bewiesen haben, würde wirklich sehr gut angewandt sein, diesen Sauerteig auszufegen, der alle Harmonie so sehr versäuert und verdirbt. Diesen Abend war es mit den Oboen und Bassons gar zu merklich; sie stunden schon im Anfang ein wenig zu hoch und wurden immer höher bis zum Ende der Oper.

Eine andre Unvollkommenheit waren meine Ohren während der ganzen Oper nicht imstande an dem Orchester zu entdecken; und die besagte ist allen übrigen Orchestern so gemein, daß diese Anmerkung eben keinen strengen Tadel für das hiesige mit sich führt und andern Orchestern auch nicht vielen Anlaß zum Triumphieren geben kann.

Der Kurfürst, welcher selbst sehr gut die Flöte bläst und auch seine Stimme auf dem Violoncell spielt, hat jeden Abend Konzert in seinem Palaste, wenn auf seinem Theater nichts gespielt wird. Wenn das aber ist, so haben nicht allein seine Untertanen, sondern auch alle Fremden freie *Entrée.*

Wenn man in Schwetzingen des Sommers aus der Oper kommt und in den kurfürstlichen Garten geht, so hat man den aufheiterndsten und prächtigsten Anblick, den man sich nur denken kann. Die Gegend ist hier flach und nackt und deshalb für die freie und offne Art, wie man die englischen Gärten anzulegen pflegt, nicht so vorteilhaft als für diejenige, der man bei der Anlage des hiesigen gefolgt ist. Die Orangerie ist größer als die zu Versailles und vielleicht als irgendeine in Europa.

Die Anzahl der Personen, welche des Sommers dem Kurfürsten nach Schwetzingen folgt, steigt an funfzehnhundert, welche alle an diesem kleinen Orte auf kurfürstliche Kosten wohnen.

Einem jeden, der des Sommers durch die Gassen von Schwetzingen geht, muß es gänzlich von einer Kolonie von Musikanten bewohnt zu sein scheinen, die ihre Profession beständig ausüben; da in einem Hause hört er einen schönen Geiger, dort in einem andern eine Flöte, hier einen vortrefflichen Oboisten, dort einen Basson, eine Klarinett, ein Violoncell oder ein Konzert von allerlei Instrumenten zugleich. – Musik scheint Seiner Kurfürstlichen Durchlaucht liebster und beständigster Zeitvertreib zu sein; und die Opern und Konzerte, wozu alle seine Untertanen Zutritt haben, bilden durchs ganze Kurfürstentum den musikalischen Geschmack.

Ludwigsburg

Der Grund, worauf diese Stadt gebauet, ist unregelmäßig und wild, dennoch findet man manche schöne Gassen, Spaziergänge und Häuser darin. Die umliegende Gegend ist nicht eben angenehm, aber fruchtbar, an Wein besonders, denn sie liefert eine große Menge von dem sogenannten Neckerwein.

Eigentlich ist Stuttgart die Hauptstadt des Herzogtums Württemberg, allein seit länger als zehn Jahren hat der Herzog nicht mehr daselbst residiert; und die Opern und andre musikalischen Stiftungen dieses Prinzen, welche die sieben Jahre, daß Jommelli die Direktion darüber hatte, die besten und prächtigsten zu sein pflegten, sind nur noch bloß der Schatten von dem, was sie gewesen sind.

Unter andern Einschränkungen, die der Herzog vorgenommen, hat es auch seine Oper und Kapelle mit betroffen, indem eine große Anzahl der alten Kapellisten auf halben Sold gesetzt sind; allein wie die meisten musikalischen Virtuosen zu hohe Seelen haben, um mit der ganzen Besoldung auszukommen, sie sei so groß sie wolle, so haben diejenigen unter den besten am hiesigen Hofe, welche Talente für Geld hatten, die Herabsetzung ihres Gehalts als eine Verabschiedung angesehen, und sobald sich nur eine Gelegenheit zeigte, anderwärts unterzukommen, suchen sie Erlaubnis, andre Dienste zu nehmen.

Als ich von Schwetzingen abreisete, verließ ich den geraden Weg nach Wien ein wenig, um Ludwigsburg zu besuchen, woselbst ich, wie man mir sagte, nicht nur den Herzog von Württemberg finden, sondern auch Opern, Konzerte und große Virtuosen zu hören bekommen würde. Allein, nachdem ich mich vierzehn bis funfzehn Stunden auf dem Postwagen hatte zusammenrütteln lassen und fast lebendig geröstet zu Ludwigsburg ankam, fand ich leider die erhaltne Nachricht so wenig wahr, daß sich der Herzog dreizehn Meilen entfernt zu Graveneck aufhielt und kaum ein guter Musikus in der Stadt geblieben war. Indessen erhielt ich ein genaues Verzeichnis von der gegenwärtigen Verfassung der württembergischen Musik für den Hof, das Theater und die Kirche.

Der erste *Maestro di Capella* ist Signor Boroni. Sopranstimmen sind Signora Bonani und Seemann und die Kastraten Signor Muzio und Signor Gureieri, Altisten Rubinelli und Paganelli. Unter den Tenoristen hat der Herzog vorigen Winter durch den Tod des vortrefflichen Cavaliere Ettori einen großen Verlust gehabt, welcher von den Italienern für den besten in seiner Art für die ernsthafte Oper gehalten wurde. Die Violinen sind achtzehnmal besetzt, Signor Lolli ist ihr Anführer, unter den übrigen sind noch Kurz und Baglioni; der letzte ist ein sehr guter Geiger und von der berühmten Bologneser Familie. Es sind da sechs Bratschen, drei Violoncells und vier Kontraviolons. Die vornehmsten Organisten sind Friedrich Seemann und Schubart. Vier Oboen, Alrich, Hitsch, Blesner und Commeret. Flöten: Steinhardt, der sehr schön bläst, und Augustinelli. Drei Waldhörner, zwei Bassons, Schwarz, ein vortrefflicher, und Bart.

Für die *Opera buffa* Signore Bonani, Seemann, Liberati, Frigeri, Signori Messieri, Rossi, Cosimi, Liberati und Righetti.

An Tänzern und Tänzerinnen zweiunddreißig. Die vornehmsten darunter sind Balliba, Franchi und Riva. Auf der Pensionsliste für die Opern stehn an neunzig Personen. Allein manche stehen noch darauf, wenn sie schon längst nicht mehr Dienste tun können; auch stehen die Namen von Instrumententrägern, Kopisten und Bälgentretern gleichfalls mit darauf.

Dieser Prinz hatte vorigen Winter zwei neue Opern, die eine von Jommelli und die andre von Sacchini, komponiert. Das Theater ist ganz außerordentlich groß und ist in der Hinterbühne offen, an welche ein Amphitheater in freier Luft stößt, welches zuweilen mit Leuten angefüllt wird, um Wirkungen in der Perspektive zu tun. Es ist, wie alle, die ich in Deutschland gesehn hatte, nach italienischem Modelle gebauet.

Der Herzog von Württemberg, der sonst so große Kosten auf die Musik für seinen Hof und Opern verwendet, hat, soviel ich gehört, bei seinen Regimentern keine andre Instrumente als Trompeten, Trommeln und Pfeifen.

Dieser Prinz, welcher selbst ein guter Clavicimbelspieler ist, hatte einst zu gleicher Zeit in seinem Dienste drei der größesten Violinisten in Europa, Ferrari, Nardini und Lolli, die beiden Oboisten Le Plas, einen berühmten Bassonisten, Schwarz, der noch hier ist, den Waldhornisten Walther und Jommelli zum Komponisten und die besten ernsthaften und komischen Sänger von Italien. Gegenwärtig ist die Liste seiner Virtuosen freilich nicht so glänzend, dennoch glaub' ich, ist die Einschränkung mehr scheinbar als wesentlich. Denn zu Solitude, einem lieblichen Sommerpalaste, hat er mit erstaunlichen Kosten eine Schule für die Künste oder ein Konservatorium errichtet zur Erziehung von zweihundert armer und verlassener Kinder, welche Fähigkeiten zeigen. Einer großen Anzahl von diesen wird Musik gelehrt, und es sind schon verschiedne sehr vortreffliche Sänger und Spieler fürs Theater daraus hergenommen worden. Einige lernen die gelehrten Sprachen und treiben die Poesie, andre lernen agieren und tanzen. Unter den Sängern in dieser Schule befinden sich schon funfzehn Kastraten, denn der Hof hat zwei Bologneser Wundärzte im Dienste, welche diese Operation sehr gut verstehen sollen. Zu Ludwigsburg ist gleichfalls ein Konservatorium für einhundert Mädchen, die auf ebendie Art und zu ebenden Zwecken erzogen werden. Das Gebäude, das zu Solitude zur Kunstschule für die Knaben errichtet worden, hat eine Front von sechs- bis siebenhundert Fuß. Eine von den Lieblingsbeschäftigungen des Herzogs ist, diese Schule zu besuchen und die Kinder essen und lernen zu sehen.

Ich kann hier nicht unterlassen, dem Herrn Schubart, Organist an der lutherischen Kirche, meinen Dank zu bezeigen. Er war der erste wahre große Flügelspieler, den ich bisher in Deutschland angetroffen hatte, wie auch der erste, welcher dafür zu halten schien, daß der Zweck meiner Reise gewissermaßen eine Nationalangelegenheit wäre. Ich reisete nicht, wie ein Musikus gemeiniglich zu reisen pflegt, um Geld zu verdienen, sondern es zu verzehren, musikalische Talente und Verdienste aufzusuchen, wo ich solche nur finden konnte, um solche meinen Landsleuten bekannt zu machen. Herrn Schubart schien dieses einzuleuchten, und er gab sich alle mögliche Mühe, sowohl meine Ohren als meinen Wunsch zu vergnügen. Er ist von der Bachischen Schule, aber ein Enthusiast und ein Original von Genie. Viele von seinen Sachen sind in Holland gestochen und sind voller Feuer und Geschmack. Auf dem Klavier spielte er mit großer Feinheit und vielem Ausdruck. Seine Hand ist brillant und seine Phantasie sehr reich. Er hat einen vollkommnen Doppeltriller in der Gewalt, wohin nur wenige Klavierspieler gelangen.

Er war einige Zeit Organist zu Ulm und hatte da ein schönes Orgelwerk unter Händen; hier aber hat er nur eine sehr erbärmliche. Da wo er itzt hin verpflanzt ist, kennt man ihn wenig; die gemeinen Leute halten ihn für närrisch, und die übrigen bekümmern sich nicht um ihn.

Wir teilten uns auf eine seltsame Art unsre Gedanken mit. Ich war noch nicht so weit in der Sprache gekommen und auch zu ungeduldig, seine Ideen zu wissen, um im Deutschen mit ihm Schritt zu halten, und er sprach weder Französisch noch Italienisch, konnte aber ziemlich Latein sprechen, weil er in der Jugend für die Kirche bestimmt war; und ich erstaunte darüber, wie schnell und leicht er alles im Latein ausdrücken konnte, was er wollte; bei

ihm war es wirklich eine lebende Sprache. Ich gab ihm den Plan von meiner Geschichte der Musik auf Deutsch, und er, um mich zu überzeugen, daß er recht gut meine Meinung verstünde, übersetzte ihn, das ist, er las ihn mir auf der Stelle lateinisch vor. Meine Aussprache des Lateins, wenn ich auch gewohnt gewesen wäre, es zu sprechen, würde ihm nicht verständlich gewesen sein. Allein da er Italienisch verstund, ohne es gleichwohl sprechen zu können, so führten wir unsre Unterredung in zwo verschiedenen Sprachen, Lateinisch und Italienisch. Die Fragen, die in einer Sprache getan wurden, erhielten die Antwort in der andern. Auf diese Art waren wir den ganzen Tag über sehr gesprächig, währenddessen er nicht allein vieles auf der Orgel, dem Clavicimbel, Pianofort und Klavier spielte, sondern mir auch das Theater und alle Merkwürdigkeiten zu Ludwigsburg zeigte und mir den Charakter aller Musiker am Hofe und in der Stadt aufschrieb. Und gegen Abend war er so gefällig, drei oder vier Bauren in seinem Hause zu versammlen, um solche Nationalmusik singen und spielen zu lassen, nach welcher ich ein großes Verlangen bezeigt hatte.
Die öffentliche Bibliothek besteht hier noch nicht seit langer Zeit und ist noch eben nicht reich an Handschriften und alten Büchern. Der Professor der Geschichte und Bibliothekar, Herr Urot, ein geborner Franzose, war ungemein höflich und gab sich große Mühe, meine Neugierde zu befriedigen, auch vorzüglich damit, daß er mir eine besondre astronomische Maschine zeigte, welche Herr Hahn, Prediger zu Onstmettingen, in einer Zeit von anderthalb Jahren verfertigt hat.
...

München

Ich ward für meine Mühe, nach dieser Stadt zu reisen, sehr reichliche belohnt, weil ich hier nicht allein sehr wichtige Materialien für meine Geschichte, sondern auch viele Musikkünstler von der ersten Klasse fand, deren Musik und

Umgang ergötzend und lehrreich waren. So hatte ich auch die Ehre, daß Personen von allen Ständen mich nicht nur gütig aufnahmen, sondern mir auch in meinen Nachforschungen Beistand leisteten. Ein Glück, daß ich größtenteils dem freundschaftlichen und wirksamen Eifer unsers Ministers an diesem Hofe, Herrn de Visme, zu danken habe, dessen Gelehrsamkeit, Einsicht und Erfahrung, verbunden mit einer unermüdeten Willfährigkeit und Gastfreiheit, alle das ihrige dazu beitrugen, meinen Aufenthalt in München nützlich und angenehm für mich zu machen.

Ich langte hier sonntags, den 16ten August, des Morgens an. Mein erstes Geschäft war, dem Herrn de Visme aufzuwarten und meine Empfehlungsschreiben zu überbringen. Sobald er solche gelesen und von mir selbst nähere Nachricht über den Zweck meiner Reise eingezogen hatte, sendete er zum Signor Don Panzacchi, einem vortrefflichen Tenorsänger, seit verschiedenen Jahren im kurfürstlichen Dienste bei der ernsthaften Oper, der daher imstande war, mir Nachricht von solchen Personen zu geben, deren Bekanntschaft ich zum Vergnügen und Unterricht suchte, und der mir auch, solange ich mich hier aufhielt, tägliche Beweise von seinem tätigen Willen und von seinem Einsichten gab. Diesem braven Sänger habe ich auch eine umständliche Nachricht von der spanischen Musik zu verdanken, weil er neun Jahre in Spanien gewesen ist; und er ließ es nicht bloß dabei bewenden, mir manches gute spanische Buch über die Musik zu leihen, sondern er war auch so gütig, mir verschiedene *Tonadillas* und *Seguidillas* vorzusingen; und Personen, die in Spanien gewesen waren, sagten mir, daß er solche ebenso gut, das heißt, ebenso natürlich sänge, als es für jemand möglich sei, der kein geborner Spanier ist.

Ich war so glücklich, hier den Signor Guadagni und die Signora Mingotti anzutreffen, welche beide mir auf die verbindlichste Weise außerordentliche Dienste erwiesen. Ihre Bereitwilligkeit war mir um desto schmeichelhafter und angenehmer, da es Sänger von so hohem Range sind, die so vielerlei Dienste kennen und deren große Geschicklichkeit mich so oft in England entzückt hat. Sie bezeigen beide allen möglichen Respekt, Dankbarkeit und Ehrerbietung für einzelne Engländer, führen aber bittre Klagen über das englische Publikum, mit was Recht, getraue ich mir nicht zu entscheiden, weil ich nicht gesonnen bin, die Schlachten solcher zwei geschickter Streiter noch einmal durchzufechten. Ich gestehe es, ich bin so parteiisch für Talente, wo ich sie auch antreffe, daß ich immer geneigt bin, mich zu ihrer Seite zu schlagen, wenn sie angegriffen werden.

Guadagni klagt über unartige Begegnung vom Publikum, welches ihn, als er ohne alle Bezahlung oder Belohnung, bloß aus Gefälligkeit gegen Sir. W. W. in der Oper *Orpheus* sang, deswegen ausgezischt, daß er, als man ihm *encora* rufte, vom Theater ging, welches er aus keiner andern Absicht tat, als im theatralischen Charakter wiederzukommen.

Signora Mingotti sagt auch, daß sie in England öfters ausgezischt worden, weil sie Zahnschmerzen, einen Schnupfen oder Fieber hatte; welchen Zufällen, wie die guten Leute in England gerne zugeben, jedes menschliche Geschöpf ausgesetzt sein kann, nur kein Akteur oder Sänger. Mir ist bekannt, daß das Publikum hierin mit Recht ungläubig ist, weil seine Herzen durch wiederholte Vorspiegelungen verhärtet worden. Indessen bleibt es doch, ungeachtet aller fälschlich vorgewandten Schnupfen und Fieber der theatralischen Personen, immer noch möglich, daß ihnen wirklich Unpäßlichkeiten zustoßen können, sonst hätten sie das nächste Recht auf Unsterblichkeit.

Signor Guadagni kam von Verona nach München mit Ihro Hoheit, der verwitweten Kurfürstin von Sachsen. Diese Prinzessin wird in ganz Europa wegen ihrer Talente verehrt und wegen des Schutzes, den sie den Künsten beständig angedeihen läßt, in welchen sie es selbst sehr weit gebracht hat.

Ihro Hoheit übt die Dichtkunst, die Malerei und die Musik besonders, daß sie auf so einen hohen Grad gut spielt, singt und komponiert, welchen ein Liebhaber nur sehr selten erreicht. Sie hat unter andern auch zwei Opern in italienischer Sprache gemacht, die sie selbst in Musik gesetzt hat: *Talestri* und *Il Trionfo della Fedeltà*. Beide sind zu Leipzig in Partitur gedruckt und werden in ganz Deutschland bewundert, woselbst sie auch öfters aufgeführt worden. Dieses heißt eine Aussöhnung zwischen Poesie und Musik bewirken, welche so lange Zeit in Zwietracht gelebt haben und getrennt gewesen sind. Bei den Alten waren Dicht- und Tonkunst beständig in einer Person vereinigt. Unsre neuern Zeiten aber haben wenige Beispiele von solcher Vereinigung, ausgenommen in dieser Prinzessin und in Mr. Rousseau, welcher von dem kleinen Drama *Le Devin du Village* zugleich Dichter und Komponist ist.

Signora Mingotti hat, soviel ich erfahren habe, von keinem Hofe Gehalt. Sie hat aber Freunde, bei denen sie gerne lebt, und sagt, daß sie hier mit wenigern auskommen kann als in England, sonst würde sie dort ihr kleines Einkommen verzehrt und ihre übrigen Tage zugebracht haben.

Der erste Sänger in der hiesigen seriösen Oper ist Signor Rauzzini, ein junger Virtuose, aus Rom gebürtig, von außerordentlichem Verdienste und der schon sechs Jahre am hiesigen Hofe in Diensten steht; auf das nächste Karneval aber wird er nach Mailand gehen und daselbst in einer vom jungen Mozart komponierten Oper singen. Er ist nicht nur ein reizender Sänger von gefallender Figur und ein guter Akteur, sondern ein viel besserer Kontrapunktist und Klavierspieler, als man sonst einem Sänger zu werden erlaubt, weil die Italiener der Meinung sind, alle Art von anhaltendem Fleiße im Klavierspielen oder Komponieren sei der Stimme nachteilig. Signor Rauzzini hat hier zwei oder drei komische Opern gesetzt, welche vielen Beifall gefunden haben, und er wies und sang mir verschiedene ernsthafte Arien, die sehr gut geschrieben und in einem vortrefflichen Geschmacke waren.

Den Tag nach meiner Ankunft hatte ich das Vergnügen, mit Guadagni, Rauzzini und Ravanni, einem Kontratenor in hiesigen Hofdiensten, zu Mittag zu essen und sie nach dem Essen Trios singen zu hören, welche sie bis zum Entzücken schön sangen.

Des Abends ging ich nach der komischen Oper auf dem kleinen Theater, wobei der Kurfürst, die Kurfürstin, die verwitwete Kurfürstin von Sachsen, der Markgraf von Baden und die Herzogin von Bayern zugegen waren. Die Oper hieß *L'Amore senza malizia,* komponiert von Ottani von Bologna, ein Schüler von Pater Martini, dessen ich in meiner italienischen Reise gedacht habe. Signora Lodi, welche die erste Frauenrolle machte, gefiel mir sehr, wegen des runden, hellen Tones ihrer Stimme sowohl als wegen ihrer eleganten Art zu singen und zu agieren. Wenn sie einen Fehler in der Stimme hat, so ist es, daß sie zuweilen ein wenig in der Gurgel stockt. Man könnte auch wünschen, daß sie von ein wenig schmälern Wuchse sein möchte. Unter den Sängern waren Herr Adamonti, ein deutscher Tenorist, dessen Stimme und Singart sehr angenehm war, und Signor Guglielmini, ein Mann, dessen Aktion und launige Einfälle den gänzlichen Mangel an Stimme einigermaßen ersetzen. Nach der Oper aß ich wieder zu Abend mit eben der Gesellschaft, womit ich zu Mittag gegessen hatte, und hatte wieder das Entzücken, Trios zu hören, die so gesungen wurden, daß man niemals hoffen kann, dergleichen öffentlich zu hören, und auch in vertraulicher Gesellschaft möchte es schwerhalten.

Die kurfürstliche Bibliothek ist reicher an alten musikalischen Autoren und alten Kompositionen als irgendeine andre, die ich noch in Europa gesehen hatte. Der Herr de Visme war nicht nur so gütig, gleich den zweiten Tag des Morgens seinen Sekretär zu dem Bibliothekar zu schicken, sondern erzeigte mir auch die Ehre, nach Tische selbst mit mir nach der Bibliothek zu gehen.

Die Bücher, nach welchen ich suchte, hatten in dem Generalverzeichnisse keinen eignen Abschnitt, sondern waren unter den mathematischen und andern Kunstsachen herum versteckt. Ehe ich also diese Bücher suchen und examinieren konnte, mußte ich mir erst einen Auszug aus den vermischten Verzeichnissen machen. Der Leser kann sich einen ungefähren Begriff von der Anzahl der musikalischen Schriftsteller machen, wenn ich ihm sage, daß das bloße Verzeichnis ihrer Werke, das ich aus den übrigen herausgezogen hatte, etwa zwanzig große Foliobogen betrugen, und zwar die meisten aus dem sechzehnten Jahrhunderte. Aus dem funfzehnten waren überhaupt wenige Bücher vorhanden, und seit dem sechzehnten hat die Bibliothek wenig Zuwachs erhalten. Indessen befindet sich in der Kapelle eine ungeheure Menge von geschriebenen Musikalien, von der ersten Entstehung des Kontrapunkts an bis auf gegenwärtige Zeiten.

Nymphenburg

ist der Ort, wo sich des Sommers der Kurfürst gemeiniglich aufhält. Es ist ein prächtiges Lustschloß, drei Meilen von München. Die besten Hofmusici sind hier mit, weil Seine Kurfürstliche Durchlauchten alle Abende Konzert hat.

Zu München hatte ich das Vergnügen, bei meiner Ankunft den Herrn Naumann, berühmten Kapellmeister des Kurfürsten von Sachsen, anzutreffen. Er hat in Italien studiert und war itzt dahin auf dem Wege, um eine Oper für Neapolis und eine andre für Venedig zu komponieren. Er tat mir den Gefallen, des Mittwochmorgens bei mir vorzufahren und mich mit nach Nymphenburg zu nehmen, wo ich von Signore Guadagni zum Mittagsessen gebeten war.

Auf dem Wege erhielt ich von Herrn Naumann eine Nachricht von dem gegenwärtigen Zustande der Musik in Sachsen, wo er eben herkam. Zu Nymphenburg ging er zur Probe der Oper *Talestri* von der verwitweten Kurfürstin von Sachsen, welche nächstens bei Hofe aufgeführt werden sollte und worin Signor Guadagni eine Partie bekommen hatte. Hier fand ich den Konzertmeister, Herrn Cröner, Signori Rauzzini und Panzacchi, welche alle mit Herrn Naumann und mir bei Guadagni aßen.

Die Gärten bei diesem Lustschlosse werden für die schönsten in ganz Deutschland gehalten und sind auch wirklich so schön, als sie durch eine unzählige Menge von Fontänen, Kanälen, Wasserfällen, Alleen, Buschwerken, in gerader Linie gepflanzten Bäumen und Wäldchens, wo „ein Wipfel den andern grüßt" nach der wahren französischen Einrichtung werden können.

Zu Nymphenburg ist eine schöne Porzellanfabrik, welche es, nach der Meinung der Bayern, mit der Meißnischen gleichtut.

Als ich hier anlangte, sagte mir Herr Guadagni, daß er von mir und meinem Vorhaben der verwitweten Kurfürstin von Sachsen und dem regierenden Kurfürsten selbst gesprochen und alles so in die Wege gerichtet habe, daß ich noch des Vormittags der Prinzessin und hernach dem regierenden Herrn und dem übrigen kurfürstlichen Hause präsentiert werden sollte. Um halb zwei Uhr kam also ein Page und sagte uns an, daß wir bei der Prinzessin vorgelassen werden könnten. Herr Guadagni führte mich durch eine lange Reihe von sehr prächtigen Gemächern nach einem Vorzimmer, wo wir nur sehr kurze Zeit warteten, ehe die Kurfürstin in den Audienzsaal trat, wo man uns hineinrufte und ich sehr gnädig empfangen ward.

Ich hatte mich nach der Etikette bei dieser Zeremonie erkundigt; es bestund darin, daß ich das linke Knie zu beugen hätte, wenn ich zum Handkusse gelassen würde. Nachdem dies geschehen, fing Ihro Hoheit an, sich auf die allerherablassendste und ungezwungenste Art in ein Gespräch einzulassen. Sie hatte die Gnade, von meinem Unternehmen sehr vorteilhaft zu sprechen und hinzuzufügen, es wäre nicht allein eine Ehre für die Musik, sondern auch für mich selbst, weil sie glaubte, ich sei der einzige unter den neuern Geschichtschreibern, der für nötig gehalten zu reisen, um die Nachrichten bei den Quellen zu suchen, ohne mich mit Berichten von andern oder von Hörensagen zu begnügen. Dieses große Kompliment und die gnädige und angenehme Art, womit es gesagt wurde, benahm mir allen Zwang. Sie war eben aus Italien zurückgekommen, wo sie, wie sie sagte, durch die große Beschwerlichkeit der Reise und das Lautsprechen, welches bei den dortigen *Conversazioni* gebräuchlich ist, fast gänzlich ihre Stimme verloren hätte, welche schon vorher durch viele Wochenbette und durch verschiedene schwere Krankheiten ziemlich geschwächt worden.

Guadagni hatte mir gesagt, daß Ihro Hoheit ziemlich gut Englisch spräche und es vollkommen verstünde. Ich wagte es also nach einiger Weile, sie zu bitten, in meiner Muttersprache mit mir zu reden, welche Ihro Hoheit, wie mir gesagt worden, die Ehre erzeigt hätten, sie zu studieren. Sie geruhete, mir meine Bitte zu gewähren, und sprach eine kurze Zeit ein sehr verständliches Englisch, sagte aber dabei, sie habe es von einem Irländer gelernt, der ihr eine fehlerhafte Aussprache beigebracht. Dieses und die seltne Gelegenheit zur Übung machten es ihr unmöglich, richtig zu sprechen, fügte aber hinzu, es ginge kein Tag vorbei, da sie nicht Englisch läse und schriebe und daß sie viel Vergnügen beim Lesen unsrer Schriftsteller empfände.

Ich sagte darauf, ich hätte schon in England ein großes Werk gesehen, worin beides, Poesie und Musik von Ihro Hoheit wäre, nämlich ihre Oper *Talestri,* in welchem sie die Künste vereinigt hätte, die so lange getrennt gewesen. Dieses brachte ein musikalisches Gespräch auf die Bahn, wornach mich verlangte und während welchem sie sagte, es wäre ihr unmöglich, müßig zu sein, ihr Gemüt müßte Beschäftigung haben, und seitdem habe sie keine wichtigere Sachen mehr zu verhandeln gehabt, habe sie sich mit Ernst den Künsten ergeben. Sie fragte mich darauf um meine Meinung von Guadagni in Vergleichung mit verschiedenen großen italienischen Sängern; er konnte nicht hören, was gesprochen wurde. Sie sagte, Guadagni sänge sowohl mit vieler Kunst als mit Gefühl und besäße das große Geheimnis, Fehler zu verstecken.

Sie sagte mir, sie wolle ihren Bruder, den Kurfürsten, zu bereden suchen, daß er heute abend auf der *Viola di Gamba* spielte, mit dem Beifügen, daß er für eine Person, die keine Profession von der Musik macht, recht gut spielte, aber in England hätten wir an Herrn Abel einen großen

Gambisten, mit dem müßte ich ihn nicht vergleichen, und setzte hinzu: „Nous autres, wir bloßen Liebhaber, können nicht erwarten, es den Meistern gleichzutun, denn hätten wir auch ebenso viel Genie, so fehlt's uns an Übung und Erfahrung." Nach diesen und einigen andern Gesprächen hatte ich, als ich mich zurückbegab, abermals die Ehre, zum Handkusse gelassen zu werden.

Nachdem ich bei Guadagni gegessen, führte man mich in den großen Saal, worin der Kurfürst mit seiner Familie und dem Hofe noch an der Mittagstafel saß. Es ist einer der schönsten Speisesäle, die ich jemals gesehen habe. Es war mir sehr lieb, Herrn de Visme mit bei Tafel zu finden. Er war so gütig gewesen, mit dem Kurfürsten und der Kurfürstin von mir zu sprechen; dieses und das, was Guadagni bereits getan hatte, machte mir's desto leichter, vorzukommen, so daß, als der Kurfürst sich vom Tische erhob, die Kurfürstin, seine Schwester, mir als einen Abkömmling vom sächsischen Geschlechte begegnete. Denn sobald sie gewahr geworden, daß ich im Saale wäre, nannte sie mich ihrem Bruder und führte ihn zu mir her. Hier hatte ich die Ehre, seine Hand zu küssen und daß er ein paar Worte zu mir sagte. Darauf ward ich der Kurfürstin und der Markgräfin von Baden vorgestellt, und hernach kehrte ich wieder zum Kurfürsten und seiner Schwester, der verwitweten Kurfürstin, mit denen beiden ich eine lange Unterredung hatte.

Der Kurfürst ist ein sehr gnädiger und schöner Herr, trägt sich sehr ungezwungen und ist von Wuchs weder zu fett noch zu mager, zu lang oder zu klein, wofern mich nicht seine Herablassung zu sehr geblendet hat, um einen Fehl in seiner Person zu bemerken. Er sagte zu seiner Schwester, er setze zum voraus, ich spräche kein Deutsch, sie also, welche Englisch redete, müßte meine Dolmetscherin sein. Sie aber sagte, es bedürfe einer so langsamen Methode nicht, weil ich sowohl Französisch als Italienisch sprechen könnte, worauf Sr. Hoheit anfing, Französisch mit mir zu reden. Er sagte mir, ich habe eine sehr ungewöhnliche Reise unternommen, und fragte mich, ob ich mit den Materialien zufrieden wäre, die ich bisher gefunden hätte. Dies gab mir Gelegenheit, ihm zu sagen, daß ich, wie es sehr wahr war, in Ansehung solcher Bücher, die zu meinem Zwecke dienten, und in Ansehung alter Musikalien noch nichts angetroffen hätte, das mit Sr. Hoheit Bibliothek in Vergleichung käme, und daß ich Ursache hätte, nach dem Ruhme der Virtuosen und Komponisten in seinem Dienste auch in Ansehung der neuern praktischen Musik vieles Vergnügen zu erwarten. „Einige davon werden Sie diesen Abend hören", sagte die verwitwete Kurfürstin, „und ich hoffe, mein Bruder wird auch spielen, denn ob er gleich kein Professor ist, so spielt er doch zuweilen recht gut." Der Kurfürst rächte sich und sagte mir, seine Schwester sei beides, ein Komponist und eine Sängerin.

Weil eben einige wilde Tiere vor das Tor des Palastes geführt wurden, welche zu sehen die ganze Versammlung herbeilief, so bekam unsre Unterredung voritz dadurch ein Ende.

Heute war es ein ganz musikalischer Tag, denn selbst als wir des Nachmittags die Gärten und Gebäude besahen, sangen Guadagni und Rauzzini zum öftern, besonders im Bade, welches ein vortreffliches Zimmer zur Musik war. Hier gingen sie nach und nach alle Tartinischen Experimente durch, um den dritten Ton hervorzubringen.

Um acht Uhr versammlete sich die Kapelle des Kurfürsten zu seinem Privatkonzerte. Die regierende Kurfürstin und die Hofdamen spielten im Musikzimmer Karten. Das Konzert ward mit zwo Sinfonien von Schwindl geöffnet. Herr Cröner, welcher die Violinen dirigiert, ist mehr ein kühner und starker Anführer eines Orchesters als ein Solospieler. Signor Panzacchi sang die erste Arie. Er hat eine gute Tenorstimme, einen gefälligen Vortrag und viele Fertigkeit der Kehle, man sagt auch, daß er vortrefflich agieren soll.

Nach dieser Arie sang die verwitwete Kurfürstin vom Sachsen eine ganze Szene aus ihrer eignen Oper *Talestri;* der Kurfürst spielte mit Cröner die Violine, und Naumann akkompagnierte dabei auf dem Flügel. Sie sang im einem wirklich feinen Stile; ihre Stimme ist sehr schwach, aber sie zwingt sie niemals und bleibt immer rein im Tone. Das Rezitativ, welches mit Akkompagnement war, trug sie in der Manier der großen Sänger von alten und bessern Zeiten vor. Sie hat lange von Porpora gelernt, der lange in ihres Schwiegervaters, des Königs von Polen, Diensten gestanden und zu Dresden sich aufgehalten hat. Dieses Rezitativ war ebenso schön geschrieben, als es schön vorgetragen ward. Die Arie war ein Andante, reich an Harmonie, einigermaßen in der Art der besten Händelschen Opernarien von der Zeit. Es waren hier zwar nur wenige Violinen, aber sie waren demungeachtet zu stark für die Stimme; ein Fehler, worüber alle hiesigen Sänger klagen.

Nächst diesem spielte der Kurfürst eins von den Trios von Schwindl auf der Gambe vortrefflich. Herrn Abel ausgenommen, habe ich keinen so schönen Gambisten gehört. Er hat eine sichre und sehr fertige Hand, sein Geschmack und Vortrag sind zum bewundern, und selten wird man einen Liebhaber antreffen, der so sicher im Takte ist als er.

Rauzzini hatte sich sehr verbindlicherweise dem Kurfürsten in den Weg geworfen, damit er ihn zum Singen auffordern möchte und ich ihn zu hören bekäme, weil ich mein Verlangen bezeigt hatte, daß ich ihn gerne von Instrumenten begleitet hören möchte. Denn ob er gleich erster Sänger des Winters in der großen Oper ist, so singt er doch des Sommers in den Konzerten niemals, wenn es nicht ausdrücklich verlangt wird. Er legte eine Arie von seiner eignen Komposition auf und sang sie vortrefflich; darauf sang Guadagni eine pathetische Arie von Traetta mit der ihm gewöhnlichen Anmut und Ausdruck, aber mit mehr Stimme, als er hatte, da er in England war.

Das Konzert beschloß mit einem andern Stücke, das der Kurfürst mit noch mehr Geschmack und Ausdruck, besonders im Adagio, spielte als das erste. Ich konnte es nicht nach Würden loben; es würde noch immer vortrefflich gespielt geheißen haben, wäre er auch kein großer Prinz, sondern ein Musikus von Profession gewesen. Ich konnte Sr. Hoheit nur sagen, daß ich ebenso voller Bewundrung

wäre, als ob ich niemals vorher davon gehört hätte, daß er ein so starker Musikus sei.
Nach dem Konzert ward bei Hofe in ebendem Saale und ebenso öffentlich des Abends gespeiset, als des Mittags geschehen war. Ich ging mit Guadagni und den übrigen vornehmsten von der Musik hin, bei Tafel meine *Cour* zu machen. Der Kurfürst geruhete, ziemlich viel mit Guadagni über meine künftige Geschichte der Musik zu sprechen, welches mich so dreist machte, ihn zu ersuchen, er möge Sr. Hoheit bitten, mich mit einem Stück von seiner Komposition zu beehren, weil ich von allen hiesigen musikalischen Personen gehört hätte, daß er einige vortreffliche Sachen für die Kirche, besonders ein *Stabat mater*, gesetzt habe. Mir ward mit der Bedingung eine Litanei versprochen, daß ich solche nicht sollte drucken lassen; allein Guadagni ermüdete den Kurfürsten fast um das *Stabat mater*, weil solches, wie er sagte, das beste von seinen musikalischen Arbeiten wäre, und ich erhielt auch die gnädige Zusage hiervon noch vor meiner Abreise.
Die Kammerjunker, welche die Aufwartung hatten, boten uns Erfrischungen an, und der Kurfürst hatte die Gnade, Guadagni zu fragen, ob er dem Engländer und seiner übrigen Gesellschaft (womit er Panzacchi, Rauzzini und Naumann meinte) auch ein Abendessen gäbe. Er antwortete ihm, er würde uns ein Stück Kas und Brot und ein Glas Wein vorsetzen. „Hier", rief der Kurfürst und leerte zwei Schüsseln mit Geflügel auf einen Teller, „senden Sie das nach Ihrem Zimmer." Sr. Hoheit Befehl ward ohne Widerspruch gehorcht. Nachdem wir gegessen, kehrte ich nach München zurück, von Herzen vergnügt mit den Begebenheiten des Tages.

München

Den folgenden Morgen bracht' ich in der Bibliothek zu. Des Mittags hatte ich das Vergnügen, bei Signora Mingotti zu essen, die auch mir zu Gefallen den Pater Kennedy gebeten hatte, einen würdigen Schottländer von wahrer Gelehrsamkeit und Verstande. Nach Tische gab's Gelegenheit zu einer langen, feurigen Unterredung, denn die Mingotti ist lebhaft, beredt und hat vieles gelernt. Sie erzählte ihre Begebenheiten in Spanien und andern Weltgegenden und machte mitunter Anmerkungen, die Musik betreffend, worüber man sie unmöglich sprechen hören kann, ohne von ihr zu lernen, weil sie diese Materie mit ungemeiner Gründlichkeit, Deutlichkeit und Klarheit behandelt.

Von hier ging ich, das kurfürstliche Theater zu besehen, wo des Winters die großen Opern aufgeführt werden. Es ist nicht groß, denn es hat nur zwei Ranglogen und in jedwedem Range funfzehn: es ist aber reicher ausgeziert, als ich noch eins gesehen habe.

Des Donnerstags war der Pater Kennedy so gefällig, mich nach der Akademie zu führen, woselbst er mir alles Sehenswürdige an Maschinen, mathematischen Instrumenten, Modellen, Mineralien, Fossilien und dergl. zeigte. Was aber am meisten meine Aufmerksamkeit auf sich zog, weil es zunächst mein Geschäft, wo nicht mein Gemüt berührte, war eine Sammlung von sechsunddreißigtausend Abhandlungen und Dissertations über allerlei Materien, welche in ungefähr neunhundert Bänden gebunden war. Man hatte sie für den gegenwärtigen Kurfürsten zu Leipzig gekauft. Ein Register über die Autoren ist dabei, aber das Sachregister ist noch nicht fertig. Man hat's angefangen, es geht aber noch nicht weiter als bis zum Buchstaben M, und dieses war der Pater Kennedy, der an der Spitze der Akademie steht, so gefällig, mir zu leihen. Dieses Institut ist erst vor ungefähr eilf Jahren gegründet. Die Gesellschaft hat indessen schon verschiedene Bände von ihren Verhandelungen drucken lassen und scheint itzt sehr lebhaft im Gange zu sein.

Heute hatte ich die Ehre, beim Herrn de Visme zu Mittag zu essen, der nach Tische so gütig war, mit mir nach dem Jesuitencollegio zu gehen, woselbst ich eine besondre Erkundigung einzuziehen hatte, die nicht allein meine Historie der Musik, sondern auch ihren gegenwärtigen Zustand anging. Auf meiner Reise durch Deutschland hatte ich zum öftern in den Kirchen und auf den Gassen Sänger gefunden, die man immer als „arme Schüler" nannte, und ich konnte niemals ausfindig machen, wie und von wem solche in der Musik unterwiesen würden, bis ich hier kam. Herr de Visme, welcher nicht aus der Acht ließ, wovon er glaubte, es könne zu meinem Zwecke irgend etwas beitragen, sagte mir, daß man im Jesuitencollegio eine Musikschule hätte. Dieses erregte meine Neugierde und ließ mich vermuten, daß es eine Art von *Conservatorio* sei; und nach genauerer Erkundigung ward ich gewahr, daß die „armen Schüler", die ich an vielen Orten Deutschlands hatte singen gehört, allemal da, wo die römisch-katholische Religion herrschte, ihren Unterricht im Jesuitencollegio empfingen, und ferner erfuhr ich, daß durchs ganze Reich in den Städten, wo die Jesuiten eine Kirche oder ein Collegium besitzen, junge Kinder auf Instrumenten und im Singen unterwiesen werden. Hier hat mancher Musikus den ersten Grund zu dem Ruhme gelegt, den er sich nachher erworben. Dies mag gewissermaßen die Menge von Musicis erklären, die man in Deutschland findet, und auch den Nationalgeschmack an der Musik und die starke Lust zu derselben.

Die Musikschule in München hat achtzig Kinder von ungefähr eilf bis zwölf Jahr alt. Sie lernen Musik, Lesen und Schreiben und bekommen die Kost, aber keine Kleidung. Ein Jesuit, an den wir uns am Nachmittag wendeten, versprach, einen Bericht von dieser Stiftung, insofern es zur Geschichte der Musik in Deutschland nötig sein möchte, in lateinischer Sprache aufzusetzen und ihn des folgenden Tages Herrn de Visme zuzusenden; und er hielt Wort. Die Knaben, welche hier aufgenommen sein wollen, müssen vorher schon etwas auf irgendeinem Instrumente spielen oder doch sonst einen kleinen Anfang in der Kunst haben, sonst werden sie nicht zugelassen. Sie werden hier im Collegio behalten, bis sie zwanzig Jahre alt sind, und während dieser Zeit werden sie von den Musikmeistern aus der Stadt unterwiesen und nicht von den Jesuiten selbst.

Es gibt noch eine andre Art sogenannter „armen Schüler", welche dem geistlichen Stande gewidmet sind und welche die gelehrten Sprachen, die Mathematik und Theologie studieren.

Von hier ging ich in die Burletta *Le Finte Gemelli, Farza per musica a quattro voci,* komponiert von Matteo Rauzzini, Bruder des ebenso benannten Sängers und ein junger Mensch, nicht älter als achtzehn Jahre. Die Musik war mehrenteils gemein, aber artig und in gutem Geschmacke. Die Lodi sang sehr angenehm; ihre Stimme und Figur würde sie zu einer Hauptsängerin in der ernsthaften Oper machen, wenn sie besser unterwiesen wäre. Ihrer Stimme fehlt nur ein wenig mehr Raum im Durchgange der Kehle, sonst ist sie überhaupt eine vortreffliche Sängerin, ist hübsch von Gestalt, hat einen guten Vortrag und eine vorzügliche gute Art, ihre Töne anzugeben.

Die zwote Sängerin dieser Gesellschaft, Signora Manservisi, verdient erwähnt zu werden. Ihre Figur ist angenehm, ihre Stimme ist zwar nicht stark, aber doch wohlklingend, sie hat in ihrer Manier nichts Gemeines, bleibt im Tone und beleidigt das Ohr niemals.

Den Signor Fiorini, der heute abend sang, hatte ich noch nicht gehört. Er ist vielleicht ehedem ein besserer Sänger gewesen als itzt. Gegenwärtig aber hat weder seine Stimme noch seine Singart das geringste Anziehende, obgleich beides nichts von den gewöhnlichen Fehlern hat, denn er sang rein, hatte einen Triller, und sein Vortrag war nichts weniger als gemein.

Als ich aus der Oper nach Hause ging, hörte ich in der Gasse ein gut Konzert; man machte es vor der Türe des Herrn de Visme beim Scheine von Fackeln und bei großem Zulaufe. Als ich darauf nach meinem eignen Gasthofe ging, hörte ich wieder dieselbe Gesellschaft vor meiner Türe. Auf meine Erkundigung ward mir gesagt, daß es die „armen Schüler" wären, aber nur erst des andern Tags erfuhr ich, daß dieses Konzert dem Herrn de Visme und mir gegolten hatte, weil wir in ihrem Collegio gewesen waren, uns nach der Einrichtung der Stiftung zu erkundigen.

Freitag

Den ganzen Morgen fast brachte ich bei dem Herrn Rauzzini zu. Er war so gefällig, mir eine Menge sehr schöner Arien in verschiedenen Stilen vorzusingen, worunter verschiedene von seiner eigenen Arbeit waren. Seine Geschicklichkeit im Singen betreffend deucht mich, ist sein Triller wohl nicht weit genug, und seine Stimme auch für ein großes Theater nicht stark genug. In allem übrigen betrachtet ist er ein reizender Sänger; sein Geschmack ist der neueste und fein; der Ton seiner Stimme süß und klar; Passagen von der allerschwersten Intonation bringt er bewundernswürdig rein, schnell und ungezwungen heraus; und seine Einsicht in die Regeln der Harmonie geht viel weiter, als ich solche noch bei irgendeinem großen Sänger angetroffen habe. Er ist dabei von recht guter Bildung, und man hat ihn mir als einen vortrefflichen Akteur erwähnt.
Das übrige des Tages brachte ich in der kurfürstlichen und andern Bibliotheken zu. Des Abends hörte ich abermals die „armen Schüler" in den Gassen verschiedene vollstimmige Stücke recht gut spielen. Sie hatten Violinen, Oboen, Waldhörner, ein Violoncell und ein Basson. Ich erfuhr, daß sie oft auf diese Art in den Gassen spielen müßten, um dem Publikum, auf dessen Kosten sie unterhalten werden, von ihrem Fleiße im Lernen Beweise zu geben.

Sonnabend, den 22sten

Den ganzen Vormittag war ich im Hause der Signora Mingotti, von der ich gesprächsweise einen kurzen Abriß ihres musikalischen Lebens erhielt. Ich bin zweifelhaft, ob es auch ganz schicklich sei, diese Anekdoten öffentlich bekanntzumachen. Indessen, da sie mir keine Verschwiegenheit aufgelegt hat und für die Person, die sie betreffen, nichts Nachteiliges enthalten, so will ich's wagen, sie hier einzuschalten in der Voraussetzung, daß andre ebenso begierig sein werden als ich, auch geringe Umständ von wirklichen großen Leuten zu wissen.

Ihre Eltern waren Deutsche; ihr Vater war ein Offizier im österreichischen Dienste, welcher, als er nach Neapel beordert wurde, seine Frau mit dahin nahm, als sie eben schwanger war und dort von dieser Tochter entbunden wurde. Sie ward indessen, noch ehe sie ein Jahr alt war, nach Glatz in Schlesien gebracht. Sie war noch sehr jung, als sie ihren Vater verlor, und ihr Oheim tat sie in ein Ursulinerkloster, wo sie erzogen ward und den ersten Unterricht in der Musik empfing.

Sie sagte mir, sie erinnre sich, daß sie in ihrer Kindheit so große Lust an der Musik gehabt, die man in der Klosterkapelle aufgeführt, besonders an einer Litanei, die an einem Festtage aufgeführt worden, daß sie mit Tränen in den Augen zur Äbtissin ging und, vor Furcht, sie möchte böse werden und es ihr abschlagen, sie zitternd bat, sie möchte sie doch lehren, daß sie auch so auf dem Chore singen könnte als sie selbst. Die Äbtissin wies sie damit ab, sie habe den Tag zuviel zu tun, sie wolle aber darauf denken. Den nächsten Tag schickte sie eine der ältesten Nonnen, um sie zu befragen, wer ihr diese Bitte eingegeben hätte, worauf die kleine Regina (so ward sie damals genannt) versetzte, es habe ihr kein Mensch gesagt, sondern daß es bloß ihre eigne Liebe zur Musik wäre, die ihr den Gedanken eingegeben. Hierauf ließ sie die Äbtissin holen und sagte ihr, daß sie wenig Zeit übrig habe, dennoch aber, wenn sie verspräche, recht fleißig zu sein, so wolle sie sie selbst das Singen lehren, wobei sie noch sagte, sie könnte ihr bloß eine halbe Stunde des Tages geben, aber sie würde doch bald sehen, was Reginens Fleiß und Fähigkeit verspräche, und darauf würd' es ankommen, ob sie mit ihr fortfahren oder aufhören würde.

Regina war über die Gütigkeit der Äbtissin ganz außer sich vor Freude, welche gleich den folgenden Tag ihren Unterricht *à table sec,* wie sie es nannte, anfing, nämlich, ohne ein Klavier oder ander Instrument zu Hülfe zu nehmen.[2]

Auf diese Weise lernte sie die ersten Elemente der Musik, Solfeggieren und die ersten Grundsätze der Harmonie und mußte den Diskant singen, wozu die Äbtissin den Baß sang. Sie zeigte mir ein Büchlein, worin alle ihre ersten Lektions geschrieben stunden, die Erklärungen dabei waren auf Deutsch.

Sie blieb in diesem Kloster bis in ihr vierzehntes Jahr, um welche Zeit ihr Oheim starb und sie nach dem Hause der Mutter zurückkehrte. Solang als ihr Oheim lebte, war sie dem Klosterleben bestimmt; als sie das Kloster verließ, ward sie von ihrer Mutter und ihren Schwestern für ein sehr unnützes und hülfloses Geschöpf gehalten. Sie betrachteten sie als ein feines Frauenzimmer, das in einer Pensionsschule erzogen worden, ohne das Geringste von haushälterischen Geschäften zu verstehen. Ihre Mutter wußte auch nicht, was sie mit ihr oder ihrer schönen Stimme anfangen sollte, worüber sowohl sie als die beiden Schwestern ihren Spott hatten und nicht vorhersahen, daß solche ihrer Besitzerin noch eines Tages so viel Ehre und Vorteil bringen würde.

Wenige Jahre danach, als sie das Kloster verlassen hatte, ward ihr Signor Mingotti, ein alter Venezianer und Entrepreneur der Oper zu Dresden, zur Heirat vorgeschlagen. Sie konnte ihn nicht ausstehen, aber ließ sich doch endlich überreden, und vielleicht um desto eher, weil sie, wie viele junge Mädchen, glaubte, sie würde durch die Verbindung ihre Freiheit gewinnen.

Man sprach viel von ihrer schönen Stimme und ihrer Art zu singen. Porpora war zu der Zeit im Dienste des Königs von Polen zu Dresden; er hatte sie singen gehört und sprach von ihr bei Hofe als von einer jungen Person, von

2 Einige Jahre nachher befliß sie sich auf dem Flügel und akkompagniert darauf bis itzt noch recht gut. Aber vielleicht rührt ihre Festigkeit im Tonhalten, weswegen sie beständig so berühmt gewesen ist, daher, daß sie auf diese Art, ohne ein Instrument, singen gelernt hat.

der viel zu erwarten stünde. Dieses gab Veranlassung, daß man ihrem Ehemann Vorschläge tat, ob sie in kurfürstliche Dienste treten wollte; dieser hatte ihr vor der Heirat versprochen, daß sie niemals aufm Theater singen sollte; indessen kam er eines Tages zu Hause und fragte sie, ob sie Lust hätte, bei Hofe Dienste anzunehmen. Sie meinte anfangs, er wolle ihr damit spotten, und gab ihm eine kurze und schnippische Antwort. Da er aber fortfuhr, sie mit dem Vortrage zu quälen, so merkte sie endlich, daß es sein Ernst sei und daß er wirklich den Auftrag habe. Der Gedanke, eine Sängerin zu werden und mit ihrer Stimme etwas zu verdienen, gefiel ihr, und sie nahm also mit Freuden einen Kontrakt an, der ihr ein kleines jährliches Gehalt, nicht über drei- oder vierhundert Gulden, versicherte.

Als man bei Hofe ihre Stimme gehört hatte, sagte man, sie hätte die Faustina, die damals noch in den dasigsten Diensten war, solche aber eben verlassen wollte, und also auch ihren Ehemann, Hasse, neidisch gemacht; besonders als der letzte hörte, daß sein alter und beständiger Nebenbuhler, Porpora, monatlich hundert Gulden bekommen sollte, um sie zu unterweisen. Er sagte, dies wäre Porporas letzter Heller, der Strohhalm, an den er sich noch hielte. *Un Clou pour s'accrocher*. Indessen machten ihre Talente ein solches Aufsehen in Dresden, daß der Ruf davon nach Neapolis erscholl und sie von daher eine Einladung erhielt, um auf dem großen Theater zu singen. Um diese Zeit wußte sie noch wenig Italienisch; sie machte sich aber nunmehro ein ernsthaftes Geschäft daraus, es zu lernen.

Die erste Rolle, worin sie auf dem Theater erschien, war die Aristiäa in der Oper *Olimpiade* von Galuppi. Monticelli hatte den Megacles. Sie fand bei ihrer ersten Erscheinung ebensoviel Beifall über ihr Agieren als über ihr Singen; sie war kühn und unternehmend. Sie betrachtete den Charakter, den sie vorzustellen hatte, in einem ganz andern Lichte, als andre vor ihr getan hatten, und wider den Rat alter Akteurs, die es nicht wagten, vom alten Schlendrian abzugehen, spielte sie solche auf eine ganz verschiedene Art, als sie jemand von ihren Vorgängerinnen gespielt hatte. Auf ebendiese originelle und herzhafte Art war es, daß Garrick das Auditorium im Londoner Theater überraschte und entzückte und trotz den eingeschränkten Regeln, welche Unwissenheit, Vorurteil und Mangel an Genie als Gesetzte eingeführt hatten, einen Stil im Agieren und Deklamieren hervorbrachte, welchen seitdem die ganze Nation vielmehr mit Lobgeschrei als mit Beifall gebilligt hat.

Nach diesem gewissen Meisterzuge zu Neapolis erhielt Signora Mingotti von allen Gegenden Europens Briefe, welche ihr Vorschläge zu Kontrakten bei verschiedenen Opern taten; sie hatte damals aber noch nicht die Freiheit, einen davon einzugehen, weil sie verbunden war, nach dem Dresdener Hofe zurückzukehren, von dem sie noch immer einen Gehalt hatte; indessen ward solcher um ein Ansehnliches vermehrt, und sie drückt öfters ihre Dankbarkeit gegen diesen Hof aus und sagt, daß sie demselben allen ihren Ruhm und ihr ganzes Glück zu verdanken hat. Hier mußte sie ihre Rolle in der *Olimpiade* wiederholen, welches mit großem Beifall geschahe. Jedermann mußte gestehen, daß ihre Stimme, Vortrag und Aktion vortrefflich wären; manche aber glaubten, zum Pathetischen oder Zärtlichen sei sie ganz und gar nicht aufgelegt.

Hasse war itzt im Begriff, seinen *Demofoonte*[3] zu komponieren, und sie dachte, daß er's sehr gut mit ihr gemeint habe, da er ihr ein Adagio gab, das die Violinen pizzicato akkompagnierten, bloß um ihre Schwäche und Fehler ins Licht zu setzen. Da sie aber den Fallstrick merkte, studierte sie desto emsiger, ihm auszuweichen; und in der Arie *Se tutti i mali mei,* die sie hernach mit so großem Beifall in England sung, gelang es ihr dergestalt, daß sie selbst die Faustina zum Schweigen brachte. Sir C. H. Williams war hier zu der Zeit Minister vom englischen Hofe, und als ein sehr guter Freund von Hasse und seiner Frau hatte er ihre Partei genommen und öffentlich erkläret, daß

3 Es war im Jahre 1748.

die Mingotti gänzlich unfähig wäre, eine langsame und pathetische Arie zu singen. Allein, als er sie gehört hatte, tat er einen öffentlichen Widerruf, bat sie um Vergebung, daß er an ihrer Fähigkeit gezweifelt hätte, und blieb hernach beständig ihr Freund und Gönner.

Von hier reisete sie nach Spanien, woselbst sie unter der Direktion des Signor Farinelli mit Gizziello in der Oper sang. Farinelli, sagte sie, hätte so strenge über Zucht und Ordnung gehalten, daß er ihr nicht erlauben wollte, irgend anderwärts zu singen als in der Oper bei Hofe, oder sich nur in einem Zimmer, das auf die Gasse stieß, zu üben. Sie ward von vielen der Vornehmsten des Adels und der Grands von Spanien ersucht, in Privatkonzerten zu singen, konnte aber von dem Direktor keine Erlaubnis dazu erhalten, der sogar sein Verbot so weit trieb, daß er einer schwangern Dame vom hohen Stande das Vergnügen versagte, sie zu hören, ob sie gleich wegen ihrer Schwangerschaft nicht in die Oper kommen konnte und laut sagte, daß sie nach einer Arie von der Mingotti mit Lusten wäre. Die Spanier haben eine religiöse Ehrerbietung gegen diese unfreiwillige und unregelmäßige Leidenschaft des Gelüstens bei Personen weiblichen Geschlechts in dergleichen Umständen, ob solche gleich in andern Ländern nicht für so heilig oder gefährlich gehalten werden mag. Der Gemahl der Dame beschwerte sich also beim Könige über die Grausamkeit des Operndirektors, welcher, wie er sagte, beides, seine Gemahlin und sein Kind, töten würde, wenn sich Se. Majestät nicht ins Mittel schlügen. Der König verleihete diesen Klagen ein gnädiges Ohr und befahl, daß die Mingotti die Dame in ihrem Hause empfangen und ihr da vorsingen sollte, worin Sr. Majestät blindlings gehorcht und die Lust der Dame gestillt ward. Sonst hätte das Kind vielleicht ein Mal am Körper mit auf die Welt gebracht, das ausgesehen hätte als ein Blatt Notenpapier, oder hätte wohl gar zeitlebens eine italienische Arie aufs Gesicht gedruckt behalten.

Signora Mingotti blieb zwei Jahre in Spanien, und von da kam sie zum ersten Male nach England. Wie sehr sie damals in der Oper bewundert ward, ist noch in zu frischem Andenken, um es hier anzuführen. Nachher hat sie in allen großen Städten von Italien gesungen; solange aber der letzte verstorbne König von Polen, August, lebte, hielt sie Dresden beständig für ihre Heimat. Nun hat sie sich in München niedergelassen, mehr, meint man, deswegen, weil der Ort wohlfeiler als weil er ihr der angenehmste ist. Sie hat kein Gehalt, wie gesagt worden, von diesem Hofe, allein sie hat sich so viel ersparet, daß sie bei guter Haushaltung das Jahr durch rund schießen kann. Sie scheint auf einem ganz bequemen Fuß zu leben, bei Hofe gut angeschrieben zu stehen und die Hochachtung aller solcher Personen zu haben, welche fähig sind, ihren Verstand zu beurteilen und an ihrem Umgange Vergnügen zu finden.

Es gab mir ein großes Vergnügen, sie über die praktische Musik sprechen zu hören, welches sie mit ebenso vieler Einsicht tut als irgendein *Maestro di Capella,* mit dem ich in meinem Leben gesprochen habe. Ihre Kenntnis vom Singen und ihre Stärke des Ausdrucks in verschiedenerlei Arten von Stile geht noch bis zum Bewundern und müssen jedermann entzücken, der durch Gesang Vergnügen empfinden kann, wenn er auch nicht durch Jugend und Schönheit gehoben wird. Sie spricht drei Sprachen, Deutsch, Französisch und Italienisch, so richtig und gut, daß es schwer ist zu sagen, welche darunter ihre Muttersprache sei. Sie weiß auch so viel Englisch und Spanisch, daß sie mit jemand darin sprechen kann, und versteht auch Latein; in den erstbesagten Sprachen aber besitzt sie eine wirkliche Wohlredenheit.

Des Nachmittags war der Pater Kennedy abermals so gütig, mit mir nach der Akademie zu gehen, um mir die Abhandlungen unter der großen Anzahl, die zusammengebunden sind, aufsuchen zu helfen, die ich mir aus dem Catalogo ausgezeichnet hatte.

Von hier ging ich wieder abgeredetermaßen zur Signora Mingotti. Sie hatte ihren Flügel stimmen lassen und ließ sich von mir bewegen, ohne alle andre Begleitung fast vier

Stunden lang zu singen. Hier eben entdeckte ich ihre vorzügliche Einsicht in die Singekunst. Sie ist außer aller Übung und hasset hier die Musik, wie sie sagt, weil sie selten gut akkompagniert wird oder gute Zuhörer findet; indessen ist ihre Stimme itzt viel besser als damals, da sie das letzte Mal in England war.

Der Prinz Sapieha, ein Pole, hatte mit seiner Prinzessin in eben dem Gasthofe „Zum goldenen Hirsche", worin ich logierte, Zimmer genommen. Der Prinz ist sehr musikalisch und spielt gut auf der Violine. Als ein Mitgast in einem Hause hatte ich die Ehre, ihm ein wenig bekannt zu werden. Herr de Visme war aber so gütig, ihm die Beschaffenheit meiner musikalischen Nachforschungen zu erklären und ihm zu sagen, wie begierig ich wäre, allerlei Art von Nationalmusik zu hören, welches ihn veranlaßte, mir die Gewogenheit zu erweisen und mir sagen zu lassen, wenn ich eines Morgens ungefähr um neun Uhr zu ihm kommen wollte, würde er mich gern eine Probe von der Musik seines Landes hören lassen, weil es dabei so sehr auf den Bogenstrich ankäme, daß man sich nur einen sehr unvollkommnen Begriff davon machen könnte, wenn man solche bloß auf dem Papiere sähe und nicht spielen hörte.

Als ich den Tag vor meiner Abreise die Ehre hatte, diesem Prinzen meine Aufwartung zu machen, empfing er mich auf eine sehr verbindliche Art und ließ sich herab, mir viele sehr artige polnische Stücke vorzuspielen, die er sehr gut ausführte und denen er einen Ausdruck gab, der zugleich delikat und sonderbar war. Er hatte zwei Deutsche bei sich, die ihm bei diesen Stücken akkompagnierten, einer auf der Violine und der andre auf dem Violoncell. Die Taktart war immer Tripel oder Dreiviertel, und der Schluß lag beständig auf dem zweiten Taktteile anstatt des ersten. Als ich ihn aber fragte, ob man gar keine polnische Musik im graden Takte hätte, sagte er, es gäbe einige kosakische Melodien im Vierzweiteiltakte, die eigentlich zum Tanzen wären, und spielte mir einige davon vor. Zur Begleitung waren beständig drei- oder vierstimmige Hauptakkorde in ganzen Schlägen oder abwechselnd in Vierteln.

Der Prinz sagte mir, daß man in Polen keine andre als italienische Kirchenmusik habe; und die eigentlich sogenannten *Polonaisen* werden zum Tanzen geschwinder gespielt als sonst. Die Kriegsmusik der Polen ist der in andern Ländern gleich und besteht bloß aus Märschen in der gewöhnlichen Taktart. Ich erkundigte mich nach polnischen Instrumenten, um zu erfahren, ob sie welche hätten, deren Bauart von den unsrigen unterschieden wäre, fand aber, daß sie nichts als Gitarren und Lauten hätten, die an Gestalt und Stimmung von den übrigen etwas abweichen, die anderwärts in Europa bekannt sind. Die Polen habe keine andre mit Singen untermischten Schauspiele oder Opern als in französischer oder italienischer Sprache.
Nachdem er mir diese Fragen beantwortet hatte, spielte der Prinz ein sehr artiges Menuett und zwo oder drei *Polonaisen* von seiner eignen Komposition; und als ich solche ausdrücklich lobte, war er so gütig, mir damit ein Geschenk zu machen. Er gab auch Befehl, daß einige der besten Stücke, die er vorher gespielt hatte, für mich abgeschrieben werden sollten, und schickte mir solche des Abends mit einer Probe von einer kosakischen Melodie. Und als ich mich von ihm beurlaubte, war er so gnädig, mir zu sagen, es solle ihm sehr lieb sein, mich auf meiner Reise wieder anzutreffen und mir so viel Dienste zu leisten, als in seinem Vermögen stünde.
Er sagte mir auch noch, er habe einen Engländer in seinem Dienste gehabt, der ein vortrefflicher Musikus gewesen sei und von so gutem Charakter, daß er ihn nicht allein zu seinem *Maestro di Capella,* sondern auch zu seinem *Homme de confiance* gemacht habe. Er war sehr jung nach Polen gekommen.
Dieser Prinz ist jung und schön von Person. Er ist ein Dissident und hat sich der polnischen Unruhen wegen von seinen Gütern entfernt und lebt mit seiner Gemahlin in der Fremde, die eine vortreffliche und verständige Prinzessin sein soll, wie mich eine Person, die oft mit ihr gesprochen, versichert hat.
Ich ging noch einmal nach dem Hoflager zu Nymphen-

burg, bevor ich abreisete, und genoß abermal die Ehre, von dem Kurfürsten und seiner Schwester bemerkt zu werden und von den beiden das wiederholte Versprechen zu erhalten, daß ich ein Stück Musik von ihrer Komposition bekommen sollte. Der Kurfürst machte anfangs einige Schwierigkeiten aus Besorgnis, ich möchte es drucken lassen, weil sein *Stabat mater* gestohlen und ohne seine Erlaubnis zu Verona gedruckt worden und ohne Zweifel feil geworden wäre, wenn Se. Hoheit nicht die Platten und alles, was bereits abgedruckt war, hätten aufkaufen lassen. Auf meine Versichrung aber, daß ich ohne ausdrückliche Erlaubnis niemals einen andern Gebrauch von dem Stücke machen würde, womit ich beehrt werden sollte, als meine Sammlung von seltnen und außerordentlichen Kompositionen damit zu bereichern, geruhete er, Befehl zu geben, daß es für mich abgeschrieben würde.

Die verwitwete Kurfürstin von Sachsen sagte mir, sie dächte in diesem Stücke ganz anders als ihr Bruder. Denn, anstatt daß sie dasjenige, was sie imstande wäre hervorzubringen, verbergen sollte, trüge sie ebenso viele Sorge, es bekanntzumachen, als die Geburt eines ehrlichen Kindes. Deswegen hätte sie ihre beiden Opern in Partitur öffentlich durch den Druck bekanntmachen lassen, so daß sie besorgte, sie habe nichts mehr unter ihren Papieren, das des Verschenkens wert wäre. Indessen gab sie Guadagni Erlaubnis, solche durchzusuchen und mir zu geben, was er glaubte, daß ich noch am liebsten haben möchte.

Hiernächst hatte ich die Ehre, daß mich Herr de Visme der Herzogin von Bayern, einer gebornen Prinzessin von Pfalz-Sulzbach, vorstellte. Sie ist von sehr einnehmender Gestalt und Gemütsart. Sie hatte es ausdrücklich verlangt, daß Herr de Visme mich vor sie bringen möchte. Sie hatten vorher davon gesprochen, daß ich zu Mannheim und Schwetzingen gewesen, und als ihr gesagt ward, daß ich wegen Mangel eines Ministers oder einer Person, die mir hätte bei dem Hofe zu der Ehre verhelfen können, dem Kurfürsten der Pfalz nicht vorgestellt worden wäre, sagte sie, daß sie das sehr wunderte und ihr wirklich leid täte.

Sie hatte die Gnade zu sagen, es würde ihrem Bruder ein großes Vergnügen gewesen sein, mit einem Manne zu sprechen, der solcher Absichten wegen reisete als ich, weil er ein besonders großer Liebhaber der Musik wäre, und fügte hinzu, daß er nicht nur Englisch läse und spräche, sondern auch eine natürliche Neigung für alle Engländer hätte. Ich sagte Ihro Durchlauchten, unter was für Umständen ich mich befunden hätte, daß mir zwar unser Minister zu Bonn, Herr Cressener, ein Empfehlungsschreiben mitgegeben, daß solches aber nicht so bald gewirkt, als ich wohl wünschen mögen, und daß mir's an Zeit gefehlt, um so lange zu warten, bis solches seine Wirkung könnte getan haben, und setzte hinzu, alles, wornach ich auf meiner Reise trachtete, wäre, Gelegenheit zu haben, in Deutschland die besten Sänger und Spieler zu hören und die Werke der besten deutschen Komponisten zu sehen, damit ich in meiner Geschichte der Musik imstande sein würde, ihren Talenten und Genie Gerechtigkeit widerfahren zu lassen. Die Herzogin war so gnädig zu sagen, daß sie überzeugt wäre, es würde ihrem Bruder, dem Kurfürsten von der Pfalz, leid tun, wenn er erführe, daß ich in seiner Residenz und zu Schwetzingen gewesen, ohne daß er's erfahren hätte.

Hierauf hatte Herr de Visme die Gewogenheit, mich so bald als möglich nach München zurückzubringen, um nach einem Konzerte zu kommen, das Madame Mingotti verbindlicherweise mir zu Gefallen angestellt hatte. Sie hatte dazu die besten Virtuosen gebeten, die sie in der Eile zusammenbringen können und die ich noch nicht gehört hatte. Herr Cröner, den ich zu Nymphenburg bloß in vollstimmiger Musik gehört hatte, war der erste Geiger. Da war ferner Herr Secchi, ein sehr guter Oboist, der mich entzückt haben würde, wenn ich nicht eben kürzlich den Herrn Fischer gehört hätte. Herr Rheiner, der Bassonist, der in England so krank war, daß er sich nur einmal öffentlich hören lassen konnte und den ich versäumt, war diesen Abend auch hier und wieder völlig hergestellt. Sein Ton ist lieblich, seine Ausführung nett, und ein jeder, der

urteilen kann und unparteiisch sein will, muß zugeben, daß er ein sehr geschickter und angenehmer Musikus sei.
Die Frau Präsidentin, eine Dame von Stande, eine Freundin und Nachbarin der Madame Mingotti, öffnete das Konzert mit einem Stücke auf dem Flügel, das sie mit ungemeiner Geschwindigkeit und Genauigkeit herausbrachte. Darauf folgte ein Quintetto von Herrn Michel, ein junger Mann, der in der Jesuiter Musikschule gezogen worden. Sein Genie bedarf nur bloß noch des Impfmessers der Zeit und mehrer Erfahrung, um die geilen Auswüchse hinwegzuschnitzeln. Jeder Spieler hatte in diesem Stücke Gelegenheit, die eigentliche Natur seines Instruments und seine eigne Stärke auf demselben zu zeigen. In den Solostellen wechselten das Pathetische, das Brillante und das Schmeichelnde miteinander ab, und den Tuttisätzen fehlte weiter nichts, als daß sie zu gelehrt und zu voll gesuchter Wendungen in der Modulation waren. Ich habe kaum eine andre Komposition gehört, die mehr Genie und Erfindung gezeigt, mehr Fertigkeit zur Ausführung erfodert hätte oder besser ausgeführt worden wäre als diese. Die Instrumente waren: Violine, Oboe, Bratsche, Basson und Violoncell.
Signor Guadagni und Rauzzini waren beide mit zugegen, und der letzte, von dem ich nur eine Arie mit voller Begleitung singen gehört hatte, war so gefällig, eine recht hübsche Arie von seiner eignen Komposition zu singen und hernach noch eine vortreffliche von Sacchini aus dem *Eroe Cinese.* In der Ausführung dieser Arien zeigte er große und einnehmende Vorzüge; eine liebliche Stimme mit großem Umfange, eine schnelle Fertigkeit in Passagien, einen großen Ausdruck und einen äußerst feinen und richtigen Geschmack. Ich ward heute sogar über die Stärke seiner Stimme in Verwundrung gesetzt, welche mir vorher fast ein wenig zu schwach für ein großes Theater vorgekommen war. Es hatte aber nur am Mangel an der Übung gelegen, denn heute konnte man sie durch alle Instrumente hören, wenn sie Fortissimo spielten.
Ein Duett von Secchi und Rheiner, womit das Konzert be-

schlossen wurde, erinnerte mich an die beiden Besozzis zu Turin. So wie ihre Instrumente, so scheinen ihre Genies und Fähigkeiten füreinander gemacht zu sein. Zwischen beiden ist einerlei einträchtiges Verhältnis.

Nachdem dieses reizende Konzert zu Ende war, eilte ich nach der Oper, wohin der Kurfürst mit der ganzen kurfürstlichen Familie gekommen war. Der Graf Seeau, Intendant der kurfürstlichen Musik, hatte sehr verbindlicherweise eine andre Oper befohlen, damit ich die Signora Lodi in ihrer besten Rolle hören möchte. Es war *La Sposa fedele* von Guglielmi. Ihre Stimme ist brillant, ihre Singart vortrefflich; allein, da ich zu London die Signora Guadagni in ebender Rolle gesehen hatte, so tat ihr Agieren keine solche Wirkung auf mich, als sonst geschehen sein möchte. Auf die Oper folgte ein langes Ballett, welches in einer sinnreichen und unterhaltenden Pantomime mit gut ausgesonnenen und prächtigen Dekorations bestund.

Des folgenden Tages, welches der Tag meiner Abreise war, hatte Madame Mingotti, welche nicht ermüdete, mir alle mögliche Dienste zu erweisen, mir zu Gefallen schon des Morgens um neun Uhr ein kleines, aber sehr ausgesuchtes Konzert in ihrem Hause veranstaltet, um mir Gelegenheit zu geben, zweene Schüler von Tartini auf der Violine zu hören, die Herrn Holzbogen und Lobst, welche sie aus politischen Ursachen den Tag zuvor nicht mit eingeladen hatte. Es sind ein paar brave Geiger, sie waren bei dem verstorbenen Herzog von Bayern im Dienste und haben noch Gehalt, aber wenig Gelegenheit, sich hören zu lassen.

Holzbogen besitzt eine große Fertigkeit in der Hand, zieht einen schönen Ton aus seinem Instrumente und hat mehr Feuer, als man bei jemand aus der Tartinischen Schule erwartet, welche sich mehr durch Delikatesse, Ausdruck und sehr feinen Vortrag als durch Lebhaftigkeit und Abwechslung auszuzeichnen pflegt. Dieser Mann schreibt sehr gut für sein Instrument und spielte ein meisterhaftes Konzert von seiner eignen Arbeit. Lobst spielte ein Konzert von Tartini mit großer Delikatesse; er ist von Natur blöde, und Mangel an Übung machte ihn nicht beherzter, den-

noch zeigte er sich, auch unter diesen ihm nachteiligen Umständen, als ein Schüler des großen Tartini.
Nachdem diese beiden gespielt hatten, sang Signora Rosa Capranica, eine Schülerin der Mingotti, die mit der verwitweten Kurfürstin von Sachsen aus Rom hierher und in die Hofdienste gekommen ist, mit großer Nettigkeit und in einer gefälligen und angenehmen Manier eine sehr schwere Arie von Traetta. Diese Sängerin ist noch jung und hat Naturgabe, womit sie es zu großen Dingen bringen kann, und wenn sie es unter einer Lehrerin, als Signora Mingotti ist, nicht sehr hoch bringt, so liegt die Schuld bloß an ihrem wenigen Fleiße.
München ist eine der wohlgebautesten Städte in Deutschland. Ich bin beschämt, aller der Ehre und Gunstbezeigungen zu erwähnen, die mir unverdienterweise während meines kurzen Aufenthalts darin bewiesen worden. Alles, was ich diesem Artikel hinzufügen kann, ist, daß ich den Ort ungern verließ, daß ich's bedauerte, daß mir meine Zeit nicht zulassen wollte, mir die Gewogenheit und Güte so vieler Bekannten und so manchen Gönners länger zunutze zu machen.
...

Wien

Diese Hauptstadt des Reichs und Residenz der kaiserlichen Familie liegt so weit von England entfernt, ist von Reisebeschreibern so unvollkommen beschrieben und wird so selten von Engländern besucht, daß ich meinen Lesern eine genaue und umständliche Nachricht von ihren öffentlichen Gebäuden und andern Seltenheiten gegeben haben würde, wenn sie mir nicht häufigen Vorrat zu einem langen Artikel über meinen Hauptgegenstand Musik gegeben hätte, dem ein jeder anderer billig nachstehen muß. Gleichwohl will ich ein paar Worte von Wien an und für sich selbst sagen und hernach zu meinem musikalischen Tagebuche übergehen.
Wenn man von der Wasserseite nach Wien kommt, hat

es viel Ähnliches mit Venedig, weil die Donau oberhalb der Stadt sich in drei Arme geteilt hat. Man entdeckt von der Wasserseite aus vierzig bis funfzig Türme und Turmspitzen.

Der Mauthof betrog mich nicht in meiner Erwartung, daß ich hart durchsucht werden würde, besonders über den Artikel der Bücher. Diese hält man hier alle an, um sie noch sorgfältiger durchzulesen als in der Inquisition zu Bologna, und die meinigen, welche, die musikalischen ausgenommen, aus bloß geographischen und Reisebeschreibungen bestunden, wurden fast vierzehn Tage zurückgehalten, eh' ich solche wiederbekommen konnte; und Se. Exzellenz, Lord Viscount Stormont, der Abgesandte unsers Königs am hiesigen Hofe, sagte mir, daß dieses die einzige Sache wäre, worin es nicht in seinem Vermögen stünde, mir zu dienen. Wie ich in die Stadt kam, ward mir gesagt, daß ich weder meinen Mantelsack noch von allem, was darin enthalten, das Geringste wiederbekommen haben würde, wenn man nur ein einziges Buch darin gefunden hätte.

Die Gassen sind so enge und die Häuser so hoch, daß sie dadurch beides, sehr finster und kotig, werden. Da die Häuser aber größestenteils von weißen Steinen von gleichförmiger und zierlicher Bauart sind, in welcher sowohl als in der Musik hier der italienische Geschmack hervorsticht; so haben sie etwas Großes und Prächtiges von Ansehn und fallen schön in die Augen. Selbst viele von den Häusern, welche an der Erde Kramläden haben, scheinen von oben Paläste zu sein. In der Tat scheint hier die ganze Stadt mit den Vorstädten beim ersten Anblick mehr aus Palästen als aus ordentlichen Wohnhäusern zu bestehen. Die Kirchen und Klöster sind größestenteils von gotischer Bauart; doch ist das Jesuitencollegium ein großes neuförmiges und geschmackvolles Gebäude; und die Sophienkirche, die im etwas kleinern nach dem Modelle der Peterskirche von Rom gebauet worden, ist eine schöne Nachahmung jenes Originals, so wie die Augustiner von der Kapelle zu Loretto kopiert ist.

Dem Kaiser steht das Recht zu, fast in allen Häusern in Wien den ersten Stock für seine Hof- und Kriegsbeamten zu nehmen. Dieses Recht ist so sonderbar, als es den Eigentümern beschwerlich ist. Die Häuser sind so geräumig, daß die meisten von den vornehmsten und zahlreichsten Familien an einem einzigen Stockwerk genug haben. Die Einwohner gehn hier nicht, wie in andern Orten, nach den Kaufmannsläden, um etwas zu kaufen, sondern die Läden kommen zu ihnen. In dem Gasthofe, worin ich abgestiegen, war im buchstäblichen Verstande jeden Tag Jahrmarkt. Die Kaufleute und Krämer scheinen nichts im Hause zu verkaufen, sondern schleppen ihre Waren von Haus zu Haus wie die Hausierer. Ein Fremder wird von diesen Schacherleuten halb totgequält, welche verdorbne, liederliche oder schlechtgemachte Waren feilbieten. In unserm alten England, es ist wahr, kauft man teuer, wenn man aber die Güte der Waren mit der hiesigen vergleicht, so ist's in England spottwohlfeil.
Ich muß anmerken, daß ich nirgends auf dem festen Lande gefunden habe, daß man sich, ohne zu dingen, auf Treu und Glauben der Krämer verlassen könne, wie bei den meisten in England. Man muß immer erst den Preis ausmachen, ehe man die Waren zu sich nimmt. In London, wenn man in irgendeinem bekannten Laden etwas kauft, darf man selten besorgen, daß man unbillig übersetzt werde, wenn man auch gleich nicht vorher nach dem Preise fragt, wenn man's holen läßt und die Rechnung auch vielleicht erst ein Jahr nachher bezahlt wird.
Nicht weit von der Stadt ist ein berühmter Spaziergarten, genannt der Prater. Es ist ein großes Gehölz, wodurch ein Fahrweg für die Kutschen gehauen ist. Der Boden ist grün, man hat Schatten von den größesten Bäumen, die ich in meinem Leben gesehen habe, und an vielen Enden sieht man die Donau. Es ist der Wiener ihr *Hyde Park,* aber ebener und dunkler als der zu London.
Das erste Mal, daß ich nach einem Theater ging, ward ich aus Irrtum nach einem deutschen Trauerspiele geführt, obgleich an eben dem Abend eine italienische Operette

auf einer andern Schaubühne aufgeführt ward, wobei der Kaiser und seine Schwestern, die Erzherzoginnen, zugegen waren. Allein meine Unwissenheit über diesen Umstand trug dazu bei, meinen Grundsatz des Vorliebnehmens zu bestärken, nach welchem man aus jeder gegenwärtigen Lage Nutzen und Vergnügen zu ziehen sucht, sie sei veranlaßt worden, wodurch sie wolle, ohne sich über den Verlust solcher Vergnügen zu härmen, die man nicht mehr erreichen kann.

Indessen hoffte ich, es würde etwas zu singen vorfallen, irrte mich aber gänzlich; es war ein Trauerspiel von Gotthold Ephraim Lessing, genannt *Emilia Galotti.*

Ich sollte glauben, daß das Stück gut vorgestellt worden; es hatte Kraft und Leidenschaft, und bei vielen Reden wurde stark geklatscht. Allein ich war ein so großer Neuling in der deutschen Deklamation, daß ich nur hin und wieder eine Sentenz erschnappen konnte. Indessen kam ich doch hinter den Faden des Stücks, welches in der Katastrophe viel Ähnliches mit der *Virgina* hat.

...

Dieses Theater ist hoch und geräumig, hat fünf oder sechs Reihen Logen, vierundzwanzig in jeder Reihe. Die Höhe macht, daß es kurz scheint, dennoch fällt es beim ersten Anblick sehr gut in die Augen. Es scheint eben nicht neuerlich gemalt zu sein und ist dunkel, doch sind die Szenen und Dekorations glänzend. Die Bühne selbst kam mir oval vor, welches, es mochte nun wirklich so sein oder durch eine Täuschung so scheinen, eine angenehme Wirkung tat, weil es dem andern Ende des Theaters entsprach, wo die Ecken abgerundet sind und wodurch das Ganze ein geschmackvolles Ansehen bekommt.

Das Orchester war stark besetzt, und die Stücke, die man zur Anfangssinfonie und zwischen den Akten spielte, wurden sehr gut ausgeführt und taten eine sehr schöne Wirkung. Sie waren von Haydn, Hoffmann und Vaňhal.

Das erstemal, da ich nach der Hauptkirche St. Stephan ging, ward daselbst eine vortreffliche Messe im wahren Kirchenstile sehr gut ausgeführt. Es waren Violinen und

Violoncells dabei, ob es gleich kein Festtag war. Die große Orgel in dieser Kirche, an der Abendseite, ist schon seit vierzig Jahren unbrauchbar, es sind aber noch drei oder vier andre da, welche bei Gelegenheit gespielt werden. Die, welche ich heute morgen auf dem Chore hörte, ist ein armselig Ding und war, wie gewöhnlich, sehr verstimmt. Sie ward indessen in einem meisterhaften, obgleich nicht modernen Stil gespielt. Alle *Responsas* werden hier bei der Messe in vier Stimmen gesungen, und das nimmt sich viel besser aus, besonders wo so wenige Melodie ist, als der bloße nackte *Canto fermo,* der in den meisten andern katholischen Kirchen gebräuchlich ist. Die Oberstimme ward von Knaben gesungen und recht gut, besonders waren zweene darunter, deren Stimmen zwar nicht stark, aber sehr ausgebildet waren.

Ich kann mit dem Tagebuche von meinen musikalischen Begebenheiten in Wien nicht weitergehen, ohne der schmeichelhaften Art zu erwähnen, mit welcher ich empfangen, beschützt und womit mir sogar in meinen Nachforschungen von Sr. Exzellenz dem Lord Viscount Stormont, unsers Königs außerordentlichen Gesandten am hiesigen Hofe, beigestanden wurde, denn ich habe Sr. Lordschaft tätigem Einflusse größestenteils mein Vergnügen und auch die Nachrichten zu verdanken, welche ich während meines Aufenthalts zu Wien eingesammlet habe.

Der Herr Ambassadeur war auf meine Ankunft durch einen Brief vorbereitet, den Herr de Visme so gütig gewesen war, an ihn zu schreiben, noch eh' ich München verließ, und worin er die Natur meiner Reise und Absichten erklärt hatte, dergestalt, daß ich bald eine Audienz bei ihm erhielt und er geruhete, ernstlichen Anteil an meinem Vorsatze zu nehmen und sich gleich nach meiner Ankunft dafür zu interessieren. Dies war ein sehr glücklicher Umstand für mich, weil er bei seiner hiesigen langen Residenz Gelegenheit hatte, alle solche Sachen und Personen kennenzulernen, die ich zu kennen wünschte; und die allgemeine Hochachtung, welche ihm sein gesetztes, verständiges und liebenswürdiges Betragen erworben hatte, gab

ihm bei seinem hohen Range und Posten in jeder Sache ein großes Gewicht, deren er sich annahm.
Eine von den ersten großen Gewogenheiten, die mir Sr. Lordschaft erwies, war, daß er mich der Gräfin Thun vorstellte, eine sehr liebenswürdige und vollkommne Dame von hohem Stande, welche nebst vielen andern Talenten auch eine große Geschicklichkeit in der Musik besitzt als irgendeine Standesperson, die ich kenne. Sie spielt das Clavicimbel mit der Anmut, Leichtigkeit und Delikatesse, wohin nur weibliche Finger gelangen können.
Ihr Lieblingskomponist für das Instrument ist ein Dilettante, der Herr Graf von Beecke. Seine Stücke sind sehr original und in gutem Geschmacke. Sie zeigen sehr das Instrument, aber noch mehr seine eigne Delikatesse und Empfindungen. Zum Unglück für mich war er damals eben in Böhmen, daß ich also die Ehre und den Vorteil nicht haben konnte, persönlich mit ihm bekannt zu werden.
Den zweiten Abend nach meiner Ankunft ging ich nach dem französischen Theater, woselbst ich ein deutsches Lust- oder vielmehr Possenspiel von fünf Akten vorstellen sah. Es mußte gleichwohl nicht ohne sein Verdienst sein, weil die Zuschauer sehr damit vergnügt schienen. Dieses Theater ist nicht so hoch als das, was ich gestern besuchte, es ist aber noch besser ausgeziert; die besten Plätze scheinen hier im Parterre zu sein, welches in zwei Teile und mit Bänken abgeteilt ist, die gepolstert und mit rotem Zeuge überzogen sind. Das Theater ward während dem Stücke selten verwandelt; die Hauptszene aber, das ist die, welche am längsten stehenbleibt, hatte, wie bei den französischen Theatern, an beiden Seiten zwo große Flügeltüren zum Auftreten und Abgehen der Hauptpersonen. An jeder Seite ging ein schöner Vorschieber heraus, gleichfalls mit einer Tür in der Mitte, hauptsächlich zum Gebrauch der Bedienten und übrigen niedrigen Rollen. Das Stück geriet zu oft ins niedrig Possenhafte; bei dem allen aber kamen wirklich launige Auftritte und Charaktere vor und zwei oder drei von der sogenannten „weinerlichen“ Art, die wirklich rührend waren.

Man gibt den Akteurs bei diesem Theater nicht mehr wie ehedem Prämien, welche sich zur Ergötzung der Zuschauer freiwillig Ohrfeigen und die Pritsche geben lassen. Es ist noch nicht über einige Jahre her, daß die Komödianten, besonders die lustigen Personen, alle Woche richtig ihre Rechnung einbrachten, mit:

Für eine Ohrfeige	– –
Für fünf Prügel	– –
Für einen Tritt mit dem Fuße	– –
Summa summarum	– –

Allein als endlich mit der Länge die nachdrücklichen Späßer nicht mehr so recht wirken wollten, so ward es notwendig, sie zum Vergnügen der Zuschauer desto häufiger anzubringen, bis endlich die Direktion diese Ausgabe zu überschwenglich fand und den Lohn für diese heroischen Leiden ganz und gar einzog.

Und itzt, da dieser handgreifliche Witz nicht mehr im Gange ist, bemerkt man, daß nicht nur das Schauspielhaus oft leerer ist als sonst, sondern die Zuschauer sind auch nicht mehr so leicht zu befriedigen als ehedem. Wirklich scheint die schädliche Folge dieser Abschaffung so groß gewesen zu sein, daß manche Leute die öftern Bankerotte der *Directeurs* auf Rechnung der unausstehlichen Klotzigkeit und Schläfrigkeit der Akteurs setzen.[4]

Das Orchester war ebenso tüchtig besetzt als das beim andern Theater, und die Stücke, die es spielte, waren vortrefflich. Sie waren so voller Erfindung, daß die Musik aus einer andern Welt zu sein schien, weil man von den vorkommenden Passagen kaum einer einzigen in der unsrigen nachspüren konnte, und doch war alles natürlich und gleich frei von schwerfälliger Arbeitsamkeit oder pedantischer Gelehrsamkeit. Wessen die Komposition war, konnte ich

4 In Betracht ihres großen Nutzens muß man hoffen, daß die würdigen *Directeurs* unserer Theater die geduldigen Leiden der Pierrot in unsern Pantomimen an den Enden der Wochen nicht werden leer ausgehen lassen.

nicht erfahren, aber sowohl diese als ihre Ausführung machten mir ein unbeschreibliches Vergnügen.[5]

Nach dem Stücke folgte ein feuriges und unterhaltendes Ballett von der Erfindung des berühmten Noverre, in welchem die vier ersten Tänzer große Geschicklichkeit in Ansehung der Anmut, Lebhaftigkeit und Nettigkeit bewiesen.

In der ersten Logenreihe befindet sich die große Loge für die kaiserliche Familie, welche öfter nach diesem Theater kommt; es ist von Karl VI. erbauet. Die Kaiserin-Königin geht noch beständig in Trauer und hat nach dem Tode des Kaisers noch kein Theater wieder besucht.

Diesen Abend sangen zween Armenschüler dieser Stadt in dem Hofe des Hauses, worin ich abgetreten war, Duette im *Falset soprano* und *Contralto* recht gut im Tone und mit Gefühl und Geschmack. Ich ließ sie fragen, ob sie ihre Musik im Jesuitencollegio gelernt hätten, und bekam Ja zur Antwort. Obgleich gegenwärtig die Anzahl der Armenschüler in den verschiedenen Collegiis sich bis auf hundertundzwanzig erstreckt, so sind doch nur siebzehn darunter, die Musik lernen.

Nach diesen ging ein Chor dieser Schüler durch die Gassen, welcher eine Art lustiger Lieder in drei oder vier Stimmen sang; das Land ist hier wirklich sehr musikalisch. Ich hörte hier oft die Soldaten vor der Wache und auf den Posten, auch andre gemeine Leute vielstimmig singen. Einigermaßen erklärt die Musikschule im Jesuitencollegio in jeder römisch-katholischen Stadt diese Fähigkeit, allein es können auch andre Ursachen angeführt werden, und unter diesen sollte auch der gedacht werden, daß kaum eine Kirche oder Kloster in Wien sein wird, worin nicht täglich des Morgens eine musikalische Messe gehört wird, das heißt, worin ein großer Teil des Amtes in verschiede-

5 Personen von richtigen und feinen Geschmacke haben angemerkt, daß die Mannheimer Sinfonien, so vortrefflich sie sein mögen, doch ins Manierierte fallen, und dem, der sich dort lange aufhält, endlich langweilig vorkommen, indem sie dadurch, daß ihre Komponisten sich aufs Nachahmen legen, fast alle über einen Leisten geschlagen scheinen.

nen Stimmen gesetzt ist, von Sängern gesungen und außer der Orgel wenigstens von drei oder vier Violinen, Bratsche und Baß begleitet wird; und weil hier die Kirchen täglich voll sind, so muß diese Musik, wenn sie auch gleich nicht die schönste ist, gewissermaßen das Ohr der Einwohner bilden. Physische Ursachen wirken in Ansehung der Musik nur wenig, wie ich glaube. Die Natur verteilt ihre Gaben unter alle Bewohner von Europa so ziemlich gleich; allein moralische Ursachen sind in ihren Wirkungen oft sehr mächtig, und es scheint, als ob die Nationalmusik eines Landes gut oder schlecht sei nach dem Verhältnis, wie sein Gottesdienst beschaffen ist. Daraus mag sich der Geschmack des gemeinen Volks in Italien erklären lassen, woselbst freilich die Sprache musikalischer ist als in irgendeinem andern Lande in Europa, welches auch wirklich auf die italienische Vokalmusik Einfluß hat. Aber die vortrefflichen Musiken, die der gemeine Mann täglich in der Kirchen umsonst anhören kann, tragen mehr dazu bei, den Nationalgeschmack an guter Musik zu verfeinern und zu bestimmen als irgend etwas anders, worauf ich mich bis itzt besinnen könnte.

Ich hatte das Glück, daß ich den vortrefflichen Dichter Metastasio antraf, ferner den nicht weniger vortrefflichen Komponisten Hasse wie auch den Chevalier Gluck, eins der außerordentlichsten Genies, welche dieses oder vielleicht alle Jahrhunderte und alle Nationen aufzuweisen haben. Und da ich so glücklich gewesen bin, während meines Aufenthalts in dieser Stadt dieser berühmten Personen Umgang häufig zu genießen, so wird mich das geneigt machen, in Ansehung ihrer sehr umständlich zu sein. Der Leser wird es mir hoffentlich verzeihen wegen ihrer außerordentlichen Verdienste und wegen der enthusiastischen Bewundrung, ich muß es bekennen, womit meine Seele gegen sie erfüllt ist.

Ehe ich die Ehre hatte, bei Signor Metastasio eingeführt zu werden, erhielt ich von völlig zuverlässiger Hand die folgende Nachricht von diesem großen Dichter, dessen Schriften vielleicht mehr zur Verfeinerung der Vokalmusik und also der Musik überhaupt beigetragen haben als die vereinten Kräfte aller großen Komponisten in Europa zusammengenommen. Diese Voraussetzung werde ich nachher zu erklären und zu beweisen suchen, wenn ich von ihm bloß als von einem lyrischen Dichter spreche.

Der Abbate Pietro Metastasio ward, als er noch jung war, von dem berühmten Zivilisten zu Rom, Gravina, an Kindes Statt angenommen, der, weil er ungewöhnliche Fähigkeiten zur Poesie an ihm bemerkte, die Sorge für seine Erziehung über sich nahm und ihn, nachdem er ihn vor seinen Augen in allen Teilen der schönen Wissenschaften hatte unterrichten lassen, nach Kalabrien im Königreiche Neapolis schickte, um dort das Griechische, welches noch von den Einwohnern dieser Provinz gesprochen wird, als eine lebendige Sprache zu lernen. Er war erst fünf Jahre alt, als er schon eine solche Fertigkeit besaß, *ex tempore* in Versen zu sprechen, daß ihn Gravina öfters auf den Tisch setzte, um einen *Improvisatore* abzugeben. Diese Übung ward aber für seine Gesundheit so nachteilig befunden, daß ein Arzt seinen Pflegevater versicherte, das Kind müßte daraufgehen, wenn sie nicht unterbliebe. Denn zu solchen Zeiten war er so wahrlich *afflatus numine*, daß seine Brust und sein Kopf aufschwellten und erhitzt, und ihm Hände und Füße kalt wurden. Gravina, der dies merkte, hielt für ratsam, der Meinung des Arztes zu folgen, und ließ ihn niemals wieder *improvisare*. Metastasio spricht itzt von dieser Übung als von einer Sache, die ebensosehr gegen die Grammatik als gegen die gesunde Vernunft sündigt. Denn welcher Mensch sich gewöhnt, auf diese schnelle Weise alle Gedanken in Reime zu zwängen, der muß allem, was Geschmack heißt, Gewalt antun und weiß nicht, was Wahl heißt; bis endlich Genie und Verstand, nach und nach an Nachlässigkeit und Ungereimtheit gewöhnt, nicht nur alle Lust zum Nachsinnen verlieren, sondern auch an allem, was sorgfältig und korrekt gemacht ist.

Gravina ließ Metastasio, noch eh' er vierzehn Jahr alt war, den ganzen Homer in italienische Verse übersetzen, und dies mag wohl der Hochachtung gegen die Alten einen Eintrag bei ihm getan haben, welche sonst wirklich großen Männern gewöhnlich zu sein pflegt.[6] Fielding sagte von sich selbst, daß er davon, wie schwer Homer zu verstehen sei, die Merkmale zeitlebens an seinem Leibe trüge. Gravina vergötterte die Alten, und Metastasio, vielleicht aus Widerspruch, schätzt sie zuwenig.

Er hat gewisse Meinungen über verschiedene Sachen, besonders über den Reim, die nur er allein hat und von denen er nicht abgeht. Er denkt noch beständig, daß die hebräischen Psalmen in Reimen abgefaßt sind und daß dieser wiederkehrende Klang des Verses unendlich älter sei, als man insgemein dafür hält. Er meint, Miltons *Verlornes Paradies* könne kein vollkommnes Gedicht sein, weil es in reimlosen Versen geschrieben ist; und doch sind alle Rezitative in seinen dramatischen Werken in abgemeßner Prose, ob er gleich die meiste Zeit den Übergang zu den Arien durch die Reime der beiden letzten vorhergehenden Verse vorbereitet.

Sein ganzes Leben ist eben so sanft hinfließend als seine Schriften. Seine häusliche Ordnung geht pünktlich nach Uhr und Glockenschlag, wovon er nicht abweicht. Seit den letzten dreißig Jahren hat er nicht außer dem Hause gegessen; er läßt sich sehr schwer sprechen und ist so wenig für neue Personen als neue Dinge. Nur mit drei oder vier Personen hält er einen vertrauten Umgang, und die kommen täglich ohne alle Umstände des Abends von acht bis zehn Uhr zu ihm. Er hat die Dintescheu und setzt keine Feder an, wenn er nicht muß, eben wie man den Silen erst binden muß, wenn er singt, und den Proteus, wenn er ein Orakel geben soll.

Er hat schon lange den Titel und den Gehalt als Kaiserlicher Hofdichter; und wenn der Kaiser, die Kaiserin oder sonst jemand von der kaiserlichen Familie es befiehlt, setzt er sich hin und schreibt, aber nicht länger als zwo Stunden

6 Gravina starb im Jahre 1718 und setzte Metastasio zu seinem Erben ein.

auf einmal, grade als ob er ein fremdes Gedicht abschriebe. Er wartet auf keine Begeisterung, ruft keine Muse an, ja, wollen sie ihm ihre Gunstbezeigung erteilen, so müssen sie zu der von ihm festgesetzten Zeit sich einstellen.

Die Enzyklopädisten wendeten sich an ihn, daß er den Artikel *Opera* in ihr Wörterbuch arbeiten möchte. Er lehnte aber den Antrag sehr höflich von sich ab in der Voraussetzung der Unmöglichkeit, daß seine Meinung darüber der französischen Nation gefallen könnte.

Tasso ist unter allen Dichtern sein Liebling; vom *Fingal* hält er nicht viel, weil er ihm zu bilderreich und dunkel ist. Mit seinen ausgewählten Freunden lieset er alle Abende alte und neuere Dichter. Er ist sehr eingenommen von den Schriften des Grafen Medini, ein Böhme, von dessen poetischen Werken er sagt, daß sie die Werke aller übrigen lebenden Schriftsteller übertreffen. Dieser Graf arbeitet an einer italienischen Übersetzung der *Henriade* in *Ottave Rime*.

Ein sehr vornehmer Mann versicherte mich, er sei fünf Jahre zu Wien gewesen, eh' er mit ihm habe bekannt werden oder ihn einmal habe sprechen können; und nach dieser Zeit hatten sie in verschiedenen Jahren nur drei Besuche miteinander gewechselt. In der Tat schlug man mich, als ich vor meiner Abreise von England mich um Empfehlungsschreiben an diesen vortrefflichen Dichter bewarb, mit der Versicherung nieder, es würde vergebene Mühe sein zu versuchen, den Metastasio auch nur zu sehen zu bekommen, weil er gänzlich verältert, ungesprächig und ein Feind von allen Gesellschaften wäre.

Diese Nachricht war gleichwohl in zu starken Ausdrücken, denn ich fand, als ich zu Wien war, daß er, außer der ordentlichen Abendgesellschaft von seinen vertrauten Freunden, noch alle Morgen eine Art von *Cour* annahm, wobei ihn viele Personen von hohem Stande und vorzüglichen Verdiensten besuchten.

Wenn man ihn mit Höflichkeit anhört, so spricht er ganz frei und angenehm fort; wird ihm aber widersprochen, so schweigt er augenblicklich stille. Er hat zu viele Lebensart und ist zu bequem zum Disputieren. Wenn etwas gesagt wird, das er für irrig und dem, was er etwan vorgebracht hat, für entgegengesetzt hält, so läßt er's stillschweigend vorübergehen. Von lebhaften Unterredungen, wie gemeiniglich unter Männern von Talente und Gelehrsamkeit vorzufallen pflegen, ist er kein Liebhaber, sondern will lieber mit der Ruhe und der Gemächlichkeit eines unbemerkten Mannes leben als mit der entscheidenden Art eines Mannes von großem Gewicht Machtsprüche erteilen. In der Tat scheint sich in seinem Leben eben die sanfte Heiterkeit zu befinden, welche durch seine Schriften herrscht, worin er, selbst wenn er Leidenschaft malt, mehr mit gelaßner Vernunft als mit Heftigkeit spricht. Und diese ebene, gleichschwebende Anständigkeit und Korrektheit, welche man durch alle seine Gedichte bemerkt, liegt im Grunde seines Charakters. Er ist vielleicht ebenso selten heftig und stürmisch in seiner Schreibart als in seinem Leben, und man kann ihn den Dichter aus der goldnen Zeit nennen, in welcher, wie man sagt, Einfalt und Sittsamkeit mehr herrschte als große und heftige Leidenschaft. Die Ergießungen von Patriotismus, Liebe und Freundschaft, welche mit außerordentlicher Anmut von seinen Lippen fließen, sind sittliche, sanftartige Empfindungen, die aus seinem Herzen entspringen und die Farben von seiner Seele an sich tragen.

Er hat vielleicht nicht das Feuer eines Corneille oder den Witz und die Mannigfaltigkeit eines Voltaire; dagegen aber hat er allen Pathos und alles das Korrekte eines Racine und dabei mehr Eigentümliches. Ich darf nur seines bekannten Gedichts *Grazie à gl'inganni tuoi* erwähnen, welches so oft nachgeahmt und in alle Sprachen übersetzt worden. Dieses enthält eine Art von Witz, die dem Metastasio besonders eigen ist, womit er geringfügige Umstände zu heben weiß. Shakespeare sagte spottweise von einem seiner Charaktere, „er hat einen vernünftigen, guten Witz", und das ist von Metastasio im Ernste wahr; denn sein Witz besteht nicht in epigrammatischen Pointen oder sonderbaren Einfällen, ebensowenig ist er beißend oder sarkastisch, sondern besteht in gewöhnlichen, natürlichen Gedanken, die äußerlich fein poliert und mit Demanten besetzt sind.

– 'Tis nature to advantage dress'd,
What oft was thought, but ne'er so well express'd.[7]

Die Lieblichkeit seiner Sprache und seiner Versifikation gibt allem, was er schreibt, Anmut, und das natürliche Bestreben seines Genies zielt auf Tugend, Sittlichkeit und Wohlanständigkeit. Und ob er gleich in jeder Strophe seiner *Nice* merken läßt, daß er von seiner Liebe zu einer Leichtsinnigen im geringsten nicht geheilt ist, so beweist er doch klar, daß er's sein sollte.

Unter den Dichtern, Tonkünstlern und ihren Anhängern herrscht zu Wien ebenso viel Kabale als anderwärts. Man kann sagen, daß Metastasio und Hasse an der Spitze einer der vornehmsten Sekten stehen, und Calzabigi und Gluck an der Spitze einer andern. Die erste betrachtet alle Neuerungen als Schwärmerei und hängt fest an der alten Form des musikalischen Dramas, in welchem Dichter und Komponist gleich viel Aufmerksamkeit von dem Zuhörer fodern, der Poet in den Rezitativen und den erzählenden Teilen, und der Musikus in den Arien, Duetten und Chören. Die andre Partei hält mehr auf theatralische Wirkung, richtig gehaltene Charaktere, Einfalt in der Diktion und musikalischen Ausführung, als auf das, was sie blumenreiche Beschreibung, überflüssige Gleichnisse, spruchreiche und frostige Moral auf der einen, mit langweiligen Ritornellen und gedehnten Gurgeleien auf der andern Seite nennen. Es ist hier nicht sowohl mein Geschäft oder meine Absicht, auf eine Seite zu treten und zu bestimmen, welche von beiden Parteien recht habe, als das unterschiedne Verdienst von beiden ins Licht zu setzen. Denn ich wäre nicht nur ein Feind meines eignen Vergnügens, sondern auch des Titels eines getreuen Geschichtschreibers, den ich mir angemaßt habe, unwürdig, wenn ich dem ausschließenden

7 – 's ist die Natur, sehr vorteilhaft geschmückt,
was oft gedacht, doch nie so schön noch ausgedrückt.

Beifalle das Wort reden wollte. Ich werde also fortfahren, das Genie beider obgedachten großen Komponisten zu charakterisieren, und zwar bloß nach meinem eignen Urteil und Gefühle, ohne mich durch die Entscheidung andrer blenden zu lassen.

Das Verdienst des Herrn Hasse ist schon so lange und so allgemein unter den Kennern der Musik bestimmt, daß ich noch mit keinem einzigen Tonkünstler über die Sache gesprochen habe, der nicht zugegeben, daß er von allen itzlebenden Komponisten der natürlichste, eleganteste und einsichtsvollste sei und dabei am meisten geschrieben habe.[8] Gleich Freund der Poesie und der Stimme, zeigt er ebensoviel Beurteilung als Genie, sowohl im Ausdruck der Worte als in Begleitung der lieblichen und zärtlichen Melodien, welche er den Sängern gibt. Er betrachtet beständig die Stimme als den Hauptgegenstand der Aufmerksamkeit auf der Bühne und unterdrückt sie niemals durch ein gelehrtes Geschwätz mannigfaltiger Instrumente oder arbeitender Begleitungssätze, vielmehr ist er immer darauf bedacht, ihre Wichtigkeit zu erhalten, gleich einem Maler, welcher der Hauptfigur in seinem Gemälde das stärkste Licht gibt.

Im Jahr 1760 setzte er in Wien die Musik zu einer kleinen Oper oder *Intermezzo tragico, Piramo e Tisbe, à tre voci,* und 1771 setzte er zu Mailand die Oper *Ruggiero* bei Gelegenheit der Vermählungsfeier des Erzherzogs Ferdinand mit der Prinzessin von Modena, beide geschrieben von Metastasio.[9]

8 Er ist gebürtig aus Bergedorf, nicht weit von Hamburg in Niedersachsen, und ist in Italien am meisten unter dem Namen *Il Sassone* bekannt.

9 Diese Stücke sind die spätesten Werke des großen Dichters und Komponisten, welche mit mehrem Rechte als Pope und Jarvis sagen können:

Smit with the Love of sister arts we came,
And met congenial, mingling flame with flame.

Von Liebe gegen schwesterliche Künst' entbrannt,
vereinten unsre Seelen sich, und gingen Hand in Hand.

Dr. Brown will behaupten, daß Musik und Poesie nicht zusammengehören; wenn er recht hat, so muß man doch zugeben, daß dieser Dichter und dieser Musikus die beiden Hälften sind, welche gleich Platos *Androgyne* ehmals ein Ganzes ausmachten. Denn so wie sie beide die unterscheidenden Kennzeichen des wahren Genies, Geschmacks und Urteils besitzen, so sind auch auf gleiche Weise Schicklichkeit, Ebenmaß, Klarheit und Genauigkeit die beständigen Begleiter von beiden. Als noch die Stimme mehr in Ansehn stund als die knechtische Herde nachahmender Instrumente, zu einer Zeit, wo ein andrer Grad und besser beurteilte Art von Studium solche der Aufmerksamkeit vielleicht würdiger machten als itzt, da waren es die Arien von Hasse, besonders die pathetischen, welche jeden Hörer entzückten und den Ruhm der größesten Sänger in Europa[10] festsetzten.
Seine Stärke ist in England nur wenig bekannt, da nur wenige von seinen Kompositionen, und zwar nur die von der unbedeutenden Art, gedruckt sind. Allein, da er mehr geschrieben hat als irgendein andrer itztlebender Komponist für die Vokalmusik, so kann man, ohne seinen Mitbrüdern zu nahe zu treten, einräumen, daß er ebensoviel Vorzug vor allen lyrischen Komponisten hat als Metastasio vor allen lyrischen Dichtern.
Der Ritter Gluck ist dafür, die Musik zu simplifizieren; und mit grenzenloser Erfindungskraft und Fähigkeit, die eigensinnigsten Schwierigkeiten hervorzubringen und seine Melodien mit buhlerischen Zieraten zu verbrämen, tut er alles mögliche, seine Musik nüchtern und keusch zu erhalten. Seine drei Opern *Orpheus, Alceste* und *Paris* geben hiervon Beweise, als welche wenige Schwierigkeiten in Ansehung der Ausführung, wohl aber viele den Ausdruck betreffend, enthalten.
Neulich hat er einem geschickten Dichter den Plan zu einer neuen *Ode auf St.-Cäcilias-Tag* angegeben, welcher beides, Genie und Urteilskraft, verrät. Lord Cowper ließ vor eini-

10 Solcher nämlich als Farinelli, Faustina, Mingotti usw.

ger Zeit zu Florenz Drydens *Ode,* von Händel komponiert, aufführen; man hatte aber eine italienische Übersetzung unterlegt, welche eigentlich sillablich gemacht worden, um die Musik so unverändert als möglich beizubehalten. Diese zärtliche Hochachtung gegen den Tonkünstler war indessen so sehr auf Kosten des Dichters, daß Drydens göttliche *Ode* in dieser elenden Übersetzung nicht nur unpoetisch, sondern völlig unverständlich geworden war.[11] Ebendiese Musik ist vor einiger Zeit mit ebendiesen Worten in Wien aufgeführt worden, und manche Stellen darin fanden sehr viel Beifall, trotz dem unsinnigen Texte, womit sie zu den Ohren der Zuhörer gebracht ward.

Gluck hatte ein inniges Gefühl für den Gedanken unsers großen Dichters und wünschte, über eben den Gegenstand, aber nach einem andern Plane eine Ode zu haben, die soviel davon als möglich beibehielte. Seine Idee war diese: Ein Gedicht von solcher Länge könne nach der heutigen Art Musik keineswegs von einer Person allein abgesungen werden; und da Drydens *Ode* ganz von der erzählenden Gattung ist, so scheint es unschicklich, solche bei der Aufführung unter mehrere zu verteilen; er wünschte also, daß sie in die Form eines Dramas umgegossen würde, in welchem die singenden Personen sagen könnten, was ihnen die Leidenschaften einflößeten. Und dieses ist auf folgende Weise geschehen: Das Drama beginnt mit einem Bacchusfest, wobei besonder Alexander und Thais gegenwärtig sind. Sie kommen überein, den Timotheus rufen zu lassen, daß er vor ihnen singe; allein, ehe er anlangt, äußern der Held und seine Geliebte verschiedene Meinungen über seine Kunst; die eine meint, sie sei nicht so groß, als der Ruf von ihm sagte, und der andere, sie sei größer als sein Ruhm. Dieser Streit belebt den Dialog und gibt den Zu-

11 Desto schlimmer für den italienischen Stümper vom Übersetzer und ebenso schlimm für die deutschen Liebhaber der Musik in Wien, wenn solche die schöne deutsche Übersetzung des Ramlers von dieser *Ode* unter Händels unveränderten Musik entweder nicht kennen oder gar eine elende Übersetzung vorziehen, weil sie italienisch ist. (Übers.)

hörern eine angenehme Unterhaltung, bis der Künstler anlangt, welcher den Trojanischen Krieg besingt, wodurch Alexander dergestalt begeistert wird, daß er in die Klage ausbricht, die man ihm in der alten Geschichte zuschreibt, nämlich, daß er nicht wie Achilles einen Homer habe, der seine Taten verewige.

Dienstags, den 1sten September

Diesen Nachmittag hörte ich in der Vesper, in der Kathedralkirche, eine vortreffliche alte Musik von Fuxens Komposition, der aber weder im Singen noch in der Begleitung Gerechtigkeit widerfuhr; das erste war schwach und die zweite, ich meine die Violinen, elend; der Organist, Herr Mittermeier, spielte gleichwohl sehr gut. Herr Hoffmann, ein vortrefflicher Komponist für Instrumentalmusik, besonders Sinfonien, ist *Maestro di Capella.* Die Kirche ist ein finstres, schmutziges und melancholisches altes Gebäu, obgleich reich an Verzierungen. Man hat darin die Trophäen aufgehängt, welche das Haus Österreich vor mehr als hundert Jahren den Türken abgenommen hat, und das gibt ihr das Ansehn einer alten Zeugkammer.

Diesen Abend um halb sechs Uhr ging ich nach der komischen Oper *Il Barone.* Die Musik war von Signor Salieri, einem Schüler von Gaßmann. Die Sinfonie und die beiden ersten Arien wollten mir nicht sonderlich gefallen; die Musik war langweilig und das Singen mittelmäßig. Das Stück hatte nur vier Rollen, und die Primadonna hatte erst die dritte Szene, aber nun bekam auch alles um sie herum ein neues Leben. Sie war eine Baglioni von Bologna[12], die ich auf meiner Reise durch Italien, beides zu Florenz und Mailand, gehört hatte. Sie hat sich seit der Zeit um vieles verbessert, und ihre Stimme ist nunmehro eine von den hellsten, lieblichsten, reinesten, stärksten und vom weitesten Umfange, die ich je gehört habe. Sie geht vom ungestrichenen b ins zweigestrichne d und ist voll, nicht schwankend und allenthalben gleich stark. Ihr Triller ist

12 Costanza.

gut und ihr Portamento vortrefflich, wobei man weder Nase, Mund oder Gurgel merkt. Ihre Töne waren alle so rund und edel, daß alles anziehend war, was sie nur tat, und ein paar einfache, langsame Noten von ihr waren den Zuhörern mehr wert als eine ganze ausgearbeitete Arie von allen übrigen.

Diese Sängerin ist jung, hat schöne Züge, einen reizenden Wuchs und ist im Ganzen eine schöne Person. Ich kann aber alle die Verbesserung, die ich in ihrer Stimme gefunden, nicht bloß der Zeit zuschreiben; etwas muß man auch auf den Unterschied der Bühnen rechnen. Die Theater zu Florenz und Mailand sind wenigstens zweimal so groß als dieses hier zu Wien, welches ungefähr von der Größe ist wie unser Opernhaus im *Haymarket*. Die Oper heute abend ward auf dem deutschen Theater gegeben, woselbst ich vorher ein Trauerspiel gesehen hatte. Die beiden Wiener Theater sind niemals zugleich offen, ausgenommen an einem Sonn- oder Feiertage; sonst wechseln sie ab.

Der Kaiser, der Erzherzog Maximilian, sein Bruder und seine beiden Schwestern, die Erzherzoginnen Marianne und Marie Elisabeth, waren alle in dieser Operette. Die Loge, worin sich solche befanden, war wenig von den übrigen unterschieden; sie kamen und gingen wieder mit weniger Begleitung weg und ohne Parade. Der Kaiser ist ein Herr von schöner männlicher Gestalt und hat eine lebhaft angenehme Miene; er verändert oft seinen Sitz in der Oper, um mit verschiedenen Personen zu sprechen; er geht auch öfters ohne Wache durch die Gassen und scheint soviel als möglich allen unnötigen Pomp zu vermeiden.

Se. Kaiserliche Majestät war während der Operette ungemein aufmerksam und applaudierte der Baglioni verschiedene Male recht herzlich.

Man bezahlt für den Eingang in dieses Theater sehr wenig; für zweiundzwanzig Kreuzer geht man ins Parterre, worin man gleichwohl Sitze mit Rücklehnen hat. Vorne im Parterre ist aber ein Teil abgesondert, welches man Amphitheater oder Parkett nennt. Hier sind die Preise doppelt; für Geld kann man keine andre Stelle bekommen als im Parterre und auf der Galerie, welche ganz oben um das Haus geht und wohin man nur sechzehn Kreuzer gibt. Die Logen sind monatsweise an die vornehmsten Familien vermietet, eben wie in Italien.

Mittwoch, den 2ten September

Diesen Vormittag wendete ich dazu an, die Briefe abzugeben, die mir an verschiedene Personen in Wien gegeben waren. Zwei darunter muß ich vorzüglich erwähnen, aus deren Bekanntschaft ich großes Vergnügen und Beistand bei meinen musikalischen Nachforschungen genoß, dieses war der Abbate Taruffi, *Uditore e secretario di legazione* bei dem päpstlichen Nuncio, an den mir Herr Baretti ein Empfehlungsschreiben gegeben hatte, und der andre Herr L'Augier, einer der vornehmsten kaiserlichen Hofmedici, dessen Bekanntschaft ich dem Herrn Obrist St. Pol und Herrn de Visme zu danken habe, der so gütig gewesen war, an ihn zu schreiben.

Der Umgang mit dem Abbate Taruffi machte mir ein ungemeines Vergnügen, denn ich fand sehr bald, daß er nicht nur eine allgemeine Kenntnis von allen Sachen besaß, welche nur vorkamen, sondern daß er auch einen vorzüglich guten Geschmack in der Literatur und den Künsten hatte. Er spricht Englisch und ist mit unsern besten Schriftstellern, sowohl in Versen als Prosa, so genau bekannt, daß er sie ebenso leicht und glücklich anführt als ein geborner Brite.

Bei meinem ersten Besuche machte ich ihn mit dem eigentlichen Zwecke meiner Reise durch Deutschland bekannt und gab ihm die gedruckte Nachricht von meiner Reise durch Frankreich und Italien. Es war mir ungemein lieb zu finden, daß er ein genauer Bekannter von Hasse und Metastasio war, um desto mehr, da er sich von selbst erbot, mich zu ihnen zu führen. Er versprach mir gleichfalls, mich dem Legaten und dem *Duca di Bresciano* vorzustellen, nicht bloß deswegen, weil es Personen wären, deren Einfluß mir wegen ihres hohen Standes nützlich sein könnte. sondern deren Unterredung als Liebhaber und Kenner der Musik mir beides, Anekdoten und Reflexions, an die Hand geben könnten, die meine Aufmerksamkeit verdienten. Er war so gütig, mir verschiedene interessante Nachrichten von Metastasio mitzuteilen; eine davon war, daß ein junges Frauenzimmer, die Tochter eines verstorbenen Freundes, welche in seinem Hause geboren und erzogen worden und noch bei ihm lebte, das größeste Genie von der Welt zur Musik in allen Zweigen hätte, zum Singen, Spielen und Komponieren. Metastasio lehrte sie zuerst, seine Lieder in Musik setzen; nunmehr aber flößt sie selbst diesem großen Dichter Entzücken und sogar Bewundrung ein.

Ich war äußerst neugierig zu erfahren, was für eine Art von Musik Metastasios Idee am besten entsprechen möchte, wenn sie über seine Poesie gesetzt wäre, und bildete mir ein, daß dieses junge Frauenzimmer bei den Vorteilen seines Unterrichts, Rates und Beifalls, verbunden mit ihrem eignen Genie, ein alter idem sein müßte und daß ihre Arbeiten alle die musikalischen Verschönerungen enthalten würden, deren seine Poesie anzunehmen fähig, ohne ihre eigentümliche Schönheit zu verringern oder zu zerstören. Lord Stormont hatte es gütigst über sich genommen, mich mit Metastasio zusammenzubringen, bis dahin war es also nicht schicklich, daß ich ihn mit Signor Taruffi besuchte; er versprach mir aber, unverzüglich mein Buch zu lesen und ihn mit dessen Inhalt bekannt zu machen, um ihn auf meine Bekanntschaft vorzubereiten.

Herr L'Augier besitzt, ungeachtet er ungewöhnlich korpulent ist, einen sehr lebhaften und ausgebildeten Geist. Sein Haus ist der Sammelplatz der größesten Leute von Wien sowohl in Ansehung des Standes als des Genies; und seine Gespräche sind ebenso unterhaltend als seine Einsichten ausgebreitet und gründlich. Unter andern erworbnen Kenntnissen hat er's auch zu einer großen Geschicklichkeit in der Musik gebracht, hat einen sehr feinen und richtigen Geschmack und hat mit philosophischem Ohre alle Arten von Nationalmelodie gehört.

Er ist in Frankreich, Spanien, Portugal, Italien und Konstantinopel gewesen und ist mit einem Worte eine lebende Geschichte der neuern Musik. In Spanien war er mit Domenico Scarlatti genau bekannt, der ihm in seinem dreiundsiebenzigsten Jahre noch viele Klavierstücke komponierte, die er allein besitzt und von welchen er so gütig war, mir Abschriften zu geben. Das Buch, worin solche eingetragen stehen, enthält zweiundvierzig Stücke, worunter verschiedene langsame Sätze befindlich sind; und von allen hatte ich, der ich doch von Jugend auf ein Sammler der Scarlattischen Kompositionen gewesen, vorher niemals mehr als drei oder viere gesehen. Sie waren komponiert im Jahr 1756, als Scarlatti zu fett war, mit den Händen zu überschlagen, wie sonst seine Gewohnheit war, und sind also nicht so schwer als seine frühern jugendlichern Werke, die er für seine Schülerin und Beschützerin, die verstorbene Königin, damals setzte, als sie noch Prinzessin von Asturien war.

Scarlatti sagte öfter zum Herrn L'Augier, er wisse recht gut, daß er in seinen Klavierstücken alle Regeln der Komposition beiseite gesetzt habe, fragte aber, ob seine Abweichungen von diesen Regeln sein Ohr beleidigten, und auf die verneinende Antwort fuhr er fort, er glaube, es gäbe fast keine andre Regel, worauf ein Mann von Genie zu achten habe, als diese, dem einzigen Sinne, dessen Gegenstand die Musik ist, nicht zu mißfallen.[13]

In Scarlattis Stücken finden sich manche Stellen, worin er die Melodie solcher Lieder nachahmt, die er von Fuhrleuten, Maultiertreibern und andern gemeinen Leuten hatte singen gehört. Er pflegte zu sagen, es bedürfe keines Flügels, um Albertis und verschiedener andern neuer Kompo-

13 Scarlatti war der erste, der es wagte, in seinen Kompositionen der Phantasie dadurch freies Feld zu geben, daß er die engen Schranken der ängstlichen Regeln niedertrat, die man von nichtssagenden Kompositionen in der Kindheit der Kunst abstrahiert hatte und welche bloß dahin abzuzwecken schienen, sie beständig in dieser Kindheit zu erhalten. Vor seiner Zeit war das Auge der oberste Richter über die Musik, Scarlatti aber leistete seine Huldigung bloß dem Ohre.

nisten Musik darauf zu spielen, weil solche auf irgendeinem andern Instrumente ebensogut, wo nicht besser ausgedrückt werden könnte; aber da die Natur ihm zehn Finger gegeben hätte und sein Instrument für alle Beschäftigung hätte, so sähe er keine Ursache, warum er sie nicht alle zehn gebrauchen sollte.

Herr L'Augier sang mir verschiedene abgebrochne Stellen aus böhmischer, spanischer, portugiesischer und türkischer Musik vor, in welchen der eigentümliche Ausdruck von dem *Contre temps* oder Rückung des genauen Taktes abhing; man schlage den Takt und halte ihn so richtig, als er bei der verfeinerten und neuern Musik nötig ist, und ihre Wirkung geht gänzlich verloren.[14]

Er teilte mir eine Anekdote von Caffarelli und Gizziello, welche mit der von Senesino und Farinello, die ich in meinem vorigen Tagebuch erzählt habe, Ähnlichkeit hat.

Als Gizziello das erste Mal in Rom sang, bezauberte sein Singen dergestalt seine Zuhörer, daß er der allgemeine Gegenstand aller Gespräche ward, welches dann nicht allein seinen Ruhm über diese Stadt verbreitete, sondern ihn auch bis an die entferntesten Grenzen Italiens trug; man kann sehr natürlicherweise voraussetzen, daß die Nachricht von dieser neuen musikalischen Erscheinung bald Neapel erreichte. Und ebenso natürlicherweise kann man sich einbilden, daß man solche an einem Orte, wo ein so mächtiger Hang zu musikalischen Ergötzlichkeiten herrscht, nicht mit Gleichgültigkeit hörte. Caffarelli, der damals auf dem höchsten Gipfel seines Ruhmes stund, ward dergestalt von der Neugierde, vielleicht auch vom Neide gereizet, daß er die erste Gelegenheit, da man ihn in der Oper von Neapel missen konnte, wahrnahm, die ganze Nacht durch Post zu fahren, um die Oper zu Rom

14 Man hat die Meinung angenommen, daß die alten Griechen solche Tonleitern hatten, worauf die Intervallen in viel kleinere Teile abgeteilt waren als die, welche man in der neuern Musik antrifft, und es scheint, als ob unsre gegenwärtige Teilung der Zeit und des Takts noch lange nicht alle mögliche Mannigfaltigkeit des Zeitmaßes enthalten.

zu hören. Er ging ins Parterre und vermummte sich in seinen Pelz, daß ihn niemand kannte, und nachdem er Gizziello eine Arie singen gehört hatte, rufte er so laut, als er nur konnte: *„Bravo! Bravissimo! Gizziello, è Caffarello che ti lo dice!“* „Es ist Caffarello, der dir Beifall zuruft“, und damit verließ er augenblicklich das Theater, setzte sich wieder auf und fuhr denselben Abend wieder nach Neapel zurück.
Herr L'Augier sagte mir, daß die Kaiserin-Königin sehr musikalisch gewesen. Vor einigen Jahren noch hatte er gehört, daß sie recht gut sang; und im Jahre 1739, als sie erst zweiundzwanzig Jahre alt und sehr schön war, sang sie zu Florenz ein Duett mit Senesino so schön, daß sie durch ihre Stimme, die damals sehr lieblich war, und durch ihren angenehmen und festen Vortrag den alten Mann, Senesino, dergestalt einnahm, daß er nicht ohne Tränen des Vergnügens weiter fortsingen konnte. Ihro Kaiserliche Majestät hat so früh angefangen zu singen, daß sie neulich zu Madame Hasse, der bekannten Faustina, welche ungefähr siebzig Jahr alt sein mag, im Scherze sagte, sie dächte, sie wäre wohl die erste, und meinte damit die älteste, *Virtuosa* in Europa, denn der höchstselige Kaiser, ihr Vater, ließ sie, als sie erst fünf Jahr alt war, auf dem Hoftheater zu Wien eine Arie singen.
Die ganze kaiserliche Familie ist musikalisch; der Kaiser vielleicht gerade genug für einen souveränen Herrn, das heißt, er hat hinlängliche Fertigkeit sowohl auf dem Violoncell als auf dem Flügel zu seinem eignen Zeitvertreib und hat hinlänglich Geschmack und Einsicht, andre mit Vergnügen zu hören und richtig zu beurteilen. Eine Person von hohem Stande sagte mir, sie habe vor einigen Jahren vier Erzherzoginnen, des Kaisers Geschwister, bei Hofe in der Oper *Egeria* singen gehört, welche dazu ausdrücklich von Metastasio geschrieben und von Hasse komponiert worden. Sie waren außerordentlich schön, sungen und agierten sehr gut für Prinzessinnen, und der Großherzog von Toskana, der gleichfalls sehr schön war, tanzte darin als Cupido.

Ich fand, daß Herr L'Augier selbst ein guter Flügelspieler gewesen war; itzt lieset und urteilt er sehr richtig über die Musik. Bei meinem ersten Besuche hatte er die Güte, mir zu versprechen, daß er mich mit Hasse, Gluck, Wagenseil, Haydn und allen Tonkünstlern in Wien bekannt machen wolle, die meiner Aufmerksamkeit wert wären, und bestimmte den nächstfolgenden Abend, mir Gelegenheit zu geben, sowohl einige von Haydns Quartettos mit der größten Genauigkeit und Vollkommenheit als auch ein kleines Mädchen von acht oder neun Jahren zu hören, welche hier als ein Wunder auf dem Clavicimbel geachtet wird.
Ich hatte die Ehre, diesen Mittag bei Lord Stormont zu essen, der die gütige Gefälligkeit für mich gehabt, meinetwegen eine musikalischen Gesellschaft zusammenzubitten, worunter der Prinz Poniatowski, Bruder des Königs von Polen, ein großer Musikliebhaber, und der Graf und die Gräfin von Thun waren. Die Gräfin, welche an allem, was die Musik betrifft, sehr großen Anteil nimmt und Englisch lieset und spricht, beehrte meine Nachricht von dem gegenwärtigen Zustande der Musik in Frankreich und Italien mit einer aufmerksamen Durchlesung, wie der Lord Stormont vorher getan hatte; hierdurch wurden sie besser instand gesetzt, meine musikalischen Bedürfnisse zu beurteilen als durch meine Unterredung, wenn ich nicht fast ganz allein hätte sprechen sollen.
Die Gräfin Thun hat nichts von dem an sich, das einen an den Stolz oder die Steifigkeit erinnert, welche unsre Reisende den Deutschen zuschreiben. Sie ist vielmehr natürlich und unschuldig aufgeräumt und munter; hat witzige Einfälle und ermuntert die Gesellschaft durch eine angenehme und ihr selbst eigentümliche Ironie. Sie war so gütig gewesen, meinetwegen ein Billett an Gluck zu schreiben, und er hatte eine nach seiner Art sehr höfliche Antwort darauf geschickt, denn er ist ein ebenso fürchterlicher Mann, als Händel zu sein pflegte; ein wahrer Dragoner, vor dem sich jedermann fürchtet. Er hatte indessen den Besuch auf den Nachmittag angenommen, und Lord Stor-

mont und die Gräfin Thun hatten die Gefälligkeit so weit getrieben zu versprechen, mich hinzuführen.
Ehe wir aber hinfuhren, kam der Herzog von Braganza und viel andre Gesellschaft angefahren. Lord Stormont erwies mir die Ehre, mich Sr. Hoheit vorzustellen. Der Herzog ist ein vortrefflicher Kenner der Musik und war so gnädig, sich eine ziemliche Weile mit mir darüber in ein Gespräch einzulassen. Er hat viel gereiset und England, Frankreich und Italien besucht, ehe er nach Deutschland gekommen ist. Er ist sehr lebhaft und reizte die Gesellschaft oft zum Lachen durch seine scherzhaften Einfälle, die aber alle mit Gutherzigkeit gewürzt waren.
Se. Königliche Hoheit gab mir Nachricht von einem portugiesischen Abbé, dessen schon vorher Lord Stormont und Herr L'Augier als eines Mannes von besonderm Charakter erwähnt hatten. Es ist ein zweiter Rousseau, aber noch mehr original; er läßt sich ungemein schwer sprechen, schlägt jede Hülfeleistung an Gelde oder Geschenken aus, ob er gleich nichts hat, wovon er lebt, als was ihm sein Meßlesen einbringt, welches täglich ein Siebenzehner sein mag. Er will ein für allemal unabhängig leben und haßt es, daß die Welt von ihm sprechen soll, und fast ebensosehr, mit jemand darin zu sprechen. Indessen meinte der Herzog von Braganza, er würde geradesoviel über ihm vermögen, daß er mich mit ihm bekannt machen könnte; und da eine andre musikalische Partie, mir zu Gefallen, bei dem Lord Stormont auf den Freitagmittag zum Essen verabredet wurde, so versprach der Herzog, sein möglichstes zu tun, diesen außerordentlichen Abbé mitzubringen. Seine Meinungen über die Musik sind ebenso sonderbar als sein Charakter. Er spielt sehr gut auf der großen spanischen Gitarre, obgleich in einem sonderbaren Stile, mit weniger Melodie, in Ansehung der Harmonie und Modulation aber ist er sehr original und angenehm.
Er ist ein offenbarer Feind des Rameauischen Systems und hält seinen Fundamentalbaß für die allerabgeschmackteste Erfindung, weil solcher durch sein unaufhörliches Bestreben nach Schlußklauseln aller Phantasie, allem Zu-

sammenhange und aller Fortschreitung im Wege tritt. Das Fallen einer Quinte oder Steigen einer Quarte schneidet alles kurz ab oder läßt das Ohr, welches an einen solchen Fundamentalbaß verwöhnt ist, so lange unruhig, bis eine Passagie geendigt worden.

Um fünf Uhr brachte Lord Stormonts Wagen ihn selbst, die Gräfin Thun und mich nach dem Hause des Chevaliers Gluck in der Markusvorstadt. Er wohnt da recht gut, hat einen hübschen Garten und viele hübsche und möblierte Zimmer. Kinder hat er nicht. Madame Gluck und seine Nichte, welche er bei sich hat, kamen sowohl als der alte Komponist selbst bis an die Treppe, uns zu empfangen. Sein Gesicht ist stark von den Blattern gezeichnet, seine Figur und sein Blick sind ziemlich widrig; er ward aber bald milder gemacht, und er sprach, sang und spielte nach der Gräfin Thun Bemerkung mehr, als sie sich jemals von ihm erinnern konnte.

Er begann damit, seine Nichte, die erst dreizehn Jahre alt ist, auf einen schlechten Flügel in zwo der besten Szenen aus seiner berühmten Oper *Alceste* zu akkompagnieren. Dieses junge Frauenzimmer hat eine starke, wohltönende Stimme und sang mit unendlich vielem Geschmacke, Empfindung, Ausdruck und selbst schwere Dinge. Nach diesen zwo Szenen aus der *Alceste* sang sie noch einige andre von verschiedenen Komponisten und verschiedenen Schreibarten, besonders aber von Traetta.

Man versicherte mich, daß Mademoiselle Gluck erst zwei Jahre singen gelernt hätte, welches mich in Ansehung dessen, wie weit sie es schon gebracht hatte, wirklich in Erstaunen setzte. Sie hatte angefangen, von ihrem Oheim zu lernen, er aber, in einem Anfalle von übereilter Verzweiflung, hatte sie aufgegeben, als Signor Millico, der um eben die Zeit nach Wien kam und entdeckte, daß aus ihrer Stimme etwas zu machen und sie selbst sehr gelehrig wäre, sich die Erlaubnis ausbat, sie bloß auf ein paar Monate in Unterricht zu nehmen, um zu sehen, ob es nicht ihre Mühe belohnen möchte, bei ihren musikalischen Studios zu beharren, ungeachtet des widrigen Urteils, welches über sie ausgesprochen, das nach seiner Vermutung mehr in der Ungeduld und Heftigkeit des Oheims als in dem Mangel an Fähigkeit der Nichte seinen Grund hätte. Ihr schönes Singen beweiset nunmehr die Klugheit und Einsicht des Herrn Millico, womit er diese Entdeckung gemacht und die Vortrefflichkeit der Methode bei seiner Lehrart, denn dieses junge Frauenzimmer hat seinen Ausdruck und Geschmack so wohl begriffen und sich dergestalt zu eigen gemacht, daß man gar nichts von dem Froste der Nachahmung daran spürt, sondern solche ganz aus ihrer eignen Empfindung zu fließen scheint; und es ist eine Singart, die bei einem Frauenzimmer vielleicht noch unwiderstehlichere Reize und Anmut hat als beim Signor Millico selbst.

Mademoiselle Gluck ist schmächtig von Wuchs, scheint von zarter Leibesbeschaffenheit und fühlt dabei so sehr, was sie singt, daß ich für ihre Gesundheit besorgt sein würde, wenn sie Profession vom Singen machen wollte; sie ist aber auch zu keiner öffentlichen Sängerin bestimmt. Als sie gesungen hatte, ließ sich ihr Oheim erbitten, selbst zu singen; und mit so wenig Stimme als möglich wußte er die Gesellschaft zu unterhalten, ja sogar in einem hohen Grade zu ergötzen, denn er ersetzte den Mangel an Stimme durch Reichtum des Akkompagnements, durch Nachdruck und Heftigkeit in den Allegros und durch seinen treffenden Ausdruck dergestalt, daß es ein Fehler wurde, den man bald gänzlich vergaß.

Er war so gut aufgeräumt, daß er seine Oper fast ganz durchging, auch verschiedne andre vortreffliche Stellen aus einer neuern Oper von ihm, *Paride ed Elena*, und aus einer französischen Oper nach Racinens *Iphigenie*, die er eben komponiert hatte. Von dieser letztern hat er zwar noch keine Note zu Papier gebracht, er hatte sie aber schon in seinem Kopfe so völlig ausgearbeitet, daß er sie fast von Anfang bis zu Ende ebenso fertig hersang, als ob er eine rein abgeschriebene Partitur vor sich gehabt hätte.

An Erfindung, glaub' ich, kommt ihm kein itztlebender oder verstorbner Komponist gleich, besonders in dramatischer Malerei und theatralischer Wirkung. Er studiert ein Gedicht erst lange Zeit, ehe er daran geht, es zu setzen. Er erwägt genau die Verhältnisse der Teile untereinander, die Grundlage eines jeden Charakters, und trachtet mehr darnach, den Verstand zu vergnügen, als dem Ohre zu schmeicheln. Dies heißt, nicht nur ein Freund der Dichtkunst, sondern selbst ein Dichter sein; und hätte er für den Ausdruck seiner Ideen eine andre hinreichende Sprache als die Sprache der Töne, so würde er gewiß ein großer Poet sein. Diese aber, so wie sie ist, wird unter seiner Bearbeitung eine sehr reiche, körnigte, zierliche und nachdrucksvolle Sprache. Es trifft sich selten, daß man eine einzelne Arie aus ihrer Stelle nehmen und ohne ihren Zusammenhang mit großer Wirkung singen kann; das Ganze ist eine Kette, wovon ein abgelöstes Glied von geringer Erheblichkeit ist.

Wenn es den Verfechtern der alten französischen Musik möglich ist, irgendeine andre als die von Lully und Rameau mit Vergnügen zu hören, so muß es Glucks *Iphigenie* sein, in welcher er sich so weit nach dem Nationalgeschmacke, Stile und der Sprache geschmieget hat, daß er den einen oft nachgeahmt und den andern adoptiert hat. Die Hauptschwierigkeit, die seinem Ruhme bei seinen eingeschrumpften Richtern im Wege steht und welches ihm dafür bei andern Beifall gewinnen wird, ist, daß seine Komposition sehr oft Melodie und beständig Takt hat, ob sie gleich über einen französischen Text und für eine ernsthafte, französische Oper gemacht ist.

Ich erinnerte Herrn Gluck an seine Arie *Rasserena il mesto ciglio*, welche schon im Jahr 1745 in England so beliebt war, und erhielt es von ihm, daß er nicht alleine diese, sondern noch verschiedene andre von seinen frühesten und besten Favoritarien sang. Er sagte mir, England habe ihn darauf gebracht, bei seinen dramatischen Kompositionen sich auf das Studium der Natur zu legen. Es war ein ungünstiger Zeitpunkt, als er hinkam; Händel stund damals in einem so hohen Ruhme, daß eben niemand geneigt war, etwas anders als von seiner Komposition zu hören. Die Rebellion brach aus; alle Fremde wurden dem Staate für gefährlich gehalten; das Opernhaus war auf Befehl des Lord Oberkammerherrn verschlossen, und der Lord Middlesex erhielt mit vieler Mühe und Kunst, daß es wieder für ein politisches, auf die Zeitumstände gemachtes Stück, *La Caduta de'Giganti*, geöffnet wurde. Dieses Stück setzte Gluck mit Furcht und Zittern, nicht bloß deswegen, weil er so wenig Freunde in England hatte, sondern aus Furcht vor einem Auflaufe des Pöbels, wenn es gespielt würde, weil lauter Fremde und Papisten darin zu tun hatten.

Er studierte damals den Geschmack der Engländer, bemerkte besonders, was die Zuhörer am meisten zu empfinden schienen, und da er fand, daß die planen und simplen Stellen die meiste Wirkung auf sie taten, so hat er sich seit der Zeit beständig beflissen, für die Singstimme mehr in den natürlichen Tönen der menschlichen Empfindungen und Leidenschaften zu schreiben, als den Liebhabern tiefer Wissenschaft oder großer Schwierigkeiten zu schmeicheln; und es ist anmerkenswert, daß die meisten Arien in seiner Oper *Orpheus* so plan und simpel sind, als die engländischen Balladen (Gassenhauer), und die Zusätze, welche die Herren Bach und Guglielmi dazu machten, da sie zuerst in England aufgeführt wurden, waren von einem so fremden Gewebe, obgleich auf eine andre Art vortrefflich, daß sie die Einheit des Stils und die charakteristische Simplizität zerstörten, weswegen dieses Werk bei der Wiener Aufführung so sehr bewundert worden.

Herr Gluck hat seine Ideen von den nötigen Eigenschaften der dramatischen Musik so deutlich auseinandergesetzt (in seiner Dedikation der *Alceste* an den Großherzog von Toskana) und hat seine Gründe, warum er die betretene Bahn verlassen, mit so vielem Nachdruck und so vieler Freiheit angeführt, daß ich ohne weitere Entschuldigung meinen Lesern einen Auszug daraus vorlegen will.

...

Aus diesem Auszuge wird der Leser den Schluß machen, daß die Ritornells zu den Arien in seiner *Alceste* selten

und kurz sind; daß die Singstimmen keine langen Gurgelsätze haben; daß keine feierlichen Kadenzen vorkommen, daß fast die meisten Rezitative von Instrumenten begleitet sind und daß kein *Da capo* durch die ganze Oper anzutreffen ist, welche, wie diejenigen sagen, die sie haben vorstellen gesehen, so wahrhaft theatralisch und anziehend war, daß sie ihre Augen nicht von der Bühne wegwenden konnten, solange die Handlung währte, indem ihre Aufmerksamkeit dergestalt gereizt und ihre Besorgnis so erhöht wurde, daß sie bis in den letzten Auftritt in unaufhörlicher Beklemmung zwischen Furcht und Hoffnung erhalten wurden, so daß die Musik bloß der Deklamation mehr Nachdruck oder mehr Schmelzendes gab, je nachdem es die Umstände erheischten, worin sich die agierenden Personen befanden. Die Silben wurden freilich gedehnt und die Töne der Rede musikalisch bestimmt, aber es blieb doch immer Rede, selbst in den Arien, welche fast alle von derjenigen Art sind, die die Italiener *parlante* (Redende) nennen.
Allein, obgleich Herr Gluck in seiner *Cantilena* oder Sangweise die simple Natur studiert, so ist er doch in seinen Akkompagnements zuweilen nicht nur gelehrt, sondern künstlich arbeitsam, und in diesem Punkte ist er mehr noch als Dichter und Musiker, er ist ein vortrefflicher Maler. Seine Instrumente malen sehr oft den Gemütszustand der singenden Person und geben den Leidenschaften ein hohes Kolorit.
Als der Chevalier Gluck noch sang, kam der Graf Brühl, ein starker Liebhaber, zur Gesellschaft; er ist ein Sohn des berühmten sächsischen Ministers und spielt auf verschiedenen Instrumenten auf eine meisterhafte Art.
Von hier brachte mich Lord Stormont nach dem Hause des Herrn Generals von Wallmoden, des hannövrischen Ministers, welches fast ganz am andern Ende der Stadt liegt. Hier war *assemblée* von den fremden Ministern, und Lord Stormont erzeigte mir die Ehre, mich dem ganzen *Corps diplomatique* vorzustellen.
Hiermit endigte sich dieser geschäftsvolle und wichtige

Tag, an welchem so viel gesagt und getan war, daß er die Begebenheiten eines viel größern Zeitraums in sich zu fassen schien und ich mich des Abends, als ich alles wieder überdachte, kaum überreden konnte, daß alles in einer Zeit von ungefähr zwölf Stunden vorgefallen wäre.

Donnerstag, den 3ten

Um eilf Uhr machte ich verabredetermaßen dem Lord Stormont meine Aufwartung, welcher so gütig war, mich nach der öffentlichen Bibliothek zu führen; und hier, nachdem er mich den Bibliothekaren vorgestellt und sie erfahren hatten, daß ich unter seinem besondern Schutze stünde, bekam ich nicht nur die Freiheit, jeden Tag zu den gewöhnlichen Stunden hinzugehn, sondern selbst an den Festtagen und zu allen Zeiten, wo sie sonst verschlossen zu sein pflegt, und ich hatte den Vorzug, daß mir die Unterbibliothekaren allemal mit der äußersten Höflichkeit und Gefälligkeit Hülfe und Beistand leisteten.
Diese Bibliothek, welche noch nicht lange öffentlichen Gebrauchs gewesen ist, enthält eine sehr beträchtliche Anzahl von Handschriften sowohl als alten und neuern gedruckten Büchern. Das Gebäude ist neulich erst noch vergrößert und der Büchervorrat durch den Ankauf der Bibliothek des verstorbnen Prinzen von Eugen ansehnlich vermehrt. Der berühmte Arzneigelehrte, Doktor van Swieten, der vor kurzem gestorben, ist lange Jahre Oberbibliothekarius daran gewesen, eine Stelle, die zu der Zeit noch nicht wieder besetzt worden, als ich zu Wien war.
Der Hauptsaal der Bibliothek ist unermeßlich groß, außerordentlich hoch und voller Zieraten. Unter andern findet man darin marmorne Statuen von den Kaisern Karl V. und Leopold. Die Bücher sind vor noch nicht langer Zeit in eine neue Ordnung gebracht und hat einer von den Unterbibliothekaren ein neues Verzeichnis davon gemacht. Für die Leser und Abschreiber ist ein besonders Zimmer, und ein andres für die Bibliothekare und ihre Gehülfen.
Auf meinem Wege nach dem Hause des Lords Stormont trat ich in die Michaelskirche, um die Orgel zu be-

sehen, weil es eine von denen ist, auf die mich Herr Snetzler aufmerksam gemacht hatte wegen der besondern Art ihrer Klaviereinrichtung. Dieses Instrument hat keine Fronte. Die großen Pfeifen sind in einer wohlausgesonnenen Ordnung zu beiden Seiten der Galerie gestellt, und in der Mitte ist bloß eine Loge von vier Fuß ins Geviert für die Klaviere und Registerzüge, so daß das Fenster an der Abendseite völlig frei ist. Der Umfang dieser Orgel geht nur im Manual vom E bis ins dreigestrichne c. Das Pedal aber geht wie bei den meisten Orgeln in Deutschland noch eine Oktave tiefer herunter als das Manual. Sie hat vierzig Stimmen und drei Klaviere, welche gekuppelt werden können. Die Pfeifen sind von gutem Tone, und Herr Wegener, der itzige Organist, ob er gleich kein Mann von viel Geschmack oder reicher Phantasie ist, spielt in einer vollstimmigen und meisterhaften Manier.

Diesen Morgen besuchte ich auch noch die Kreuzkirche, und hier hörte ich eine Musik während der stillen Messe; die Musik war aber schlecht und die Aufführung noch schlimmer. Indessen ward ich durch das Gedränge gezwungen, fast eine ganze Stunde auszuhalten, ehe ich mit Ehren herauskommen konnte.

Diesen Morgen war der Abbate Taruffi so gütig, meinen Besuch zu erwidern. Er hatte mein Buch bereits durchgesehen und hatte meine Absicht hinlänglich begriffen. Nachdem wir ziemlich lange auf meinem Zimmer miteinander gesprochen hatten, führte er mich zum Herrn Adolf Hasse, welcher ein hübsches Haus in der Vorstadt, die Landstraße genannt, bewohnt. Madame Faustina war am Fenster, und als sie uns an der Türe aussteigen sahe, kam sie uns entgegen; ich ward ihr von meinem Führer bekannt gemacht. Sie ist eine kurze, bräunliche, verständige und lebhafte Matrone und sagte, es wäre ihr sehr lieb, einen *Cavaliere Inglese* zu sehen, weil sie ehedem in England mit vielen Zeichen der Gewogenheit beehrt worden wäre.

Bald darauf trat Herr Hasse ins Zimmer; er ist lang von Person und fast ein wenig dick von Körper, man sieht's ihm aber noch an, daß er in seiner Jugend von dauerhafter Gesundheit und angenehmer Figur gewesen sein muß. Aus seinen Blicken und Betragen leuchtet viel Edelmut und gutes Herz hervor. Die Zeit scheint gegen ihn nicht so schonend gewesen zu sein als gegen die Faustina, ob er gleich zehn Jahre jünger ist als sie. Ich überreichte ihm einen Brief, den mir Sir James Gray die Ehre erwiesen hatte, an ihn zu schreiben und welchen Herr Hasse eine gute Weile in der Hand hielt und aus Höflichkeit nicht lesen wollte; unter der Zeit aber gab ihm der Abbate Taruffi Nachricht von den Absichten, mit welchen ich bereits durch Frankreich und Italien gereiset wäre und die mich itzt nach der Hauptstadt des deutschen Reichs geführt hätten.

Ich konnte mich nur ganz kurz aufhalten, weil ich zum Konzerte des Herrn L'Augiers versagt war und ich mich sehr zu schämen Ursach gehabt hätte, wenn ich spät hingekommen wäre, weil's mir zu Gefallen angestellt worden; und dennoch war ich so ungeduldig, zwo Personen von so ausgezeichneten Verdiensten, als Hasse und Faustina, kennenzulernen, daß ich meiner Begierde, mit Signor Taruffi nur auf eine Viertelstunde hinzugehen, nicht widerstehen konnte. Endlich bat Herr Hasse um Erlaubnis, näher ans Licht zu gehen, um den Brief zu lesen, den ich ihm überreicht hatte. Unter dieser Zeit traten seine beiden Töchter herein. Sie sind ungefähr achtundzwanzig bis dreißig Jahre alt; keine Schönheiten, aber so vollkommen wohlerzogen und angenehm in ihrem Betragen, daß man auf den ersten Anblick ganz leicht entdeckt, daß auf ihre Erziehung viel Sorgfalt verwendet worden; sie lesen Englisch und sprechen es ein wenig.

Als Miß Davies, welche die Harmonika spielte, und ihre Schwester, welche voriges Jahr die erste Frauenzimmerrolle in der großen Oper zu Neapolis sang, zu Wien waren, wohnten sie mit Hasse in einem Hause, und während dieser Zeit lernten die beiden Demoiselles Hasse von Miß Davies Englisch, und dieser große Meister brachte die Jüngste von den Engländerinnen durch seinen Unterricht so weit, daß sie die vornehmste Rolle in der vornehmsten Oper von Europa singen konnte.

Herr Hasse kam bald wieder zu uns und war so sanft und ungezwungen in seinem Betragen, daß ich mich in dieser einzigen Viertelstunde ebenso bekannt mit ihm fühlte, als ob wir schon zwanzig Jahre miteinander umgegangen wären. Ich sagte ihm und der Faustina so viel Verbindliches, als die Kürze der Zeit erlauben wollte, und in der Tat nichts mehr, als ich wirklich so meinte; denn von seinen Werken hatte ich ein großes Teil meiner frühesten musikalischen Freuden empfangen, und das Vergnügen, das sie mir in der Jugend gewährt hatten, war durch eine nähere Bekanntschaft mit den Arbeiten andrer großen Komponisten seitdem nicht vermindert worden; und es war also im eigentlichsten Verstande wahr, wenn ich ihm sagte, mein angelegenstes Geschäft, warum ich nach Wien gekommen, wäre, ihn zu sehen und zu sprechen; daß sein Name in England sehr bekannt sei und daß er schon längst mein *Magnus Apollo* gewesen. Er nahm alles dieses mit vieler Bescheidenheit auf und sagte, er wäre oft eingeladen worden und hätte oft gewünscht, nach England zu kommen, weil er viele Personen aus diesem Reiche gekannt, von denen er große Höflichkeiten genossen hätte.

Ich fragte ihn, ob es wohl möglich wäre, ein Verzeichnis von seinen Werken zu erhalten; er sagte aber, er wüßte es selbst nicht. Indessen versprach er, sein möglichstes zu tun, sich der vornehmsten darunter zu besinnen, und die Faustina erbot sich, ihm zu helfen. Es war mit dem größten Widerwillen, daß ich meinen Besuch abkürzen mußte, gerade als die Bekanntschaft angefangen und das Schlimmste und Feierliche überstanden war. Indessen erhielt ich seine Einladung, sooft wiederzukommen, als ich könnte; er erkundigte sich nach meiner Wohnung und sagte, er hoffte, daß ich mich einige Zeit in Wien aufhalten würde und andre dergleichen Höflichkeiten mehr, auf welche man eben nicht achtet, wenn man sie von Personen hört, die einem gleichgültig sind, welche aber von denen, die wir lieben und ehren, einen tiefen Eindruck machen.

Von hier aus ging ich nach Herrn L'Augiers Konzert, welches schon von dem acht- oder neunjährigen Kinde angefangen war, dessen er vorhin gegen mich erwähnt hatte, und welches zwei schwere Sonaten von Scarlatti und drei oder viere vom Herrn Beecke auf einem kleinen und nicht guten Pianoforte spielte.

Ich wunderte mich nicht so sehr über die nette Ausführung des Kindes, ob sie gleich ungemein war, als über ihren Ausdruck. Alle Pianos und Fortes beobachtete sie mit so viel Einsicht, sie wußte einige Passagien so zu beschatten und andre dagegen so stark zu heben, daß es entweder von der vortrefflichen Lehrmethode oder von dem feinsten natürlichen Gefühl der Schülerin herrühren mußte. Ich erkundigte mich bei Signor Giorgio, einem Italiener, der sie begleitete, auf was für einem Instrument sie gewöhnlich zu Hause spielte, und erhielt zur Antwort, auf dem Klavier. Dies erkläret ihren Ausdruck und bestärkt mich in der Meinung, daß Kinder ganz zeitig auf einem Klavier oder Pianoforte zu lernen anfangen sollten und daß man sie anhalten müßte, das erste leichteste Stück, das man ihnen vergibt, mit Ausdruck zu spielen; denn gewöhnen sie sich erst lange an einen monotonischen Flügel, so sehr der auch seinen Nutzen hat, die Hand zu stärken, so ist alle Hoffnung zu guter Expression verloren.

Die Gesellschaft war sehr zahlreich und bestund aus Personen von hohem Stande. Es befanden sich darunter die Prinzessin Piccolomini, der ich ein Empfehlungsschreiben zu überbringen die Ehre gehabt hatte, der Herzog von Braganza, der Prinz Poniatowski, der Lord Stormont, der General von Wallmoden mit seiner Gattin, der Graf Brühl, il Duca di Bresciano usw. Es war eine der feinsten Assembleen, die ich noch gesehen. Als das Kind ausgespielt hatte, spielte Herr Mut, ein guter Harfenist, ein Stück auf der einfachen Davidsharfe, ohne Pedal, wodurch es ein sehr schweres Instrument wird, denn der Spieler ist genötigt, die vorkommende Semitonia mit der linken Hand, vermittelst messingener Haken, die oben an der Harfe zwischen den Wirbeln liegen, zu machen, und es ist nicht nur schwer, diese Haken in der Geschwindigkeit zu finden und zu drehen, sondern das Geknarre, was durch das schnelle Umdrehen entsteht, ist auch unangenehm zu hören. Das Kunststück, die zufälligen Semitonia mit dem Pedale zu machen, ist noch nicht bis nach Wien gelangt, und die Doppelharfe ist hier völlig unbekannt. Dieser Harfenspieler, soviel man aus ihm macht, tat den Begriffen, die ich von der Fähigkeit dieses Instruments habe, kein Genüge.

Das Zimmer war zu voller Menschen für vollstimmige Sachen. Es wurden bloß einige Trios gespielt von Giorgi, ein Schüler von Tartini, Conforti, ein Schüler von Pugnani, und Graf Brühl, der auf verschiedenen Instrumenten, besonders der Violine, dem Violoncell und dem Mandolin, sehr schön spielt. Diese Trios waren von einem gewissen armen Manne namens Huber, der in der Komödie die Bratsche spielt, komponiert; es war aber vortreffliche Musik, voller simpler, klarer, guter Harmonie und hatte sehr oft Phantasie und neue Erfindung.

Freitags, den 4ten

Diesen Morgen erwies mir Signor Taruffi die Ehre, mich dem Bischof von Ephesus vorzustellen. Er heißt Monsignore Visconti, ist päpstlicher Nuntius am kaiserlichen Hofe und stammt von der berühmten Familie Visconti ab, welche ehedessen souveräne Herren von Mailand waren. Se. Exzellenz weiß viel Musik und singt auf eine sehr angenehme Art. Er war so gütig, sich eine ziemliche Weile mit mir über die Musik und über meine Reise nach Italien zu unterreden und mir einige geschriebene Kanons zu zeigen, solche mit mir zu singen und mir zu erlauben, daß ich sie abschreiben durfte. Er gab mir auch ein italienisches Sonett, das er eigenhändig abgeschrieben und welches Metastasio auf Verlangen des Königs von Polen zu einer polnischen Favoritmenuett gemacht, die der König des Endes von Warschau nach Wien geschickt hatte; und endlich ladete er mich ein, den Sonntag bei ihm zu essen.

Heute ging der Kaiser auf einen Monat nach Laxenburg, woselbst sich damals die kaiserlich-königliche Frau Mutter aufhielt. Bei dieser Gelegenheit bereiteten sich fast alle Vornehmen von Wien, ihm dahin zu folgen. Den Abend vor seiner Abreise ward in einem Reithause in der Vorstadt ein *carrousel* gehalten. Der Kaiser selbst nahm mit teil an dieser ritterlichen Übung; worauf Se. Exzellenz ein Feuerwerk auf der Donau abbrennen lassen, wobei Sie gleichfalls gegenwärtig waren. Ich ward aber durch Herrn L'Augiers Konzert und durch meinen Besuch bei Herrn Hasse verhindert, dabeizusein.

Die musikalische Gesellschaft, die heute beim Lord Stormont speisete, war auserlesen und im höchsten Grade unterhaltend und angenehm. Sie bestund aus dem Prinzen Poniatowski, dem Herzog von Braganza, dem portugiesischen Minister, dem Grafen und der Gräfin Thun, Herrn L'Augier, dem Chevalier, Madame und Mademoiselle Gluck, dem Abbate Costa usw. Dieser Abbate ist der sonderbare Musikus, dessen ich bereits erwähnt, der es für sich zu klein hielt, in fremde Fußstapfen zu treten und also, sowohl als Komponist und als Spieler, sich einen neuen Weg bahnte, welcher unmöglich zu beschreiben ist. Alles, was ich von seinen Produkten sagen kann, ist, daß darin mehr Sorgfalt und Harmonie und ungewöhnliche Modulations verwendet ist als auf die Melodie und daß es allezeit wegen der vielen Bindungen und Brechungen schwer ist, die Taktart ausfindig zu machen. Indessen tut seine Musik, wenn sie gut gespielt wird (welches aber selten zutrifft), eine sonderbare und angenehme Wirkung; dabei aber ist sie allzusehr ein Werk der Kunst, um andern als gelehrten Ohren ein großes Vergnügen zu gewähren.

Dieser Abbate besitzt eine ebenso große Liebe zu Unabhänglichkeit als Rousseau, so arm er ist, schlägt er doch jeden Beistand von den Reichen mit solcher Unbiegsamkeit aus, daß der Herzog von Braganza und er ungefähr vierzehn Tage oder drei Wochen über einen Vorfall einen Zwist hatten, worin doch zuletzt der Abbate den Sieg behielt.

Der Umstand war dieser, der Abbate wünschte sehr angelegentlich, das Griffbrett seiner Gitarre zu verbessern. Sie ist mit Darmsaiten bezogen, und jede Chorde ist dreifach. Nun fand er oft, daß diese Saiten, obgleich noch so rein im Einklange, solang er sie bloß allein anschlug, verstimmt waren, wenn er den Finger darauf setzte, und zwar bei einigen Bünden mehr als bei andern. Um der Sache abzuhelfen, ward ein geschickter Mechanikus aufgesucht, der mit vieler Mühe und Nachsinnen unter der Chorde bewegliche Bünde erfand; allein da solche von Messing gemacht worden und dem Künstler viele Zeit gekostet, so foderte er dafür vier oder fünf Gulden, eine Summe, die der Abt nicht imstande war aufzubringen, und dennoch wollte er auf keine Weise zugeben, daß der Herzog für ihn bezahlte. Endlich ward dem Streit dadurch ein Ende gemacht, daß der Herzog das Instrument für den ersten Preis zu sich nahm und der Abt eine einfachere und wohlfeilere Methode erfand, das Griffbrett an einer andern Gitarre zu ändern; und dies brachte er auf folgende Weise zustande: er legte unter dem Ebenholze, womit das Griffbrett verniert war, in der Länge ebenso viel Darmsaiten, als womit das Instrument bezogen wird, darauf machte er an der Stelle der Bünde so viel Einschnitte in das Ebenholz oben, so daß die unterliegenden Saiten bloßzuliegen kamen, und unter diese legte er kleine bewegliche Schnittgen Ebenholz, wodurch die Chorden auf seinem Instrumente in allen Tönen rein wurden. Dieses Griffbrett kann er nach Gefallen seitwärts abschieben; und dieser Kunstgriff war um desto nötiger, weil seine Modulation gar sehr gelehrt und fremd ist. Allein seine Kompositions sind nicht origineller in diesem als im Punkte des Taktes, welcher seiner Sonderbarheit wegen sehr schwer zu fühlen ist, und es einem also sehr schwer wird, ihn nur einigermaßen richtig zu halten.

Er spielte vor Tische auf seiner Gitarre zweierlei Taktarten, welche, soviel ich mich erinnern kann, ungefähr folgende waren:

Andante.

Presto.

D 2 Am

Am Tische saß ich zwischen dem Chevalier Gluck und diesem Abbate, und wir alle drei schwatzten mehr, als wir aßen. Gluck erzählte mir, was es ihm für Mühe gekostet, bei der Probe der Oper *Orpheus*, welches die erste von seinen wirklich dramatischen Opern war, sowohl Sänger als Instrumentisten nach seinem Sinne zu lenken. Daß diese Oper, als sie schon bei der Krönung des Kaisers als römischer König, bei welcher Gelegenheit sie zuerst aufgeführt wurde, vom Publikum mit Beifall aufgenommen worden, der Kaiserin-Königin nicht habe gefallen wollen; allein, als Ihro Majestät jedermann bei Hofe mit Lobe davon sprechen gehört und gefunden, daß sie der allgemeine Vorwurf der Unterredung sei, haben Sie beschlossen, sie noch einmal anzuhören, worauf denn Ihro Kaiserliche Majestät Ihren Beifall über diese Oper dadurch bezeigt haben, daß Sie dem Dichter Calzabigi einen Brillantenring und Gluck eine Börse mit hundert Dukaten geschenkt.

Vor etlichen Jahren ward zu Schwetzingen auf dem kurfürstlichen Theater eine komische Oper von Glucks Komposition aufgeführt, und Sr. Kurfürstlichen Durchlaucht gefiel die Musik so sehr, daß er fragte, von wem die Komposition sei, und auf die Antwort, sie wäre von Gluck, sagte dieser Prinz: „Mich deucht, er hat verdient, daß er für seine Mühe einen guten Trunk bekomme“, und zugleich befahl er, daß ihm ein Faß, freilich nicht so groß wie das Heidelberger Faß, aber doch groß genug, mit vortrefflichem Weine geschickt werden sollte.

Nach Tische versuchte der Abt selbst eins von seinen Duetten für zwo Violinen mit Herrn Startzer, der ein sehr guter Spieler und Komponist ist; besonders ist er glücklich in Komposition für Ballette und Pantomimen. Allein des Abbate Costa Duett war so schwer, sowohl im Takte als im Stile, daß es nach zwanzig bis dreißig Versuchen dennoch nicht recht herauskam.

Endlich ward die Gesellschaft, die nunmehr sehr verstärkt worden, ungeduldig, Mademoiselle Gluck singen zu hören; sie tat es, zuweilen bloß mit der Begleitung ihres Oheims auf dem Flügel, zuweilen mit mehr Instrumenten, auf eine so vortreffliche Art, daß ich's für unmöglich hielt, daß man in dieser Welt besser singen könnte.

Sie sang bis zum Bewundern einige ganze Szenen aus ihres Oheims Oper, worin die Musik so wahrhaft dramatisch war, so malerisch, so ausdrucksvoll, daß, wenn meine Mutmaßung nicht trügt, daß die erste Vokalmusik die Stimme der Leidenschaft und der Natur ist, die Komposition des Chevalier Gluck und das Singen seiner Nichte diesen Begriff völlig erschöpft.

In einigen Szenen von großen Unglücksfällen, worin das menschliche Herz von gehäuften Leiden zerrissen wird, wo „Schauder auf Schauder“ folgt, wird Herr Gluck jenseits der Schranken eines gewöhnlichen Genies hingerissen; da gibt er den Leidenschaften solche herzdurchdringende Sprache, solche Farben, daß man an ihm zugleich den Dichter, den Maler und den Tonkünstler erkennt. Er scheint in der Musik ein Michelangelo zu sein und ist ebenso glücklich, schwere Lagen und Stellungen der Seele zu schildern, als jene in schweren Lagen und Stellungen des Körpers. In der Tat mag sein Ausdruck der Leidenschaften zuweilen zu stark für gemeine Zuhörer werden, allein

Il echappe souvent des sons à la douleur
Oui sont faux pour l'oreille, et sont vrai pour le coeur.[15]

(Dorat)

Zwischen den Singestücken dieses entzückenden Konzerts hatten wir einige allerliebste Quartettos von Haydn, die mit aller möglichen Vollkommenheit vorgetragen wurden. Herr Startzer spielte dabei die erste Violine, der die Adagios mit ungemeiner Innigkeit und Empfindung vorträgt; die zwote Violine spielte Herr Ordonetz; die Bratsche der Graf Brühl und Herr Weigl, ein vortrefflicher Violoncellist, den Baß. Alle, welche teil an der Aufführung dieses Konzerts hatten, fanden, daß die Gesellschaft sehr aufmerksam in der Lage war, ihnen ihr Herz zu überlassen, und dadurch wurden sie bis zu dem wahren Grade von Enthusiasmus beseelt, welcher sein innerliches Feuer allem außer sich herum mitteilet und alles in Flammen setzt, so daß unter Spielern und Hörern ein Wettstreit entstund, wer am meisten rühren oder am meisten gerührt sein wollte.

Als dieses musikalische Gastmahl zu Ende, ging ich mit Herrn L'Augier nach seinem Hause, um einen Florentiner Poeten, den Abbate Casti, seine eignen Verse hersagen zu hören, welches er aus dem Gedächtnisse tat, und zwar

15 In solchen Tönen klaget oft der Schmerz,
Die falsch fürs Ohr, doch wahr fürs Herz.

einige Stunden lang, ohne im geringsten anzustoßen oder sich zu unterbrechen. Lord Stormont und die meisten von der Gesellschaft kamen uns nach und blieben bis zwölf Uhr. Dieser Poet hat Schwung, Laune, Feuer und Empfindung; er hat einige der schalkhaftesten Erzählungen von Boccaccio und Voltaire in Verse gebracht, und einige hat er sich selbst geschrieben, die sehr frei sind.

Sonnabends, den 5ten

Diesen Vormittag brachte ich in der Kaiserlichen Bibliothek und im Hause der Gräfin Thun zu, welche im Begriff stund, auf eine längre Zeit nach Laxenburg zu gehen, als ich wahrscheinlicherweise in Wien bleiben konnte. Dieses war ein betrübter Umstand für mich, weil mir ihr Haus beständig offengestanden und sie alles mögliche getan hatte, mir Gefälligkeiten zu erweisen und Vergnügen zu machen.
Sie war hier von ihren Freunden und Freundinnen umgeben, welche, ob sich solche gleich nicht in meinen Umständen befanden, sondern sicher waren, sie entweder hier oder in Laxenburg bald wiederzusehen, dennoch fast alle Tränen in den Augen hatten bei dem bloßen Gedanken, sie auch nur auf ein paar Tage zu verlieren. Während diesem Besuche war sie so gütig, mir alle ihre musikalischen Seltenheiten sehen und hören zu lassen, ehe wir uns trennten. Ihr Geschmack ist unvergleichlich und ihr Vortrag leicht, nett und frauenzimmerlich; indessen sagte sie mir, sie habe ehedem viel besser gespielt als itzt, und setzte sehr scherzhaft hinzu, daß sie sechs Kinder gehabt, und „ein jedes habe etwas von ihr mit weggenommen". Sie ist eine muntre, lebhafte und guttätige Dame, die hier jedermann als eine Lieblingsschwester zu lieben scheint. Sie ist eine Nichte von dem ehemals so schönen Prinzen von Lobkowitz, der in den Jahren 1745 und 46 in England und mit dem berühmten Graf St. Germain in so genauer Verbindung war, welcher damals nicht bloß mit seiner Geige, sondern auch mit seinem geheimnisvollen Betragen und zweideutigem Charakter so viel Aufsehens

machte. Dieser Prinz hat sich itzt der Welt entzogen und mag zuweilen in einigen Monaten niemand von seinen Verwandten oder besten Freunden sprechen. Er weiß so viel von der Musik, daß er nicht allein gut spielt und davon urteilt, sondern auch vorzüglich gut komponiert, und seine Nichte gab mir verschiedene von seinen Werken, welche viel Verdienst und Neuheit hatten, besonders eine Arie für zwo Orchester, deren sich kein Meister in Europa zu schämen hätte.

Zufolge der Anfrage, die Lord Stormont sehr gütigerweise für mich bei Metastasio hatte tun lassen, hatte er die sehr höfliche Antwort von ihm erhalten, es solle ihm lieb sein, den Lord und mich bei sich zu sehen, welchen Abend es Sr. Exzellenz selbst gefallen würde zu bestimmen. Dies war ein sehr erwünschter Umstand, weil Metastasio des Nachmittags, drei oder vier seiner vertrautesten Freunde ausgenommen, niemand anzunehmen und des Vormittags nur eine allgemeine Konversation bei ihm vorzufallen pflegt. Da Lord Stormont schon bis auf den Sonnabend täglich versagt war, so wählte er diesen Nachmittag, um meine Begierde zu befriedigen, diesen Lieblingsdichter jedes Tonkünstlers, der nur das Geringste vom Italienischen versteht, kennenzulernen und mit ihm zu sprechen. Der Sonnabend war endlich herangekommen, und ich ging mit großen Erwartungen schwanger.

Um sechs Uhr des Abends fuhr Lord Stormont mit mir hin. Wir fanden nur einen von seinen vertrauten Freunden bei ihm, welches einer von den kaiserlichen Bibliothekaren ist und ebenderselbe, dem ich auf der Bibliothek vorgestellt worden und der den Besuch veranstaltet hatte.

Dieser große Dichter wohnt, wie viele andre große Dichter vor ihm, dem Himmel sehr nahe, nicht weniger als vier Treppen hoch. Ob die neuern Barden deswegen gerne so hoch wohnen, weil es einige Ähnlichkeit mit dem Berg *Parnassus,* der Wohnung ihres Ahnherrn Apoll, hat, oder überhaupt in der Nachbarschaft der Götter sein wollen, das will ich nicht entscheiden; man kann aber eine näher gelegene und bescheidnere Ursache anführen, warum Metastasio aus so hohen Fenstern guckt, wenn man das sonderbare *Servitut*, das fast durchgehends auf allen Häusern in Wien liegt, in Erwägung zieht, vermöge dessen der Kaiser das unterste Stockwerk derselben für seine Hof- und Kriegsbeamte nimmt. Eine Folge davon ist, daß Prinzen, Ambassadeurs und die Hohen von Adel gewöhnlich in den zweiten Stockwerken wohnen, und das dritte, vierte und sogar das fünfte (die Häuser werden hier groß und hoch gebauet) sind noch immer so bequem und gut eingerichtet, daß reiche und angesehene Familien darin wohnen können; und unser Poet, ob er gleich den Teil eines Hauses bewohnt, worin man anderwärts nur Bediente zu betten pflegt, hat dennoch außerordentlich gute und bequeme Zimmer, in welchen ein Kaiserlicher Hofpoet mit aller ihm zustehenden Würde sein Werk mit den Musen treiben kann.

Er empfing uns mit der äußersten Freundlichkeit und guter Lebensart, und meine Verwundrung war ebenso groß als meine Freude, ihn von so munterm Ansehn zu finden; er scheint nicht über funfzig zu sein[16], und für sein Alter ist er der schönste Mann, den ich kenne. In seinen Mienen sind das Genie, die Güte des Herzens, die Redlichkeit, die Milde und Sittlichkeit gemalt, wodurch sich beständig seine Schriften vor andern auszeichnen. Sein Gesicht war so angenehm und betrachtenswürdig, daß ich meine Augen nicht davon wegwenden konnte. Seine Unterredung entsprach seinen Mienen. Sie war fein, lebhaft und ungezwungen. Wir brachten ihn dahin, daß er viel mehr von der Musik sprach, als wir erwarteten; denn überhaupt pflegt er's zu vermeiden, sich über irgendeine Materie tief einzulassen. Gleichwohl unterließ er nicht zu sagen, er würde mir über meinen Gegenstand wenig neue Einsichten mitteilen können, weil er ihn niemals mit hinlänglicher Aufmerksamkeit betrachtet hätte. Indessen zeigte er im Laufe

16 Man hat eine Ausgabe von seiner Oper *Giustino*, die Anno 1713 gedruckt ist; und da man weiß, daß er vierzehn alt war, da er dies Gedicht schrieb, so fällt dadurch sein Geburtsjahr ins vorige Säkulum.

der Unterredung, daß er eine sehr gute Kenntnis sowohl von der Geschichte als der Theorie der Musik besaß; und es schmeichelte mir nicht wenig zu finden, daß er in verschiedene zweifelhaften Punkten einerlei Meinung mit mir war.

Unser Gespräch war über folgende Dinge: über die musikalischen Tonleitern der alten Griechen, über ihre Melodie, Chöre, Modos und Deklamation; über den Ursprung der neuern Harmonie und der Oper; über die Liebhaberei an den Fugen vom vorigen und am Geräusch von diesem Jahrhunderte usw.

Er scheint ganz gut mit Master Hooles englischer Übersetzung der beiden ersten Bände von seinen Werken zufrieden zu sein, war aber mit mir einerlei Meinung, daß, wenn er gefehlt hätte, es mehr in den Arien als in den Rezitativen geschehen sei. Indessen sagt er zu Master Hooles Entschuldigung, daß es bei Übersetzung italienischer Verse unmöglich anders sein kann, denn die Sprache an sich selbst ist so sanft und musikalisch, daß sich in keiner andern Sprache ebenso lieblichtönende Worte finden lassen. Ihm gefiel keine einzige von den vielen tausend Übersetzungen und Nachahmungen seiner *Grazie agl' Inganni tuoi.* Ich fragte ihn, ob er ein Duett über diese Worte komponiert hätte, das ich schon seit vielen Jahren habe und wovon ich ihm die zwei oder drei ersten Takte vorsang, und er sagte: „So etwas ähnliches, ja."

Wir sprachen von verschiedenen Ausgaben seiner Werke; er hält die Pariser und Turiner in zehn Bänden für die vollständigsten und korrektesten. Diese enthalten alles, was er willens ist, drucken zu lassen, ausgenommen die Oper *Ruggiero,* die voriges Jahr in Mailand aufgeführt ist. Lord Stormont beklagt es, daß die Stücke nicht in eine genaue chronologische Ordnung gebracht wären; Metastasio sagte aber, es sei dem Publikum wenig daran gelegen zu wissen, ob er *Artaserse* oder *Didone* zuerst geschrieben habe; dabei gestand er doch, daß einige von seinen Stücken auf besondre Veranlassungen gemacht wären, welche vielleicht bekannt zu sein verdienten.

Hier erzählte er uns, daß, als seine gnädigste Herrschaft, die Kaiserin-Königin, an den Großherzog von Lothringen vermählt werden sollte, man eine Oper zu dieser Feierlichkeit von ihm verlangte und daß man ihm nicht mehr als achtzehn Tage Zeit dazu erlaubte. Er rief gleich anfangs aus, es wäre unmöglich, als er aber nach Hause gekommen, brachte er die Geschichte des *Achilles in Sciros* in einen Plan, entwarf eine Art von Programm auf einem großen Bogen Papier – hier beginnt, hier endigt der erste Akt, dies ist der Knoten im zweiten und dieses die Katastrophe im dritten. Hernach verteilte er die Handlung unter die verschiedenen singenden Personen, hier eine Arie, dort ein Duett und da ein Soliloquium. Darauf ging er daran, den Dialog zu schreiben und in Auftritte zu verteilen, welche er den Komponisten naß unter der Feder weg gab, von dem sie der Sänger ebenso wieder bekam, um sie auswendig zu lernen, denn in diese achtzehn Tage mußte alles, Poesie, Musik, Ballett, Maschinen und Dekorations fertiggemacht werden.

Er sagte, die Not vermehrte oft unsre Vermögenskräfte und zwänge uns, etwas zu machen, wofür wir uns nicht nur für unfähig gehalten hätten, sondern es auch auf eine geschwindre und oft bessere Art zu machen, als wenn wir dabei nach Muße und Bequemlichkeit zu Werke gingen; er setzte hinzu, *Hypermnestra* habe er in neun Tagen gemacht. Und es ist merkwürdig, daß *Achilles* und *Hypermnestra* zwei der besten von Metastasios Opern sind.

Lord Stormont fragte ihn, ob er niemals selbst eine von seinen Opern in Musik gesetzt hätte, und er antwortete, dazu wäre er nicht Musikus genug, er habe wohl zuweilen einem Komponisten die Art und Weise an die Hand gegeben, wie er seine Worte in einer Arie ausgedrückt zu haben wünschte, aber weiter nichts. Mylord erzählte ihm, wie der alte Fontenelle in seiner Gegenwart gesagt habe, daß kein musikalisches Drama vollkommen oder interessant werden würde, bis, wie in den alten Zeiten, Poet und Musikus eine Person wären, und daß, als Rousseaus *Devin du village* herauskam und jeden Zuhörer so sehr entzückte, der literarische Patriarch, Fontenelle, seine Vortrefflichkeit dieser Vereinigung des Dichters und Tonkünstlers zuschrieb.

Metastasio aber sagte, die Komposition erfodre heutzutage so viel Geschicklichkeit und Wissenschaft in Betrachtung des Kontrapunkts, der Kenntnis der Instrumente, der Fähigkeit der Sänger und dergleichen Dinge mehr, daß es einem heutigen Poeten oder Gelehrten zu viel Zeit und Mühe kosten würde, sich solche zu erwerben.

Er sagte, er glaubte nicht, daß noch ein Sänger übrig wäre, der seine Stimme so brauchen könnte, als die alten Sänger gelehrt wurden. Ich bemühte mich, die Ursach davon anzugeben, und er war mit mir einig, daß die Theatermusik zu instrumentalisch geworden wäre; und daß die Kantaten aus dem Anfange des gegenwärtigen Jahrhunderts, die keine andre Begleitung hatten als ein Clavicimbel oder ein Violoncell, viel mehr Singekunst erfoderten als unsre neumodischen Arien, bei welchen das rauschende Akkompagnement sowohl Fehler als Schönheiten verbergen und dem Sänger forthelfen kann.

Er schien der Meinung zu sein, daß die Musik aus dem vorigen Jahrhunderte, überhaupt betrachtet, zu voller Fugen, mit zu vielen Stimmen und Künsteleien überhäuft gewesen, daß sie jemand anders als der Artist hätte empfinden oder verstehen können. Alle die besondern Bewegungen der verschiedenen Stimmen in den Partituren, ihre Verkehrungen und Brechungen, sagte er, wären unnatürlich, versteckten und entstellten die Melodie und richteten nichts an als Unordnung.

Er bekräftigte die Wahrheit der Geschichte, daß ihn Gravina gezwungen habe, in seinem zwölften Jahre schon die ganze *Iliade* in italienische *Ottave Rime* zu übersetzen. Er erwähnte auch, daß er Verse *all'improvisa* gemacht, als er jung gewesen, hätte aber vor seinem siebzehnten Jahre schon damit aufgehört.

Er sagte verschiedene scherzhafte Einfälle während der Unterredung und war die ganze Zeit durch gleich munter, höflich und aufmerksam. Wir waren gerade zwo volle Stunden bei ihm, und als wir weggingen, faßte er mich bei der Hand, erkundigte sich nach meinem Logis und sagte, daß er mich besuchen wollte; ich bat ihn aber, er möchte sich die Mühe nicht machen, weil ich mich für vollkommen glücklich halten würde, wenn er mir erlaubte, daß ich ihn wieder aufwarten dürfte; er ersuchte mich also, so oft zu kommen, als mir gefiele, und versicherte mich, es sollte ihm allemal angenehm sein, mich bei sich zu sehen.

Er foderte Licht und sagte, es wäre so dunkel, daß die Worte ihren Weg zum Ohre nicht finden könnten. Er sprach deutsch mit dem Bedienten, worauf ich ihn fragte, ob er Geduld genug gehabt, diese Sprache zu lernen. Er versetzte: „Ein paar Worte bloß, um mein Leben zu retten"; er wollte damit sagen, um das Nötige zu fodern, sonst hätte er Hungers sterben müssen.

Lord Stormont sagte, daß diesen Morgen Zeitungen von der Revolution in Schweden eingelaufen wären. Das veranlaßte auf einige Zeit ein politisches Gespräch, welches mir gar nicht lieb war. – *„Ecco"*, sagte Metastasio, indem er sich zu mir wandte, *„un' altra scena per la drama!"* Da gibt's eine neue Szene fürs Drama! Er machte die Anmerkung, daß die Absicht der Menschen so verschieden und eine der andern so entgegengesetzt wären und daß ein Mann oft so wenig selbst wüßte, was er eigentlich wollte, daß es nicht anders möglich sei, es müßten solche plötzliche Veränderungen in der Welt vorgehen, und niemand würde sich darüber wundern, der überlegte, wie voll der Kopf des Menschen von Widersprüchen und wunderlichen Eigensinn sei.

Sonntagsmorgen, den 6ten

. . .

Als Signor Taruffi und ich bei Metastasios Morgenversammlung ankamen, fanden wir ungefähr sechs bis acht Personen vor, meistens Italiener; Se. Exzellenz, der Gouverneur von Wien, kam später als wir. Der große Dichter empfing mich sehr höflich und ließ mich auf einem Sofa neben sich niedersetzen. Nunmehr gab ich ihm einen Brief von Mingotti, und Signor Taruffi las ihm Herrn Barettis Schreiben über meine Person vor, so daß er von vielen Seiten aufgefodert ward. Indessen wäre alles dieses eigentlich nicht nötig gewesen, weil Lord Stormont schon alles getan hatte.

Nachdem diese Briefe gelesen waren, kam das Gespräch auf dem Poeten Migliavacca von Mailand, der lange Zeit in Dresden Hofpoet gewesen ist. Metastasio erwähnte seiner mit großem Lobe; er sagte, es wäre ein Mann von großem Genie und sehr großer Wissenschaft, indessen hat er nur wenig geschrieben, denn er hätte solche Begriffe von der Vollkommenheit, die weder er noch vielleicht jemand sonst befriedigen könnte. „Überdem", fügte Metastasio hinzu, „hat er nur wenig Übung gehabt, und Übung macht bei dem Menschen alles, sogar seine Tugenden."

Hierauf ward das Gespräch allgemein und vermischt, bis zur Ankunft eines jungen Frauenzimmers, welches von der ganzen Gesellschaft mit großer Ehrerbietung empfangen wurde. Sie war sehr gut gekleidet und machte einen hübschen Aufzug. Es war Mademoiselle Martinez, eine Schwester des Herrn Martinez, Unterbibliothekar an der Kaiserlichen Bibliothek, dessen Vater ein vieljähriger Freund des Metastasio gewesen. Sie war in dem Hause geboren, in dem er itzt wohnt, und unter seine Augen erzogen. Ihre Eltern waren Neapolitaner, der Name aber ist spanisch wie die Abkunft der Familie.

Nach den großen Lobsprüchen, welche der Abbate Taruffi den Talenten dieses Frauenzimmers beilegte, war ich sehr neugierig, mit ihr zu sprechen und sie zu hören; und Metastasio war so verbindlich, ihr vorzuschlagen, sie möchte sich zum Flügel setzen, welches sie denn auch augenblicklich tat, ohne sich lange nötigen zu lassen oder mit falscher Bescheidenheit zu prahlen. Sie übertraf wirklich noch die Erwartung, die man mir von ihr beigebracht hatte. Sie sang zwo Arien von ihrer eignen Komposition über Worte von Metastasio, wozu sie sich selbst auf dem Flügel akkompagnierte, und zwar auf eine wohlverstandne, meisterhafte Manier; und aus der Art, wie sie die Ritornelle spielte, konnte ich urteilen, daß sie sehr fertige Finger hätte.[17]

Diese Arien waren im modernen Stile sehr schön gesetzt, indessen waren die Gedanken weder gemein noch unnatürlich fremd und neu. Die Worte waren gut ausgedruckt, die Melodie war ungekünstelt und dem Sänger viel Raum zu Expression und Verschönerung gelassen; ihre eigne Stimme aber und Art zu singen flößte Vergnügen und Bewundrung ein. Ich kann mit gutem Gewissen unterschreiben, was Metastasio sagte, daß ihre Art zu singen sonst nirgends mehr angetroffen wird, weil solche den heutigen Sängern zu viele Mühe und Geduld kosten würde, *è perduta la scuola, non si trova questa manièra di cantar, domanda troppa pena per i professori d'oggi di.* Ich bin geneigt zu glauben, daß Pistocchi, Bernacchi und die Sänger aus der alten Schule zur Zeit der Solokantaten ihre Töne auf diese nicht zu beschreibende Manier aushielten und in so sehr verkleinerte Intervallen absetzten. Ich kann mit einer gewöhnlichen Sprache keine ungewöhnliche Wirkungen beschreiben. Wenn ich sagte, ihre Stimme hätte einen natürlich schönen und lieblichen Ton, sie hätte einen schönen Triller, eine vollkommene reine Intonation, eine Leichtigkeit, die schnellesten und schweresten Passagen herauszubringen, und einen rührenden Vortrag, so sagte ich nichts weiter, als was ich schon, und zwar mit Wahrheit, von andern gesagt habe; hier aber fehlt mir's an Worten, die Bedeutung dieser Ausdrücke zu erhöhen und ihnen mehr Gewicht zu geben. Die italienischen Verstärkungspartikeln möchten vielleicht meinem Wunsche zustatten kommen, wenn ich in dieser Sprache schriebe; da dieses aber nicht der Fall ist, so kann ich bloß hinzusetzen, daß Mademoiselle Martinez in Ansehung des *Portamento* und der unendlich kleinen Abteilungen der *Semitonien,* wobei sie beständig aufs

17 Mademoiselle Marianne Martinez ist in diesem Jahre 1773 von der berühmten Gesellschaft *de'Filarmonici* zu Bologna zum Mitgliede aufgenommen worden. (Übers.)

genaueste den rechten Hauptton trifft, die vollkommenste Sängerin ist, die ich jemals gehört hatte. Auch ihre Kadenzen in dieser Manier waren sehr gelehrt und wahrhaftig rührend und angenehm.

Nach diesen beiden Arien spielte sie ein schweres Handstück auf dem Flügel von ihrer eignen Komposition mit vieler Fertigkeit und sehr rein. Sie hat ein *Miserere* von vier Stimmen und verschiedene Psalmen mit acht Stimmen gesetzt, und sie versteht den Kontrapunkt sehr gründlich.

Die Gesellschaft brach früher auf, als ich wünschte, weil es Metastasios Zeit war, da er zur Messe gehen mußte. Bei diesem Besuche entdeckte ich unter den andern Vollkommenheiten der Mademoiselle Martinez auch diese, daß sie Englisch lieset und schreibt. Sie bat mich, ich möchte wiederkommen, wie der göttliche Dichter auch tat, so daß ich mich nunmehr als einen *Amico della Casa* betrachtete.

Der Kaiserliche Hofpoet fuhr in einem sehr hübschen Wagen zur Kirche, welches mich freute zu sehen, weil seine Gaben und Geschicklichkeiten alles verdienen, was etwa für ihn geschehen kann. Er hat einen jährlichen Gehalt von ungefähr sechshundert Louisdor. Hievon kann er bei seiner ordentlichen Art hauszuhalten auf einen ganz ansehnlichen, obgleich nicht prächtigen Fuß leben.

Nachdem ich bei Sr. Exzellenz, Monsignore Visconti, zu Mittag gegessen hatte, brachte mich sein Sekretär zum zweiten Male nach Herrn Hassens Hause in der Landstraße, der hübschesten unter allen Vorstädten von Wien. Es ist eine angenehme Fahrt, fast eine kleine halbe Meile außer dem Tore, obgleich noch innerhalb den Wällen; besonders fährt man durch eine Gasse, die öfters Durchschnitte hat, wodurch man Paläste, Kirchen und schöne Häuser in der Ferne erblickt.

Wir fanden die ganze Familie zu Hause, die sehr munter und gesellig beieinander war. Signora Faustina ist sehr gesprächig und ist noch sehr aufmerksam auf alles, was in der Welt vorgeht. Für eine zweiundsiebenzigjährige Matrone hat sie auch noch gute Reste von der Schönheit, weswegen sie in ihrer Jugend so berühmt war, aber nichts mehr von ihrer schönen Stimme. Ich bate sie, sie möchte singen – *„Ah, non posso! – hò perduto tutte le mie facoltà."* Ach, ich kann nicht. Ich habe mein Singen gänzlich verloren.

Von dem Gespräch des Herrn Hasse ward ich ganz bezaubert. Es war ungezwungen, vernünftig und gar nicht zurückhaltend. Man findet an ihm weder Pedanterie, Hochmut noch Künstlervorurteile. Er sprach von keinem Menschen Böses, vielmehr ließ er den Geschicklichkeiten verschiedener Komponisten, die gelegentlich genannt wurden, Gerechtigkeit widerfahren; und selbst dem Porpora, der freilich anfänglich sein Lehrer, aber auch hernach immer sein größerer Nebenbuhler gewesen ist. Er ist mit Metastasio der Meinung, daß die gute Schule fürs Singen verlorengegangen ist, und sagt, daß seit der Zeit des Pistocchi, Bernacchi und Porpora keine große Schüler mehr gezogen sind.

Ich bat ihn von neuem um ein Verzeichnis von seinen Werken, und er sagte mir, daß er alle Opern von Metastasio gesetzt habe, ausgenommen *Temistocles*. Einige darunter drei- oder viermal und die meisten wenigstens zweimal. Außer diesen habe er auch manche Oper von Apostolo Zeno komponiert; denn in seiner Jugend schrieb Metastasio für ihn nicht geschwind genug. Zu diesen Kompositionen fürs Theater kommen noch vierzehn oder funfzehn *Oratorios*, verschiedene *Missen, Misereres, Stabat maters* und *Salve reginas* für die Kirche. Außer allen diesen fügte er hinzu, daß seine Kantaten, Serenaden. Intermezzos und Duetten für Singstimmen, seine Trios, Quartetten und Konzerte für Instrumente eine so große Zahl ausmachten, daß er manche davon nicht mehr kennen würde, wenn sie ihm wieder zu Gesicht oder zu Ohren kommen sollten. Er verglich sich sehr bescheidentlich mit den fruchtbarsten Tieren, deren Junge entweder gleich in der Kindheit wieder umkämen oder dem Zufalle überlassen würden, und fügte hinzu, daß er, gleich andern schlechten Vätern, mehr Vergnügen in der Zeugung als in der Erziehung seiner Abkömmlinge fände. Indessen muß man diesen Tadel bloß auf die Kinder seines Gehirns einschränken, denn, wie ich schon vorher angemerkt, er hat große Sorgfalt auf die Erziehung seiner Töchter verwendet.

Während dieses Besuchs waren diese Demoiselles so gefällig, mir ein *Salve regina* vorzusingen, das ihr Vater kürzlich für zwo Stimmen gesetzt hatte. Es ist eine vortreffliche Komposition, voller Anmut, Geschmack und Richtigkeit im Ausdruck.

Eine von seinen Töchtern hat eine liebliche *Soprano voce di camera*, deren Ton zart und reizend ist. Die andere hat eine starke, volltönige Contraltstimme, die für jede Kirche oder Theater in Europa brauchbar ist. Beide haben einen guten Triller und einen solchen Vortrag, Geschmack und solche Festigkeit in der Intonation, wie man natürlicherweise von den Töchtern und Schülerinnen eines Hasse und einer Faustina erwarten muß.

Nach dem *Salve regina* sangen diese vortrefflichen Sängerinnen verschiedene Arien in allerlei Stilen von der Komposition ihres Vaters in einer Manier, die wirklich edel und ausgewählt war.

Herr Hasse leidet so viel vom Podagra, daß seine Finger davon ganz steif und krumm sind; und bei dem allen zeigt er in seinem Akkompagnement und Anschlage auf dem Flügel noch die Spuren eines großen Cembalisten. Es ist auch nicht aus Unwissenheit, daß er in seinen Werken niemals oder doch nur selten gelehrte, weithergeholte und vielsinnige Modulationen anbringt. Er spielte mir ein extemporiertes Toccato oder Capriccio vor, in welchem er einige verwebte, welche wirklich bewundernswürdig waren; er hat aber ein viel zu richtiges Urteil, daß er bei gemeinen und alltäglichen Gelegenheiten mit solchen Sachen verschwenderisch sein sollte, welche besser für außerordentliche Vorfälle aufbewahrt werden.

Seine Modulation ist, überhaupt genommen, ungekünstelt, seine Melodie natürlich, seine Begleitungen frei von aller

Verwirrung; und indem er Gecken und Pedanten alles das überläßt, wovor man stutzen, sich wundern und erschrekken muß, läßt er in seinen Kompositionen keine andre Kunst entdecken als die Kunst, dem Ohre zu gefallen und den Verstand zu befriedigen.

Seine Töchter klagen über Mangel an Übung und sagen, daß sie fast nicht ans Singen kommen, weil ihr Vater beständig entweder krank oder beschäftigt ist.

Künftiges Frühjahr wird er nach Venedig, der Geburtsstadt der Signora Faustina, gehen; und es scheint, daß sie beide willens sind, dort ihre übrige Lebenszeit hinzubringen.

Ich habe nicht gehört, daß Herr Hasse itzt für den Wiener Hof Arbeit habe oder eine Pension davon bekomme. In letzten Kriege hat er viel verloren; alle seine Bücher, Manuskripte und übrige Effekten von ansehnlichem Werte gingen bei der Gelegenheit im Feuer auf, da der König von Preußen Dresden bombardieren ließ. Er stund im Begriff, alle seine Werke im Druck herauszugeben, und der verstorbene König von Polen hatte ihm versprochen, die Kosten des Drucks und des Papiers zu stehen; allein als die Breitkopfische Druckerei bereits angefangen und das Papier zu der ganzen Auflage angeschafft hatte, brach der Krieg aus und vereitelte allen Vorteil, den Herr Hasse von dieser Unternehmung hatte, und die Hoffnung des Publikums dazu. Dem ungeachtet spricht er sehr ehrerbietig von den musikalischen Talenten des Königs von Preußen und ist sogar so rechtschaffen zu sagen, daß er glaubt, wenn Se. Majestät gewußt hätten, daß Sie durch die Umstände genötigt sein würden, Dresden zu bombardieren, so würden Sie es ihm vorher haben wissen lassen, damit er seine Sachen retten können.

Madame Faustina, die eine lebendige musikalische Geschichte ist, sagte mir manche Anekdoten von den musikalischen Personen, die ihre Zeitgenossen gewesen. Sie sprach viel von Händels großem Stile im Klavier- und Orgelspielen, als sie in England war, und sagte, sie erinnre sich's noch, als Farinelli im Jahre 1728 nach Venedig gekommen und mit was für Entzücken und Erstaunen man ihn gehört habe.

...

Den 8ten September

...

Des Nachmittags ging ich zum Herrn L'Augier, und daselbst fand ich unter andrer Gesellschaft abermals den florentinischen Poeten, Abbate Casti, welcher verschiedene von seinen Versen hersagte, unter andern besonders eine Erzählung nach Voltaires *Art d'elever une fille,* welche außerordentlich schalkhaft und komisch war.

Herr L'Augier, der in Hofdiensten steht, war genötigt, den folgenden Tag nach Laxenburg zu gehen; es tat mir sehr leid, ihn zu verlieren, weil sein Haus mir eine vortreffliche Zuflucht war, sooft ich Zeit gewinnen konnte hinzugehen; und seine musikalischen Unterredungen waren mir ganz besonders angenehm und nützlich.

Er machte mir Vorwürfe, warum ich nicht den ganzen Winter in Wien bliebe; allein wenn ich in jeder großen Stadt in Europa hätte ein ganzes Jahr bleiben wollen, so würden die Einwohner doch gedacht haben, daß ihre Merkwürdigkeiten so wichtig wären, noch mehr Aufmerksamkeit zu verdienen; und welch ein langes Leben müßte ich mir nicht versprechen können, einen solchen Patriotismus zu befriedigen? Und wo sollte ich meinen Nachforschungen und meiner Geschichte ein Ziel setzen? Als Herr L'Augier sagte, daß Wien einen viel längern Besuch verdiente, fragte ich ihn, was nächst Hasse, Gluck und Wagenseil noch für große Tonkünstler in dieser Stadt zu finden wären. Haydn, Ditters und Scarlatti, ein Neffe des Domenico Scarlatti, wären ausgereiset; ich wüßte, da wären noch Gaßmann, Vaňhal, Hoffmann, Mancini; und er setzte hinzu Kohaut, ein großer Lautenist, Lamotte, ein Violinist, und Venturini, ein Oboist; aber die meisten davon konnte ich noch vor meiner Abreise sprechen und hören. Das Wichtigste, worauf ich nunmehr zu denken hatte, war, wie ich Zutritt zu dem Archive

der Kaiserlichen Kapelle erlangen könnte; und mein portugiesischer Abbate hatte mir versprochen, mich zu diesem Endzwecke mit Herrn Gaßmann, dem Kaiserlichen Kapellmeister, bekannt zu machen.
Wie ich von Herrn L'Augier wegging, besuchte ich Herrn Wagenseil, woselbst ich meinen Freund, den Abbate Costa, bereits fand, der mein Vorläufer gewesen war und ihn auf meine Ankunft vorbereitet hatte.
Wagenseil ist schon ziemlich bei Jahren, mager und schwächlich; er konnte nicht von seinem Kanapee aufstehen, empfing mich aber doch sehr höflich und sprach eine ziemliche Zeit ganz frei über musikalische Dinge. Er hat viel Respekt für Händel und spricht von einigen von seinen Werken mit Entzücken; außerdem, daß er nicht von seinem Sitze aufstehen konnte, hatte das Podagra seine linke Hand so übel zugerichtet, daß er kaum zwei Finger daran bewegen konnte. Dennoch ließ er sich auf mein dringendes Bitten einen Flügel vorschieben, und er spielte mir verschiedene Capriccios und Sonaten von seiner eignen Komposition auf eine sehr feurige und meisterhafte Art vor; und ob ich gleich gern glaube, daß er ehedem besser gespielt haben mag, so hat er doch noch Feuer und Phantasie genug übrig, zu gefallen und zu unterhalten, ob er mich gleich eben nicht sehr überraschte. Er war so gefällig, mir von verschiedenen seiner ungedruckten Klaviersachen eine Abschrift zu versprechen und eine kleine musikalische Gesellschaft zusammenzubringen, damit ich Gelegenheit hätte, einige von seinen Schülern zu hören.
Er hat wegen einer Lähmung, die ihm nach und nach auf eine außerordentliche Art zugestoßen ist, schon seit sieben Jahren nicht aus dem Zimmer gehen können. Die Sehnen in seiner rechten Hüfte haben sich zusammengezogen, und die Zirkulation ist gehemmt, so daß solche ohne alle Hülfe ausgedörret und unempfindlich geworden ist. Er ist funfundachtzig Jahr alt, war ein Schüler von Fux und lange Jahre Musikmeister der Kaiserin-Königin, weswegen er noch eine jährliche Pension von funf-

zehnhundert Gulden hat. Er hat itzt den Titel als Musikmeister der Erzherzoginnen, der ihm gleichfalls einen kleinen jährlichen Gehalt bringt.

Das sind glückliche Umstände für einen Mann, der völlig unvermögend ist, einen Fuß aus der Stelle zu setzen, um seine Profession zu treiben. Indessen informiert er in seinem Hause und komponiert dabei, wodurch er sein Einkommen einigermaßen vermehrt; und da er glücklicherweise nicht verheiratet und Wien für die Einwohner eben kein teurer Ort ist, so kann man glauben, daß er sich in ganz guten Umständen befindet.

Die Lustbarkeiten des gemeinen Volkes an diesem Orte scheinen für eine gebildete und gesittete Nation kaum zulässig zu sein. Besonders die sogenannten Stiergefechte und Bärenhetzen, wobei es wilder und unmenschlicher hergeht als bei unsern ehemaligen Stierhetzen, Hahnen- und Fechterkämpfen in England, denen die Gesetzgebung so menschlicher- und einsichtsvollerweise ein Ende gemacht hat.

Bei diesen unmenschlichen Spektakeln finden sich gemeiniglich zwei- bis dreitausend Zuschauer ein, worunter sogar verschiedene Damen sind!

Mittwoch, den 9ten

Diesen Morgen ging ich mit dem Abbate Costa zum Herrn Gaßmann, Kaiserlichen Hofkapellmeister. Er war sehr verbindlich und so gütig, mir alle seine raren Bücher und seine Kompositions in Manuskript zu zeigen.

Er setzte mich in große Verwunderung mit einer Menge von Fugen und Chören, die er mir zeigte und die er als Übungsstücke gemacht hatte. Sie waren sehr gelehrt und auf eine ganz eigne Art gemacht. Einige davon waren in zwei oder drei verschiedene Taktarten und auch über zwei oder drei verschiedene Subjekte komponiert; und unterschiedliche davon, sagte er, hätte der Kaiser gespielt.

Einige Personen machen Herrn Gaßmann den Vorwurf, daß er in seinen theatralischen Kompositionen nicht Feuer genug hat; allein die Ernsthaftigkeit seiner Schreibart hat sehr natürliche Ursachen, und diese stecken in der Zeit und Mühe, die er auf die Kirchenmusik verwendet haben muß. Nach einer gleichen Vollkommenheit in beiden zu streben heißt, zugleich Gott und dem Mammon dienen wollen; und diese vortrefflichen Kirchenkomponisten, die von ihren Werken überlebt worden sind, als z. E. Palestrina, Tallis, Bird, Allegri, Benevoli, Colonna, Caldara, Lotti, Perti und Fux, haben sich bloß und allein auf den Kirchenstil eingeschränkt. Alexander Scarlatti, Händel, Pergolesi und Jommelli sind Ausnahmen. Überhaupt betrachtet aber glückt es denen am besten, welche für die Kirche, das Theater oder die Kammer schreiben, wenn sie sich eine Gattung davon besonders wählen und nur darin arbeiten.

Ich nenne nicht jedes Oratorium, Misse oder Motette Kirchenmusik, weil eben die Töne mit andern Worten darunter ebensogut und zuweilen noch besser für das Theater sich schicken würden.

Unter dem, was man mit Recht Kirchenmusik nennt, verstehe ich diese ernsthaften, wissenschaftlichen Kompositions, welche bloß für Singstimmen gesetzt sind, deren Vortrefflichkeit mehr in guter Harmonie, in gelehrter Modulation und in Fugen über sinnreiche und nicht üppige Subjekte bestehet als in leichten, tändelnden Arien mit schwärmender Begleitung.

Das Kaiserliche Theater und die Kaiserliche Kapelle haben jede ihr eignes musikalisches Archiv. Von dem letzten hat der Kaiser den Schlüssel weggenommen; es enthielt solches aber bloß die Werke derjenigen Komponisten, welche im gegenwärtigen Jahrhunderte geblühet haben, als Fux, Telemann, Händel und Porpora. Von dem andern hat Herr Gaßmann den Schlüssel, und der versprach mir, mich den folgenden Tag hinzuführen. Der Rest von diesem Archive befindet sich auf der öffentlichen Bibliothek.

Alle Mittage und Abende war bei dem Essen in dem Gasthofe „Zum goldnen Ochsen“, worin ich abgetreten war, Musik; aber gewöhnlich war sie schlecht, besonders die von einer Bande mit blasenden Instrumenten, welche niemals fehlten, sich während des Tisches einzustellen. Diese bestund aus Waldhörnern, Klarinetten, Oboen und Bassons; alle so jämmerlich verstimmt, daß ich sie auf hundert Meilen weit wegwünschte.

Überhaupt habe ich das feine Gehör bei den deutschen Gassenmusikanten nicht gefunden, welches ich bei Leuten von eben der Klasse in Italien angetroffen habe. Daß die Orgeln hier in den Kirchen fast niemals rein gestimmt sind, das kann an der Sparsamkeit oder Nachlässigkeit der Geistlichen, der Bischöfe oder Vorsteher der Kirchen und Klöster liegen; wenn aber die Gassenmusikanten mit ihren Instrumenten nicht zusammenstimmen, so muß der Fehler an ihnen selbst und ihrem stumpfen Gehöre liegen.

Es ist vielleicht schwer zu bestimmen, was für eine Art von Luft der Fortpflanzung des musikalischen Schalles am vorteilhaftesten ist, ob dicke, dünne, feuchte oder trockne. Und wenn dies auch ausgemacht wäre, so könnte noch die Frage sein, in was für einer Art von Luft die Musik am vorteilhaftesten zu hören sei, weil es wohl möglich sein könnte, daß die Luft, welche, im Abstrakten betrachtet, der Fortpflanzung des Schalles am vorteilhaftesten, eben auch die Organe, mit welchen sie vernommen wird, weniger empfindlich machte.

Donnerstag, den 10ten

Diesen Morgen war Signor Mancini, von Bologna, Singmeister des kaiserlichen Hofs und der kaiserlichen Kinder, so gefällig, mich auf Ersuchen des Abbate Taruffi in meinem Logis zu besuchen. Er war ein Schüler von Bernacchi und ist schon funfzehn Jahr in kaiserlichen Diensten. Er hat acht Erzherzoginnen Singen gelehrt, wovon die meisten, wie er sagt, gute Stimmen und es ziemlich weit gebracht hätten, besonders die Prinzessin von Parma und die Erzherzogin Elisabeth, welche einen guten Triller, ein gut Portamento und große Leichtigkeit in der Herausbringung geschwinder Passagien hätten.

Signor Mancini spricht mit vieler Einsicht von seiner Kunst, und seine Unterredung machte mir vieles Vergnügen. Er arbeitet schon seit einiger Zeit an einem Buche über die Singekunst und ist schon ziemlich weit damit gekommen. Es ist zu hoffen, daß ein Mann von so reifer Wissenschaft und langer Erfahrung der Welt sein Buch nicht vorenthalten wird, da es ihr noch immer an einer so gutgeschriebenen, durchgedachten und zugleich so praktischen Abhandlung über die Singekunst fehlt.

Ich erhielt von diesem geschickten Professor eine Liste von der Pistocchi- und Bernacchischen Schule. Bernacchi war ein Schüler von Pistocchi, allein die Natur hatte ihm gar keine schöne Stimme gegeben; und als er das erste Mal zu Bologna in einer Kirche sang, mißfiel er so sehr, daß ihm einige seiner Bekannten rundheraus sagten, er sollte das Singen unterwegs lassen, wenn er's nicht besser könnte; dieses reizte ihn dergestalt, daß er sich die äußerste Mühe gab, weil er wohl wußte, daß es nun nicht mehr möglich wäre, eine andre Profession zu wählen. Ein Kastrat hat selten Mut oder Kräfte genug, sich etwas anderm als der Musik zu widmen. Er ging also mit ernstem Fleiße an sein Geschäft, und durch strenges Studieren erwarb er sich einen Stil und eine Art zu singen, die nachher zum Panier in dieser Kunst geworden ist.

Die vornehmsten Schüler, die er gezogen hat, sind Antonio Pasi, Gio. Battista Minelli, Bartolomeo di Faenza, Mancini und Guarducci.

Signor Mancini hält es für möglich, durch Geduld und Zeit einen Triller hervorzubringen, wo ihn die Natur versagt hat, das ist auch sogar seine Meinung von der Stimme, nämlich, eine schlechte Stimme erträglich und eine mittelmäßige gut zu machen und auch ihren Umfang zu vergrößern, wenn man nur beständig dem natürlichen Hange des Organs folge.

Was den Triller anbetrifft, hält er dafür, daß solcher neunundneunzigmal unter Hunderten durch Ungeduld und Übereilung sowohl von seiten des Meisters als des Schülers verderbt werde; weil manche Sänger keinen Triller haben, die doch solche Passagien machen können, welche ebendieselbe Bewegung der Larynx erfodern als der Triller. Dies läßt sich nicht anders als aus der Nachlässigkeit des Lehrers erklären, daß er weder die Natur studiert noch aus diesen Passagien den möglichen Nutzen ziehet, welche durch anhaltende Übung zum wahren Triller werden würden.

Vom Signor Mancini eilte ich zum Herrn Gaßmann, welcher mich erwartete, um mich nach der Kaiserlichen Musikalischen Bibliothek zu führen. Ich fand daselbst eine ungeheure Sammlung von musikalischen Schriften, aber in solcher Unordnung, daß itzt ihr Inhalt fast gänzlich unbekannt ist. Indessen hat Herr Gaßmann angefangen, ein Verzeichnis davon aufzunehmen, und hat von dem Kaiser das Versprechen, daß diese Bücher einen bequemern und größern Saal bekommen sollen als den gegenwärtigen, in welchem sie in der möglichsten Unordnung vermischt aufeinander getürmt liegen. Dennoch fand ich viele seltne Sachen vom Ursprunge des Kontrapunkts an bis auf die gegenwärtige Zeit. In der Tat ist der Musikalien, welche der Kaiser Leopold gesammlet hat und welche alle in weiß Pergament mit seinem Wappen auf dem Rükken gebunden sind, eine fast unglaubliche Anzahl. Sie scheint alles zu enthalten, was zu der Zeit in Italien und Deutschland gemacht worden. An Opern in Partitur und mit ausgeschriebenen Stimmen ist eine solche Menge vorhanden, daß das bloße Verzeichnis von denen, die an diesem Hofe aufgeführt sind, schon einen Band in Folio ausmachen würde.

Herr Gaßmann hat mich versichert, daß er bei der Verfertigung eines vollständigen Verzeichnisses alles bemerken will, was er in dieser Sammlung sowohl im Theoretischen als Praktischen Seltnes findet, um mir davon durch Briefe Nachricht zu geben. Zu diesem Ende verlangte er meine Adresse in England, die ich ihm auf Pergament aufschrieb und in der Bibliothek ließ.

Heute nachmittag ging ich abermals zum Herrn Wagenseil. Er hatte eine Schülerin bei sich, ein junges Mädchen von ungefähr eilf bis zwölf Jahren, mit der er Duette auf zwei Flügeln spielte, die eine sehr gute Wirkung taten. Das Kind spielte sehr rein und fest im Takte. Herr Wagenseil war so gut, mir auf Ersuchen zu versprechen, daß er mir, wo möglich, einige von seinen Duetten und andern neuen Sachen gegen den Sonntag wollte abschreiben lassen, wenn ich wiederkommen sollte, um sie mit einer Begleitung der Violinen zu hören und Abschied zu nehmen.

Es war noch ein andrer von seinen Schülern, ein junger Graf, da, der ungemein fertige Finger hatte und einige sehr schwere Flügelsonaten mit großer Genauigkeit herausbrachte. Mein Freund, der gelehrte und würdige portugiesische Abbate, war auch mit von der Partie.

Von hier ging ich nach der Oper, da *I Rovinati* aufgeführt wurde, wobei Gaßmann am Flügel seine eigne Komposition dirigierte. Ob seine mir dem Vormittag erwiesene Höflichkeiten einen geheimen Einfluß auf mein Gemüt und meine Ohren hatte, kann ich nicht sagen; allein diese Musik gefiel mir viel besser als irgendeine andre von seinen Kompositionen, die ich vorher gehört hatte. Ich bemerkte einen Kontrast, eine Entgegensetzung und Verschiedenheit von Taktarten und Passagien, da die eine immer die andre bis zum Entzücken in ein vorteilhaftes Licht setzte; und die Instrumentalstimmen waren mit Einsicht und Urteil gearbeitet.

Eine Arie von Clementina Baglioni und ein zankendes Duett zwischen ihr und der zwoten Sängerin, die eine Deutsche war und wirklich nur mittelmäßig sang, mußte auf Verlangen der Zuhörer wiederholt werden. Die Mannspersonen, welche heute sungen, gefielen mir besser als die, welche ich vorher gehört hatte; ein Tenorist besonders zeigte viel Geschmack und hatte eine angenehme, obgleich nicht sehr ausgebildete Stimme. Diese beiläufige Nachrichten von unbenannten Sängern werden dem Leser freilich kein sonderliches Genüge leisten; es ist indessen alles, was ich von Sängern einer niedrigern Klasse sagen kann, weil bei dem italienischen Opern in Deutschland die Namen der Sänger nicht mit aufs Zettel oder in die Bücher gedruckt werden und uns das Gedächtnis selten beisteht, die Namen solcher Personen oder Sachen zu behalten, die uns gleichgültig sind.

Freitag, den 11ten

Diesen Morgen ging ich zum Chevalier Gluck, um Abschied von ihm zu nehmen; und ob es gleich schon eilf Uhr war, als ich hinkam, lag er doch noch wie ein wahres, großes Genie im Bette. Madame sagte zwar zu mir, er pflege spät in der Nacht zu schreiben und bliebe deswegen lange im Bette, um sich zu erholen; allein Gluck, als er zum Vorschein kam, brachte keine so gute Entschuldigung vor, sondern gestund ganz offenherzig seine Faulheit: „*Je ſuis un peu poltron ce matin.*" Auch die Nichte war noch nicht sichtbar, und die Tante sagte zu ihrer Rechtfertigung, sie habe ihr den Morgenschlaf angeraten, „*pour fortifier la poitrine*" (die Lunge zu stärken), und ich glaube, sie hatte recht, denn diese vortreffliche kleine Sängerin ist nichts weniger als stark.

Herr Gluck und ich hatten eine lange Unterredung über musikalische und dramatische Wirkungen, besonders über diejenigen, welche seine Oper *Orpheus* hervorgebracht hätte, als solche vor zehn Jahren zum ersten Male zu Wien gespielt worden, und vor drei oder vier Jahren, als solche zu Parma bei der Vermählungsfeier der Erzherzogin Amalia mit dem Herzog und voriges Jahr zu Bologna wieder aufs Theater gebracht wurde. Er ist ein strenger Zuchtmeister und ebenso furchtbar, als Händel zu sein pflegte, wenn er ein Orchester dirigierte, dennoch versicherte er mich, daß er seine Brigade niemals widerspenstig befunden habe, ob er gleich niemals gelitten, daß sie den geringsten Teil ihrer Schuldigkeit versäumt und er sie zuweilen eines von seinen Manövern zwanzig- bis dreißigmal habe machen lassen. Dieses war die beste Probe von der Nutzbarkeit seiner Mannszucht; denn wenn Leute, die nicht völlig Sklaven ihres Befehlshabers sind seine Ordres ohne Murren ausrichten, so gibt das eine starke

Vermutung, daß sie selbst von ihrer Zweckmäßigkeit überzeugt sein müssen.

Ehe wir uns trennten, welches auf eine sehr freundschaftliche Art geschahe, gab er mir ein Exemplar von seinen Opern *Alceste* und *Paride* und versprach mir, den folgenden Morgen eine Abschrift von seinem berühmten Ballett *Don Juan* zu schicken, und er hielt sein Wort.

Von hier ging ich zu Herrn Metastasio, der mich augenblicklich annahm, ob er gleich noch im Schlafrocke war und sich eben ankleiden wollte.

Mademoiselle Martinez war im Komponieren begriffen und erfüllte alsobald mein Verlangen, daß sie ein wenig auf dem Flügel spielen möchte. Metastasio sagte ihr, sie möchte mir einige von ihren besten Aufsätzen zeigen, und sie brachte einen Psalm hervor, den sie für vier Singstimmen mit Instrumenten gesetzt hatte. Es war, wie Metastasio 's nannte, eine sehr angenehme *Mescolanza di antico e moderno*. Ein Gemisch von Harmonie und Arbeitsamkeit älterer und Melodie und Geschmack neuerer Zeiten. Es war eine vortreffliche Komposition, und sie spielte und sang sie auf eine recht meisterhafte Art, indem sie aus allen Stimmen das Nötige so richtig herbeibrachte, daß nichts zu fehlen schien, ob es gleich ein vollstimmiges Stück war. Die Worte des Psalms waren italienisch und von Metastasios Übersetzung.

Nach diesem sang sie mir zu Gefallen ein lateinisches Solomotett, welches ernsthaft und feierlich war, ohne langweilig oder schwerfällig zu sein; und darauf spielte sie mir eine von ihren sehr artigen Klaviersonaten vor, die voller Feuer und glänzender Passagien war.

Eh' ich meinen Besuch endigte, konnte ich nicht umhin, Mademoiselle Martinez um Abschriften von einigen ihrer Kompositions zu bitten, die sie mir auch ganz bereitwillig zusagte und mir unter allen den Stücken, die ich gehört hatte, die Wahl ließ.

Ich hatte heute mittag die Ehre, bei Lord Stormont zu essen; es war zum sechsten und letzten Male, weil er des andern Morgens eine Reise vorhatte. Se. Exzellenz war noch in dem letzten Augenblicke so gütig, mir Briefe nach Dresden, Berlin und Hamburg anzubieten. Die öftre Erwähnung dieser genossenen Ehre kann, wie ich besorgt, einen Anschein von Eitelkeit haben; allein, die gänzliche Verschweigung derselben würde nach einem schlimmern Laster, der Undankbarkeit, schmecken.

Hierauf stattete ich einen kurzen Besuch bei dem Signor Taruffi ab und darauf einen langen bei Herrn Hasse, welcher heute den Plan meiner Geschichte im Deutschen mit großer Aufmerksamkeit las und mir über jeden Artikel ganz offenherzig seine Meinung sagte. Ich kann es nicht leugnen, es war mir eine große Freude zu finden, daß meine Ideen fast in allen Stücken mit den Ideen eines solchen Mannes übereinstimmend waren. Eines Mannes, dessen Verdienste überall empfunden sind und nunmehr überall eingeräumt werden.

Er sagte mir, seine erste Oper sei *Antigonus* gewesen, die er komponiert, als er achtzehn Jahre alt und noch nicht in Italien gewesen. Als er in Neapolis ankam, hielt man ihn für einen sehr guten Klavierspieler. Anfangs studierte er eine kurze Zeit unter Porpora, wie mir schon vorher Barbella gesagt hatte; allein Hasse leugnete, daß es Porpora gewesen sei, der ihn bei dem alten Scarlatti eingeführt habe. Er sagte, Scarlatti habe, als er ihn das erste Mal gesehen, glücklicherweise eine solche Gewogenheit zu ihm gefaßt, daß er ihm nachher beständig als ein zärtlicher Vater begegnet habe.

Als er nach Deutschland zurückging, ward er in die Dienste des Kurfürsten von Sachsen aufgenommen, der ihn die Oper *Antigonus* von neuem komponieren ließ. Hierauf setzte er eine deutsche, außer dieser und noch einer andern hat er niemals mehr in dieser Sprache gemacht.

Da er nahe bei Hamburg gebürtig ist, sagte er mir, es freute ihn, daß ich über diese Stadt reisen wollte, nicht nur deswegen, weil es sein Vaterland wäre, sondern weil ich dort den großen Emanuel Bach, den er sehr verehrte, sehen und die besten Organisten und Orgeln in der ganzen Welt zu hören bekommen würde, wofern solche nicht

seit der Zeit, daß er dort gewesen, sehr aus der Art geschlagen wären. Vor allen Dingen empfahl er mir sehr, ich möchte Bach anliegen, daß er mir auf dem Klavier vorspielte und daß ich mich um eine von seinen Sinfonien, aus dem e-Moll, bemühen sollte, welche er für die beste hielt, die er in seinem Leben gehört hätte.
Ich fragte ihn um die Stellung und Einrichtung des Orchesters zu Dresden im Jahr 1754, welcher Rousseau in seinem *Dictionnaire* als der möglichst besten erwähnt. Er sagte mir, die Nachricht dieses Schriftstellers davon wäre so pünktlich richtig, daß er glauben sollte, er wäre um die Zeit dort gewesen. Der König von Polen hatte damals Herrn Hasse uneingeschränkte Macht erteilt; und er hatte die besten Sänger und Instrumentisten, die er nur irgend zusammenzubringen wußte.
Er begleitete diesen Herrn sehr oft nach Warschau, woselbst er verschiedene Opern komponierte. Er sagte, die polnische Musik sei wirklich national und oft sehr zärtlich und delikat. Er erwähnte gegen mich einer Arie, die er im polnischen Stile geschrieben hätte und die eine der sonderbarsten und am besten aufgenommenen von allen seinen Kompositionen gewesen. Von dieser sowohl als von verschiedenen andern seiner seltensten und ausgewähltesten Stücken versprach er mir Abschriften.
Indem er von Komponisten sprach, gab er dem alten Scarlatti und Keisern[18] das größeste Lob. Er versicherte mich, nach seinen Begriffen wäre Keiser einer der größesten Tonkünstler gewesen, die jemals auf der Welt gelebt. Er hat noch mehr Werke geschrieben als der alte Scarlatti, und seine Melodien, obgleich etliche davon über funfzig Jahr alt sind, klingen noch lieblich und können füglich

18 War ein geborner Sachse, kam, als er etliche zwanzig Jahr alt war, nach Hamburg, woselbst er, außer andern großen und kleinern Werken, auf hundertundsechzehn Opern komponiert hat. Er starb 1739. Mattheson gibt in seiner *Ehrenpforte* seinen musikalischen Talenten ein Lob, das dadurch desto mehr Gewicht bekommt, weil man sehr einleuchtend gewahr wird, daß er gewiß nicht Keisers parteilicher Freund gewesen. (Übers.)

unter moderne gemischt werden, ohne daß Kenner es merken.[19] Dieses, sagte er, wäre beständig seine Meinung gewesen, und er glaubte, nicht von Vorurteilen geblendet zu sein, da Keiser weder sein Verwandter noch Lehrer, ja, nicht einmal sein Bekannter gewesen. Allein, als er neulich einige von seinen Werken in die Hand genommen, sei er erstaunt, so viel mehr Eleganz, Klarheit und Anmut darin zu finden als selbst in vielen Werken der heutigen Komponisten. Er fügte hinzu, Keiser komponiert hauptsächlich für Hamburg und über deutsche Worte. Er wußte nicht viel Italienisch und versah sich nicht selten, wenn er über italienische Texte komponierte; er hatte aber allezeit Verdienste von einer andern Art, die diesen Mangel ersetzten.

Er sprach beständig mit vieler Ehrerbietung von Händel in Betracht als Spieler und Fugensetzer sowohl als in Betracht seiner sinnreichen Akkompagnements und der natürlichen Einfalt seiner Melodien, in welchem Punkte er ihn für das größte Genie hielt, das jemals gelebt hätte; sagte aber, daß er dafür hielte, er habe zu sehr nach dem Ruhme gestrebt, daß er seine Partituren vollstimmig und seine Subjekte künstlich ausarbeitete, dabei habe er zu sehr das Geräusch geliebt; und Faustina setzte hinzu, daß seine Cantilena oft unbiegsam gewesen sei.

Ich fragte ihn, ob er jemals Domenico Scarlatti habe spielen gehört. Er habe, war die Antwort, als er von Portugal nach Neapolis gekommen, um seinen Vater zu besuchen, bei dem er (Hasse) damals Unterricht genommen; und er räumte ihm ein, daß er eine bewundernswürdige Fertigkeit der Hand besessen hätte und mit einer sehr fruchtbaren Erfindungskraft begabt gewesen.

Er war der Meinung, daß Durante den Platz als Kontrapunktist nicht verdiente, den ihm Mr. Rousseau in seinem *Dictionnaire* eingeräumt hätte, sondern sagte, es wäre der alte Scarlatti, den er *le plus grand Harmoniste d'Italie*,

19 Dieser Versuch ist noch dieses Jahr, 1773, in Hamburg angestellt worden und zu Keisers, aber auch zum Ruhme der offenherzigen Unparteilichkeit unsers großen Hasse ausgefallen. (Übers.)

c'est à dire du monde[20] hätte nennen sollen, und nicht Durante, welcher nicht allein trocken, sondern auch *baroque* gewesen.[21] Er sprach von Mademoiselle Martinez als von einer jungen Person von ungemeinen Talenten für die Musik; sagte, sie sänge mit großem Ausdruck, spielte sehr nett und meisterhaft und hätte den Kontrapunkt vollkommen inne, „allein", setzte er hinzu, „es ist ein Jammer, daß sie durch Schreiben ihrer Stimme Schaden tut!" Ich hatte wirklich heute vormittag bemerkt, daß ihr die hohen Töne Mühe machten. Es ist ein Grundsatz aller guten Singmeister, daß das Bücken beim Schreiben und selbst das bloße viele Sitzen beim Klavier die Brusthöhle beengt und die Stimme sehr angreift.

Hasse sagte, daß er, nachdem er funfzig Jahr alt gewesen, keine Note mehr habe singen können; und wirklich ist er itzt so heiser, daß man Mühe hat, ihn zu verstehen, wenn er spricht. Dies gibt er gänzlich seinem vielen Schreiben schuld. Faustina sagte, als sie ihn zuerst kennengelernt, habe er eine sehr schöne Tenorstimme gehabt, und damals war es der Gebrauch, daß die Meister ihre Schüler im Kontrapunkt nicht allein singen, sondern auch deklamieren lehrten.

Ich kann Hasse und Gluck nicht verlassen, ohne zu sagen, daß es viele Behutsamkeit erfodert, wenn man sie miteinander vergleichen will. Man kann Hasse betrachten als den Raffael, und Gluck habe ich schon den Michelangelo unter den lebenden Komponisten genannt. Wofern der affektierte französische Ausdruck *le grand simple*[22] ir-

20 Den größesten Meister in der Harmonie von Italien, das ist, von der ganzen Welt.

21 Die Meinung des Herrn Hasse von Alexander Scarlatti stimmt mit Jommellis seiner genau überein, welcher zu Neapolis zu mir sagte, daß seine Kirchenkompositionen, sowenig sie auch bekannt wären, unter seinen Arbeiten und vielleicht überhaupt das beste sei, was man in der Art hätte.

22 Dem Übersetzer deucht, daß der Deutsche mit dem Ausdrucke hohe oder erhabne Einfalt wirklich einen bestimmten Begriff verknüpft; ob's dem Engländer bei dem oft gebrauchten Worte *Elegance* auch so sein mag? (Übers.)

gend etwas sagen kann, so muß es alsdann sein, wenn er auf die Werke eines solchen Komponisten als Hasse angewendet wird, dem es vielleicht besser gelingt, wenn er mit Klarheit und Angemessenheit solche Sachen ausdrückt, die vielmehr anmutig, elegant und zärtlich, als die lärmend und heftig sind. Glucks Genie scheint hingegen mehr aufgelegt zu sein, Furcht und Grausen zu erwecken und solche schwere Situationen zu malen, welche aus gehäuftem Elende und der stürmischen Wut ungezähmter Leidenschaften entspringt.

Sonnabends, den 12ten

Nachdem ich diesen Morgen noch einmal einen langen Besuch bei Metastasio abgestattet und Mademoiselle Martinez mit neuer Bewundrung und Entzücken singen und spielen gehört hatte, entschloß ich mich, Vaňhals Wohnung ausfindig zu machen. Verschiedene von den Arbeiten dieses jungen Komponisten, besonders von seinen Sinfonien, hatten mir ein so ungemeines Vergnügen erweckt, daß ich nicht anstehen möchte, solche unter die besten und vollkommensten Kompositionen für viele Instrumente zu zählen, worauf die musikalische Kunst stolz sein kann.

Der musikalische Parteigeist hat allenthalben sein böses Wesen; und ich habe noch allenthalben gefunden, daß man wünschte, ich sollte niemand hören oder wenigstens sollte mir niemand gefallen als die Freunde meiner Freunde. Indessen sahe oder vielmehr hört' ich durch alles dergleichen bald hindurch und ließ mir selten von parteiischen Urteilen etwas weismachen. Denn ich begnügte mich nicht damit, daß ich in Palästen, Theatern und großen Sälen Musik hörte, sondern ich ging in die Hütten und Dachkammern, wenn ich einem guten Instrumentspieler oder einem Manne von Genie auf die Spur kommen konnte.

Ich hatte meinen Bedienten darnach ausgeschickt und selbst verschiedene Versuche gemacht, Herrn Vaňhal zu erfragen, aber vergebens Endlich hatte ich heute so viel erfahren, daß er vorm Tore außer der Stadt wohnte. Allein, nachdem ich über einen Arm der Donau gesetzt und über eine halbe Meile einen sehr staubigen Weg gegangen und nun an den Ort gekommen war, wo ich ihn anzutreffen hoffte, ward mir gesagt, daß er seine Wohnung verändert hätte, niemand aber wußte seine itzige. Das schreckte mich nicht ab, den ganzen Rückweg durch nach ihm zu fragen, und glücklicherweise fand ich ihn endlich in einem dunkeln Winkel der Vorstadt und in einer nicht großen, aber desto höhern Wohnung. Ich kroch eine völlig finstre, steinerne Wendeltreppe hinauf, an deren Ende er sein Kämmerchen hatte.

Es ist ein junger, höflicher Mann; Französisch verstund er nicht, wußte aber ein wenig Italienisch, wie viele deutsche Musiker pflegen. Ich sagte ihm, daß ich ein Fremder wäre und alles, was in der Musik am merkwürdigsten sei, aufsuchte; daß ich einige von seinen Sinfonien hätte spielen gehört, welche mir recht sehr gefallen hätten, und daß ich wünschte, einige davon selbst zu haben, wenn er welche davon abgeschrieben hätte oder mir nachweisen könnte, wo sie zu bekommen wären.[23] Wir gelangten bald dahin, uns richtig zu verstehen, und da ich merkte, daß er das Klavier spielte, brachte ich's dahin, daß er sich an ein kleines Clavichordium setzte und mir sechs Sonaten vorspielte, die er eben für das Instrument komponiert hatte; ich fand solche aber weder so wild noch so neu als seine Kompositions für Violinen.

Ob es gleich manche vortreffliche Komponisten für Vokalmusik gegeben hat, die aus Mangel an Stimme selbst nicht singen konnten, so scheint es doch unumgänglich nötig zu sein, daß man ein großer Spieler auf dem Instrument sei, für welches man etwas komponieren will, das seiner

23 Da in Wien keine Läden sind, worin Musik verkauft wird, so ist der beste Weg, wenn man neue Musikalien haben will, sich an die Kopisten zu wenden, denn die Komponisten selbst betrachten jeden reisenden Engländer als einen Mylord und erwarten bei einer solchen Gelegenheit für jedes Stück ein ebenso wichtiges Geschenk, als ob sie es ausdrücklich für ihn gemacht hätten.

Natur angemessen sein und sein ganzes Vermögen zeigen soll. Die besten Stücke, die wir für die Orgel und das Klavier haben, sind von den größesten Klaviermeistern, als Händel, Scarlatti, Bach, Schobert, Wagenseil, Müthel und Alberti. Die Sucht aber, in allen Fächern sich zu zeigen oder Geld zu verdienen, führt manche Komponisten in die Versuchung, die Straße, mit welcher sie durch Natur und Kunst bekannt waren, zu verlassen und eine andre zu wählen, auf welcher sie entweder nicht Bescheid genug wissen oder doch von allen Erfordernissen, um sol che glücklich zu durchwandern, so entblößt sind, daß sie sich genötigt sehen, einen jeden, den sie darauf antreffen, anzufallen und zu plündern.

Eine gewisse kleine, lebhafte Unordnung in den Verstan deskräften ist bei einem jungen Tonkünstler ein vielver sprechender Umstand, und Herr Vaňhal begann seine Laufbahn mit dergleichen glücklichen Vorbedeutungen indem seine Imagination zum Überschnappen geneigt war Bei allen Künsten, besonders aber bei der Musik, welche so sehr auf Phantasie und Einbildungskraft beruht, schein der Enthusiasmus unumgänglich nötig zu sein. Ein kaltes gesetztes und träges Gemüt wird's in dieser Kunst nicht weit bringen. Wenn indessen der Enthusiasmus unbändig ist und zu oft und zu heftig aufbrauset, so ist das Gehirn in Gefahr. Allein, da eine Verrückung bei einem Künstler zuweilen weiter nichts ist als ein Ausbruch des Genies, so möchte ich in diesem Falle dem Arzte, der ihn geheilet hätte, zurufen:

– Pol me occidistis, amici,
Non servastis.

Herr Vaňhal ist itzt so weit geheilet und sein Gemüt ist itzt so still und so ruhig, daß mir seine letzten Stücke sehr schal und gemein vorkommen, und seine vorige angenehme Schwärmerei scheint in eine zu große Sparsamkeit mit den Gedanken verwandelt zu sein.

...

Sonntags, den 13ten

Heute ging eine Prozession durch die Hauptgasse der Stadt, denn es war der Gedächtnistag der Befreiung von Wien, da der König von Polen, Sobieski, Anno 1683 die Türken abgetrieben, nachdem sie die Stadt zwei Monate lang belagert gehabt hatten. Der Kaiser kam von Laxenburg herein zu diesem Festtage und wohnte der Prozession mit bei, welche bei den Franziskanern aus und durch die Hauptgassen nach der Stephanskirche ging, woselbst unter der Direktion des Kaiserlichen Kapellmeisters, Herrn Gaßmann, das *Tedeum* gesungen ward. Die Musik war von Reutter, einem alten deutschen Komponisten, ohne Geschmack und Erfindung. Das Chor war stark besetzt, und alles, was man Bezeichnendes von der Musik sagen kann, ist, sie macht viel Geräusch und sagte dabei sehr wenig. Ich hoffte, es sollte auf dieses trockne, sinnlose Zeug etwas Besseres folgen; allein, was hernach kam, war ebenso unbedeutend. Das Ganze ward mit einer dreifachen Salve der Stadtartillerie beschlossen, und die militärischen Instrumente wurden itzt beinahe ebenso laut, als es die musikalischen vorher gewesen waren.

Von hier ging ich nach Metastasios Hause, und zwar zum letzten Male! Ich fand bei ihm viel Gesellschaft, und die St. Cäcilia, Mademoiselle Martinez, am Flügel, bei welchem sie gesungen hatte. Auf ihr Verlangen wechselten wir Kompositions gegeneinander aus. Sie war so gütig gewesen, unter andern Sachen auch eine Arie von Metastasio, die sie selbst gesetzt und die mir bei einem vorigen Besuche ganz außerordentlich gefallen hatte, für mich abschreiben zu lassen.

Der gute alte Dichter umarmte mich treuherzig und sagte, es täte ihm leid, mich so bald zu verlieren; er müßte mein Buch haben, sobald es gedruckt wäre, und verlangte, daß ich ihm schreiben möchte. Auf diese Art nahmen wir zu Wien Abschied voneinander; allein hier kann ich ihn nicht verlassen, ohne noch ein paar Zeilen zu diesem Artikel zu fügen, der freilich schon lang geraten ist.

Man hatte mir gesagt, und es war auch die Meinung des

Herrn Hasse, daß Metastasio noch mehr Gedichte in Manuskript liegen hätte, als er bisher im Druck herausgegeben. Lord Stormont aber zweifelte sehr daran und führte für seinen Zweifel Metastasios Gewohnheit an, nie anders zu schreiben, als wenn er dazu genötigt ist. Metastasio lacht über alle poetische Begeisterung und macht ein Gedicht ebenso mechanischerweise als ein Schuster seinen Schuh, zu welcher Zeit es ihm gefällt und ohne andre Veranlassung, als wenn er's bedarf.

Indessen sagt Lord Stormont, daß er von Metastasio eine Übersetzung von Horazens *Ars Poetica* in italienischen Versen gesehen hat, welche er für viel besser hält als irgendeine andre, in was für einer Sprache es sei. So hat er auch *Hoc erat in votis* von ebendiesem Dichter vortrefflich übersetzt. Hierin hat er, wie Horaz, die Geschichte der Stadt- und Landmaus als eine ernsthafte Begebenheit erzählt und sich genauer an den Sinn und den Buchstaben des Originals gebunden als alle übrigen, die es bisher zu übersetzen versucht haben.

Metastasio mag, wie fast alle bejahrten Personen, sehr ungern von seinem Alter, von den Krankheiten, Unglücks- oder Todesfällen seiner Freunde, ja nicht einmal gleichgültiger Personen, reden oder reden hören. Er ist ungemein aufrichtig in seinem Urteile über Männer von Genie und selbst über Poeten, mit denen er Zwistigkeiten gehabt hat, deren es freilich sehr wenige gibt. Denn wenn er von jemand angegriffen worden, ist es oft geschehen, daß er ein Epigramm oder ein paar Strophen gemacht hat, um seinen besten Freunden zu zeigen, wie er sich verteidigen könnte, und hernach ins Feuer geworfen hat; und man hat niemals erfahren, daß er nur eine einzige Zeile hätte drukken lassen, um dem bittersten Feinde seiner Person oder seiner Gedichte eine unangenehme Viertelstunde zu machen.

Er ist von Natur heiter und scherzhaft in seinen Sitten und in seinem Umgange, wodurch alles um ihn herum munter gemacht wird, und drückt sich in seinen Sprachen ebenso leicht und zierlich aus als in seinen Schriften. Er ist

wirklich einer von den wenigen außerordentlichen Genies, welche nichts dadurch verlieren, daß man sie näher kennenlernt; denn es ist eine traurige Bemerkung, wenige Menschen verdienen wie er die Beinamen gut und groß.
Nachfolgende Anekdote habe ich von einer wahrheitsliebenden Person, die mit den Lebensumständen dieses großen Poeten sehr genau bekannt ist. Es ist schon lange Jahre her, da Metastasios Umstände noch gar nicht bequem waren und er bloß als ein Gehülfe des Operndichters Apostolo Zeno in Wien bekannt war, als ihm ein Mann, mit dem er in genauer Freundschaft gelebt hatte, bei seinem Tode sein ganzes Vermögen vermachte, welches sich auf hundertundfunfzigtausend Gulden belief. Metastasio aber, der in Erfahrung brachte, daß der Verstorbne Anverwandte in Bologna hätte, reisete dahin, um solche aufzusuchen; und als er einige ausfindig gemacht, von denen er glaubte, daß sie das nächste Recht zu dieser Erbschaft hätten, sagte er ihnen, daß sein Freund ihm zwar sein ganzes Vermögen vermacht habe, er glaubte aber, zu keinem andern Endzwecke, als es so lange in treue Bewahrung zu nehmen, bis er die Würdigsten seiner Anverwandten in Erfahrung gebracht hätte, um es unter dieselben nach Billigkeit zu verteilen; welches er dann auch alsobald tat, ohne das geringste für sich zu behalten.
Nach Tische hatte ich das Vergnügen eines langen Besuchs von Herrn Gaßmann, der mir nicht nur ein Verzeichnis von seinen Werken mitteilte, sondern mir auch die Gewogenheit erwies, mir viele von seinen ungedruckten Quartetten für verschiedene Instrumente zu schenken.[24] Herr Gaßmann ist von mittlerm Alter, und dennoch hat er schon ziemlich viel geschrieben. An ernsthaften Opern

24 Die Gerechtigkeit verbindet mich zu sagen, daß ich nach meiner Zurückkunft nach England diese Stücke spielen gehört und vortrefflich befunden habe; sie haben eine angenehme Melodie, frei von Eigensinn und Ziererei, gesunde Harmonie, und die Verwebungen und Nachahmungen sind ohne die geringste Verwirrung; kurz, der Stil ist züchtig und gesetzt, ohne schläfrig, und meisterhaft, ohne pedantisch zu sein.

hat er komponiert: In Italien: *Merope, Issipile, Catone in Utica, Ezio* zweimal und *Achille in Sciro;* in Wien: *Olimpiade, Amore e Psiche* und *Il Trionfo d'Amore;* für die komische Oper zu Venedig: *L'Uccilatore* zweimal, *Il Filosofo inamorato, Un Pazzo ne fà cento* und *Il Mondo nella Luna;* zu Wien: *I Viaggiatori ridicoli, L'Amore artigiano, La Notte critica, L'Opera seria, La Contessina, Il Filosofo inamorato* zum zweiten Male, *La Pescatrice* und *I Rovinati.*

Als Herr Gaßmann Abschied genommen hatte, ging ich zum letzten Male zum Herrn Wagenseil und hörte ihn und seine kleine Schülerin verschiedene brillante Duette auf zwei Flügeln spielen. Hier traf ich nochmals meinen Freund, den portugiesischen Abbate an, und nach einem langen Gespräche über musikalische Materien trennten wir uns; doch nicht eher, bis wir uns erst einander unsre Adressen gegeben und versprochen hatten, unsre Freundschaft durch Briefwechsel fortzusetzen.

Hierauf eilte ich nach Hause, um einzupacken und zu bezahlen. Hier ward ich auch unter andern den ganzen Abend von Notenschreibern geplagt; sie fingen an, mich als einen heißhungrigen, blinden Käufer anzusehen, der ihnen alles abnehmen müßte, was für elend Zeug sie mir auch feilböten; allein, ich sah mich gezwungen, meine Hand zurückzuhalten, nicht allein vom Kaufen schlechter, sondern auch guter Musik; denn in Wien ist alles teuer, besonders aber Musikalien, die nicht gedruckt sind.

Bei alledem verließ ich Wien noch nicht eher, bis ich zwanzig bis vierundzwanzig Dukaten in Noten angelegt hatte, welche, zusammen mit denen, die mir geschenkt worden, die ich mir selbst abgeschrieben hatte und mit den gedruckten Büchern, die ich gesammlet hatte, meine Bagage dergestalt vermehrten, daß ich den ganzen Weg über bis Hamburg ein Pferd mehr vor meine Chaise spannen lassen mußte.

Wirklich ist Wien so reich an Komponisten und fasset in seinen Ringmauern eine so große Anzahl vortrefflicher Tonkünstler, daß man dieser Stadt mir Recht einräumen muß, daß sie sowohl die Hauptstadt der deutschen Musik als des deutschen Reichs ist.

Dieses würde ganz deutlich erhellen, wenn ich wiederholte, was ich während meines kurzen Aufenthalts in derselben sah und hörte; ich will solches aber der Erinnerung des geneigten Lesers überlassen und nur die Namen von Hasse, Gluck, Wagenseil, Salieri, Hoffmann, Haydn, Ditters, Vaňhal und Huber hersetzen, welche sich alle als große Komponisten gezeigt haben; und die Sinfonien und Quartette der fünf letztgenannten stehen vielleicht unter den ersten, welche jemals vollstimmige Instrumentalsachen gemacht haben.

Zu diesen berühmten Namen kann man noch hinzufügen Herrn Mysliveček, ein Böhme, der eben aus Italien zurückgekommen ist, woselbst er sich sowohl durch seine Opern als Instrumentalmusik einen großen Ruhm erworben hat. Scarlatti, ein Neffe des berühmten Domenico Scarlatti, Kohaut, ein vortrefflicher Lautenist, Venturini, ein Oboebläser von der ersten Klasse, Albrechtsberger und Stephani, zwei große Klavierspieler im Dienste des Hofes, und Lamotte, ein Niederländer, der beste Sologeiger und Notenleser in ganz Wien. Er lernte einige Zeit von Giardini, und man erzählt von ihm, er sei, als er seinen ersten Lehrmeister verlassen, durch Italien gereiset, um einen andern zu suchen, und als er nach Livorno gekommen, wo sich damals Nardini aufhielt, wollte er gerne dessen Schüler werden; allein, als er diesen Violinisten eins von seinen eignen Solos spielen gehört hatte und nun auch aufgefodert ward zu spielen, bat er sich aus, daß er eben das Solo spielen dürfte, was er eben gehört, von welchem Nardini wußte, daß er's niemals gesehen haben konnte, indem er sich's erst kürzlich gemacht hatte. Er spielte es so gut, daß es Nardini von sich ablehnte, jemand zum Schüler anzunehmen, der schon ein so geschickter Meister auf seinem Instrument war.

Ich enthalte mich, alle geschickten Organisten dieser Stadt, die Liebhaber der Musik von beiden Geschlechten und die verschiedenen geschickten Sing- und Spielmeister zu nennen, welche sich hier beständig aufhalten und das Ihrige beitragen, die Musik zu bilden und das Vergnügen der Gönner und Kenner derselben zu befördern, und will nur noch anmerken, daß, so reich diese Stadt an großen musikalischen Genies ist, man dennoch weder bei Hofe noch an dem öffentlichen Theater eine große Oper zu hören bekömmt.

Lady Montagu erwähnt einer Oper, welche damals, als sie in Wien war, in freier Luft aufgeführt wurde, woran die Dekorations und Kleider dem Kaiser dreimal hunderttausend Gulden zu stehen kamen; und während der Regierung der letzten Kaiser, von Leopold an bis zur Mitte des gegenwärtigen Jahrhunderts, pflegte der Hof auf seine Kosten Opern zu geben, welche von den größesten Meistern in der Kunst, die nur in ganz Europa zu finden waren, gedichtet, in Musik gesetzt und gesungen wurden. Die öftern Kriege aber und andre Landplagen, die das Reich betroffen, haben dem Ausflusse des öffentlichen Schatzes wohltätigere Gänge geöffnet und auf arme Untertanen gelenkt, so daß dieser geldkostende Gebrauch itzt

To my mind
More honoured in the breach, than the
observance[25],

denn ob ich gleich die Musik sehr lieb habe, so lieb' ich doch die Menschlichkeit noch mehr.

25 Nach meiner Meinung mehr Ehr bringt, da er abgeschafft ist, als da er bestund.

Ende des zweiten Bandes

Carl Burneys

der Musik Doktors

TAGEBUCH

SEINER

MUSIKALISCHEN REISEN

Dritter Band

Durch

Böhmen, Sachsen, Brandenburg,

Hamburg und Holland

Aus dem Englischen übersetzt

Mit

einigen Zusätzen und Anmerkungen

zum zweiten und dritten Bande

Hamburg, 1773

Bei Bode

Vorrede des Übersetzers

Daß der Herr Magister Ebeling Geschäfte und leider auch Krankheit halber diese Übersetzung nicht hat übernehmen können und solche also in meine Hände gefallen ist, das ist das notwendigste, was ich dem gütigen Leser in dieser Vorrede zu sagen habe. Ich bin dem Herrn Ebeling das schuldig, damit man nicht meine Fehler ihm zur Last lege. Ich kann gerechten oder auch harten Tadel eher tragen, weil ich unbekannt bin.

Von dem Originale habe ich hier wenig zu sagen, indem ich schon hin und wieder im Buche selbst durch Noten angezeigt habe, wenn ich mit dem Verfasser nicht habe einstimmig denken können. Mir ist sein Urteil oft parteiisch und oft als zu schnell niedergeschrieben vorgekommen; und ob ich gleich kein Musikus bin und nach meiner besten Überzeugung nicht den geringsten Willen habe, parteiisch zu sein, so mag ich dennoch vielleicht manchen Lesern in den wenigen Noten so scheinen. Diese bitte ich zu merken, daß ich ein herzlicher Liebhaber der Musik und ein Deutscher bin und daß ein gewisser Grad von Parteilichkeit fürs Vaterland – wenigstens verzeihlich ist.

Eine kleine Gesellschaft von Männern hatte den Entschluß gefaßt, den Verfasser durchgängig zu berichtigen. Aber Mangel an Zeit, Krankheiten und Zerstreuungen haben diesen Vorsatz vereitelt, wenigstens insoweit, daß die Berichtigungen nicht so allgemein sind. Daher ist es denn auch gekommen, daß ich zu dem dritten Bande gleich mehr Noten unter den Text gesetzt habe als bei dem zweiten, weil ich damals noch auf mehr Beiträge für die Zusätze am Ende beider Bände rechnen durfte. –

Wenn ich nicht irre, so hat mehr als ein Ort Ursache, dem Urteile des Verfasser nicht so völlig beizupflichten. Solche hier zu nennen, verbietet mir die Betrachtung, daß es daselbst Männer gibt, die es noch besser zu beurteilen wisen werden, ob und wie sie antworten wollen. Aber das darf ich hier sagen, daß der Verleger ganz bereit ist, alle dergleichen Aufsätze, die ihm in dieser Absicht postfrei zugesandt werden, zu sammlen und herauszugeben. Der Übersetzer hätte gerne mit dieser Ausgabe gewartet, um dergleichen Aufsätze einzuholen und hinter jedem Ort, woher etwas eingeschickt worden, einzuschalten. Allein der Verleger hatte wichtige Gründe dagegen. –
Ich kann nicht leugnen, daß mich beim Übersetzen oft die Lust angewandelt hat, selbst da, wo der Verfasser bei seiner Materie war, untreu zu werden, denn bei seinen geographischen Beschreibungen bin ich's wirklich oft gewesen und glaube, mit Beifall der Leser. Allein weil Herr Burney eine allgemeine Geschichte der Musik schreiben will, so ist es gut, daß wir Deutschen schon vorher wissen, wie solche für uns ausfallen wird, damit unsre Verwunderung hernach nicht gar zu groß sei.
Diejenigen Personen, die am meisten Ursach haben, mit seinem Urteile unzufrieden zu sein, sind nach meiner Meinung gerade diejenigen, die es am leichtesten übersehen können, und hätten, wie ich es schon irgend in einer Note geäußert habe, mir es übelnehmen können, wenn ich des Herrn Doktor Burneys Urteil für so entscheidend gehalten hätte, daß ich es ihrentwegen weglassen müssen.

Hamburg, den 24sten September 1773

Gegenwärtiger Zustand der Musik in Deutschland

Böhmen

Ich hatte oftmals sagen hören, daß die Böhmen unter allen Nationen in Deutschland, ja vielleicht in ganz Europa an meisten musikalisch wären; und ein berühmter deutscher Komponist, welcher gegenwärtig in London ist, hatte mich versichert, daß sie, wenn man ihnen nur gleiche Vorteile mit den Italienern verschaffte, diese gewiß übertreffen würden.
Wirkungen lassen sich nicht ohne Ursachen gedenken; und die Natur, so parteiisch sie auch bei Austeilung des Genies und der Talente gegen einzelne Personen sein mag, ist es nie gegen ein ganzes Volk. Das Klima trägt viel dazu bei, Sitten und Gewohnheiten zu bilden; und ich halte es für ausgemacht, daß Völker, welche in heißen Erdstrichen wohnen, mehr Vergnügen an der Musik finden als die in kalten; vielleicht weil die Nerven des Gehörs in jenen reizbarer sind als in diesen und weil sich der Schall dort leichter fortpflanzet; allein, ich wüßte gar keinen Grund anzugeben, warum das Klima mehr zum besten der Musik auf die Böhmen als auf ihre Nachbarn, die Sachsen und Mähren, wirken sollte.
Ich durchreisete das ganze Königreich Böhmen von Süden bis Norden; und da ich sorgfältig untersuchte, wie der gemeine Mann Musik lernte, so fand ich zuletzt, daß nicht nur in jeder großen Stadt, sondern auch in allen Dörfern, wo nur eine Lese- und Schreibschule ist, die Kinder beiderlei Geschlechts in der Musik unterrichtet werden.
Zu Teutsch Brod, Jenitz, Czaslaw, Böhmisch Brod und an

andern Orten besah ich diese Schulen; und zu Czaslaw insbesondre betraf ich sie auf der Tat.

Der Organist und Kantor Johann Dulsick und der erste Violinist an der Pfarrkirche, Martin Kruch, welche zugleich Schulmeister sind, machten mich völlig mit ihren Musikschulen bekannt. Ich besuchte eine, welche voll kleiner Kinder von beiderlei Geschlechtern, sechs bis eilf Jahre alt, war, welche lasen, schrieben, auf der Geige, der Oboen, dem Basson und andern Instrumenten spielten. Der Organist hatte in einem kleinen Zimmer seines Hauses vier Klaviere, und auf jeden übte sich ein kleiner Knabe; sein Sohn von neun Jahren war ein tüchtiger Spieler.

Hierauf begleitete er mich zur Kirche, welche nur klein ist, und spielte eine bewundernswürdige Fantasie auf der Orgel, welche gleichfalls nur klein ist, aber einen guten Ton hat; ihr Umfang war von C bis dreigestrichen c; sie hatte kein Rohrwerk, jedoch ein Pedal und ein durchgehends gutes Hauptwerk. Er spielte auch eine Fuge aus dem Stegreif über ein neues, gefälliges Subjekt und führte sie meisterhaft aus. Meinem Urteil zufolge ist er einer der besten Orgelspieler, welche ich auf meiner ganzen Reise gehört habe. Er klagte, daß es ihm wegen Mangel der Übung an Fertigkeit fehlte, und setzte hinzu, daß er zu viel Lehrlinge in den Anfangsgründen unterrichten müßte und also keine Zeit zum Studieren hätte; dabei wäre sein Haus nicht nur voll von fremden, sondern auch von seinen eignen Kindern:

Chill penury repressed his noble rage!

Mangel löschte sein edles Feuer aus!

welches der Fall vieler Musiker ist, deren Geist und Talente zu gut für solche Sklavenarbeit sind; allein bei solchen Umständen bleibt ihnen nichts anders zu wählen übrig als Arbeit oder Schulden.

Prag

Diese Stadt ist seit der preußischen Belagerung, worin die meisten Häuser ruiniert wurden, größtenteils neu wieder aufgebauet worden, und man war noch damit beschäftigt, sonderlich bei der Domkirche und dem kaiserlichen Palaste, welche beide beinahe ganz waren zerstöret worden. Die Orgel in der Domkirche, welche gleichfalls seit dem letzten Kriege neu gebauet worden, ist sehr groß und hat einen schönen Ton. Sie ward während des Vormittagsgottesdienstes sehr gut gespielet, obgleich der Organist, Herr Wolf, bettlägerig war. Ich ging nach seinem Hause, um mit ihm, wenn er Kräfte genug gehabt hätte, über den Zustand der Musik in Prag zu sprechen, allein der Bediente, welcher mich anzumelden vorausgegangen war, kam vor Furcht ganz erblaßt zurück und sagte mir, daß es sehr gefährlich für mich sein würde, dies Haus zu besuchen, da Herr Wolf an dem bösartigen ansteckenden Fieber niederläge, welches zeither so heftig in dieser Stadt gewütet hätte.

Herr Wolf, welchen man für einen der besten Organisten in Deutschland hält, hat den Titel Schloßorganist, weil die Domkirche innerhalb der Mauern des Schlosses liegt.

Es sind drei große Jesuitenkollegien in Prag; das zu St. Niklas hat eine sehr schöne Kirche, deren Orgel in zwei Teile geteilt ist, davon auf jeder Seite der Emporkirche einer steht. Die Klaviere nebst einem kleinen Rückpositiv liegen in der Mitte, aber so niedrig, daß das westliche Fenster frei bleibt. Die Einfassungen, Pfeiler, der Grund und die Verzierungen dieses Werks sind nicht von Holz, sondern von weißem Marmor; die Orgeln sowohl als die Kirche scheinen ganz neu. Ich sahe nie an einer Orgel eine so prächtige, edele Außenseite. Einer von den Jesuiten hatte sie gebauet. Ihr Ton ist sehr gut, aber der Anschlag ungemein schwer.

Eine Bande herumreisender Musikanten bewillkommte mich in meinem Wirtshause während des Mittagsessens. Sie spielten auf der Harfe, Violin und dem Waldhorn verschiedene Menuetten und Polonaisen, welche an sich sehr schön waren, obgleich ihr Vortrag ihnen keine neue Schönheit gab. Vielleicht wird man sich darüber wundern, daß diese Hauptstadt eines so musikalischen Reichs, wo das Genie jedes Einwohners sich frei üben kann, nicht mehr große Tonkünstler habe. Die Ursache davon ist nicht schwer zu finden, wenn man bedenkt, daß Musik eine von den Künsten des Friedens, der Muse und des Überflusses sei; und wenn nach Rousseaus Meinung die Künste bloß in den verderbtesten Zeiten geblühet haben, so muß in diesen Zeiten doch wenigstens Ruhe und Wohlstand geherrscht haben. Nun aber haben die Böhmen nie eine langwierige Ruhe genossen, und selbst in den kurzen Zwischenzeiten des Friedens lebte ihr hoher Adel selten in ihrer Hauptstadt, sondern folgte dem Hofe nach Wien, daher die Ärmern, welchen man in ihrer Jugend musikalischen Unterricht gegeben, keine Aufmunterung haben, in ihren reifern Jahren in der Musik weiterzugehen, und daher sie gewöhnlich nur zur Gassenmusik oder zur Dienstbarkeit taugen.

Viele von denen, welche Musik in den Schulen lernen, gehen nachmals wirklich an den Pflug und andre mühsame Handarbeiten; und dann hilft ihnen ihre musikalische Kenntnis zu weiter nichts, als daß sie in der Kirche mitsingen oder sich zu Hause ein Vergnügen machen können, welches vielleicht der würdigste Gebrauch ist, wozu man die Musik anwenden kann.

Einige Reisende haben versichert, daß der böhmische Adel Musiker auf seinen Gütern halte; allein dies folgt notwendig, sobald sie Bedienten halten, da, wie gesagt, alle Kinder der Bauern und Handwerker in jeder Stadt und Dorfe durch ganz Böhmen in den gewöhnlichen Leseschulen Musik lernen. Prag ist eine Ausnahme, denn daselbst ist sie kein Teil des Schulunterrichts, sondern die Musiker kommen vom Lande daher.

Von Zeit zu Zeit steht in diesen Landschulen ein groß Genie auf, wie z. E. in Teutsch Brod, dem Geburtsorte des großen Stamitz. Sein Vater war Kantor an der Stadtkirche, und der nachmals wegen seiner Komposition und als Geiger so berühmte Stamitz ward in der gemeinen Stadtschule unter Knaben von gewöhnlichen Talenten erzogen, die unbekannt lebten und starben. Er aber brach, wie ein zweiter Shakespeare, durch alle Schwierigkeiten und Hindernisse hindurch, und so wie das Auge des einen die ganze Natur durchschaute, so trieb der andere, ohne von der Natur abzuweichen, die Kunst weiter, als irgend jemand vor ihm getan hatte. Sein Genie war sehr original, kühn und kraftvoll; Erfindung, Feuer und Kontrast in den geschwinden Sätzen – eine zärtliche, reizende und schmeichelnde Melodie in den langsamen, verbunden mit Scharfsinn und Reichtum in der Begleitung charakterisieren seine Werke; alle sind voll starken Ausdrucks, welchen der Enthusiasmus des Genies hervorgebracht und die Kultur verfeinert hat, ohne ihn zu unterdrücken.

Seger ist Organist bei den Kreuzherrn in Prag. Gaßmann sagte mir, ich sollte ihm aufsuchen, indem er der beste Spieler in der Stadt sei. Ich hatte eine lange Unterredung mit ihm und fand, daß er sowohl ein artiger Mann als ein vortrefflicher Spieler war. Er weiß noch, wie Tartini und Vandini vor funfzig Jahren zu Prag waren, und scheint mit dem Charakter und Werken aller großen Musiker in Europa sehr wohl bekannt zu sein.

Ich erfuhr von ihm, daß in dem Kloster zum Heiligen Kreuze, wobei er als Organist steht, drei oder vier Knaben angenommen sind, welche aus Landschulen hieherkamen und vortrefflich singen; ihre Stimme, ihre Triller sind schön und ihr Geschmack und Ausdruck sehr gut. Ich kam einen Tag zu spät nach Prag, sonst hätte ich eine Musik in dieser Kirche hören können.

Es kostete mir viel Mühe, von den böhmischen Musikern Nachricht zu erhalten, denn die deutsche Sprache half mir in diesem Königreiche wenig, weil hier der slavonische Dialekt der herrschende ist. Herr Seger sprach jedoch Italienisch und war keineswegs zurückhaltend; er bestätigte meiner Entdeckung, daß nicht nur in Böhmen, sondern auch in Mähren, Hungarn und einem Teile von Österreich die Kinder in den gewöhnlichen Leseschulen

Unterricht in der Musik erhalten. Die Böhmen sind in dem Gebrauch der Blasinstrumente überhaupt sehr geschickt; allein, wie Herr Seger mir sagte, so wird die Obeo in dem an Sachsen grenzenden Teile an meisten und vortrefflichsten gespielt, so wie an der mährischen Grenze die Tuba und Clarine.

Der berühmte Mysliveček ward in einer böhmischen Dorfschule erzogen und studierte nachmals den Kontrapunkt zu Prag bei Herrn Segern.

Die besten Violinspieler in dieser Stadt sind gegenwärtig Josef Strobach und Johann Galli am Schlosse und Wenzel Braupner, welcher ein vortrefflicher Solospieler ist. Der beste, eigentlich der einzige Violoncellspieler hieselbst ist Hetes, und auf der Oboe ist Stiastny vortrefflich. Seit langer Zeit sind hier keine Opern aufgeführt worden; hingegen spielt man hier wöchentlich dreimal deutsche und slavonische Komödien, welches das einzige Schauspiel ist, das man hier hat. Der Adel war itzt größtenteils auf dem Lande; doch im Winter sollen sie oftmals große Konzerte in ihren Wohnungen und Palästen haben, welche mehrenteils von ihren eigenen Bedienten und Vasallen, die in den Landschulen die Musik erlernt haben, aufgeführt werden.

Ich verließ Prag den 17ten September nach vielem Aufenthalte und Plackerei, denen die Reisenden in fremden Ländern unterworfen sind. Zu Budin, der dritten Poststation, fand ich eine Musikschule und hörte zwei arme Schüler in den Straßen, den einen auf der Harfe, den andern auf dem Triangel ziemlich gut spielen. Zu Lobeschütz ist gleichfalls eine musikalische Schule, welche von mehr als hundert Schülern beiderlei Geschlechts besucht wird, wovon jeder, der Lust hat, Musik lernet. Ich besah die kleine, niedliche Kirche, welche eine simple kleine Orgel hat. Hier spielen und singen die Kinder. Ich hörte ein ansehnliche Zahl Knaben in der Schule sich auf der Geige üben, allein ihre Spielart war sehr rauh.[1]

1 Hier werden einige Seiten voll Klagen über schlechte Wege,

Von Lobeschütz dachte ich zu Wasser nach Dresden zu gehen. Nach einer äußerst beschwerlichen Reise, die ein Sturm und die schlechte Beschaffenheit meines Boots zugleich sehr gefährlich machten, kam ich endlich zu Königstein an. Dies war kaum der halbe Weg von Lobeschütz nach Dresden, allein ich konnte es auf dem Wasser nicht weiter aushalten, sondern reisete, nachdem ich auf dem Felsen hinaufgeklettert war, auf einem Wege nach Pirna.

Hier und zu Königstein sind gleichfalls Musikschulen so wie in Böhmen. Zu Pirna ist eine für Offizierkinder und eine für ärmere Knaben, wo sie wie anderwärts in der Musik, im Lesen und Schreiben unterrichtet werden.

Es würde meinen Lesern Langeweile machen, wenn ich alle Musikschulen, die ich auf meiner Reise durch Österreich, Mähren, Böhmen und Sachsen besucht habe, genau beschreiben wollte. Ich will nur überhaupt bemerken, daß die Schüler eine rauhe, plumpe Spielart hatten und daß sie nie nach Vollkommenheit zu trachten schienen. Metastasio war der Meinung, daß die Kinder in diesen Schulen sehr schlecht angeführt würden, so daß sie nachmals unverbesserlich wären. Freilich sind die meisten zu Bedienten und niedrigen Hantierungen bestimmt; und da in vielen Gegenden Böhmens und Sachsens die gotische Herrschaft über die Vasallen noch immer stattfindet, so fühlen diese Leute selten den Ehrgeiz, sich in der Musik hervorzutun. Zuweilen steht einmal ein Mann von Genie unter ihnen auf und wird ein vortrefflicher Musiker, er mag wollen oder nicht; doch in diesem Falle läuft er gemeiniglich davon und läßt sich in irgendeinem fremden Lande nieder, wo er die Früchte seiner Talente einernten kann.

Überhaupt erhellet doch aus diesen Schulen deutlich, daß

unbequeme und teure Postanstalten, elende Wirtshäuser weggelassen. Nicht etwa, weil sie durchgehends übertrieben sind, sondern weil man sie schon oft gelesen hat und in einer musikalischen Reise nicht erwartet. Der deutsche Leser, welcher gereiset ist oder reisen will, weiß das gehörige über diese Materie ohnedem schon besser. (Übers.)

nicht Natur, sondern Kultur es macht, daß die Deutschen so allgemein Musik verstehen; und ein genauer Betrachter der menschlichen Natur, der lange unter diesem Volke lebte, hat gesagt, „daß, wenn es angeborenes Genie gebe, Deutschland gewiß nicht der Sitz desselben sei, ob man gleich zugeben müsse, daß geduldiger Fleiß und Applikation darin zu Hause gehören."[2]
Der Weg von Pirna bis Dresden ist gut; das Land auf der linken Seite ist flach, und wenn das Getreide vom Felde ist, kahl und unangenehm; allein rechter Hand geben die mit Wein und Häusern bedeckten Hügel an dem Elbufer einen reizenden Anblick.

Dresden

Man kömmt zu dieser Stadt durch die kurfürstlichen Gärten, vor einem schönen Lustschlosse und Pavillons; alles ist mit Geschmack angelegt und fällt vortrefflich in die Augen. Die Stadt selbst aber hat im vorigen Kriege so viel gelitten, daß ein Fremder kaum die berühmte Hauptstadt von Sachsen zu sehen glaubt, selbst wenn er sie von der vorteilhaftesten Seite auf einer nah gelegenen Anhöhe betrachtet. Ihre meisten himmelansteigenden Türme sind umgestürzt, und nur ein paar von allen den prächtigen Gebäuden, welche die Stadt verschönerten, sind stehengeblieben, daher hier sowohl als in Prag die Einwohner damit beschäftigt sind, das Beschädigte wiederherzustellen.
Mein erstes Geschäft nach meiner Ankunft war, unsern

2 Diese wörtlich übersetzte Stelle konnte aus mehr als einer Ursache nicht weggelassen werden, solange der Verfasser sie nicht aus dem Originale öffentlich zurücknimmt. Er verspricht in einem Briefe an den Übersetzer, dies bei einer neuen Auflage zu tun. Bis die erschienen, muß sie also auch hier bleiben. Eine Widerlegung kann indessen weder die Art der Folgerung noch das Gefolgerte, noch – der Bouhoursische Machtspruch des genauen Beobachters der menschlichen Natur in unsern angehängten Anmerkungen auf keine Weise wert sein. (Übers.)

Minister an diesem Hofe, Herrn Osborn, zu besuchen. Er nahm mich so gütig auf und erzeigte mir während meines Aufenthalts in Dresden so viel Gefälligkeiten und Dienste, daß ich sie ohne große Undankbarkeit nicht verschweigen kann.

Sobald er erfuhr, daß meine Neugier vornehmlich auf die Musik ging, machte er mich mit Sgr. Besozzi, einem berühmten Oboenspieler aus der Kurfürstlichen Kapelle, bekannt. Bei meiner Unterredung mit diesem geschickten Spieler fand ich, daß er nicht nur einen sehr aufgeklärten Verstand besaß, sondern auch tiefer über die Theorie seiner Kunst nachgedacht hatte als die meisten praktischen Tonkünstler, welche ich hatte kennengelernt und die so viel Zeit auf ein Instrument gewandt hätten, als er bei der Oboe muß zugebracht haben, ehe er einen so hohen Grad von Vollkommenheit erlangte, als er erreicht hat. Sgr. Besozzis Vater, welcher noch bei der Kurfürstlichen Kapelle steht, ist ein Bruder der berühmten Besozzi zu Turin.

Herr Osborn war so gefällig, Sgr. Besozzi sogleich zu bitten, in diesen Tagen die besten Musiker, welche in Dresden zu finden wären, zu einem Konzerte in seinem Hause zusammenzubringen, um mir Gelegenheit zu geben, die hiesige Musik so vollkommen, wie sie zu haben war, zu hören.

Am folgenden Tage führte mich Herr Osborn zum Doktor Bayley, einem würdigen englischen Arzt, der nicht weniger wegen seiner Geschicklichkeit als wegen seiner Gastfreiheit zu merken ist.

Ich speiste bei ihm mit verschiedenen auswärtigen Ministern zu Mittage. Nachmittags führte er mich zum Premierminister, Graf von Sacken, welcher das erste Stockwerk des Brühlischen Palastes bewohnt, wovon sein Sohn, der Starost Graf Brühl, nur das zweite innehat. Wir blieben daselbst, bis die kurfürstliche Familie zur Oper vom Lande hereinkam.

Diesen Abend ward nur komische Oper auf dem kleinen Theater aufgeführt, welches aber sehr artig ist und vier

Reihen Logen, jede zu neunzehn, hat. Das heutige Stück hieß *L'Amore innocente* und war von Sgr. Salieri gesetzt. Die Musik war so herzlich unschuldig als die Poesie und Vorstellung. Man hörte weder noch sah das geringste Reizende oder Entzückende; alles war so gar ruhig, unbedeutend und einschläfernd als das Wiegenlied einer Amme.

Die beste Sängerin in diesem ruhigen Pastorale war Sgra. Calori, der es, als sie vor zwölf oder vierzehn Jahren in England war, nur an Feuer fehlte, um eine vortreffliche Sängerin zu sein. Damals war ihre Stimme, ihr Triller und ihre Fertigkeit gut, ihre Person und Gesichtszüge wohlgemacht und fein; allein itzt, da die Zeit verschiedene von diesen Eigenschaften ziemlich geschwächt hatte, blieb ihr Singen so unbemerkt als der Gesang der übrigen, welcher schmacklos und im höchsten Grade ermüdend war.

Ich muß noch bemerken, daß Sgra. Calori im zweiten Akte eine Bravourarie sang, die von einer obligaten Violine begleitet war, welche Herr Hunt, erster Violinist in Dresden, spielte. Beide brachten viele nicht geringe Schwierigkeiten heraus, aber ohne sonderliche Wirkung. Der Geiger hatte zwar einen kräftigen Strich und zog einen reinen Ton aus seinem Instrumente, aber sein Geschmack und Ausdruck waren weder fein noch rührend genug.

Sonntags, den 20ten September

Heute früh ging ich in die lutherische Frauenkirche, welche an einem großen Marktplatze liegt. Es ist ein sehr edles und feines Gebäude von Quadersteinen und hat eine hohe Kuppel in der Mitte; auswendig ist es ein Viereck, aber inwendig hat es die Gestalt eines Amphitheaters. Vor dem Altartische ist eine Erhöhung, über welcher man eine prächtige Orgel gebauet hat. Dies ist das einzige mir bekannte Exempel einer an der Ostseite der Kirche angelegten Orgel. Alle, die ich gesehen habe, lagen am Ende des Chores westlich oder auf einer Seite.

Das Singen unter Begleitung eines so schönen Instruments tut hier ungemeine Wirkung. Die ganze Gemeinde, an dreitausend Personen stark, singt im Einklange meist so langsame Melodien als die, welche in unsern Pfarrkirchen üblich sind; allein, da die Leute hierzulande musikalischer sind als bei uns und von Jugend auf gewöhnt worden, den größten Teil des Kirchengesanges selbst zu singen, so hielten sie besser Ton und machten eins der größten Chöre, die ich je gehört habe.

Das Gebäude ist sehr hoch und geräumig, zwischen den Pfeilern sind vier Emporkirchen von schöner Form übereinander; die Sitze an der Erde gehen im Kreise herum, alle haben das Gesicht nach dem Altare zu. Überhaupt war dies eine der andächtigsten, ehrwürdigsten Gemeinen, die ich gesehen habe.

Die Bomben konnten in der preußischen Belagerung dieser Kirche nichts anhaben, weil sie von der kugelförmigen Kuppel alle herabrollten, so viel auch darauf gerichtet wurden. Diese Kirche sticht unter den hiesigen so hervor wie die Peterskirche zu Rom und die Paulskirche zu London.

Als ich von dieser Kirche heimging, besahe ich die kurfürstliche Hofkirche, ein großes und schönes Gebäude, welches von Mengs und Battoni mit verschiedenen Meisterstücken der Malerei ausgeziert ist. Ich kam zu spät, um die Orgel oder irgend etwas zu hören als das gewöhnliche Rituale der römischen Kirche.

Gegen Mittag führte mich Herr Osborn nach Hofe, wo wir fast eine Stunde lang im Vorzimmer unter Gesandten und hohen Staatsbedienten auf die Ankunft des Kurfürsten warteten. Als Se. Durchlaucht erschienen, hatte ich sogleich die Ehre, Ihnen vorgestellt zu werden. Sie fragten mich, von welchem Orte ich zuletzt käme. Ich antwortete, von Wien, allein Herr Osborn sagte Sr. Durchlaucht, daß ich zuletzt zu München gewesen wäre, wo ich die Ehre gehabt hätte, der verwitweten Kurfürstin, seiner Frau Mutter, vorgestellt zu werden, worauf er noch einiges wegen meiner musikalischen Reise hinzufügte. Dies schien die Neugierde des Kurfürsten zu erregen. „Sie lieben Musik?" „Ja, gnädigster Kurfürst." „Sind Sie in Italien gewesen?" Als ich dies bejahte, so schien der Kurfürst vergnügt und eine längere Unterredung darüber zu wünschen; allein, indem er herumsah und die Gesandten, Staatsminister und viele vornehme Fremden erblickte, welche alle ihr Anteil an der Audienz haben wollten, so kehrte er sich herum, sprach einige Worte mit dem russischen Gesandten, Prinz Beloselski, dann ein paar mit dem preußischen und österreichischen, worauf er sich wegbegab.

Der Kurfürst ist etwas zurückhaltend in seinem Betragen. Naumann, sein Kapellmeister, und Gaßmann hatten mir gesagt, daß er so geschickt in der Musik wäre, daß er auf dem Klaviere sehr fertig und meisterhaft vom Blatte weg akkompagnierte, aber so furchtsam wäre, in anderer Gegenwart zu spielen, daß selbst die Kurfürstin, seine Gemahlin, ihn kaum einmal gehört hätte. Seine Lieblingsneigung ist der Tanz, und seine Untertanen und der Hof ahmen ihm darin nach.

Als der Kurfürst das Vorzimmer verließ, eilte jeder eine Seitentreppe hinauf ins Zimmer der Kurfürstin. Ich hatte die Ehre, Ihro Durchlaucht vorgestellt zu werden, als sie vorbei zur Tafel ging. Sie ist groß und mager, ihr Gesicht blühend wie Rosen und ihre Miene voll starker Züge der Heiterkeit.

Nach Tische erwies mir Herr Osborn die Ehre, mich zu Besuche bei allen auswärtigen Ministern und verschiedenen Standespersonen mit sich herumzuführen.

...

Heute nachmittag ward ich wieder nach Hofe geführt, wo die kurfürstliche Familie nebst verschiednen Großen in Karten spielten. Hier hatte ich die Ehre, den drei Brüdern des Kurfürsten vorgestellt zu werden, so wie den Tag darauf den Prinzessinnen Schwestern des Kurfürsten.

Dresden enthält viel Reizendes für das Auge des Reisenden, aber weniger für das Ohr als vormals.[3] Ich besahe

3 Hier bleibt die Nachricht von dieser Galerie weg, welche in Deutschland bekannt genug ist; wer sie nicht kennt, mag das *Ver-*

heute die Kurfürstliche Gemäldegalerie, welche ohne Zweifel die erste und wichtigste in ganz Europa ist. – In dem Zimmer, wo die Pastellgemälde aufbewahrt werden, habe ich unter hundertundsiebenundfunfzig von der Rosalba verfertigten Bildnissen eines von der Faustina gefunden, das in ihrer Jugend gemacht, als sie noch in der hiesigen Kapelle war. Das Gemälde muß entweder sehr schmeichelnd oder sie muß schön gewesen sein. Auch befindet sich hier ein Bildnis der Mingotti, von Mengs in Pastell gemalt, als sie noch jung war. Sie hat ein Notenpapier in der Hand, und wenn sie getroffen ist, so muß sie eine größere Schönheit gewesen sein, als man itzt glauben sollte. Ihr Gesicht ist hier jugendlich, etwas völlig und hat redende Züge.

Ich hatte heute die Ehre, in einer großen Gesellschaft bei Herrn Osborn zu Mittag zu essen. Nach Tische eröffnete Sgr. Besozzi und eine Gesellschaft Musiker ein Konzert in einem andern Zimmer. Während desselben gingen alle fremden Gesandten aus und ein, und das Zimmer war zuweilen voll von den vornehmsten Leuten in Dresden.

Das Konzert begann mit einer Sinfonie von Hasse, worauf Herr Hunt ein Violinkonzert spielte, welcher, wie oben schon ist bemerkt worden, einen schönen Ton und kräftigen Strich hat; allein, es fehlt ihm Feinheit im Vortrage, und man sah deutlich, daß er wenig gewohnt war, Solo zu spielen. Die Komposition seines Solos war von Tartini. Hierauf folgte ein Flötenkonzert, welches Herr Götzel spielte. Die Komposition gefiel mir nicht recht; die Tuttisätze waren sehr lärmend und die Solos voll Wiederholungen alter und gemeiner Gedanken. Es war nicht von

zeichnis der Gemälde in der Kurfürstlichen Galerie in Dresden, Leipzig 1771, 3., oder auch allenfalls Herrn von Heineckens *Recueil d'Estampes d'après les plus célèbres tableaux de la Galerie royale de Dresde,* 1757, gr. Fol., nachsehen. Dies will ich noch bemerken, daß der Cicerone oder Aufseher der Bildergalerie Herrn Burney sagte, der Kurfürst besitze zweitausend Originalgemälde und zweitausendvierhundert Kopien, ungeachtet in dem gedruckten Verzeichnisse nur 1187 überhaupt angegeben werden. (Übers.)

dem Spieler selbst, welcher in der Ausführung große Fertigkeit und einen hellen, angenehmen Ton hören ließ, der dabei sich gleich und vollkommen rein war; doch hatte er über dem zweigestrichenen D nicht die Fülle als unter demselben.

Hierauf spielte Sgr. Besozzi ein sehr schweres Oboenkonzert reizend und meisterhaft; doch muß ich gestehen, daß man ihn desto lieber hört, je weniger man an Fischer denkt. Dennoch versuchte ich, ausfündig zu machen, worin sie beide voneinander verschieden wären. Fischer scheint mir unter ihnen beiden am natürlichsten, gefälligsten und originalsten für sein Instrument zu setzen und hat das Rohr am besten in seiner Gewalt, welches, ich weiß nicht, aus Mangel an Übung oder weil die Passagen schwerer waren, Besozzi bei vielgestrichten Noten öfter versagte als Fischer. Doch ist Besozzis *messa di voce* oder Schwellung bis zum Bewundern schön; er läßt einen Ton an Stärke so sehr und so lange wachsen, daß man kaum umhinkann, für seine Lunge bange zu sein.

Er hat einen außerordentlich feinen und zarten Geschmack und Gehör, und er scheint mir eine glückliche und ihm eigne Fertigkeit zu besitzen, einen anhaltenden Ton dem fortgehenden Basse, so wie es das Verhältnis der Töne untereinander erfodert, anzupassen. Überhaupt spielt er so vortrefflich, daß man entweder entzückt werden oder äußerst fühllos sein muß.

Der zweite Teil des Konzerts fing mit einer unvergleichlichen Sinfonie von Vaňhal an, die sein entflammter Geist in den glücklichen Augenblicken geboren hatte, da seine Vernunft weniger vermochte als sein Gefühl.

Herr Hunt spielte hierauf ein Solo von Nardini; er trug es richtig vor, allein die Komposition wiederholte gewisse Gänge, die weder neu noch anziehend waren, allzuoft, und der Spieler suchte sie weder durch Geschmack noch Ausdruck aufzustützen.

Auf dies Solo folgte eins für die Flöte, von Herrn Götzel gespielt. Er trug es viel besser vor als das erste, und die Komposition war auch von ihm und viel besser.

Ein sehr anmutvolles, erfindungsreiches Oboenkonzert, von Besozzi gespielt, folgte sodann. Das Allegro war rascher und noch schwerer als das im vorigen Konzerte. Er tat sich bei diesem Konzerte recht hervor; es schloß mit einem gefälligen Rondo und machte die Gesellschaft sehr aufgeräumt. Er ließ sich hernach, wiewohl nicht ohne Mühe, erbitten, uns *pour la bonne bouche* Fischers bekannte Rondo-Menuett zu geben. Er hatte sie hier oftmals mit dem größten Beifalle gespielt, und man versicherte mich, er trüge sie besser vor als der Verfasser selbst; dennoch kann ich eben nicht sagen, daß ich dies bei seinem itzigen Vortrage wahr befunden hätte. Deswegen ist es doch kein geringes Lob für ihn, da ich an die reizende Manier gewöhnt war, worin Fischer selbst in England sie so oft gespielt hatte, wenn ich sage, daß ich Sgr. Besozzi mit großem Vergnügen spielen hörte.

Dienstags, den 22sten September

Heute um neun Uhr ging ich in die Frauenkirche, um den Organisten, Herrn Hunger, welcher mich hinbestellt hatte, auf der Orgel zu hören. Der ältere Silbermann aus Neuburg hat sie gebauet.[4] Die größte Pfeife im Pedal ist zweiunddreißig Fuß lang; und dies Werk ist eines der besten dieses berühmten Orgelbauers, der es vor eben dreiundzwanzig Jahren vollendete. Es sind achtundvierzig Stimmen darinnen[5], drei Manuale, welche vom gro-

4 Die *Sammlung einiger Nachrichten von berühmten Orgelwerken in Teutschland,* Breslau, 1757, sagt: „Die überaus schöne Orgel hat der berühmte Herr Gottfried Silbermann von Dresden gebauet." Im Verzeichnis wird der große Untersatz im Pedal allerdings 32 Fuß Ton angegeben, und zwar von Holz. Ob aber eben 32 Fuß lang, das mag Herr Dr. Burney verantworten, der sie gesehen hat. (Übers.)
5 Die vorangezogene Nachricht sagt nur dreiundvierzig. Sie sind also angegeben: „Im Hauptmanual von großen und gravitätischen Mensuren 14. Im Oberwerk von scharfen und penetranten Mensuren 11. In der Brust von delikaten und lieblichen Mensuren 10. Im Pedal von starken und durchdringenden Mensuren 8 Stimmen. Summa 43.", und scheint Herr Dr. Burney also wohl die Ventil-,

ßen bis zum dreigestrichnen D gehen; das Pedal hat zwei Oktaven; alle drei Manuale können gekoppelt werden, um die Orgel zur Begleitung der Gesänge zu verstärken; allein dies macht den Anschlag so schwer, daß jede Taste einen Fuß statt eines Fingers erfordert, um sie niederzudrücken.[6]

Der Rohrwerke sind nur sieben in dieser Orgel, so daß der Register zu Nachahmungen und Abwechselungen sehr wenig sind. Die besten Solostimmen darin sind ein Viol de Gambe, ein Basson, eine *Vox humana,* Trompete, Schalmei, Tremulant und Schwebung, welches, wie der Name anzeigt, der Bebung auf der Geige nachahmt.

Herr Hunger hat weder eine feurige Einbildungskraft noch fertige Finger. Doch spielte er meisterhaft und bewies, daß er sein Instrument vollkommen verstund.

Da dies die erste Silbermannische Orgel war, die ich antraf, so ging ich in das innere Gebäude des Werks und fand es stark, nett und gut geordnet. Es ist merkwürdig, daß bei einer so gewaltigen Maschine nur fünf Bälge sind.

An Sonn- und Festtagen führen die Chorsänger in dieser Kirche oftmals Kantaten auf, welches Wort im Deutschen die englischen *Anthems* ausdrückt. Sonst singt die ganze Gemeine im Einklange, bloß von dieser Orgel begleitet.

Nie habe ich ein edleres Chor gehört als dieses, welches vielleicht durch die Form des Gebäudes der Kirche viel gewann.

Von hier ging ich zu dem großen Theater, wo die ernsthafte Oper wie gewöhnlich gespielt ward. August der Zweite erbauete es im Jahre 1706, allein nach der Zeit ward es von August dem Dritten ausgeziert und die Bühne sehr erweitert.

Ich war sehr begierig, dies berühmte Feld zu sehen, wo General Hasse mit seinen wohlgeübten Truppen so viele

Schwebung-, Tremulanten- und Koppelzüge nebst dem Kalkatenglöcklein mitgezählt zu haben. (Übers.)

6 Zur schlichten Begleitung des Chorals mag ein Werk immerhin ein wenig schwer zu spielen sein. Und ist solches kein Tadel desselben. Zum Vorspielen braucht's keines Koppelns.

glorreiche Feldzüge getan und sich so viel Lorbeeren erworben hatte. Alle seine besten Werke so wie einige von Metastasios Dramen wurden ausdrücklich für dasselbige verfertigt.

Der Eingang zur Oper war hier allemal frei. Das Theater ist fast so groß als das zu Mailand; es hat fünf Reihen Logen, je zu dreißigen. Die Form ist oval, wie bei den italienischen Theatern, und das Orchester kann einige hundert Spieler fassen.

Im Jahre 1755 hatte der König von Polen bei diesem Theater in seinen Diensten zehn Sopransänger, vier Altisten, drei Tenoristen und vier Bassisten. Unter diesen waren Sgra. Faustina, Mingotti, Pilaia und Sgr. Monticelli, Pozzi, Annibali, Amorevoli und Campagnari. Die Instrumentspieler waren Männer vom ersten Range und zahlreicher als irgend an einem europäischen Hofe; allein itzt sind nicht mehr als sechs oder acht davon in Dresden übrig.

Die Zerstreuung dieser Kapelle im Anfange des letzten Krieges gab jeder großen Stadt in Europa und unter andern auch London verschiedne vorzügliche und beliebte Virtuosen.

Voritzt bleibt dies Theater aus ökonomischen Gründen verschlossen, indem man es seit der Vermählung des Kurfürsten vor drei Jahren gar nicht gebraucht hat, bei welcher Gelegenheit zwei Opern, eine von Hasse und die andre von dem itzigen Kapellmeister Naumann, aufgeführt wurden.

Da das Opernhaus nahe bei der Bildergalerie liegt, so konnte ich der Begierde, sie noch einmal zu betrachten, nicht widerstehen, vornehmlich, um mich noch einmal über die göttlichen Correggios zu entzücken. Allein, ich hatte zu wenig Zeit von musikalischen Geschäften übrig, als daß ich diesem pittoresken Vergnügen so lange, als ich wünschte, hätte nachhängen können.

Herr Osborn, dessen freundschaftliche Gefälligkeit mir stündlich Gelegenheit verschaffte, meine Neugierde zu befriedigen, hatte Herrn Binder, den Hoforganisten, ver-

mocht, mich des Nachmittags in der Schloßkirche zu erwarten, woselbst eine noch größere Orgel ist als in der Frauenkirche.
Silbermann hat dieses Werk angefangen zu bauen, und da er starb, eh' es fertig war, rufte man seinen Neffen von Straßburg, um die letzte Hand daran zu legen. Ich ging auch hier in das Inwendige des Werkes hinein und fand eine sehr saubre Arbeit, die Register ungemein sinnreich gelegt und die Pfeifen so hell poliert, daß sie das Ansehn von Silber hatten, selbst wenn man sie sehr nahe betrachtete.
Das ganze angezogne Werk ist ungemein stark und voll besetzt; der Widerhall aber und Nachklang ist in diesem Gebäude so heftig, besonders wenn nicht viel Menschen darin sind, daß man keine Melodie deutlich hören kann.
Herr Binder, der Organist, war ein Schüler des sehr bekannten Hebenstreits, dem Erfinder des *Pantalons;* ein Instrument, welches im Anfange dieses Jahrhunderts sehr berühmt war, auf dessen Erlernung und Übung Herr Binder seine ganze Jugend verwendet hatte. Allein ob er gleich erst in spätern Jahren sich auf die Orgel und das Klavier gelegt hat, ist er doch auf beiden ein sehr geschickter Spieler geworden. Er spielte drei oder vier Fugen in einer sehr meisterhaften Manier, wobei er starken Gebrauch vom Pedale machte. Ich fand freilich nicht, daß er eine sehr feurige Einbildungskraft hatte, allein in der vollstimmigen Manier, worin die Deutschen zu spielen pflegen, ist auch nicht viel Gelegenheit, welche zu zeigen.[7] Bei einem so schweren Werke, zu gleicher Zeit wenn die Hände auf den steifen und tieffallenden Manua-

7 In musikalischen Materien möchte der Übersetzer gerne den Herrn Doktor Burney im Texte sagen lassen, was im Originale stehet, obgleich vieles Fremdes, zum Zweck nicht Gehöriges billig für den deutschen Leser ganz ausgelassen wird. Dergleichen Urteile aber wie dieses, welches, man nehme es auch noch so glimpflich, wenigstens ohne genugsame Überlegung hingeschrieben ist, möchte der Übersetzer, so unbekannt er in der gelehrten und musikalischen Welt ist und gerne bleiben wird, um vieles nicht auf seiner Rechnung haben.

len in voller Tätigkeit sind, das Pedal stark zu gebrauchen, ist in der Tat eine schwere Arbeit.
Die Menge der Stimmen, welche in dieser Orgel bis an vierundfunfzig steigen, vermehrt bloß das Geräusch und das Gewicht der Tasten. Die *Vox humana* ist schlecht; und nur wenige Solostimmen sind von angenehmen Ton. Man weiß in Dresden gar nicht, was ein Schweller für ein Ding ist. Nur die Echos von den gemeinen Stimmen kann man an sich selbst lieblich heißen. Das große Verdienst aller deutschen Orgeln, die ich bis dahin gehört hatte, bestehet bloß in der Vollhaltigkeit und der Stärke des ganz angezogenen Werkes. Freilich haben sie auch weiter eben nichts nötig, denn wo viel gesungen wird, braucht's keiner so vielen Vor- und Zwischenspiele wie in den englischen Pfarrkirchen, so wenig es nachahmender Stimmen bedarf, um Ritornells zu spielen, wenn an den wirklichen Instrumenten kein Mangel ist.
Signor Besozzi und Herr Hunger nebst verschiedenen andern Meistern waren in der Schloßkirche, um Herrn Binder spielen zu hören; welcher, als er fertig war, sich dergestalt warm gearbeitet hatte, als wäre er mitten in den Hundstagen spornstreichs etliche Meilen über gepflügtes Land gelaufen.
Des Abends ging ich zu Herrn Binder nach seinem Hause, um die Ruinen des berühmten *Pantalons* zu sehen. Dieses Instrument gab, als 1705 in Paris darauf gespielt wurde, Gelegenheit zu einem kleinen sinnreichen Werke unter dem Titel *Dialogue sur la Musique des Anciens* vom Abbé Chateauneuf. Der Erfinder ward hernach beständig nach dem Namen seines Instruments genannt. Es ist über neun Fuß lang und hat, wenn es bezogen ist, 186 Darmsaiten.[8] Es wird wie ein Cymbal oder Hackebrett mit zwei Stök-

8 Ein gewisser Prinz, an dessem Hofe sich vor kurzem der Herr Gumpenhover, ein sehr geschickter Pantalonist, hatte hören lassen, da die Gebrüder Colla auf ihren Reisen mit ihren zwosattigen, sogenannten *Caloscionis* hinkamen, sagte zum ältern, als er ihn spielen gehört: „Sie haben mit Ihren zwei Saiten mir ebenso viel Vergnügen gemacht als Gumpenhover mit zweihundert." (Übers.)

ken geschlagen. Es muß dem Spieler viel Mühe gekostet haben, das ganze Instrument zu regieren, es scheint aber auch große Wirkungen hervorbringen zu können. Die Saiten waren fast alle gesprungen, weil es nicht weiter für ein Hofinstrument gehalten und auf dessen Kosten besaitet wird. Herr Binder würde es bei den itzigen geldlosen Zeiten zu kostbar fallen, ein Instrument in beständigem Bezuge zu erhalten, auf welches er ehedem so viel Zeit verwendet hat. Denn auch selbst mit Unterricht in der Musik ist gegenwärtig in Dresden wenig zu verdienen, weil jedermann sich nach dem letzten Kriege so viel einschränkt als möglich.

Der itzt regierende Kurfürst ist ein großer Beförderer der Rechtschaffenheit und guten Sitten unter seinen Untertanen und hat einen der größesten Beweise gegeben, daß seine Seele voller zärtlicher Liebe der Menschlichkeit ist, indem er die barbarische Tortur bei seinen Gerichten abgeschafft hat.

Der vormalige Premierminister, Graf Brühl, hat drei Söhne hinterlassen, davon der älteste, den man nur gewöhnlich den Starosten[9] nennt, zu Dresden residiert. Ich hatte die Ehre, diesem Herrn vorgestellt zu werden, dessen Person und Anstand so vollkommen und angenehm sind, als ich jemals gesehen habe; man sagt, daß er unter vielen andern Vollkommenheiten, die er besitzt, auch ein großer Musikus sein soll. Er war so gütig, Herrn Osborn zu bitten, daß er mich nach eines von seinen Landgütern mitbringen möchte, um seine Bücher zu sehen, Musik zu hören und mit Muße darüber zu sprechen; die Arbeit aber, die ich mir aufgeladen hatte, wollte mir eine so geruhige Landlust nicht erlauben.

Gleichwohl blieb ich einen Tag länger in Dresden, als ich mir vorgesetzt hatte, und zwar auf die sehr verbindliche Einladung Sr. Exzellenz, des Grafen Sacken, Minister der auswärtigen Affären, welcher darauf bestund, daß ich bei ihm zu Mittage essen sollte. Dieser Herr gibt wöchent-

9 Der Graf Brühl ist Starost in Warschau, *Starosta Warszawski.*

lich einmal den fremden Ministern, Personen vom Stande und Fremden eine sehr gastfreie und prächtige Tafel; und obgleich seine Appointements nicht groß sind, so besitzt er doch ein hinlängliches Vermögen, seinem Posten Ehre zu machen, ohne dem Volke mit seinen Ausgaben zur Last zu fallen.

Die Tafel des Grafen war eine der prächtigsten, die ich gesehen habe; die Gesellschaft bestund aus beinahe vierzig Personen beiderlei Geschlechts, wovon die meisten von hohem Adel waren. Jeder Gang ward in vortrefflich gearbeitetem Silber und schönem Meißner Porzellan aufgetragen. – Aber wieder zur Musik! –

In meinem Tagebuche habe ich öftre Gelegenheit gehabt, der Singschüler zu erwähnen, welche man an etlichen Örtern auch Armschüler nennt; und während meines Aufenthaltes zu Dresden zog ich so viel Nachricht ein, als ich von dem Ursprunge dieses Instituts nur immer erhalten konnte; und folgendes ist das Resultat von meinen Nachforschungen.

Als die römisch-katholische Religion noch die einzige in Deutschland war, nahmen die Geistlichen, welche den Gottesdienst in den Haupt- und Nebenkirchen versahen, Knaben, welche gute Stimmen hatten, aufs Chor, um einen Teil des Gottesdienstes abzusingen, ungefähr wie die Choristen in den englischen Hauptkirchen noch tun. Für diesen Dienst wurden die Knaben von der Geistlichkeit erzogen und unterhalten, und solche unter ihnen, welche Fähigkeiten zum Lernen zeigten, wurden zum geistlichen Stande vorbereitet.

Nachdem bei Gelegenheit der Reformation die Bistümer und Abteien säkularisiert worden und die Kirchen einen großen Teil ihrer Einkünfte verloren, büßten auch die Singeknaben das einzige Mittel ein, das sie hatten, sich durchzuhelfen. Allein die Geistlichen der neu eingeführten Religion waren bald darauf bedacht, diese Stimmen anzuwenden, und ließen sie solche geistlichen Lieder auf den Gassen absingen, in welchen die Lehrsätze der römisch-katholischen Religion bestritten, und solche, die sie selbst zu predigen angefangen hatten, unterstützt wurden. Ein wohlgewähltes Mittel, dem Volke die Reformation nach und nach bekannter und beliebter zu machen. Es ist eine allgemein angenommne Meinung, daß diese Schüler oder Singeknaben ein Großes zu der schnellen Ausbreitung der Lehre Luthers in Sachsen getan haben. Und weil keine feste Fundation für den beständigen Unterhalt dieser Sänger vorhanden war, so entschlossen sich solche Familien, die die Reformation begünstigten, das Ihrige durch freiwillige Gaben dazu beizutragen; und diese Beiträge vermehrten sich, als das ganze Land protestantisch ward. Die Regeln, welche diesen Chorschülern vorgeschrieben sind, bestehen in folgenden: Die Stadt ist in verschiedene Weichbilder oder Kirchspiele geteilt; wenn sie z. E. den Ersten des Monats anfangen, vor den Türen des vornehmsten Weichbildes zu singen, so kommen sie den Zweiten vor die Türen des folgenden und so fort, bis sie in allen rund sind und wieder beim ersten anfangen.

Außer dieser gewöhnlichen Reihe ist es in den vornehmen und angesehenen bürgerlichen Häusern, welche einen großen Schein von Andacht lieben, der Gebrauch, daß sie diese Schüler bestellen, ein- oder zweimal in der Woche vor ihre Tür zu kommen und zu singen, wofür sie außerordentlich bezahlen; und ob diese Bezahlung gleich in ihrem Belieben steht, so ist sie doch so weit bestimmt, daß niemand unter zwei gute Groschen für jeden Gesang, den er singen läßt, geben darf. Einige Familien lassen sich auch an ihren Geburtstägen und bei andern freudigen Begebenheiten muntere Oden und Lieder vorsingen; oft singen sie auch des Abends mit Fackeln in der Hand bei den Begräbnissen reicher Leute vor den Häusern, worin die Leiche ist, Trauerlieder und begleiten den Sarg bis zum Grabe, wobei sie, gleich den Klageweibern bei den Alten, *Nänien* singen.

Es ist dabei anzumerken, daß, außer der sauren Arbeit, die sie Sommer und Winter in allerlei Witterung auf den Gassen verrichten, auch noch alle Sonn- und Festtage in

den verschiedenen Kirchen singen müssen. Sie sind gewöhnlicherweise in Chöre von sechzehn oder achtzehn eingeteilt, und was sie die ganze Woche durch sammlen, wird in eine allgemeine Büchse gesteckt, welche der Rektor der Schule alle Sonnabende öffnet, einem jeden seinen bestimmten notdürftigen Unterhalt reicht und was übrigbleibt nach ihrem verhältnismäßigen musikalischen Verdienste unter sie verteilt; denn wenn z. E. der Anführer oder sogenannte Präfekt eines Chores einen Reichstaler erhält, so bekömmt der nächst ihm folgende beste Sänger einen Gulden usf. Dieses Geld bekommen sie indessen nicht gleich in die Hände, sondern der Rektor hebt es ihnen auf, bis sie ihre Schuljahre zurückgelegt haben, da ihnen dann zu ihrem weitern Fortkommen gereicht wird, was für sie zusammengespart ist.
Diejenigen darunter, welche ein wenig Griechisch und Latein gelernt haben, werden gemeiniglich Schulmeister in den verschiedenen Kirchspielen durch Sachsen; sie müssen aber auch die Orgel spielen können, weil auch die kleinste Pfarrkirche in Sachsen ihre Orgel und auch ein Chor andrer Instrumente hat, die zu ihren Kirchenmusiken gebraucht werden.
Solche Armenschüler, welche Genie und Neigung zum Studieren haben, finden dazu in Leipzig und Wittenberg vermittelst gestifteter Freitische und andrer Beihülfe Gelegenheit, ohne ihren Anverwandten zur Last zu fallen. Diese beiden Universitäten haben an diesen armen Studenten gewöhnlich über dreihundert, unter welchen manche sehr brauchbare und nützliche Gelehrte werden, viele aber auch sich besonders auf die Musik legen und daraus ihre ordentliche Profession machen.
Selbst in den Trivialschulen zu Dresden werden die Kinder gelehrt, Choräle in mehr Stimmen zu singen. Die Singeschüler alle, die kleinsten Knaben nicht ausgenommen, tragen eine schwarze Uniform wie die Leichenbesorger in England, und dabei dicke, runde Perücken; und wie jedes Haus jährlich etwas Gewisses zu ihrer Unterhaltung beiträgt, so pflegen ihnen die Gesandten alle Viertel-

jahr einen Taler zu geben, um vor ihren Türen nicht zu singen.
Die musikalischen Stücke, welche unter den Namen *Polonaisen* bekannt sind, gehn sowohl in Dresden als in vielen andern Gegenden in Sachsen sehr im Schwange; und es ist begreiflich, daß solche durch den vielen Umgang der Polen mit den Sachsen unter der Regierung Augusts des Zweiten und Dritten eingeführt sind.
Die Strohfiddel, ein Instrument von aneinandergelegten Stücken Tannenholz oder Stücken Glas oder Stahl von verschiedener Länge, worauf man mit zwei Kleppeln spielt, ist gleichfalls bei den geringen Leuten in Sachsen sehr gänge und gebe.
Herr Homilius, Kantor an der Kreuzkirche in Dresden, ist ein großer Kontrapunktist und wird durch ganz Deutschland sehr hoch geschätzt; und Herr Adam, ein vieljähriger Musikus und einer von den wenigen, welche noch von dem berühmten Opernorchester unter Hassens Direktion übriggeblieben sind, hat sich durch die Komposition von Ballettmusik zu der Zeit, als die Oper in ihrem größesten Flor war, vielen Ruhm erworben.

Leipzig

Diese Stadt hat sich von dem, was sie in dem letzten Kriege ausgestanden hat, noch nicht wieder erholet; und ihre berühmte Messe, welche sonst eine Versammlung der reichen, muntern und fleißigen Bürger aus allen Teilen des Erdbodens sowohl als eine Assemblee der souveränen Prinzen und des hohen Adels aller nördlichen Reiche aus Europa zu sein pflegte, scheint itzt in ein gewöhnliches Jahrmarkt oder Kirmes, dergleichen vierteljährlich in unserm engländischen Marktflecken gehalten werden, zusammengeschrumpft zu sein.
Herr Ebeling in Hamburg, Magister der Philosophie und ein sehr einsichtsvoller Liebhaber der Musik, hatte mich bei Gelegenheit, da ich meine Nachricht von dem gegen-

wärtigen Zustande der Musik in Frankreich und Italien herausgegeben, mit verschiedenen wissenschaftlichen Briefen beehrt und mir manche nützliche Anmerkung über die musikalische Geschichte von Deutschland mitgeteilt; und als er in Erfahrung brachte, daß ich gesonnen sei, eine Reise durch dieses Reich zu tun, trieb er seinen Eifer so weit, daß er an verschiedene seiner Freunde und brave Tonkünstler in etlichen Städten schrieb, die ich auf meinem Wege berühren mußte, in welchen er solche angelegentlichst ersuchte, mir bei meinem Unternehmen alle mögliche Hilfe und Beistand zu leisten.

Als ich nach Leipzig kam, verspürte ich die Wirkung seiner Freundschaft bei der Art, womit mich Herr Hiller, Musikdirektor beim Konzerte dieser Stadt, empfing; denn er hatte ihn schriftlich auf meine Ankunft vorbereitet. Dieser Mann, der nicht allein ein vorzüglich guter Schriftsteller über musikalische Materien, sondern auch der erste und allgemein beliebteste Komponist von deutschen Operetten ist, war unermüdet in seinem Bestreben, mir so lange, als ich mich in Leipzig aufhielt, angenehme Dienste zu leisten.

Ich erwartete, von Herrn Breitkopf, dem vornehmsten Buchhändler mit musikalischen Kompositionen in Europa, viele Nachrichten über Musik und Tonkünstler zu erhalten, und besuchte ihn also unmittelbar, nachdem ich angekommen war; allein, ich fand an ihm nichts weniger als einen gesprächigen Mann. Er schreibt sich die Ehre zu, der Erfinder der beweglichen musikalischen Typen zu sein, und scheint dazu ein Recht zu haben, weil er seit dreizehn oder vierzehn Jahren sowohl seinen eignen Landsleuten als andern Europäern eine sehr große Menge musikalischer Werke allerlei Arten von den größesten itzlebenden Komponisten aus seiner Presse geliefert hat, wovon er alle Messe ein Verzeichnis liefert. Er scheint auch der erste zu sein, der bei seinem Verzeichnisse die ersten drei oder vier Anfangstäkte der ersten Stimme in Noten beigefügt hat, wodurch der Leser in den Stand gesetzt wird zu wissen, ob er ein Werk ganz oder nur zum Teil besitzt.

Außer den gedruckten Musikalien von fast allen berühmten Komponisten verkauft Herr Breitkopf geschriebene um einen billigen Preis wie auch einzelne Stücke sowohl aus gedruckten Werken als auch aus einer Menge andrer, die niemals in Kupfer oder im Druck erschienen sind.
Herr Hiller, der fast gar nicht von meiner Seite kam, solang ich in Leipzig war, hatte gleich den ersten Abend die Güte, mich mit nach der komischen Oper in seine Loge zu nehmen. Vor dem Kriege hatte die Stadt beständig eine Gesellschaft Schauspieler, die immerfort eine hinlängliche Einnahme hatten; allein seit der Zeit hat sich keine einzige lange Zeit daselbst halten können. Die Gesellschaft, die itzt da war, kam eben von Berlin, woselbst sie anderthalb Jahre gespielt hatte. Das Stück, was sie heute abend gaben, war *Der Deserteur,* mit deutschem Texte unter der Originalmusik von Monsigny. Die Akteurs bezauberten mich gar nicht, weder durch ihr Singen noch durch ihr Agieren; keiner sang im Takte oder intonierte rein oder war mehr als gemein. Mir ist fast in meinem Leben die Zeit nicht länger geworden; nachdem ich die ganze Nacht durch auf einem offenen Wagen gereiset war, hätten weit bessere Sänger Mühe gehabt, mich munter zu erhalten. Indessen ging ich von hier mit Herrn Hiller zu Hause, dessen außerordentlich gutes Herz und Kunstgelehrsamkeit mir weit angenehmere Unterhaltungen verschaffte als das Theater.

Den folgenden Morgen, den 26sten September, war Herr Hiller so verbindlich, mich mit nach dem Theater zu nehmen, wo man eine von seinen komischen Opern probierte. Die Sinfonie und erste Arie waren schon vorüber, als wir kamen, man fing aber wieder ganz von vorne an. Die Musik kam mir sehr natürlich vor und gefiel mir und verdiente nach meiner Meinung viel bessre Sänger, als die gegenwärtige Gesellschaft hat; denn, die Wahrheit zu sagen, singen sie so gemein und alltäglich, als bei uns die Leute zu singen pflegen, welche weder den Vorteil eines musikalischen Unterrichts gehabt noch jemals gute Sänger gehört haben. Sie haben gerade den kreischenden Hauch, wenn sie die hohen Noten angeben, und stoßen ihn mit der vollen Stärke heraus, gleich dem starken Anschlage eine Strohfiddel, anstatt ihn mit einer *Messa di voce* oder Schweller aufzunehmen. Die Instrumente machen die Sachen schlecht; da es indessen die erste Probe war, hätten sie auf den rechten Weg gebracht werden können, wenn Herr Hiller für gut befunden hätte, ein wenig zu poltern, zu lärmen und den strengen Herrn zu spielen; denn es ist eine traurige Anmerkung, daß wenigen Komponisten von einem Orchester Gerechtigkeit widerfährt, wenn sie die Spieler nicht vorher hart angefahren und sich in ein gewisses Ansehen gesetzt haben.

Ich dachte den Ursachen nach, warum unter den Sängern auf der Leipziger Bühne durchgängig eine so schlechte Singart herrschte, und konnte keine finden, die es so wahrscheinlich erklärte, als die gegenwärtige Entfernung dieser Stadt von einer italienischen Oper, welches ordentlicherweise wegen der italienischen Sänger, die darin zu singen pflegen, eine gute Singschule für die Einwohner eines Ortes ist, wie zu Mannheim, wo ich den Gesang des großen Haufens sehr angenehm, den Ausdruck sehr natürlich und eine gar nicht fehlerhafte Art, die Stimme zu führen, gefunden habe. An allen diesen Orten sind seit langer Zeit beständig italienische Opern gewesen, welche ohne Streit Einfluß auf den allgemeinen Geschmack und auf die Art zu singen gehabt haben.

Zu Ende des vorigen und im Anfang des gegenwärtigen Jahrhunderts machten die italienischen Opern während der drei gewöhnlichen Messen zu Leipzig einen Teil der öffentlichen Lustbarkeiten aus; und der Geschmack an diesen Opern ging damals so weit, daß in dem einzigen Jahre 1703 sechs neue Spiele aufs Theater gebracht wurden. Anno 1720 gingen diese Opern ein, und ich finde keine Spur, daß nachher wieder welche vorgestellet worden wären.

Als die Probe von Herrn Hillers Operette geendigt, war er so gütig, mich in der Stadt herumzuführen, um Bücher

aufzusuchen. Nach dem Meßcatalogus zu urteilen, welcher in der hiesigen Oster- und Michaelsmesse herauskommt, werden in Deutschland mehr Bücher gedruckt als in irgendeinem europäischen Reiche, und in Leipzig vielleicht mehr als in irgendeiner andern deutschen Stadt.
Bei einem zwoten Besuche, den ich dem Herrn Breitkopf gab, besahe ich seine Druckerei und fand eine Menge Pressen im Gange[10], und zwar in verschiedenerlei Arbeiten, denn er druckt nicht bloß Musik. Unter andern verschiedenen Fragen, die mich meine Neugierde an die Gesellen tun ließ, war auch die, wie viele Typen oder Charaktere zu einer Buchstabendruckerei erfodert würden und wie sich ihre Anzahl zu den Typen, die zum Notendruck gehörten, verhielten. Und ich erstaunte zu finden, daß die Zeichen zum Notendruck sich auf dreihundert beliefen und daß zum Buchstabendruck nur einhundert Charaktere erfodert würden.
Ich ging in einige der hiesigen vornehmsten Kirchen und fand sie fast alle sehr geschmückt und sehr stäubig und schmutzig. In verschiedenen derselben gibt es indessen gute Orgeln, besonders in der Kirche der Reformierten; gute Orgelspieler aber fand ich in keiner, auch erfuhr ich auf meine Erkundigung nicht, daß die Stadt große Virtuosen auf irgendeinem Instrumente aufweisen könnte. Hieraus muß man aber nicht folgern wollen, daß Leipzig weniger der Aufenthalt von Genies wäre als andre Örter; denn es würde nicht schwerfallen zu beweisen, daß es die letzten hundert Jahre hindurch einen geschickten Meister nach dem andern in seinem Schoße gehabt hat. Für die Liebhaber der Harmonie ist aber wohl kein Zeitpunkt in der musikalischen Geschichte der Stadt Leipzig merkwürdiger, als da es von 1723 bis an seinen Tod 1754[11] der Wohnort des großen Sebastian Bach, Vater der itzlebenden großen Tonkünstler dieses Namens, gewesen ist.
Dieser berühmte Meister, welcher nach und nach Kantor,

10 Nächst der Trattnerschen in Wien ist die Breitkopfische Buchdruckerei zu Leipzig die stärkste in Deutschland. (Übers.)

11 Ist ein Druck- oder Schreibfehler und soll heißen 1750.

Organist und Musikdirektor[12] zu Leipzig gewesen, ward 1685 zu Eisenach in Sachsen geboren. Seit mehr als zweihundert Jahren sind in dieser Familie beständig große Musikmeister gewesen. Alle diejenigen, welche in Deutschland seit den letzten funfzig Jahren über die Musik geschrieben haben, zeugen von seiner ungemeinen Kunst. Quantz sagt in seinem *Versuche einer Anweisung die Flöte zu spielen*, den er schrieb, als Sebastian Bach noch lebte, daß dieser vortreffliche Meister die Kunst, die Orgel zu spielen, bis auf den höchsten Grad der Vollkommenheit gebracht habe; und Herr Marpurg, in seiner *Abhandlung von der Fuge*, die er kurz nach seinem Tode herausgab, sagt von ihm, daß er die Gaben verschiedener großen Männer in seiner Person allein vereinigt besessen: gründliche Wissenschaft, einen fruchtbaren und lebhaften Geist, einen richtigen natürlichen Geschmack und die fertigste Hand, die sich nur denken läßt.

Die Ausfoderung, die er von Dresden aus von dem berühmten französischen Organisten Marchand erhielt und annahm, ist in Deutschland eine bekannte Sache. Als Marchand in dieser Stadt angekommen war und alle Orgelspieler in Frankreich und Italien überwunden hatte, erbot er sich, gegen jeden Deutschen aus dem Stegreife zu spielen, den der König von Polen bereden lassen könnte, es mit ihm aufzunehmen. In Dresden war niemand, der das Herz hatte und mit einem so siegreichen Streiter sich einlassen wollte; als man aber einen eignen Boten an Sebastian Bach abfertigte, der damals noch ein junger Mann war und sich zu Weimar[13] aufhielt, verfügte der sich ungesäumt dahin und besiegte wie ein andrer David diesen Goliath. Man würde sich irren, wenn man hieraus schlösse, daß Marchand ein mittelmäßiger Spieler gewesen. Alsdann würde es Bachs Ruhm nicht vergrößert haben,

12 Er wurde 1723 gleich als Musikdirektor und Kantor an der Thomasschule erwählt. Er war auch Kapellmeister des Herzogs von Weißenfels, und 1736 wurde er gleichfalls zum Königlich Polnischen und Kurfürstlich Sächsischen Hofkomponisten ernannt.

13 Er lebte von 1708 bis 1717 zu Weimar.

daß er sein Überwinder gewesen. Es war eine Ehre für Pompejus, daß Caesar sein Überwinder, und für Marchand, daß er von niemand als von Bach besiegt worden war.
Außer verschiedenen vortrefflichen Kompositionen für die Kirche hat er *Ricercari* herausgegeben, welche aus Präludien und Fugen für die Orgel aus allen vierundzwanzig Tonarten über zwei, drei und vier Themata im *Modo recto et contrario* bestehen. Alle itzlebende Organisten in Deutschland haben sich nach seiner Schule gebildet, so wie die meisten Flügel-, Klavier- und Fortepianospieler nach der Schule seines Sohnes, des vortrefflichen Carl Philipp Emanuel Bach, der so lange unter dem Namen des Berliner Bach bekannt gewesen und nunmehr Musikdirektor zu Hamburg ist.
Da Leipzig die letzte ansehnliche Stadt in Sachsen war, auf die ich meine musikalischen Nachforschungen erstreckte, so scheint es hier der beste Ort zu sein, da ich anmerken kann, daß dieses Kurfürstentum sehr fruchtbar an Tonkünstlern von außerordentlichem Genie und Geschicklichkeiten gewesen ist; denn es ist Keisers, Händels, der Bachischen Familie[14], Hassens und Grauns Vaterland.
Noch ein paar Worte von den Beschwerlichkeiten der Reisen durch Deutschland, womit ich meinen Beschreibungen und Klagen ein Ende machen will.
Der Pfad zu den Wissenschaften ist rauh und in allen Ländern ungebahnt, nirgend aber mehr so als in Deutschland.

– Alpestre, scosceso, erto e selvaggio,
Degno d'un alma audace.

Berlin

Den 28sten September, morgens um neun Uhr, langte ich, nachdem ich eine sehr kalte und regnigte Nacht unter-

14 Bachs Familie ist im Thüringischen, und Hasse im Niedersächsischen, also gar nicht im Kurfürstentum Sachsen zu Hause. (Übers.)

wegs zugebracht hatte, vor dem Tore dieser Hauptstadt an. Ich hoffte, man würde mich ganz ruhig nach meinem Gasthofe fahren lassen, weil man an dem ersten preußischen Grenzorte, Treuenbrietzen, alle meine Sachen durchsucht und mir einen Passierzettel mitgegeben und weil mich die Lizentbedienten daselbst versichert hatten, daß man mich nunmehr nicht weiter beunruhigen würde, wenn ich nach Berlin käme. Aber das hatte ihnen nur des Trinkgeldes wegen zu sagen beliebt. Mein Passierzettel half mir nichts; ich mußte dreiviertel Stunden vorm Tore am Schlagbaume warten, ehe ich einen Soldaten zum Hüter bekam; dieser setzte sich alsdann mit geschultertem Gewehre und dem Bajonett auf der Flinte zu mir auf den Wagen und führte mich gleich einem Gefangenen durch die Hauptstraßen der Stadt nach dem Packhofe. Hier mußte ich über zwo Stunden unter freiem Himmel, in nasser Kleidung, mit fortwährendem Schauder vor Kälte zubringen und meinen Koffer und Schreibkästchen ebenso stückweise und emsig untersuchen lassen, als ob ich geradesweges von Paris im Dover angelangt wäre.

Da ich so lange gewünscht hatte, die Hauptstadt eines Königs zu sehen, in dem die Welt nicht weniger den Beschützer und Kenner der schönen Künste als den großen Held und Feldherrn bewundert, so war ich ungeduldig, meine musikalischen Nachforschungen an einem Orte anzufangen, wo seit langer Zeit beständig ein Operntheater gewesen und woselbst von noch lebenden Männern von großen Verdiensten beides, die Theorie und Praktik der Musik, gründlicher behandelt ist als anderwärts und deren musikalische Schriften als das Resultat von ihren vieljährigen Erfahrungen und vorzüglicher Geschicklichkeit durch ganz Deutschland für klassisch angesehen werden. Unter diesen sind: Johann Joachim Quantzens, Königlich Preußischen Kammermusikus, *Versuch einer Anweisung die Flöte traversière zu spielen,* Berlin 1752; *Versuch über die wahre Art das Klavier zu spielen* von Carl Philipp Emanuel Bach, Berlin, der erste Teil 1753 und der zweite 1762; *Anleitung zur Singkunst*, aus dem Italienischen des Herrn P. F. Tosi, mit Erläuterungen und Zusätzen von Johann Friedrich Agricola, Berlin 1757; Marpurgs *Anleitung zur Singekomposition*, Berlin, 1758; desselben *Abhandlung von der Fuge*; desselben *Handbuch bei dem Generalbasse und der Komposition*, 1762 usw.; *Die Kunst des reinen Satzes* von Kirnberger, Berlin 1771; *Allgemeine Theorie der schönen Künste* von Johann Georg Sulzer, Mitglied der Königlichen Akademie der Wissenschaften, Berlin, 1771, die vornehmsten und beträchtlichsten.

Mein Eifer für das Geschäft, in welches ich mich eingelassen hatte, war die Nacht vorher nicht so sehr mit erstarret, daß ich nicht, sobald als ich von dem Packhofe meine Erlassung erhalten, nach Herrn Harris, den außerordentlichen englischen Gesandten am Berliner Hofe, hätte gehen sollen. Herr Harris empfing mich mit außerordentlicher Höflichkeit und beehrte mich auf die gütigste Art mit seinem Rate, wie ich's am besten anzufangen hätte, um meinen Zweck zu erreichen.

Des Nachmittags besuchte ich Herrn Nicolai, einen berühmten und gelehrten Buchhändler, dem mein eifriger Freund, Herr Ebeling zu Hamburg, eine vorläufige Nachricht von meiner Reise und ihrer Absicht gegeben hatte; so daß er meiner Ankunft entgegensah und augenblicklich zur Hauptsache kam. Nach einer langen Unterredung über den Zustand der Musik in Berlin war Herr Nicolai so verbindlich, mich nach Herrn Agricola zu führen, welcher seit des Kapellmeisters Grauns Tode Sr. Majestät von Preußen Komponist der ernsthaften Opern ist.

J. F. Agricola ist 1720 in Obersachsen, in einem Dorfe nicht weit von Altenburg, geboren. Seine Mutter war eine nahe Anverwandtin des verstorbenen Händels, mit dem sie bis an sein Ende einen Briefwechsel unterhielt. Herr Agricola hat zu Leipzig studiert und hat in der Musik Unterricht von Sebastian Bach gehabt. Seit 1741 hat er sich beständig zu Berlin aufgehalten, und im Jahr 1751 kam er unter dem Titel als Hofkomponist in Königliche Dienste. Sein musikalisches Leben ist sehr tätig gewesen,

und die Anzahl seiner Kompositionen sowohl für die Kirche als für das Theater sind ein Beweis von der Fruchtbarkeit seines Genies.
Er ist noch korpulenter, als Jommelli oder als sein Vetter Händel war. Er befand sich eben nicht wohl und hatte zur Ader gelassen; dem ungeachtet setzte er sich mir zu Gefallen an ein schönes Pianoforte, welches ich neugierig zu hören war, und spielte darauf in einem wahrhaft großen Stile. Man hält ihn für den besten Orgelspieler in Berlin und für den besten Singmeister in Deutschland. Er zeigte mir einige von seinen Kirchenstücken in Partitur, die meisterhaft waren, allein er sagte, der Kirchenstil würde in Berlin ziemlich vernachlässigt, weil der König solchen nicht liebte. In der Tat hatte ich schon gehört, ehe ich nach Berlin kam, daß Se. Majestät von Preußen eine solche Abneigung gegen diese Art Musik hätte, daß Er glaubte, ein Komponist verderbe sich den Geschmack, wenn er Kirchenstücke oder *Oratorios* schreibe, und wohl von andern Arbeiten solcher Männer gesagt habe: „Das schmeckt nach der Kirche."
Von hier ging ich nach dem französischen Theater, mehr um das Gebäude zu besehen, als um Singen zu hören. Indessen ist die Gesellschaft, als Akteurs betrachtet, vortrefflich. Man stellte *Le Mercure galant* vor, und ob ich schon das Stück zu Paris mehr als einmal gesehen hatte, gefiel mir's doch hier sehr gut. Zum Nachspiel ward die komische Oper *Le Cadi dupé* gesprochen und gesungen. Das Stück an und für sich bedeutet schon sehr wenig, und die Sänger taten diesen Abend ihr Bestes, aus diesem Wenigen noch etwas Geringeres zu machen.

Den 29ten September

Diesen Morgen war Herr Nicolai so gut, mich zu Herrn Joseph Benda, Bruder des berühmten Violinisten dieses Namens, zu führen. Dieser geschickte Musikus war so höflich, mir ein sehr schönes Solo von seines Bruders Komposition vorzuspielen, das er mit großer Nettigkeit und Delikatesse ausführte. Ihn akkompagnierte sein Sohn, unter dessen Direktion alle Freitage ein Liebhaberkonzert gehalten wird, und er tat mir die Ehre an, mich dazu einzuladen.

Als wir von Herrn Benda weggingen, sprachen wir vor bei Herrn Lindner, einem sehr braven Flötenspieler und Schüler des Herrn Quantz. Dieses Instrument ist in Berlin so gäng und gebe, weil es der König liebt. Herr Lindner gab mir eine Einladung zu einem andern Konzerte auf den folgenden Sonntag und war so gütig, mir zu versprechen, daß er mich selbst hinführen wollte.

Hierauf machte ich einen zweiten Besuch bei Herrn Agricola, immer in Begleitung meines verbindlichen Freundes, Herrn Nicolai, der mir diesen ganzen Tag schenkte. Heute lernte ich Madame Agricola kennen, die vor ihrer Verheiratung Sgra. Benedetta Emilia Molteni hieß. Itzt ist sie funfzig Jahr alt und singt dem ungeachtet noch Bravourarien mit erstaunender Fertigkeit. Man kann daraus, daß einige Stellen in ihrer Stimme etwas dünne sind, den Abgang der Jugend merken, sie hat aber noch schöne Überbleibsel einer großen Sängerin. Ihre Stimme geht vom tiefen A unter der Linie bis ins dreigestrichne D, und sie hat einen sehr vollkommenen Triller und eine reine Intonation. Sie ist aus Modena gebürtig und hat von allen großen Meistern ihrer Zeit Unterricht genossen, unter welche sie Porpora, Hasse und Salimbeni zählt. Sie ist schon seit fast dreißig Jahren in Berlin als Sängerin in Hofdiensten und singt itzt die zwoten Rollen in den ernsthaften Opern Sr. Majestät des Königs. Während dieses Besuchs war sie so gütig, mir drei Arien in verschieden Stilen vorzusingen, eine Grazioso, ein Allegro und eine Adagio, alle drei von der Komposition des Herrn Agricola.

Von hier gingen wir nach dem Opernhause. Dieses Theater stehet frei auf einem großen Platze, auf dem mehr prächtige Gebäude so nahe beisammenstehen, daß man sie mit einem Blicke ansichtig wird, als in irgendeiner andern Stadt in Europa. Der itzt regierende König ließ es kurz nach seiner Thronbesteigung erbauen. Die Hauptfront hat zwei Eingänge, einen an der ebenen Erde und den andern über einer großen doppelten Treppe; diese Front ist mit sechs korinthischen Säulen geziert; sie sind mit völligem Gesims, darüber man die Inschrift lieset:

FRIDERICUS REX
APOLLINI ET MUSIS.

Diese Front ist auch mit einer ansehnlichen Zahl Statüen von Dichtern und Schauspielern geschmückt, welche in Nischen stehen. Die beiden Seiten sind auf eben die Art gebauet, ausgenommen, daß sie keine Säulen haben.

Einen großen Teil in der Front dieses Gebäudes nimmt ein Saal ein, worin der Hof an den Redoutentagen speiset; das übrige gehört zum Theater, welches außer einem sehr großen Parterre vier Logenreihen, jede von dreizehn Logen, hat, deren etliche bis dreißig Personen fassen können. Es ist eines der geräumigsten Theater, die ich je gesehn habe, ob es bei dem allen gleich nach dem Verhältnis ein wenig zu kurz scheint.

Das Orchester ist sehr groß und nach dem Dresdner eingerichtet. Die Kapelle besteht ungefähr aus funfzig Personen, darunter sind: zwei Komponisten, zwei Konzertmeister, eilf Violinen, fünf Violoncells, zwei Kontraviolons, zwei Flügel, eine Harfe, vier Bratschen, vier Flöten, vier Oboen, vier Bassons und zwei Waldhörner. Die vornehmsten Virtuosen in Sr. Majestät Diensten sind:

Herr Johann Joachim Quantz, Kammermusikus und Komponist. Er ist nicht weniger als ein starker Flötenspieler und Komponist, als deswegen berühmt, daß er die Ehre gehabt hat, Se. Majestät, den König von Preußen, die Flöte spielen zu lehren. Von seinen Konzerten sind nur wenige bekannt geworden. Indessen hat er deren für den König über dreihundert komponiert.[15]

15 Quantz starb (dieses Jahr, 1773), den 12ten Juli, zu Potsdam, in seinem 77ten Jahre am Steckfluß. Er hat über dreißig Jahr in Sr. Königlichen Majestät Diensten gestanden und ist bis an sein Ende ein rührender Flötenspieler gewesen. Der König will ihm ein Monument setzen lassen. Quantz hat 299 Flötenkonzerte gemacht, davon keines schlecht ist, weil sie aber alle für den König

Herr Johann Friedrich Agricola, dessen oben erwähnt und der in Deutschland als musikalischer Schriftsteller und als Komponist durchgängig bekannt ist.
Herr Franz Benda, Kammermusikus und Konzertmeister, hat sich einen großen Ruhm erworben nicht bloß durch seine ausdrucksvolle Manier, die Violine zu spielen, sondern auch durch seine sehr schöne und reizende Kompositions für dieses Instrument.
Se. Majestät, der König von Preußen, hält ungemein viel auf die Opern des verstorbnen Kapellmeisters Carl Heinrich Graun und schätzt sie dermaßen hoch, daß er nicht gern welche von andern Komponisten hören mag; auch hält man in Berlin die Sinfonien und Violinkonzerte seines Bruders Johann Gottlieb Graun, der vor einiger Zeit erst gestorben ist, gleichfalls noch immer in großem Werte, ob solche gleich in Ansehung des Geschmacks und der Erfindung nicht in die erste Klasse gehören.
Die vornehmsten Sängerinnen bei der hiesigen großen Oper sind: Mademoiselle Schmeling[16], Madame Agricola und Signora Gasparini, ein Frauenzimmer von zweiundsiebenzig Jahren; ein Alter, in welchem die Natur uns selten eine andre Stimme läßt als Töne des Klagens oder einer zwoten Kindheit.
Die vornehmsten Mannsrollen sind besetzt mit Signor Anton. Uberti Porporino, ein Kontraltist; er ist schon über zwanzig Jahre in des Königs Diensten und wird außerordentlich wegen seines Geschmacks und Ausdrucks bewundert, besonders in seinen Adagios; und Signor Carlo Concialini ein Sopranist; seine Stimme ist schwach, aber ungemein lieblich, und seine Manier, langsame Arien zu singen, ist zärtlich und rührend.

gemacht sind, so ist keines davon bekannt, als die sechzehn bis zwanzig Jahr alt sind. Beim dreihundertsten ist dieser fleißige Mann gestorben. Man sagt, der König wolle das noch daran fehlende letzte Allegro selbst dazu machen. (Aus der Zeitung „Der Deutsche", sonst „Wandsbecker Bote".) (Übers.)

16 Ist seit kurzem an den vortrefflichen Violoncellisten, Herrn Mara, verheiratet. (Übers.)

Außer diesen Komponisten und Ausführern, die ich eben genannt habe, werden noch vierundzwanzig Chorsänger beim königlichen Theater gehalten und daneben ein Ballettmeister, eine große Anzahl Tänzer und Tänzerinnen und der Abbate Landi als Theaterdichter.
Da der König alle Kosten der Oper trägt, so wird für den Eingang nichts bezahlt und wird jedermann, der nur anständig gekleidet ist, frei ins Parterre eingelassen. Die erste Logenreihe ist für die königliche Familie und den hohen Adel; die Reihen, welche mit dem Parterre eben sind, wie auch die zweiten und dritten Ranglogen sind für die Staatsminister, für die fremden Gesandten und andre adelige Personen am Hofe bestimmt; und ein angesehener Fremder, der sich an den Kammerherrn, Baron von Pöllnitz, wendet, welcher *Directeur des spectacles* ist, kann sicher sein, daß ihm ein schicklicher Platz im Theater angewiesen wird.
Die Vorstellung beginnt des Abends um sechs Uhr. Der König mit den Prinzen und seinem Gefolge nimmt seinen Platz im Parkett, dichte hinterm Orchester; die Königin, die Prinzessinnen und die vornehmsten Hofdamen sitzen in den großen Logen. Bei Ihro Majestät Kommen und Weggehen lassen sich zwei Chöre Trompeten und Pauken hören, welche an beiden Seiten des Orchesters in der obersten Logenreihe gestellt sind.[17]
Der König steht fast beständig hinter dem Kapellmeister, welcher die Partitur vor sich hat; er sieht fleißig hinein und ist wirklich eben ein so guter Generaldirektor hier als Generalissimus im Felde.
So sieht der gegenwärtige Zustand der Oper in Berlin aus, und die Geschichte muß zeigen, wie er vordem gewesen ist. Hier will ich nur so viel davon anführen, daß seit dem Ableben Friedrich I. im Jahre 1713 bis 1742 hier keine Opern gespielt worden sind. Kurz zuvor, ehe Se.

17 Diese Art von Musik ist die älteste und scheint bei allen ihrem geräuschvollen Lärmen und trotz der Mode gewordenen Verfeinerungen in der neuern Musik den Europäern noch immer die liebste zu sein, besonders wenn's auf Feierlichkeiten ankommt.

itzt regierende Majestät 1740 den Thron bestiegen, ward ein neues Theater erbauet, worauf 1742 am Geburtstage der Königlichen Frau Mutter die erste Oper vorgestellt wurde. Um diese Zeit wurden die besten deutschen Instrumentisten, italienische Sänger und Sängerinnen und französische Tänzer und Tänzerinnen in Dienste genommen, und die Musik ward auf einen viel glänzendern Fuß wiederhergestellt als vorher.

Seit diesem Zeitpunkte sind auf dem Königlichen Theater alle Jahre in der Karnevalszeit prächtige Opern aufgeführt worden. Solche waren mehr oder weniger brillant nach dem Verhältnisse der Talente der Sänger und Sängerinnen, deren der König viele, und zwar im ganzen genommen sehr vortreffliche, gehabt hat. Indessen scheint das Jahr 1752 eines der hervorragendsten in der musikalischen Geschichte von Berlin gewesen zu sein, als Carestini und die Astrua die vornehmsten Rollen sangen. Damals war das berlinische Orchester das glänzendste in Europa. Es befanden sich darunter die berühmten Männer Bach, Benda, Czarth, Graun, Hesse, Quantz und Richter.

Einen großen Teil dieses Nachmittags brachte ich damit zu, die Kirchen zu besuchen, welche den Ruf der besten Orgeln haben. Im ganzen genommen fand ich die Orgeln zu Berlin groß, rauh von Ton und mit rauschenden Stimmen überladen, welche, auch selbst wenn sie gestimmt gewesen wären, keine angenehmere Wirkung getan haben würden; aber so, wie sie waren, wurden meine Ohren von der großen Anzahl verstimmter rauhtönender Pfeifen mehr gemartert als gekitzelt.

Ehe ich England verließ, hatte mir Herr Snetzler gesagt, ich würde ohne Zweifel in den Berliner Orgeln Schweller angebracht finden, ob er gleich nicht gewiß wüßte, ob die Verbesserung von engländischer Erfindung schon an andern Orten des festen Landes angenommen wäre; denn schon vor verschiedenen Jahren hätte Händel ihn ersucht, die Art und Weise schriftlich aufzusetzen, wie der Schweller angebracht würde, um diese Beschreibung an einen

Freund in Berlin zu senden, welcher sie daselbst gerne einführen wollte.
Allein ich erkundigte mich hier bei den musikalischen Personen vergebens, ob sie ein solches Ding als einen Schweller in einer von ihren Orgeln kennten, der durch das Pedal hervorgebracht würde. Man hatte niemals von einem solchen Kunststücke gehört, und es war schwer, es ihnen zu erklären.
Die Garnisonkirche ist 1722 gebauet; es ist ein längliches Viereck mit sehr massiven Säulen und hat acht Türen, über deren jeder der preußische schwarze Adler befindlich ist, der mit einem Donnerkeile in den Klauen nach einer goldnen Sonne fliegt, mit der Inschrift *Non soli cedet.*
Ich fand in dieser Kirche eine große Orgel von Joachim Wagner. Sie ist sehr merkwürdig wegen ihres Umfangs, denn sie hat fünfzig Tasten in den Manualen, und wegen ihrer Anzahl Pfeifen, die sich auf 3220 belaufen; am meisten aber wegen der Arbeit und Verzierungen an der Einfassung, welche in dem wahren altdeutschen Geschmacke und sehr künstlich gearbeitet sind.
An jedem Flügel hat sie ein paar Pauken, welche ein dabeistehender Engel schlägt, dessen Bewegung der Organist mit dem Pedal regiert; oben bei der Pyramide oder der mittlern Pfeifenkolumne stehen zwo Figuren, welche die Fama vorstellen, und wenn die Pauken geschlagen werden, ihre Flügel bis an die Spitze der Pyramiden ausbreiten; eine jede von diesen Figuren bläset eine Trompete und hebt sich darauf zum Fluge.
Es sind auch zwo Sonnen angebracht, welche sich bei dem Klange der Cymbeln bewegen und von dem Winde durch die Wolken getrieben werden, unter welcher Zeit zwei Adler so natürlich fliegen, als ob es lebendige wären.
...
Diesen Abend hatte ich das Vergnügen, in Herrn Marpurgs Bekanntschaft gebracht zu werden. Dieser Mann hat so lange in einerlei Weinberge mit mir gearbeitet, daß er die Schwierigkeiten, die ich zu überwinden habe, voll-

kommen beurteilen kann. Nichts konnte mir schmeichelhafter sein als die Art, womit er mich aufnahm. Ich fand an ihm einen Mann von vieler Lebensart, Höflichkeit, Gefälligkeit und Gesprächigkeit. Von seinen musikalischen Schriften kann man mit Recht sagen, daß sie zahlreicher und nützlicher sind als die Schriften irgendeines andern, der über diese Materie geschrieben hat.[18] Er war viel-

18 Herrn Marpurgs schriftstellerische Ehre verliert gewiß nicht das geringste, wenn sich's auch finden sollte, daß er nicht der voluminöseste unter allen gewesen wäre. Der Übersetzer hat eine wahre Hochachtung für Herrn Marpurgs Person und Verdienste, und diese Note hat nichts weniger zur Absicht, als einen Vergleich zu Herrn Marpurgs Nachteile anzustellen. Allein man ist auch den Verstorbnen Gerechtigkeit schuldig. – Mattheson hat ganz gewiß mehr geschrieben als Herr Marpurg. Ich besuchte den ersten einst, als er 72 Jahr alt war. Während unsrer Unterredung, die wegen seiner Taubheit nicht schnell sein konnte, indem man das, was man ihm sagen wollte, aufschreiben mußte, fragte ich ihn nach der Anzahl seiner edierten Werke. Seine Antwort war: „Ich bin 72 Jahr alt, und ebenso viel Bücher habe ich schon drucken lassen, und ebenso viele Werke habe ich noch im Manuskript liegen." Ich fragte ihn halb im Scherze, ob er mich nicht zum Erben dieser Handschriften einsetzen wollte. „Nicht nur das", war seine Antwort, „sondern Sie sollen sie größestenteils gleich haben, mit der Bedingung, daß Sie jährlich wenigstens eins davon in Druck geben wollen." Indessen war die Bedingung etwas bedenklich für mich; ich drang nicht auf das Geschenk, und ich habe auch noch nicht in Erfahrung bringen können, wohin seine Handschriften nach seinem Tode gekommen sind. Davon aber bin ich überzeugt, daß sich ein lesenswürdiger und nützlicher Auszug daraus machen lasse. Nützlich sind Matthesons Schriften auch gewesen, daran wird niemand zweifeln, dem der Zustand der Musik in Deutschland vor ungefähr dreißig bis vierzig Jahren noch aus dem Gedächtnisse oder aus Erzählungen erinnerlich ist. Daß uns sein Stil nicht mehr schmecken kann, ist sehr natürlich, aber nicht sowohl Matthesons Schuld selbst als die Schuld seiner Zeit. Auch findet man nicht, daß seine Zeitgenossen ihn wegen seines Stiles getadelt hätten. Scheibens Stil ist schon viel gefeilter. – Die deutsche Sprache hat seit dreißig Jahren solche große und schnelle Schritte zur Vollkommenheit getan, daß man's einem Manne bei Jahren nicht übelnehmen muß, wenn er nicht mitkommen können. (Übers.)

leicht der erste Theorist, den Personen von Geschmack die Geduld haben konnten zu lesen; so geschwätzig und pedantisch waren die musikalischen Schriftsteller, die vor ihm schrieben.

Außer den bereits obenerwähnten hat dieser Schriftsteller noch herausgegeben: fünf Bände *Historisch-kritische Beiträge zur Aufnahme der Musik, Anfangsgründe der theoretischen Musik, Kritische Einleitung in die Geschichte und Lehrsätze der alten und neuen Musik* und eine Menge korrekter und angenehmer Kompositionen von verschiedener Gattung sowohl für Singstimmen als für Instrumente. Es ist ein Unglück für die Kunst, daß er ihr Studium verlassen, seitdem er vom Könige unter dem Charakter als Kriegsrat zum Generaldirektor des Königlichen Lotto ernannt ist.

Seine *Einleitung in die Geschichte der Musik* sollte sich auch bis auf die neuere erstrecken, wie er sich denn auch noch vorgenommen hatte, Walthers *Musikalisches Lexikon* fortzusetzen und verschiedene wichtige Werke für Liebhaber der Musik herauszugeben; allein, sein itziges Amt hindert ihn, einen von diesen Vorsätzen auszuführen.

Er nahm es sehr gütigerweise über sich, mir unterschiedliche Bücher und Papiere zu verschaffen, nach denen ich suchte, und erbot sich sehr freundschaftlich, mich nach solchen Personen und Örtern hinzuführen, die ich zu meinem Zwecke in Berlin nötig hatte kennenzulernen.

Nach diesem Besuche ging ich mit meinem Führer, Herrn Nicolai, zu Hause. Er hatte unter seinen Freunden ein kleines Liebhaberkonzert veranstaltet, und ich brachte einen sehr angenehmen Abend bei ihnen zu.

Mittwoch, den 30ten September

Es war verabredet, daß ich diesen Vormittag Mademoiselle Schmeling besuchen sollte. Wie hoch meine Erwartungen von dieser Sängerin gespannt waren, wird der Leser aus folgendem Auszuge eines Briefes beurteilen können, den ich von einem einsichtsvollen musikalischen Kor-

respondenten aus Deutschland erhielt, als ich noch in England war:
„Zu Berlin befindet sich gegenwärtig eine deutsche Opernsängerin, die jedermann in Erstaunen setzt, der sie hört. Leute, die lange Zeit in Italien gewesen sind und vordem eine Faustine, Cuzzoni und Astrua gehört haben, versichern mich, daß sie solche alle miteinander übertreffe. Ich war wirklich ganz außer mir, als ich sie vor zwei Jahren in Leipzig hörte. Ich habe noch keine Stimme gehört, die zu gleicher Zeit so voll und so lieblich gewesen wäre; sie konnte alles damit machen, was sie wollte. Sie singt von G bis in dreigestrichne e mit der größesten Stärke und Leichtigkeit und hat nach meiner Meinung nicht ihresgleichen, sowenig im *Portamento di voce* als in der Fertigkeit der Kehle. Allein damals, als ich sie hörte, schien sie nur das gerne zu singen, was schwer und geschwind war. Sie sang auf der Stelle vom Blatt weg, was sehr gute Violinisten Mühe hatten, sogleich vom Blatte zu spielen. Man konnte ihr nichts zu Schweres vorlegen, sie brachte alles rein und mit Leichtigkeit heraus. Sie hat aber hernach ihren Geschmack dergestalt ausgebildet, daß sie in Hassens Oper die Rolle der Thisbe singen können, welche mehr Simplizität und Ausdruck als Fertigkeit der Kehle erfodert; und es ist ihr damit vollkommen geglückt, wie Herr Agricola, der Übersetzer von Tosis *Arte del Canto* und unser bester Singemeister in Deutschland, versichert hat. Der König von Preußen, ein großer Kenner, ward darüber in Verwunderung gesetzt. Ihr Name ist Schmeling, ungefähr zwanzig Jahre alt, und sie war als Kind in England, woselbst sie auf der Violine spielte; dies Instrument aber hat sie verlassen und sich auf den Rat einer englischen Dame, der ein weiblicher Geiger nicht gefallen wollte, aufs Singen befließen."
Diese Nachricht ward mir von vielen bestätigt, als ich nach Deutschland kam, und hatte man mir gesagt, daß Se. Majestät, der König von Preußen, schwer zu bewegen gewesen, Mademoiselle Schmeling zu hören. „Eine deutsche Sängerin? Ich könnte ebenso leicht erwarten, daß mir das

Wiehern meines Pferdes Vergnügen machen könnte!" Indessen, als der König sie die erste Arie singen gehört hatte, sagt man, daß er die allerschwersten Arien in seiner Sammlung aufgesucht, um sowohl zu versuchen, was sie machen konnte, als um sein Ohr zu ergötzen; und sie sang alles, was ihr in allerlei Gattungen auf Befehl des Monarchen vorgelegt wurde, dergestalt gleich vom Blatte weg, als ob sie eine jede von diesen Arien zeit ihres Lebens geübt hätte.

Mademoiselle Schmeling empfing mich sehr höflich und ohne Geziere. Sie ist nicht groß von Person und keine Schönheit, aber nichts weniger als unangenehm von Bildung; es leuchtet vielmehr aus allen ihren Zügen ein recht gutes Herz hervor, welches macht, daß man ihr gleich sehr gewogen wird. Ihre Zähne sind nicht ganz regelmäßig und stehn zu weit vorwärts, allein im ganzen ist sie bei ihrer Jugend und freundlichem Lächeln sehr angenehm von Wuchs und Gestalt.

Ich fand, daß sie ihr Englisch noch nicht vergessen hatte; es fehlten ihr wohl zuweilen an Worten, allein, da sie es in ihrer frühesten Jugend gelernt hatte, sprach sie die, welche sie vorbrachte, sehr richtig aus. Sie war so gefällig, auf mein Bitten sehr bald nach meiner Ankunft zu singen. Sie begann mit einer schweren Barvourarie von Traetta, die ich schon auf Mingottis Theater gehört hatte. Sie sang solche vortrefflich und entsprach völlig dem hohen Begriffe, den ich mir von ihrer Fähigkeit gemacht hatte, die Stimme selbst ausgenommen, welche ein wenig dunkel und nicht so ganz von Tone war, als ich mir solche vorgestellt hätte. Sie hatte aber einen kleinen Schnupfen und Husten und klagte, daß sie sich nicht völlig wohlbefände; bei alledem aber war der Ton ihre Stimme sehr angenehm und sang sie völlig rein. Sie hat einen ausnehmend schönen Triller, einen guten Ausdruck und eine erstaunenswürdige Leichtigkeit, die schwersten und schnellesten Passagien rein und rund herauszubringen.

Die zwote Arie, die sie sang, war ein Larghetto von dem braunschweigischen Kapellmeister, Herrn Schwanenberg, an sich sehr schön gesetzt, allein sie machte solche durch ihren Geschmack und Ausdruck wahrhaftig entzückend. Sie war keineswegs verschwendrisch mit willkürlichen Auszierungen, die sie aber anbrachte, paßten vollkommen zum Stile des Komponisten und zur Idee des Dichters.

Hierauf sang sie ein Andante aus der Partie, die sie im künftigen Karneval in Grauns *Meropo* zu singen hatte, und zeigte dabei viel Geschmack, Ausdruck und wahren Vortrag.

Der König residiert sehr selten zu Berlin, ausgenommen in der Karnevalszeit, welche gemeiniglich in der Mitte des Dezembers ihren Anfang nimmt und sich mit dem Januar endigt.

Wenn Se. Majestät mit dem Hofe nach Berlin kommt, so hat jeder Tag in der Woche, der Sonnabend als ein Ruhetag ausgenommen, seine bestimmte Lustbarkeit nach folgender Ordnung:

Sonntags ist großes Konzert bei der Königin. Montags Oper. Dienstags Redoute oder Maskerade im Opernhause. Mittwochs französische Komödie auf dem Hoftheater. Donnerstags Courtag bei der verwitweten Prinzessin und freitags wieder Oper.

Außer dieser Zeit hat der König seine gewöhnliche Residenz zu Sanssouci bei Potsdam, woselbst sich immer eine gesetzte Anzahl von der Hofmusik befindet, die sich alle Monat nach der Reihe ablöset.

Der Ruhm von Se. Majestät Geschicklichkeit auf der Flöte hatte schon lange ein heftige Begierde in mir erregt, Dieselben spielen zu hören, und ich hatte itzt mit verschiedenen Freunden die besten Maßregeln abgeredet, um diesen Wunsch zu befriedigen. Ich hatte Empfehlungsschreiben an verschiedene vornehme Personen in Potsdam erhalten, worin solche gebeten wurden, ihr möglichstes zu tun, mir die Ehre zu verschaffen, daß ich während Sr. Majestät gewöhnlichen Abendkonzerte in die königlichen Zimmer zu Sanssouci gelassen würde.

Da itzt der Hof und verschiedene der besten Virtuosen aus des Königs Kapelle zur Aufwartung in Potsdam waren, so trieb mich meine Ungeduld dahin, um meine Neugierde zu befriedigen und den König zu hören. Ich machte mich also gleich diesen Morgen auf den Weg nach Potsdam, sowie ich von Mademoiselle Schmeling wegging und nachdem ich erst von meinem würdigen Freunde, Herrn Nicolai, Abschied genommen hatte, der zu meinem großen Bedauern nach der Leipziger Messe reisen mußte. Dies war mir ein wirklicher Verlust, denn seine Kenntnis in der Musik, seine Bekanntschaft mit musikalischen Personen, bei seinem Eifer, mir Gefälligkeiten zu erweisen, hatten mir seinen Umgang sehr angenehm und nützlich gemacht.

Potsdam

Der Weg von Berlin hierher geht fast beständig durch Mahlsand bis an ein Tannengehölz. Wenn man durch das Tannengehölz gefahren, welches auf der kleinern Hälfte des Weges nach Potsdam zu liegt, sieht man linker Hand eine schöne Ebene mit einem breiten See und vor sich den hübschen Anblick der Stadt mit den drei Türmen, die alle drei von einerlei Höhe und Gestalt, aber zierlich erbauet sind.

An den Toren dieser Stadt wird man beim Ein- und Ausfahren sehr genau befragt, genauer wenigstens, als mir's bei meiner Reise an andern Orten vorgekommen ist. Der Name, Stand, Gewerbe, bei welchem Geschäfte, woher, wohin, wie lange man bleiben, bei wem man abzutreten gedenket und andre Fragen mehr. Alles wird aufgeschrieben.

Indessen wird ein Fremder für dieses Examen und den bösen Weg schadlos gehalten durch die Mannigfaltigkeit und die Pracht der Gegenstände, die ihm bei dieser Stadt vorkommen.

Ihre Gassen sind die regelmäßigsten und schönsten, die ich mich gesehn zu haben erinnre. Die Häuser scheinen alle von Quadersteinen gebauet zu sein, ob sie gleich nur

von gebrannten Mauerziegeln mit Kalk übertüncht und auf Steinart angestrichen sind. Ein aus der Havel geleiteter Kanal fließt mitten durch die Stadt, welche auf einer Insel liegt, die obgesagter Fluß macht, der Werder genannt. Man fährt in die Stadt über eine große Strecke Wassers vermittelst einer steinernen Brücke.
Diese Stadt ist unter der gegenwärtigen und vorigen Regierung fleißig angebauet. Im Anfange dieses Jahrhunderts bestund sie aus ungefähr zweihundert Häusern, und itzt hat die dessen wenigstens über zweitausend; die Garnison nicht mitgezählt, welche aus achttausend Mann bestehen mag, beläuft sich die Anzahl der Einwohner auf siebzehntausend.
Die vier Bataillons Fußgarde, eine Eskadron Leibgarde und das Regiment des Prinzen von Preußen haben hier ihr beständiges Standquartier. Die Fußgarde macht in ihrer blauen Uniform mit silbernen Borten und Tressen um den Hüten einen edlen Anblick, und außerdem, daß es sehr schön gewachsene Leute sind, geben ihnen auch die Art, wie ihre Hüte aufgestutzt und getragen werden, bei ihren schwarzen Stutzbärten ein sehr kriegerisches Ansehen.
Die großen Plätze, öffentlichen Gebäude und selbst die Häuser der Bürger dieser Stadt sind von edler und geschmacksvoller Bauart. Die venezianische Baukunst des *Palladio* ist hier häufig und glücklich nachgeahmt. Se. Majestät findet itzt Vergnügen an Bauen und sollen dazu jährlich sehr ansehnliche Summen ausgesetzt haben. Potsdam ist fast ganz neu nach des Königs eignem Entwurfe gebauet, außer dem neuen Palaste bei Sanssouci sind seit dem letzten Kriege eine große Menge Häuser und Paläste in Berlin errichtet worden. Wenn ein Bürger in Berlin oder hier in Potsdam bauen will, muß solches nach einem von dem Könige vorgeschriebenen Plane geschehen, wogegen denn die Vorderseite des Gebäudes auf königliche Kosten ist.
Den Augenblick, da ich in Potsdam ankam, ging ich zum Herrn Benda, in Hoffnung, ihn noch vorher zu sprechen, eh' er nach dem Konzerte des Königs ginge. Er war aber

schon dahin gegangen, und mir ward gesagt, daß solches bereits angegangen wäre; dergestalt war für heute keine Hoffnung mehr, daß ich Se. Majestät hören könnte. Es war beinahe sieben Uhr und zu einem ersten Besuch bei einer vornehmen Person beinahe zu spät. Indessen war mir meine Zeit so kostbar, daß ich mich nicht streng an das *Etiquette* binden konnte; ich setzte mich also darüber weg und wagte es, dem Lord Marshall meine Aufwartung zu machen, an den Herr Harris so gütig gewesen war, mir einen Brief mitzugeben.

Se. Lordschaft wohnt in einem sehr artigen Hause in der Vorstadt, welches, wie mir der Kutscher ungefragt erzählte, der König für ihn hat bauen lassen. Der Bediente, ein ehrlicher Schottländer, fragte gleich, ob ich Englisch spräche, und sagte mir, sein Lord sei zu Hause, aber im Schlafrocke. Ich ließ ihm wissen, daß ich einen Brief abzugeben hätte, gab meinen Namen ab und sagte, wenn ich Mylord im geringsten beschwerlich fallen sollte, wollte ich lieber morgen früh wiederkommen. Der Mensch kam bald zurück und führte mich zu seinem Herrn.

Es war schon so dunkel, daß ich ihn kaum mehr sehen konnte. Er sagte mir mit einem sehr gütigen Tone der Stimme, ich möchte mich setzen. Ich übergab ihm meinen Brief und ließ ihm merken, daß ich sehr von der Zeit gedrängt würde, sonst würde ich Se. Lordschaft nicht so spät beunruhigt haben. Er sagte, es wäre ihm zu allen Zeiten lieb, mich zu sehen. Als Licht gebracht wurde, gefiel mir sein Gesicht ebensosehr, als mir vorher seine Stimme gefallen hatte. Es ist das angenehmste, wohlgebildetste und sanfteste, das man sich erdenken kann.

Ich blieb hier drei Stunden, während welcher Zeit er mich mit einer Menge von Anekdoten unterhielt, davon viele Beziehung auf die Musik hatten. Nachdem er Herrn Harris' Brief gelesen hatte, in welchem meiner Reise durch Frankreich und Italien erwähnt war und daß solche bereits ins Deutsche übersetzt würde, sagte er zu mir, daß er altershalber seit einiger Zeit nicht mehr an den Hof ginge, ob ihm gleich der König öfters sagte, daß beständig ein Platz an seiner Tafel für ihn offen wäre; gleichwohl wollte er, was ich im Deutschen von meinem Buche bei mir hätte[19] und meinen Plan des folgenden Tages an Se. Majestät senden. Se. Lordschaft erzeigte mir die Ehre, mich auf den folgenden Tag zum Mittagessen einzuladen, und gab mir von demjenigen Nachricht, was in Potsdam und Sanssouci das Besehen am meisten verdiente; was aber die Musik anbeträfe, sagte er, wär' es ein Unglück für mich, daß ich an ihn adressiert wäre, denn er wäre solch ein Gote und Wende, daß er keine Musik verstünde und keine leiden möchte, ausgenommen die Sackpfeife seiner Landsleute. Er sagte bei dieser Gelegenheit sehr viel Scherzhaftes über sich. Nun folgte ein Gespräch über schottländische Musik und über die ersische Poesie, worauf endlich Mylord sagte: „Damit Sie mich auch nicht gar zu unempfindlich gegen die Macht der Töne halten, muß ich Ihnen sagen, daß ich eine Sammlung von Nationalmelodien gemacht habe von fast allen Völkern unter der Sonne, die ich Ihnen zeigen kann, glaub' ich." Nach einigen Suchen fand er das Buch, worin diese Stücke geschrieben stunden, und ich mußte die ganze Sammlung ohne ein Instrument durchsingen, er hatte fast bei jedem Stück eine Anekdote. Als das Buch durchgesungen war, hatte Mylord die Güte, ein Verzeichnis von denjenigen Stücken zu machen, welche mir wegen ihrer Sonderbarkeit oder Originalheit am meisten gefallen hatten, und versprach mir Abschriften davon. Alsdann befahl er einem schottländischen Pfeifer, einem seiner Leute, mir einige spanische und schottische Melodien, die nicht mit in der Sammlung stunden, vorzuspielen. „Aber geht nach dem Garten", sagte er, „denn diese feinen, italienisierten Leute können unsre rauhe Musik nicht so nahe vor ihren delikaten Ohren vertragen."

Das Gespräch fiel hernach auf die französische Musik und inwiefern sie die Vergleichung mit der italienischen aus-

19 Ich hatte damals nur erst einige Aushängebogen von der Übersetzung, die hernach in Hamburg herauskam, zugeschickt erhalten.

halten könnte; worüber mir Se. Lordschaft eine Historie erzählte, welche sehr viel ähnliches mit einer andern hat, welche Rousseau in seiner *Lettre sur la Musique françoise* anführt:
Eine junge Griechin ward vor einigen Jahren aus ihrem Lande nach Paris gebracht; bald nach ihrer Ankunft in der Stadt nahmen einige französische Damen sie mit sich nach der Oper und dachten, sie würde, weil sie noch gar keine europäische Musik gehört hatte, darüber in Entzückung geraten; aber nichts von alledem; sie erklärte sich vielmehr, das Singen erinnre sie an das scheußliche Geheul der kalmuckischen Tartaren; und die Maschinerie, woran sie auch, wie man glaubte, großen Gefallen finden sollte, mißfiel ihr auch größestenteils, besonders nahm sie ein großes Ärgernis an dem, was sie eine gottlose und heidnische Nachahmung von unsers Herrn Gottes Donner nannte. Kurz nach diesem Experimente reisete sie nach Venedig, woselbst man ein zweites mit ihrem unverderbten Gehöre in einer italienischen Oper, worin der berühmte Gizziello sung, anstellte. Bei dieser Oper zerschmolz sie fast in Vergnügen und war sie hernach beständig eine eifrige Liebhaberin von italienischer Musik.
Als ich diese Historie gegen einen vortrefflichen Kenner der Musik und der menschlichen Natur erwähnte, welcher sich eben zu Paris befunden, als M. de Bougainville einen Eingebornen der neu entdeckten Insel Otaiti mit dahin brachte, erzählte er mir, daß man gleich nach Putaveris Ankunft die Wirkung der französischen Musik an ihm versucht hätte. „Ich wünschte", sagte mein Freund, „daß Sie dabeigewesen wären, um mit mir zu bemerken, welch einen sonderbaren Eindruck die französische Oper auf ihn machte. Sobald er daraus zu Hause kam, äffte er alles, was er gehört hatte, auf die natürlichste und lächerlichste Art nach, die Sie sich nur erdenken können. Nachmals aber wiederholte er dies nicht anders, als wenn er gut aufgeräumt war; und da ich ihn eben vor seiner Abreise sah, da er melancholisch war, wollte er nicht tanzen, so sehr man ihn auch bat. Ich schlug vor, man möchte Musik

kommen lassen, und man gab einem Bedienten Befehl, daß er auf seiner schlechten Geige nur vor der Türe des Zimmers spielen sollte. Sobald Putaveri das hörte, sprang er plötzlich auf, ergriff zween von den Leuchten, setzte sie auf den Fußboden und tanzte seinen eignen Landtanz; nach diesem gab er der Gesellschaft ein Pröbchen von der französischen Oper, welches die natürlichste und vortrefflichste Parodie war, die ich in meinem Leben gehört hatte, und er begleitete sie mit allen erfoderlichen Stellungen. Ich wünschte damals, die Macht der italienischen Musik an ihm zu versuchen, aber dazu war keine Gelegenheit, denn wie sollte man die zu Paris gehörig exekutiert bekommen."

Unter den Anekdoten über die sonderbaren Wirkungen der Musik, welche ich von Lord Marshall erfuhr, erzählte er mir auch von einem Bergschotten, welcher allemal weinte, wenn er eine gewisse langsame schottische Melodie auf der Sackpfeife spielen hörte. Der General G., dessen Bedienter er war, schlich sich einst des Nachts in seine Kammer, als er schon fest schlief, und spielte eben diese ganz leise auf der *Flöte traversière,* und der Mensch, ohne dabei aufzuwachen, weinte wie ein Kind.[20]

Se. Lordschaft bestätigte mir auch unter andern die Erzählung von der *Maladie du Pays* oder dem Heimweh, welches die Schweizer, die in fremden Diensten stehen, bekommen, wenn sie eine gewisse Melodie, der Kuhreihen *(Rens de vache)* genannt, zu hören bekommen. Als zu Valladolid in Spanien fünf Schweizersoldaten dieses Lied von einem ihrer Landsleute auf einem Turme spielen hörten, bekamen sie alle diese Krankheit und mußten entlassen werden. Eine Wirkung, die man aus nichts anderm erklären kann als aus der Erinnerung an vorige Freiheit und Glückseligkeit im Vaterlande.

Die Tarantelngeschichte, gestund Mylord, wäre eine er-

20 Der Übersetzer kannte einen noch lebenden Musikum, welcher allemal bis zum Weinen gerührt wurde, wenn er die Choralmelodie *O Gott, du frommer Gott* auch ohne Worte und einstimmig singen oder spielen hörte. (Übers.)

dichtete Fabel in Ansehung der Kurart durch die Musik, nicht aber der Stich selbst, der wäre wahr, wie er gewiß wüßte. Indessen hätten ihm einige Einwohner von Apulien gestanden, daß das einzige, was die Musik dabei Heilsames tun könnte, darin bestünde, daß sie den Patienten wachend erhielte, weil gemeiniglich der Schlaf gefährlich wäre, ehe das Gift aus der Wunde gezogen worden.

Mir war sehr oft von Personen, die der Lord Marshall schon vor vielen Jahren gekannt hatten, gesagt worden, daß sein Charakter sich der Vollkommenheit mehr näherte als der Charakter irgendeines sterblichen Menschen; und dieses ward itzt meine eigne Meinung. Ich verließ ihn sehr ungerne, als ich wieder nach meinem Gasthofe mußte; er hatte mich bei diesem dreistündige Besuche durch sein geselliges, unterhaltendes, ungezwungnes und leutseliges Wesen ebensosehr für sich eingenommen, als noch irgendein andrer in so vielen Jahren getan hatte.

Donnerstag, den 1sten Oktober

Mein erster Gang diesen Morgen war zum Herrn Benda. Ich fand ihn als einen treuherzigen, dienstfertigen und sehr verständigen Mann und der alle die Bescheidenheit eines wahrhaftig großen Genies besitzt. Ich hatte an ihn einen Brief vom Herrn Giardini, über dessen Andenken er sich sehr zu freuen schien, und sagte, ob es gleich über zwanzig Jahre her sei, daß er ihn gesehen oder gehört, habe er doch seinen schönen Ton, der so besonders klar, voll und lieblich gewesen, noch nicht vergessen, und fügte hinzu, daß er zeitlebens eine deutliche und angenehme Idee von seiner gefälligen Art des Vortrags, von seiner Phantasie in den extremporierten Kadenzen und von der Leichtigkeit behalten würde, womit er alles, was auf der Violin nur möglich zu machen, herausgebracht hätte.

Herr Giardini hatte ihn in seinem Briefe gebeten, er möchte mir das Vergnügen machen, daß ich ihn spielen hörte. Als er diese Bitte gelesen, schüttelte er den Kopf und sagte: „*Non sum qualis eram.* Schon seit fünf Jahren spiele ich schon keine Solos mehr, selbst vor dem Könige, meinem Herrn. Ihnen zum Gefallen indessen will ich spielen, was noch in meinen Kräften steht."

Er spielte ein vortreffliches Solo von seiner eigenen Komposition, *con sordino.* Seine Hand, sagte er, wäre nicht mehr stark genug, ohne Sordin zu spielen. Er hat lange schon die Gicht in den Fingern; indessen zeigt er noch vortreffliche Überbleibsel von einer mächtigen Hand, ob ich gleich geneigt bin zu glauben, daß er allemal mehr Empfindungen als Schwierigkeiten gespielt hat. Sein Stil ist wahrhaftig *cantabile*, daß man in seinen Kompositionen selten eine Passagie antrifft, die es nicht in dem Vermögen einer Menschenstimme stünde zu singen, und er ist ein so gefühlvoller Spieler, so mächtig rührend in einem Adagio, daß mich verschiedene große Musiker versichert haben, wie er ihnen durch sein Adagiospielen sehr oft Tränen entlockt habe.

Es mag für angehende Musikstudierende nicht ohne Nutzen sein, dem Wege nachzuspüren, wie er zu seinem Stile im Spielen und Schreiben gelangt ist. Beides ist bei diesem Meister so original und schön, daß ich hoffe, allen Musikliebhabern unter meinen Lesern werde ich einen Gefallen erzeigen, wenn ich einen kurzen Entwurf seiner Lebensgeschichte hier einschalte. Die vornehmsten Umstände derselben erhielt ich bei meinem Besuche aus seinem eignen Munde, das übrige habe ich aus Herrn Hillers *Anmerkungen und Nachrichten die Musik betreffend* genommen.

Franz Benda ist 1709 zu Alt-Benátky in Böhmen geboren. Seine Eltern taten ihn als Singeknaben in das Schülerchor zu Neu-Benátky. Als er neun Jahr alt war, nahm ihn ein Anverwandter mit nach Prag und brachte ihn als Sopranist bei der Kirche der Benediktiner an. Bald darauf ward seine Stimme so vortrefflich, daß jemand ihn beredete, ohne Wissen und Willen der Benediktiner mit ihm nach Dresden zu gehen, um in der Kurfürstlichen Kapelle zu singen. Als er anderthalb Jahr in diesem Dienst gewesen, ging er ohne Urlaub mit einem Elbschiffer davon, in der Absicht, wieder zu seinen Anverwandten zurückzukehren; allein, so wie er die Elbe hinauf wollte, ward er zu Pirna angehalten und wieder nach Dresden gebracht. Bei dieser Gelegenheit aber verlor er seine hohe Stimme, weil er des Wassers nicht gewohnt und die Nacht sehr kalt gewesen war.

Dieses Unglück hob auf einmal alle Schwierigkeiten, seinen Abschied zu erlangen; er befand sich auf einmal in völliger Freiheit, zu gehen, wohin er wollte; und als er nach Hause kam, waren seine Eltern sehr verlegen, was sie mit ihm beginnen sollten; unterdessen ward er überredet, daß er einen Versuch machen sollte, bei der Ostermusik, welche eben aufgeführt ward, den Kontralt zu singen. Anfangs war seine Stimme rauh, sie ward aber so schnell besser, daß Benda an ebendemselben Nachmittags imstande war, den Kontralt ebensogut zu singen als vorher den Diskant.

Als er seiner neuen Stimme gewiß war, ging er nach Prag, woselbst er im Jesuitenseminario aufgenommen wurde, ob solches damals schon sechs andre für diese Stimme hatte, denn seine Art zu singen und der Umstand, daß er in der Kurfürstlichen Kapelle zu Dresden gesungen hatte, dienten ihm zu sehr nachdrücklichen Empfehlungen.

Im Jahr 1723 war Benda einer von den Chorsängern in der Musik, die bei der Gelegenheit aufgeführt ward, da der Kaiser Karl VI. als König von Böhmen gekrönt wurde. Ein Umstand, der einen wichtigen Zeitpunkt in dem Leben dieses großen Tonkünstlers ausmacht, der damals sein funfzehntes Jahr erreicht hatte. Er gestund mir, daß das vortreffliche Singen, das er damals hörte, ihm in der Folge von unendlichem Nutzen gewesen sei; besonders ward er außerordentlich gerührt von Gaetano Orsini, der einen Kontralt sang. Bald hernach, da diese Feierlichkeiten zu Ende gebracht, ward im Jesuitencollegio ein Drama von jungen Böhmischen von Adel aufgeführt, in welchem auch Musik vorkam, welche der polnische Kapellmeister Zelenka dazu komponiert hatte.

Die Sänger in demselben waren Benda, ein andrer Diskantist vom Chore der Kreuzherrn und ein Italiener, der den Baß sang. Ein jeder von ihnen hatte drei Arien zu singen; Benda aber ragte so weit über die andern hervor, daß ihm sein Singen nicht allein großes Lob, sondern auch eine neue Stelle mit einem beträchtlichen Gehalte im Konvente der Kreuzherrn erwarb. Dieses Konvent ist sehr reich und für diejenigen vom Adel bestimmt, welche sich der Verteidigung der christlichen Religion gegen die Türken widmen, und wird also von den Musikern in Prag als ein Ehrenposten angesehen.

Hier legte er sich zuerst auf die Komposition und setzte das *Salve regina* zweimal in Musik, einmal mit der bloßen Begleitung der Orgel und einmal mit zwo Violinen. „Der Himmel weiß", sagte Benda, „wie manche Regeln des Kontrapunkts ich in diesen Versuchen übertreten haben mag." Nicht lange hierauf verlor er seine Kontraltstimme und sah sich von neuem genötigt, nach seinen Verwandten nach Benátky zurückzukehren.

Itzt, da er alle Hoffnung verloren hatte, durch Singen sein Auskommen zu gewinnen, und dabei den Gedanken nicht ausstehen konnte, daß er seinen Eltern zur Last fallen sollte, legte er sich mit allem Ernst auf die Violine, worauf er schon einen kleinen Anfang gemacht hatte, er weiß aber nicht wann noch bei was für einem Meister. Es muß indessen schon früh in seiner Jugend geschehen sein, weil er sich so viel erinnert, daß er in den Konzerten, die die Singknaben in Dresden unter sich hielten, die Bratsche spielte und sich's bei Vivaldis Konzerten sehr sauer werden ließ.

Nachdem er seine Stimme verloren hatte, blieb ihm kein ander Mittel übrig, von seinen musikalischen Gaben Nutzen zu schöpfen, als daß er mit einer herumstreifenden Bande Juden auf dem Lande herum zum Tanzen spielte; unter dieser war indessen ein blinder Hebräer namens Löbel, der in seiner Art ein außerordentlicher Spieler war. Er zog einen guten Ton aus seinem Instrumente und setzte sich seine Stücke selbst, welche zwar sehr wild, aber doch sehr artig waren; einige seiner Tanzmelodien gingen bis ins hohe a hinauf, und dennoch brachte er sie äußerst nett und rein heraus.

Das Spielen dieses Mannes erweckte in Benda eine solche Nacheiferung, daß er seinen Fleiß verdoppelte, um ihm gleichzukommen; und um ihm in keinem Punkte seines Gewerbes etwas nachzugeben, komponierte er sich Tänze für seine eigne Hand, die nichts weniger als leicht waren. Er spricht sehr oft von dem Danke, den er diesem Juden schuldig ist, daß er ihn angereizt hat, auf der Violine etwas Außerordentliches zu leisten.

Nachdem er einige Zeit auf diese Weise herumgestreift war, schloß er sich zu Prag auf eine Dachkammer ein, woselbst er sich auf zweierlei zugleich übte, auf Musik und Mäßigkeit. Hier erhielt er's, daß ihm Konyczek, ein Violinist des Fürsten Lobkowitz, einigen Unterricht gab, wodurch er sich geschickt machte, in des Fürsten Dienst zu treten, mit dem er hernach nach Wien reisete. Hier bekam er einen andern Herrn an dem Grafen von Uhlefeld, bei dem er oft den Vorteil hatte, den berühmten Franciscello zu hören, der den Grafen informierte, und mit beiden öfters Trio zu spielen.[21]

Als er diesen Dienst verließ, reisete er mit drei andern Musikern, die hernach sehr berühmte Männer geworden sind, zu Fuß nach Breslau. Dieses waren die Herrn Hoeckh, gegenwärtiger zerbstischer Kapellmeister, der verstorbne Herr Weidner und Herr Czarth, ehemals in der Preußischen, itzt in der Mannheimer Kapelle.

Nachdem sich diese vier Reisende eine kurze Zeit in Breslau aufgehalten hatten, verdingten sie sich auf einen ordentlichen Frachtwagen nach Warschau. Als sie dieser

21 Franciscello war der größeste Violoncellist seiner Zeit. Geminiani erzählt von ihm, daß, als er einst zu Rom dem Nicolini eine Kantate auf seinem Instrumente akkompagnierte, die Alessandro Scarlatti für eine Singstimme und ein obligates Violoncell gesetzt hatte, der Komponist, welcher am Flügel saß, nicht glauben wollte, daß ein Sterblicher so himmlisch schön spielen könnte, sondern sagte, es müßte ein Engel sein, der Franciscellos Gestalt angenommen hätte. Um so vieles spielte er schöner, als Scarlatti beim Komponieren der Kantate gedacht oder für möglich gehalten hatte, daß es ein Mensch ausdrücken könnte.

polnischen Hauptstadt bis auf einige Meilen nahe gekommen waren, fanden sie in einem Walde einen vollgepackten Mantelsack, welchen, nachdem sie viel vergebne Mühe angewendet, den Eigner ausfindig zu machen, sie unter sich teilten. Bei dieser Teilung fiel dem Herrn Benda ein Kleid zu, dessen er sehr benötigt war und welches ihm so gut paßte, als ob's ein Pariser Schneider für ihn gemacht hätte.

Als sie zu Warschau angelangt waren, nahmen sie ein Zimmer in dem alten Kasimirschen Palaste in Besitz, welcher seit funfzig Jahren keine andere Bewohner gehabt hatte als Eulen und Fledermäuse. Keiner der ersten Heiligen hat die Tugend der Enthaltsamkeit strenger geübt als diese jungen Sünder von Musikern, ob sie gleich ihre Wohnung in einem königlichen Palaste genommen hatten. Sie waren ohne Geld, ohne Plan für ihr künftiges Leben und ohne Freunde; ihre Köpfe hatten noch für kein Geschäft ihrer Hände gesorgt, sie dachten auf nichts, als sich in ihrer Einöde die Zeit auf ihren verschiedenen Instrumenten zu vertreiben, und taten den ganzen Tag nichts, als sich üben. Während dieser Zeit ging das Gerede, daß es in dem Palaste spukte, von was für Art aber die Gespenster wären, das hatte keiner von den Nachbarn das Herz zu untersuchen; bis man endlich dem Starosten in Sochaczew, Szaniawski, sagte, die Gespenster wären musikalisch, und er Mut genug hatte, ihnen einmal zuzuhören, da sie ihm dann gefielen und er solche in seine Dienste nahm.

Es ist in Polen eine Regel, wenn ein vornehmer Herr mehr als vier Musici in seinem Dienst hat, daß er dann einen Kapellmeister über sie setzt; und da nun die Kapelle des Starosten in Sochaczew aus neun Personen bestund, ward dem Herrn Benda dieses Ehrenamt von seinem neuen Herrn aufgedrungen.

Unser Held blieb zwei bis drei Jahre in Warschau, worauf er wieder nach Deutschland ging und auf eine kurze Zeit in der Dresdner Kapelle Dienste tat; hier bekam er einen Brief vom Herrn Quantz, darin er ihm eine Stelle in des

damaligen Prinzen von Preußen Diensten anbot; Se. itzt regierende Majestät hielten sich damals bis zu Ihrer Gelangung zum Throne gewöhnlich zu Ruppin auf.
Der verstorbne König hatte dem Kronprinzen, seinem Sohne, sehr ernsthaft verboten, so wenig Musik zu hören, als selbst welche zu lernen, und daher konnte dieser Prinz seine Neigung zu diesem Vergnügen nur ganz geheimerweise befriedigen. Herr Quantz hat mir nachher erzählt, daß es die Königliche Frau Mutter gewesen, die dem Kronprinzen zu diesem Zeitvertreibe behülflich gewesen und die Musici für ihn angenommen habe. Aber so sehr war bei dieser Sache das Geheimnis nötig, daß die Söhne des Apolls in großer Gefahr geschwebt hätten, wofern es dem Könige bekannt geworden wäre, daß man seine Befehle überschritten. Der Prinz wendete oft die Jagd vor, wenn er Musik haben wollte, und hielt seine Konzerte in einem Walde oder in einem unterirdischen Gewölbe.
Es war im Jahre 1732, als Benda in Preußische Dienste trat, und fand er bei Se. Königlichen Hoheit bereits die beiden Grauns, mit welchen er fleißig studierte und von denen sowohl als von Quantz er viele Freundschaftsdienste genossen zu haben bekennt.
Er führt noch das Orchester der großen Oper an, worin ihm sein Bruder Joseph beistehet; und er kann sich der Ehre rühmen, daß er in den vierzig Jahren, die er im Dienste des Königs gewesen, Se. Majestät in beinahe 50 000 verschiedenen Konzerten akkompagniert hat.
Herrn Bendas Vater war ein Leinweber und nichts weniger musikalisch als die meisten Böhmen, seine Landsleute, denn er spielte ein wenig auf der Oboe, der Sackpfeife und dem Hackebrette. Im zweiten Jahr der Regierung Sr. itztlebenden Majestät des Königs, 1742, hatte Herr Benda das Vergnügen, seine Eltern nach Berlin kommen zu lassen und solche zu sich ins Haus zu nehmen, und 1756 hatte dieses Paar die Freude, seine funfzigjährige Jubelhochzeit zu feiern.
Herr Benda hat zwei Söhne, beide sehr geschickt in der Musik. Seine drei Brüder sind alle drei seinem Beispiele

gefolgt und haben die Musik zu ihrer Beschäftigung gewählt. Johann, der älteste, dessen Instrument die Violine war, ist in Sr. Preußischen Majestät Diensten verstorben; Georg, der zweite Bruder, ist der geschickte Kapellmeister im Dienste des Herzogs von Sachsen-Gotha; und Joseph, der dritte, ist in der Kapelle des Königs von Preußen.

Noch ein Wort von den musikalischen Verdiensten des würdigen Konzertmeisters Franz Benda, womit ich diesen langen Artikel schließen will. Sein Stil ist weder der Stil des Tartini, Somis, Veracini noch irgendeines Hauptes einer musikalischen Schule oder Sekte, davon ich die geringste Kenntnis hätte, sondern es ist sein eigner und nach dem Muster gebildet, welches alle Instrumentalisten studieren sollten, gutes Singen nämlich.

Als ich Herrn Benda verließ, machte ich dem Herrn Obersten Quintus Icilius meine Aufwartung, an den ich mit einem Briefe beehrt war. Er ist ein Mitglied der Königlichen Akademie der Wissenschaften und Verfasser einer berühmten französischen Schrift über die Kriegskunst der Alten und ein großer Sammler von Seltenheiten. Er ist ein Kenner aller Künste, die Musik ausgenommen, und hat eine wohlausgesuchte Bibliothek, in der ich verschiedene rare und seltne Bücher fand.

Hierauf hatte ich die Ehre, dem Herrn Obersten Forcade meinen Besuch abzustatten, an den ich gleichfalls Briefe hatte. Ich war an diesen Herrn, welcher Hofmarschall ist, in der Absicht empfohlen, daß er mir die Ehre erweisen und mich Sr. Königlichen Hoheit, dem Prinzen von Preußen, vorstellen würde, für den man mir ein Päckchen Bücher aus England mitgegeben hatte.

Nunmehr war es zwölf Uhr, um welche Zeit man in Potsdam überall zum Mittagessen geht. Bei Mylord Marschall war ich so glücklich, die griechische Dame zu sehen und zu sprechen, die bei ihrer ersten Ankunft in Europa so mißvergnügt über die französische und so vergnügt über die italienische Musik gewesen war. Die Mahlzeit war ganz auf engländische Weise eingerichtet, und das Ge-

spräch seiner Lordschaft war ganz ausnehmend unterhaltend.
Nach Tische fuhr ich hinaus, den neuen Palast zu besehen, den der König nach dem letzten Kriege erbauet hat. Der Boden, worauf solcher stehet, war vor acht Jahren noch ein Morast oder Moorgrund, wie die ganze Gegend umher, welche tief liegt und noch sehr öde und nackt ist. Indessen gab die Schnelligkeit, womit dieser Palast errichtet und die Gestalt des Bodens verändert wurde, einem deutschen witzigen Kopfe Veranlassung zu sagen: „Man muß gestehen, daß Se. Majestät Wunder tun, ob Sie gleich keine glauben."

. . .

Das Konzertzimmer des Königs hat Spiegel von ganz ausnehmender Größe, die Bildhauerarbeit darin ist teils vergoldet, teils mit dem schönsten grünen Firnis *à la Martin* überzogen. Alles Geräte und alle Zieraten in diesem Zimmer sind nach dem allerfeinsten Geschmacke. Es steht ein Pianoforte von dem Neuburgischen Silbermann darin, das sehr schön gearbeitet und mit Firnis überzogen ist; für Se. Majestät stehet ein Pult von Schildpatte, das sehr reich und künstlich mit Silber ausgelegt ist; auf dem Tische liegt ein Verzeichnis der Konzerte, welche sich im neuen Palaste befinden, und ein Notenbuch, worin, wie Se. Majestät es nennen, *Solfeggi* geschrieben stehen, nämlich Präludia von schweren und geschwinden Sätzen zur Übung der Finger und Zunge, wie die eigentlichen *Solfeggi* zur Übung für die Kehle der Sänger sind. Se. Majestät haben von dieser Art Bücher für die Flöte eins in jedem Musikzimmer aller Paläste.
In einem andern Gemach steht ein sehr prächtiger Flügel von Shudi aus England. Die Hespen, der Fußtritt und das Gestell sind von Silber, der Kasten ausgelegt, und die Fronte ist von Schildpatt. Dieses Instrument, welches zweihundert Guineen kostet, ward zur See auf Hamburg und von hier auf der Elbe und Havel nach Potsdam gebracht, und auf dieser Reise, sagt man, ist es dergestalt beschädigt worden, daß es noch nicht hat wieder in-

stand gebracht werden können; indessen sollte man fast eher auf die Gedanken kommen, daß es einigen Neid erregt hätte und daß diejenigen, denen es zum Reparieren anvertraut ist, nicht gar zu aufrichtig damit zu Werke gegangen wären; denn ich habe noch nicht gehört, daß von den vielen Flügeln, welche jährlich über See nach Ost- und Westindien verwendet werden, ein einziges so sehr beschädigt worden wäre, als mit diesem auf einer weit kürzern Reise geschehen sein soll. Und itzt, da ich doch einmal von musikalischen Instrumenten rede, muß ich anmerken, daß die Deutschen solche außer ihrem Lande viel besser machen als in ihrer Heimat, zu urteilen nach den Flügeln von Kirchmann und Shudi, den Pianofortes von Becker und den Orgeln von Snetzler, welche an Güte alle Klavierinstrumente übertreffen, die ich auf meiner Reise durch Deutschland angetroffen habe.

...

Ich ward nach einem innern Zimmer des Palastes geführt, worin die Herrn von des Königs Kapelle auf seinen Befehl warteten. Dieses Zimmer war dicht an dem Konzertgemache, in welchem ich Se. Majestät ganz deutlich *Solfeggi* spielen und sich so lange mit schweren Passagien üben hören konnte, bis Sie die Musik hineinzutreten befohlen. Hier traf ich Herrn Benda an, der so gut war, mich mit Herrn Quantz bekannt zu machen.

Der Wuchs dieses bejahrten Tonkünstlers ist von ungewöhnlicher Größe:

The son of Hercules he justly seems,
By his broad shoulders, and gigantic limbs[22],

und er scheint für eine Person im 76sten Jahre eine ungewöhnlich gute Gesundheit und Stärke zu besitzen. Wir gerieten bald in ein musikalisches Gespräch; er sagte mir, sein Königlicher Herr und Scholar spielte keine andre Konzerte, als die er ausdrücklich für ihn gesetzt hätte, deren Anzahl sich auf dreihundert erstreckte, und diese

22 Er scheint bei seinen breiten Schultern und gigantischen Gliedmaßen ein wahrer Sohn des Herkules zu sein.

spielte er nach der Reihe. Diese ausschließende Neigung für die Werke seines alten Meisters möchte manchem etwas eingeschränkt vorkommen; indessen zeigt solche eine Beständigkeit des Gemüts an, welche man nicht oft bei Prinzen antrifft. Die Komposition der beiden Grauns und Quantzens sind schon über vierzig Jahr bei Se. Majestät in Gnaden gewesen; und wenn es wahr ist, was viele sagen wollen, daß die Musik seit der Zeit, in welcher die Scarlattis, Vincis, Leos, Pergolesis und Porporas sowohl als die größesten Sänger der neuern Zeit erblüheten, wieder zurückgesunken und ausgeartet ist, so zeigt es bei Se. Majestät von einem sehr richtigen und weisen Urteile, solchergestalt unverrückt bei den Produkten einer Periode zu beharren, welche man die Zeit des Augustus in der Musik nennen kann; mit einer solchen unwandelbaren Beständigkeit den Strom der Mode und des Leichtsinns aufzuhalten, heißt eine Art von *Stet sol* besitzen, wodurch Apoll und seine Söhne verhindert werden, ins Wilde zu gehen oder Veränderungen vom Guten zum Schlechten und vom Schlechten zum Schlimmern einzuführen.

Diese Anmerkungen, die mir während meiner Unterredung mit Herrn Quantz einfielen, wurden durch einen Laufer vom Könige unterbrochen, welcher die Herrn Kapellisten ins nächste Zimmer rufte.

Die Musik begann mit einem Flötenkonzerte, in welchem der König die Solosätze mit großer Präzision vortrug. Seine *embouchure* war klar und eben, seine Finger brillant und sein Geschmack rein und ungekünstelt; ich war sehr erfreut und sogar erstaunt über die Nettigkeit seines Vortrags in den Allegros sowohl als über seinen empfindungsreichen Ausdruck in den Adagios. Kurz, sein Spielen übertraf in manchen Punkten alles, was ich bisher unter Liebhabern oder selbst von Flötenisten von Profession gehört hatte. Se. Majestät spielten drei lange und schwere Konzerte gleich hintereinander und alle mit gleicher Vollkommenheit.

Man kann nicht leugnen, daß verschiedene Passagien in Herrn Quantzens Konzerten nachgerade alt und gemein werden; allein das beweist nicht, daß solche nicht neu gewesen wären, als diese Konzerte komponiert wurden, denn einige davon sind schon vor vierzig Jahren gemacht. Es ist freilich wahr, daß sie bloß für den König gemacht sind und daß Herr Quantz sie nicht hat dürfen bekanntmachen; allein in der Reihe von Jahren sind andre Komponisten auf ebendieselben Gedanken gekommen. Mit der Musik ist es wie mit feinen Weinen, welche nicht nur schal und flach werden, wenn sie an der Luft stehen, sondern auch von der Zeit leiden, man mag sie so gut verwahren, wie man will.

Herr Quantz hatte bei dem Konzert heute abend nichts zu tun, als bei dem Anfange eines jeden Satzes mit einer kleinen Bewegung der Hand den Takt anzugeben, außer daß er zuweilen am Ende der Solosätze und Kadenzen „Bravo!" rief, welches ein Privilegium zu sein scheint, dessen sich die übrigen Herrn Virtuosen von der Kapelle nicht zu erfreuen haben. Die Kadenzen, welche Se. Majestät machten, waren gut, aber lang und studiert. Man kann leicht entdecken, daß diese Konzerte zu einer Zeit gemacht sind, da der König noch nicht so öftre Gelegenheit brauchte, Atem zu nehmen, als itzt; denn in einigen von den sehr schweren und langen Solosätzen sowohl als in den Kadenzen war das Atemnehmen nötig, ehe die Passagien zu Ende gebracht worden.

Außer diesen drei Konzerten ward heute abend nichts weiter gemacht, und ich kehrte nach Potsdam zurück, aber nicht, ohne eben die Fragen einer jeden Schildwache zu beantworten, wie ich auf meinem Hinwege tun müssen.

Ich habe bereits eine Nachricht von der Regelmäßigkeit gegeben, mit welcher die Lustbarkeit des Hofes aufeinanderfolgen, wenn der König in Berlin residiert; und einige meiner Leser möchten vielleicht neugierig sein zu wissen, auf was Art der Preußische Monarch an jedem Tage seine Zeit zu Sanssouci hinbringt. Ich will also hier die Ordnung hersetzen, an welche der König sich zu Friedenszeiten seit seiner ganzen Regierung gebunden hat. Das Exerzitium seiner Truppen auf der Parade kann nicht pünktlicher sein.

Um vier Uhr des Morgens im Sommer und um fünf Uhr im Winter läßt sich der König wecken, und von da an bis neune, um welche Stunde die Minister der verschiedenen Departementer vorgelassen werden, beschäftigt er sich, Briefe zu lesen und auf dem Rande die Antwort zu schreiben. Alsdann trinkt er eine Tasse *Coffee* und begibt sich mit den Ministern zur Arbeit, welche ihre Portefeuilles voller Zweifel, Anfragen, Dokumente, Bittschrifter und andrer Papiere haben. Auf diese Arbeit verwendet Se. Majestät zwo Stunden und geht alsdann auf die Parade, woselbst er sein Leibregiment ebensogut exerzieren läßt, als ob er der jüngste Oberst in seinem Dienste wäre.
Um zwölfe zu Mittage geht der König an Tafel; es befinden sich an derselben gemeiniglich zwölf oder vierzehn Personen; nachdem abgespeiset worden, gibt er Künstlern und Fabrikanten eine Stunde Gehör, darauf lieset und unterzeichnet er die Briefe, welche sein Sekretär nach den Noten gemacht hat, die der König selbst des Morgens auf dem Rande vorgeschrieben. Wenn dieses geschehen, hält der König die Geschäfte des Tages für geendigt, und das übrige desselben wird dem Vergnügen gewidmet. Nach dem Abendkonzert bestimmt er einige Zeit der Konversation, wenn er dazu aufgelegt ist, und die Hofleute, welche die Aufwartung haben, sind dazu in beständiger Bereitschaft. Wenn aber auch dieses nicht geschehen sollte, so läßt er sich doch alle Abende von seinem Vorleser Titel und Auszüge aus neuen Büchern vorlesen, worunter er diejenigen anmerkt, die er in seine Bibliothek oder zur Lektüre ins Kabinett angeschafft haben will. Auf diese Art wendet der König seine Zeit an, wenn er nicht im Felde, auf Reisen oder auf Revuen ist; und um zehn Uhr des Abends retiriert er sich; selten aber geht er eher zu Bette, eh' er nicht noch etwas gelesen, geschrieben oder für die Flöte komponiert hat.

Freitag, den 2ten

Diesen Morgen besuchte ich Herrn Quantz; er war so gefällig, auf mein Ersuchen mir drei Solos von seiner eignen

Arbeit vorzuspielen, und ungeachtet seines nicht geringen Alters bringt er die geschwinden Sätze noch mit großer Richtigkeit heraus. Seine Musik ist simpel und natürlich. Sein Geschmack ist derselbe wie vor vierzig Jahren; und ob das gleich ein ausnehmend guter Zeitpunkt für die Komposition gewesen sein mag, so kann ich doch nicht ganz einstimmig mit der Meinung derjenigen sein, welche glauben, es sei nach der Zeit nichts mehr in der Musik erfunden, welches der Mühe wert sei anzunehmen. Ohne spitzfindig oder eigensinnig zu sein und selbst zugegeben, daß die Komposition vor vierzig Jahren bis zu ihrem Gipfel der Vollkommenheit gelangt gewesen, so kann doch gewiß eine simple Melodie durch die neuere Art, den Ton aufzunehmen, den Triller einzuleiten und zu ründen, eine Passagie sowohl als einzelne Noten unmerklicherweise wachsen und abnehmen zu lassen und ganz vorzüglich durch die Mannigfaltigkeit des Vortrags verschönert werden, welche aus der viel verbesserten Lehre vom Bogenstriche entspringt; denn die Spieler der Bogeninstrumente heutzutage wissen ihre Bögen viel besser zu gebrauchen als einer ihrer Vorgänger seit der Erfindung ihrer Instrumente.

Aber selbst in der besten Lebenszeit des Herrn Quantz schrien die ältern und bejahrten Musiker schon über die Neuerungen und den Leichtsinn der jüngern. Und seit Platos Zeiten, der damals schon klagte, daß die Musik aus der Art schlüge, kann man keine Periode anführen, in welcher nicht über die verderblichen Neuerungen der jüngern in der Musik geseufzet worden. Ich besorge, daß solche Dinge, die bloß ein Gegenstand des Geschmacks, der Empfindung und des Gefühls sind, niemals zu einem festen Standpunkte der Vollkommenheit gebracht werden können. In der Malerei haben wir die Natur, nach welcher wir kopieren und urteilen. In der Dichtkunst muß gesunde Vernunft und Grammatik beständig dieselbe bleiben, obgleich Moden in die Sprachen eingeführt werden und die neuesten und durch gemeinen Gebrauch am wenigsten verunedelten Worte die besten sind.

Was die Simplizität in der Musik betrifft, so gibt es darin Stufen, welche an Trockenheit, Plumpheit und Gemeinheit grenzen; und diese zu vermeiden, muß das Bestreben eines jeden Komponisten sein. Indessen möchten einige, welche von sich sagen, daß sie die Simplizität lieben, die Musik den eigentlichen metrischen Gesetzen der Dichtkunst unterwerfen und die Melodie nach den langen und kurzen Silben ausmessen, welche über jede Silbe nicht mehr als eine Note, noch dieser Note eine längre Dauer erlauben wollen, als der poetische Rhythmus erfodert. Allein was würde aus der Vokalmusik, wenn man ihnen folgen wollte, anders herauskommen als ein bloßes Rezitativ, das keinen Menschen rührte! Die Menschen sind immer die zuverlässigsten Richter ihres eignen Vergnügens; und es ist natürlich zu glauben, daß, wenn eine neue Gattung von Komposition oder von Sing- oder Spielart dem feinern Teile derselben durchgehends gefällt, solche mehr Reizendes und Anziehendes an sich haben muß als die andre, wogegen solche vertauscht worden. Indessen werden Eigensinn, Eitelkeit und die Liebe zum Besondern an der einen Seite und Steifköpfigkeit, Stolz und Vorurteile an der andern es beständig schwer machen, die verschiedenen Sekten zu vereinigen oder eine grade Linie zwischen dem Wahren und Falschen zu ziehen.
Herr Quantz erzählte mir, daß das erste Konzert, welches der König gestern abend gespielt, vor zwanzig Jahren gemacht worden und die andern beiden schon vor vierzig. Wenn man dieses und zugleich das große Verlangen eines jeden Komponisten in Erwägung zieht, sich vor seinen Vorgängern auszuzeichnen, so haben sich diese Konzerte sehr gut gehalten. Sie enthielten Züge sowohl von Melodie als Harmonik, welche unverwöhnten Ohren zu allen Zeiten und an allen Orten gefallen müssen.
Außer den dreihundert Konzerten, welche Se. Majestät nach der Reihe spielt, hat er beinahe ebenso viele Solos, welche eben auf die Art an die Reihe kommen. Einhundert ungefähr davon hat der König selbst gemacht, und die übrigen sind von Herrn Quantz.

Herr Quantz und sein königlicher Scholar haben an ihren Flöten zwei Dis-Klappen, und durch diese und vermittelst eines beweglichen Korks in dem Oberstücke können sie, wie Herr Quantz sagt, allen Unvollkommenheiten des Instruments in Ansehung der falschen Temperatur abhelfen.
Im Jahr 1754 setzte Herr Quantz seinen Lebenslauf in deutscher Sprache auf, welchen Herr Marpurg in das dritte Stück des ersten Bandes seiner *Historisch-kritischen Beiträge zur Aufnahme der Musik* eingerückt hat, und weil in demselben verschiedene Umstände vorkommen, welche sowohl die Musik überhaupt als ihn angehen, so will ich meinen Lesern keine Entschuldigung darüber sagen, daß ich einen Auszug daraus mache und mit solchen Nachrichten verbinde, die ich aus des Verfassers eignen Munde vernommen habe.
Johann Joachim Quantz ward 1697 in Oberscheden, einem hannövrischen, zwischen Göttingen und Minden gelegenen Dorfe, geboren. Sein Vater, ein Hufschmied, ließ ihm, ehe er noch neun Jahre alt war, mit dem Hammer zum Amboß treten; dies muß ihm sehr früh Gelegenheit gegeben haben, das berühmte pythagoreische Experiment zu machen, dessen Jamblicus, *De vit. Pythag.*, und alle musikalische Schriftsteller des Altertums erwähnen. In der Tat war das Gehör unsers Ardalus[23] schon durch die kleinen Landreisen gebildet, die er mit seinem Bruder auf die Dörfer zu tun pflegte, als er kaum acht Jahr alt war und denselben bei den Freudenfesten der Bauern als ein kleiner Dorfmusikant mit der deutschen Baßgeige begleiten mußte, ohne noch eine Note zu kennen. Allein, diese Musik, so schlecht sie war, gefiel ihm dermaßen, daß er nichts anders als ein Musikus werden wollte, ob ihm gleich sein Vater, der schon starb, als er erst zehn Jahr alt war, noch auf dem Totenbette empfahl, er solle bei dem ehrlichen Handwerke seiner Vorfahren bleiben.

23 Ardalus war ein Sohn des Vulkans und der Aglaia, einer der Grazien, und der Erfinder der Pfeife, Tibia genannt.

Quantz, als er seinen Vater verloren hatte, hatte keine andre Freunde, auf deren Schutz und Beistand er rechnen konnte, als zwei Brüder seines Vaters; einer war ein Schneider und der andre Hof- und Stadtmusikus in Merseburg; beide erboten sich, ihn zu sich zu nehmen und ihre Profession zu lehren.

Bei dieser Gelegenheit überwandt die Neigung des jungen Quantz zur Musik alle andre Betrachtungen. Er zog den Fiedelbogen der Schere und selbst dem Studieren vor, wozu ihm eine Tante, die an einen Prediger in Lautereck verheiratet war, behülflich sein wollte, und gab sich bei seinem Oheim, dem Stadtmusikanten, auf fünf Jahre in die Lehre. Als dieser aber drei Monate darauf starb, kam er zu dessen Nachfolger und nachmaligen Schwiegersohne mit Namen Fleischhack. Das erste Instrument, was er hier lernen mußte, war die Violine, zu welchem Instrumente er auch damals die meiste Lust hatte. Indessen lernte er bald darauf auf der Oboe und Trompete, denen er seine Lehrjahre über nächst der Violine die meiste Zeit widmete. Da aber ein wahrer kunstmäßiger Musikantengeselle in Deutschland auf allen Instrumenten muß mitmachen können, so wurde er auch mit den andern, als Posaune, Zinken, Waldhorn, Flöte à bec, deutscher Baßgeige, Violoncell, Viola da Gamba und wer weiß mit wie vielen mehr nicht verschont.[24] Zu seinem Vergnügen aber nahm er einigen Unterricht von einem seiner Anverwandten, Kiesewetter, der ein Organist war; bei diesem legte er den ersten Grund zu seiner Kenntnis der Harmonie und Lust zur Komposition.

24 Diese Mannigfaltigkeit der Instrumente, womit sich die Lehrlinge bei einem Kunstpfeifer plagen lassen müssen, hält ein manches sehr musikalisches Genie zurück, etwas Vortreffliches auf einem Instrumente zu leisten. Wenn man nun weiß, daß an vielen Orten Deutschlands die Stadtmusikanten zu allen öffentlichen Musiken ein ausschließendes Privilegium haben, so hat man eins von den Hindernissen gefunden, warum die Musik in Deutschland, bei aller Fähigkeit der Deutschen, nicht überall so gut ist, als sie es sein könnte. (Übers.)

Zum Glück für Quantz war sein Lehrer Fleischhack keiner von den gewöhnlichen Stadtmusikanten, die sich mit den geerbten, trocknen, steifen und geschmacklosen Musikalien behelfen, sondern wußte gute Stücke zu wählen und schaffte sich die besten und neuesten Sachen an, die damals von Telemann, M. Hofmann, Heinichen und andern herauskamen. Aus dem Spielen und Durchsehen dieser Kompositions zog unser junger Musikus vielen Nutzen.
Die herzogliche Kapelle in Merseburg war damals nicht sonderlich zahlreich, und also mußten die Kunstpfeifen oftmals die Musiken bei Hofe und in der Kirche verstärken. Hier hörte Quantz oft fremde Sänger und Instrumentisten, die ihm ganz anders deuchteten, als was er vorher gehört hatte, und bei ihm eine große Begierde zum Reisen erweckten. Dresden und Berlin waren damals in Deutschland am berühmtesten wegen der Musik. Er wünschte herzlich, eine von beiden Städten besuchen zu können, wußte aber nicht, wie er's angreifen sollte hinzukommen. Indessen fing er endlich an, seine Kräfte zu fühlen, und voller Vertrauen auf seine Füße und auf seine Geige machte er sich herzhaft auf den Weg nach Dresden.
Es war im Jahr 1714, als er in dieser Stadt ankam. Der erste Anfang hier versprach ihm nicht viel Glück, denn er konnte gar keine Kondition bekommen. Er machte sich also wieder auf den Weg nach Radeburg, woselbst dem Stadtmusikanten Knoll ein Geselle abging, dessen Platz er erhielt. Aber auch diese Stelle mußte er bald wieder aufgeben, weil das Städtchen vom Blitze gezündet wurde und gänzlich abbrannte. Auf Zureden seines armen, abgebrannten Prinzipals ging er nach Pirna zu dem Stadtmusikus Schalle, dem ein Geselle krank geworden war. Um diese Zeit bekam er zuerst die Vivaldischen Violinkonzerte zu sehen, welche so sehr seinen eignen Empfindungen und Begriffen von der Vollkommenheit entsprachen, daß er besonders ihre prächtigen Ritornellen in der Folge zu einem Muster nahm.
Da er immer Dresden für den vorteilhaftesten Ort für seine Neigung betrachtete, zog er die Kondition eines Ge-

sellen, die ihm der dasige Stadtmusikus Heyne anbot, verschiedenen vorteilhaften Anerbietungen vor. Er wollte lieber als Stadtmusikantengeselle in Dresden sein Brot kümmerlich verdienen und dabei die Gelegenheit wahrnehmen, gute Musik und Musiker zu hören, als in Bernburg in einer schlechten Hofmusik der beste zu sein, selbst bei einem angebotenen Gehalte, das seine Erwartung überstieg.

Seine zweite Ankunft in Dresden war im Jahr 1716; und hier entdeckte er bald, daß zu einem guten Musiker mehr erfodert werde, als bloß die Noten so wegzuspielen, wie sie der Komponist hingeschrieben hat; und hier lernte er zum ersten Male fühlen, was Geschmack und Vortrag heiße.

August der Zweite war damals König in Polen und Kurfürst zu Sachsen, und das Orchester dieses Herrn war damals zu Dresden in großem Flor. Indessen war der Stil, den derzeitige Konzertmeister Volumier eingeführt hatte, französisch. Pisendel, der ihm in seiner Stelle folgte, führte einen andern ein, der aus dem französischen und italienischen vermischt war, welchen er mit der Zeit zu einer solchen Vollkommenheit brachte, daß Quantz bezeuget, er habe auf allen seinen Reisen kein besser Orchester angetroffen.

Keine Kapelle in Europa konnte so viele große Virtuosen aufweisen als damals die Kurfürstlich Sächsische. Es befanden sich darunter Pisendel und Veracini auf der Violine, Pantaleon Hebenstreit auf dem Pantalon, Weiß auf der Laute, Richter auf der Oboe und Buffardin auf der Flöte, nicht zu gedenken mancher andern vortrefflichen Violoncellisten, Bassonisten, Waldhornisten und Kontraviolinisten.

Als Quantz diese großen Leute hörte, kam er dergestalt außer sich vor Bewunderung und fühlte einen so heftigen Trieb, auch was Rechtes zu lernen, daß er ohn Unterlaß arbeitete, um sich einer Stelle unter so berühmten Personen würdig zu machen.

Denn ein so günstiges Vorurteil er auch für die zunft-

mäßige Kunstpfeiferprofession bis dahin gehabt haben mochte, so fing er doch nunmehro an, es für möglich zu halten, daß man ihn bereden könnte, wenigstens das Tanzspielen an den Nagel zu hängen, so lustig es auch auf Hochzeiten dabei hergehen möchte.
Nichts destoweniger versah er hier seine Gesellendienste noch immerfort, bis im folgenden Jahr die Mutter des Königs starb und er wegen der Landtrauer abermal den Wanderstab ergreifen mußte und durch Schlesien, Mähren und Österreich von einem Orte zum andern auf die Kunst bis nach Wien reisete. Im Oktober eben dieses Jahres 1717 kam er über Prag wieder nach Dresden, und er meinte, wenn er ja auf dieser Reise etwas gelernt habe, so sei es bloß in der praktischen Geographie gewesen.
Kurz nach seiner Zurückkunft fiel das Jubelfest der Reformation durch Dr. Luther ein, und Quantz bekam in der Kirche etwas Konzertierendes auf der Flöte zu blasen, welches der Kapellmeister Schmidt anhörte und dadurch bewogen ward, ihm das Anerbieten zu tun, er wolle es bei dem Könige dahin bringen, daß er ihn nach Trompetergebrauche ordentlich lehren ließe, damit er hernach im königlichen Dienste als Hoftrompeter aufgenommen werden könnte. Quantz aber, so herzlich gerne er auch eine Stelle am Hofe gehabt hätte, lehnte doch dieses Anerbieten von sich ab, weil er wohl wußte, daß der gute Geschmack, nach dem er strebte, auf diesem Instrumente nicht zu erwerben wäre, wenigstens wie es damals in Dresden traktiert ward.
Im Jahr 1718 ward die königliche, sogenannte Polnische Kapelle errichtet. Sie sollte aus zwölf Personen bestehen, eilf waren schon angenommen, und es fehlte nur noch ein Oboist. Nachdem er seine Probe geblasen, war er so glücklich, von dem Direktor derselben, Baron von Seyferitz, angenommen zu werden. Sein jährliches Gehalt war 150 Reichstaler und frei Quartier in Polen.
Dieses war ein wichtiger Zeitpunkt in seinem Leben und in seiner Kunstübung. Die Violine, die bisher sein Hauptinstrument gewesen, ward nun beiseite gelegt und dafür

die Oboe zur Hand genommen, worauf er gleichwohl verhindert ward, sich hervorzutun, weil er Kameraden hatte, die älter im Dienste waren als er. Mißvergnügt über diesen Umstand, fing er mit allen Ernste an, die Flöte zu üben, auf welcher er schon für sich selbst einen Anfang gemacht hatte. Seine Hauptursache aber, warum er solche itzt wieder vornahm, war die Gewißheit, daß er keinen starken Mitwerber in des Königs Kapelle hatte, weil der erste Flötenist, Friese, sich eben nicht viel aus seiner Kunst machte und ihm gerne seinen Platz überließ.

Um auf einem sichern Grund zu bauen, nahm Quantz um diese Zeit Unterricht bei dem berühmten Buffardin, von dem er aber eigentlich nur Allegros spielen lernte, worin die vorzügliche Stärke seines Meisters bestund, und hiermit war er in vier Monaten fertig. Damals waren solche Stücke, die ausdrücklich für die Flöte gesetzt waren, noch sehr rar; die Flötenspieler mußten sich also so gut helfen, als sie konnten, und Oboen- und Violinsachen für ihr Instrument einzurichten suchen.

Dies bewog Quantz, für sich selbst Flötenstücke zu setzen. Bis dahin hatte er noch keinen ordentlichen Unterricht im Kontrapunkte gehabt; er sahe sich also genötigt, das, was er zu Papiere gebracht hatte, von andern durchsehen zu lassen. Der Kapellmeister Schmidt hatte ihm versprochen, ihn die Komposition zu lehren, schob aber von einer Zeit zur andern auf, sein Wort zu halten, und Quantz wollte sich nicht gerne an Heinichen, dessen Kollegen, wenden aus Besorgnis, Schmidt möchte es ihm übelnehmen, weil diese beiden Meister über den Fuß gespannt waren. Unterdessen also, aus Mangel einer andern Hülfe, studierte er fleißig in den Partituren großer Meister, und ohne sie zu bestehlen, bemühte er sich, ihre Art in Zusammensetzung der Stimmen bei Trios und Konzerten nachzuahmen.

Um diese Zeit hatte er das Glück, mit Pisendel, der an Volumiers Stelle Konzertmeister geworden war, in Bekanntschaft zu kommen. Quantz ist sehr warm im Lobe dieses Mannes, den er einen gründlichen Theoretiker, einen großen Spieler und einen wahrhaftig rechtschaffnen Mann nennt. Von diesem Konzertmeister lernte er Adagios vortragen und vielstimmig komponieren. Pisendel hatte in seiner Jugend von dem berühmten Pistocchi singen gelernt und hernach für die Violine Unterricht von Torelli gehabt. Er hatte Frankreich und Italien durchgereiset, hatte das, was eine jede von diesen Nationen vorzüglich Gutes im Geschmack hatte, gemerkt und dergestalt miteinander verbunden, daß er eine dritte Gattung oder vermischten Stil im Spielen und Schreiben darauf bildete. Diesem Beispiele ist Quantz gefolget und sagt, daß er diesen zusammengesetzten Stil allemal dem Nationalstile seiner Landsleute vorgezogen hat.

...

Von diesem Jahr bis 1723 kommt in seinem Leben eben nichts Merkwürdiges vor. In diesem Jahre aber tat er mit Weiß, dem Lautenisten, und dem nachherigen Kapellmeister Graun eine Reise nach Prag. Um diese Zeit hatte der Kaiser Karl VI. zu seiner Krönung als König von Böhmen die meisten berühmten Virtuosen aus Europa nach Prag verschreiben lassen. Die Geschichte hat keine glänzendere Begebenheit für die Musik aufzuweisen als diese Feierlichkeit, noch ein ähnliches Beispiel, da so viele große Meister irgendeiner Kunst auf einmal an einem Orte versammlet gewesen.

...

Herr Quantz ging kurz darauf, als er in Prag bei dieser Feierlichkeit gewesen war, im Gefolge des Grafen von Lagnasco mit königlicher Einwilligung nach Italien. Er verließ Dresden im Mai 1724, und als er in Rom angelangt war, fand er, daß eben Vivaldi den lombardischen Geschmack durch eine seiner Opern in Rom eingeführt hatte und daß die Einwohner dergestalt dafür eingenommen waren, daß sie fast nichts hören mochten, was diesem Geschmacke nicht ähnlich war.

Während seines Aufenthalts in Rom nahm er von dem berühmten Gasparini Unterricht im Kontrapunkte. Dieser Meister war damals 72 Jahr alt, und seine Rechtschaffen-

heit und sein gutes Herz scheinen einen ebenso tiefen Eindruck auf Herrn Quantz gemacht zu haben als seine Wissenschaft in der Musik.
Seine Kantaten und Opern, deren kein Komponist seiner Zeit, Alessandro Scarlatti ausgenommen, mehr geschrieben hatte als er, wurden im Anfange dieses Jahrhunderts ungemein hochgeschätzet. Herr Quantz schreibt ihm die Erfindung des mit Instrumenten begleiteten Rezitativs zu. Er hat fünfundzwanzig Opern für das Theater zu Venedig gesetzt, und unter seinen gelehrten Kompositionen befindet sich eine vierstimmige Messe, die aus lauter Kanons besteht und sehr hochgeschätzt wird.
Nachdem Herr Quantz sechs Monate den Kontrapunkt studiert hatte, den er Augenmusik nennt, fing er an, fürs Ohr zu arbeiten, und komponierte Solos, Duette, Trios und Konzerte. Ungeachtet, bekennt Herr Quantz, daß der Kontrapunkt beim Setzen vielstimmiger Sachen seine guten Dienste tut, mußte er doch in der Praxis vieles von dem wieder ablegen, was er in der Theorie gelernt hatte, um nicht in das Steife und Trockne zu verfallen, welches gemeiniglich mit den künstlichsten Kontrapunkten verbunden ist. Bei dieser Gelegenheit macht er die sehr gründliche Anmerkung, daß Erfindung das Hauptsächlichste ist, worauf ein Komponist zu sehen hat, und daß er dabei immer sein Augenmerk auf das Gleichgewicht zwischen Harmonie und Melodie richten müsse.
Im Jahr 1725 ging er nach Neapolis, woselbst er seinen Landsmann Hasse antraf, der damals unter Alessandro Scarlatti studierte. Bis dahin hatte sich Hasse noch durch keine Komposition fürs Theater hervorgetan. Es war aber um diese Zeit, daß ein angesehener neapolitanischer Bankier eine zweistimmige Serenade bei ihm komponieren ließ, bei deren Aufführung Quantz zugegen war. Sie ward von Farinelli und der Tesi gesungen. Hasse gewann durch diese Serenade so viel Beifall, daß sie ihm den Weg zu seinem nachherigen Ruhme bahnte, denn ihm ward kurz darnach die Verfertigung der Oper für das Königliche Theater aufgetragen.

Quantz ersuchte Herrn Hasse, ihn mit seinem Meister, dem alten Scarlatti, bekannt zu machen, wozu er auch gleich bereit war; allein er, Hasse, bekam zur Antwort: „Mein Sohn, Sie wissen, daß ich die blasenden Instrumente nicht leiden kann, denn sie blasen alle falsch!“ Demungeachtet ließ Hasse nicht ab, dem Alten so lange anzuliegen, bis er die Erlaubnis erhalten, die er suchte.

...

Herr Quantz war der erste, der eine zwote Klappe an seiner Flöte anbrachte, um ihren Unvollkommenheiten abzuhelfen, und im Jahr 1726 kam er zuerst auf diesen Gedanken.

Im Jahr 1727 kam er nach London, woselbst er die Oper unter Händels Direktion in einem sehr blühenden Zustande fand. Die damalige neueste Oper von Händel war *Admetus,* deren Musik Herr Quantz prächtig nennt. Senesino sang die erste Mannsrolle, und die Cuzzoni und Faustina waren die ersten Sängerinnen.

...

Bei seiner Zurückkunft in Dresden ward er in die sächsische Kapelle mit 250 Talern Zulage aufgenommen. Nunmehr legte er die Oboe gänzlich beiseite, weil ihr Ansatz dem Ansatze auf der Flöte, die er itzt zu seinem alleinigen Instrumente machte, gänzlich zuwider ist.

Im Jahr 1728 reisete er im Gefolge des Königs mit dem Baron von Seyferitz nach Berlin, woselbst er auf Verlangen der Königin von Preußen, mit Erlaubnis des Königs, seines Herrn, einige Monate verbleiben mußte. Pisendel, Weiß und Buffardin wurden gleichfalls auf Befehl dahin gerufen. Nachdem er sich einige Mal vor der Königin hatte hören lassen, wurden ihm Ihre Dienste mit 800 Talern Gehalt angeboten. Er hätte beides gern angenommen, der König, sein Herr, aber wollte nicht dareinwilligen. Indessen bekam er von demselben die Erlaubnis, sooft nach Berlin zu gehen, als er verlangt werden möchte.

In ebendiesem 1728sten Jahre entschloß sich der damalige Kronprinz, itzt regierender König von Preußen, die

Flöte spielen zu lernen, und Herr Quantz hatte die Ehre, denselben zu unterrichten. Zu diesem Ende mußte er alle Jahre zweimal nach Berlin, Ruppin oder Rheinsberg gehen.

Als 1733 August der Dritte nach seines Vaters Tode den polnischen Thron bestiegen, wollte er Quantzens ebenfalls nicht fahrenlassen, sondern erhöhete lieber seinen Gehalt bis auf 800 Taler und bestätigte dabei die oben gemeldete Erlaubnis, sooft als erforderlich nach Berlin zu reisen.

Im Jahr 1734 gab er seine ersten sechs Solos heraus. Er bekennt sich aber nicht zu den andern Sonaten, die vorher schon in Holland unter seinem Namen herausgekommen waren.

Wegen Mangel an guten Flöten fing Herr Quantz 1739 selbst an, welche zu bohren und abzustimmen, ein Unternehmen, welches ihm in der Folge Geld eingetragen hat.

Am Ende des 1741sten Jahres wurden ihm von Se. Majestät in Preußen abermals Dienste unter sehr vorteilhaften Bedingungen angeboten. Zweitausend Taler jährliche Besoldung auf Lebenszeit, außerdem eine besondre Bezahlung für seine Komposition, hundert Dukaten für jede Flöte, die er liefern würde, die Freiheit, nicht im Orchester, sondern nur in der Königlichen Kammermusik zu spielen und von niemand als des Königs Befehl abzuhangen, verdienten wohl, einen Dienst aufzugeben, wo er solche Vorteile niemals zu hoffen hatte. Und der König von Polen war zu gnädig, sein Glück zu hindern.

Im Jahr 1752 ließ er seinen *Versuch einer Anweisung die Flöte traversière zu spielen* drucken, und um ebendie Zeit erfand er auch bei einer gewissen Gelegenheit den Aus- und Einschiebekopf an der Flöte, vermittelst dessen man dieselbe ohne Wechslung der Mittelstücke und ohne der reinen Stimmung Eintrag zu tun, um einen halben Ton tiefer oder höher machen kann.

Und nunmehro, nachdem wir diesen fleißigen Tonkünstler durch die unruhigen Wege begleitet, auf welchen er zu dem Tempel des Glücks gelangt ist, wollen wir ihn verlassen und ihm zu dem Genusse der mit Ehren verdienten Bequemlichkeit, diesem *Otium cum dignitate,* nach welchen ein jeder Künstler bei Jahren und richtigem Verstande trachtet, Glück wünschen!

Von Herrn Quantz ging ich nach der Parade und hoffte, daß ich sowohl Kriegsmusik in ihrer höchsten Vollkommenheit hören als Kriegsübung und Disziplin sehen würde.

Die Parade zu Potsdam ist auf einem Platze, der mit einem Walle umgeben ist, und kein Fremder wird ohne Erlaubnis des wachthabenden Capitains hinaufgelassen. Was die Musik anbetrifft, so bemerkte man hier dieselbe Unveränderlichkeit im Geschmacke wie bei Hofe; und ich fand nicht, daß die preußischen Märsche seit dem Antritt der Regierung des itzigen Königs nur einen Schritt zur Neuheit oder Verbesserung getan hätten; denn weder die gespielten Stücke noch die Instrumente, worauf sie gespielt wurden, hatten etwas Vorzügliches. Indessen ist vielleicht der alte Marsch *Tautorrotau* der allerbeste für die Soldaten, um ihren Schritt darnach zu richten.

Als ich umherging, die Hauptgassen und Plätze dieser schönen Stadt zu besehen, welche neu, prächtig, schön gebauet und gepflastert sind, konnte ich mich nicht entbrechen, die Anmerkung zu machen, daß die Fußgänger sowohl hier als in allen europäischen Städten, London ausgenommen, wegen Mangel eines abgesonderten Fußweges[25] allerlei Zufällen von Fuhrwerken und Pferden und der Grobheit und Brutalität ihrer Reiter und Führer ausgesetzt sind.

Ich weiß nicht, ob es von den Reisebeschreibern bemerkt ist, daß bei der *Via appia* und andern alten Heerstraßen in Italien an jeder Seite ein Weg für die Fußgänger abgeteilt war; und als ich Pompeja besuchte, woselbst ein ganzer alter römischer Weg ausgegraben worden, habe ich eben dasselbe bemerkt. Ein römischer Bürger, Patrizier oder Plebejer, war ein ehrwürdiger Charakter, und viel-

25 Dieser Mangel einer guten Polizei kostet in Paris jährlich eine Menge Menschen Gesundheit und Leben.

leicht ist itziger Zeit England das einzige Land, worin das gemeine Volk hoch genug geschätzt wird, ums der Mühe wert zu halten, für die Erhaltung seines Lebens und seiner gesunden Gliedmaßen zu sorgen.

Ich verließ Potsdam nicht eher, bis ich einen neuen Beweis von Lord Marschalls Gastfreiheit genossen und zum zweiten Male sein Mittagsgast gewesen war. Witz, gute Lebensart und Munterkeit beseelten das Fest. Als ich mich darauf anschickte, nach Berlin zurückzugehen, erhielt ich Botschaft von dem Herrn Obersten von Forcade, daß ich mich um halb sieben Uhr bei Se. Hoheit, dem Prinzen von Preußen, zum Abendessen einfinden sollte und daß er mich beiden königlichen Hoheiten vorstellen würde. Diese hohe und unerwartete Ehre setzte mich in einige Verlegenheit, weil ich alles eingerichtet hatte, noch heute abend wieder in Berlin zu sein und einem Konzerte beizuwohnen, wozu man mich eingeladen und mir gesagt hatte, daß man es meinetwegen so brillant als möglich machen würde. Aus Furcht aber, man möchte mir's auslegen, als ob ich die Herablassung des Prinzen nicht hinlänglich zu schätzen wüßte, und teils auch, um die mir aufgetragne Kommission wegen der Bücher gehörig auszurichten, entschloß ich mich, hierzubleiben.

Also ging ich um halb sieben nach dem Palaste des Prinzen, woselbst ich Musik zu hören erwartete. Allein es ward bis zur Tafel gespielt und gesprochen. Bei meinem ersten Eintritt ins Gemach hatte ich die Ehre, der Prinzessin, seiner Gemahlin, vorgestellt zu werden. Sie ist blond, von Wuchs etwas lang und hat den liebenswürdigen Grad von Fleischigkeit, welchen die Franzosen *l'embonpoint charmant* nennen; und mit einer Person, die unendlich weniger angenehm wäre, als dieser Prinzessin zuteile geworden ist, würde ihre ungemein gnädige Leutseligkeit und Herablassung im Reden und Betragen das Herz eines jeden Menschen fesseln, der das Glück hat, sich ihr zu nähern.

Ihro Königliche Hoheit hatten gehört, daß ich beim Lord Marschall gewesen und daß ich ein Musikus wäre, und

hierüber hatten solche die Gnade, eine ziemliche Zeitlang zu sprechen. Die Prinzessin spielt selbst recht gut das Klavier, wie mich versichert worden, und sie war über die Musik sehr neugierig und gesprächig. Selbst als sie sich zum Spiele gesetzt, war sie so gnädig, mir allerlei zu sagen, und endlich fragte sie mich auch, ob ich ihren Bruder gekannt hätte, als er in England gewesen. – Itzt, und nicht eher, besann ich mich, daß Ihro Königliche Hoheit eine geborne Prinzessin von Hessen-Darmstadt wären und eine Schwester von dem Prinzen aus diesem Hause, welcher voriges Jahr eine Reise durch England getan und dem ich in London vorgestellt zu werden die Ehre gehabt hatte.
Unter dieser Zeit wurde ein Prinz von zwei Jahren und eine Prinzessin von einem zu Ihro Hoheit, ihrer Mutter, ins Spielzimmer gebracht; und bald darauf folgte der Prinz von Preußen selbst, dem ich vorgestellt zu werden die Ehre hatte. Se. Königliche Hoheit sind lang gewachsen, von männlichem, offnem, natürlichem und leutseligem Charakter. Bei Tafel war dieser Prinz so gnädig, mich zu seiner Linken setzen zu lassen und fast den ganzen Abend mit mir zu sprechen. Er war munter und offen und schien mit der Verfassung der verschiedenen Reiche in Europa, besonders der engländischen, sehr bekannt zu sein. Die Musik hatte auch einen großen Anteil an der Unterhaltung, und es war leicht zu entdecken, daß Se. Königliche Hoheit der alten Musik und den alten Komponisten nicht völlig so sehr geneigt sind als Se. Majestät, der König.

Berlin

Den Abend nach meiner Zurückkunft in dieser Stadt, den 3ten Oktober, war Herr Lindner so gütig, mich nach einem Privatkonzerte zu führen, welches aus den besten Tonkünstlern und Liebhabern in Berlin bestund. Es ward in dem Zimmer des Herrn Kone, der erster Violinist in der preußischen Kapelle ist, gehalten, in einem der schö-

nen Häuser der Neustadt, die Se. Majestät hat bauen lassen.
Ich hörte hier ein Konzert von dem verstorbnen Konzertmeister Graun, welches Herr Kone mit mehr Nachdruck als Delikatesse spielte; ein schwer Flötenkonzert von Quantz, das Herr Lindner sehr nett ausführte; ein dergleichen spielte Herr Riedel von seiner eignen Komposition, wovon mir aber Komposition und Ausführung ein wenig altfränkisch und trocken vorkam; und verschiedne Sinfonien von Graun und Hasse.
Ohne mich in weitre Untersuchung über den Wert der verschiedenen Kompositions einzulassen, die ich heute abend hörte, muß ich anmerken, daß die Tonkünstler in verschiedenen Gegenden von Europa gewisse Verfeinerungen in der Art und Weise, selbst alte Musik auszuführen, entdeckt und angenommen haben, welche die Berliner Schule noch nicht anerkennen will, welche wenig Aufmerksamkeit auf die Pianos und Fortes verwendet und wo jeder Spieler auf nichts so sehr zu sinnen scheint, als seinen Nachbar im Lautspielen zu übertreffen. Ein Wetteifer, der sehr viel Ähnliches mit den alten Spielen der Seeleute, dem Ringelreihen, hat, bei welchem sich ein jeder bestrebt, mit mehr Stärke zu ringen als die andern um ihn her. Denn wie die Hauptübung der Bootsleute ist, gefühlt, so ist es des Berliner Musikers die, gehört zu werden.
Wenn ich mich auf meine eignen Empfindungen verlassen darf, so sollte ich mir einbilden, die musikalischen Konzerte hierzulande wären Kontrast, denn nicht allein enthalten sie zu viele Noten, sondern diese Noten werden auch mit zu wenig Rücksicht auf den Grad der Stärke ausgedrückt, dessen die Instrumente, wofür sie gemacht worden, fähig sind. Der Ton kann nur bis zu einem gewissen Grade verstärkt werden, übersteigt er den, so wird er Geräusch. Ich habe an einem andern Orte gesagt, daß selbst Geräusch in einem vollstimmigen Stücke seine gute Wirkung tun kann. Wenn man das aber will, sollte es bloß des Kontrastes und der Gegeneinanderstellung sol-

cher Passagien und Sätze wegen sein, da eine dazu dient, die Wirkung der andern zu heben. Denn wenn ein Stück mit solcher unablässigen Wut abgespielt wird, wie ich zuweilen gehört habe, so hört es auf, Musik zu sein; und anstatt eines Teiles verdient alsdann das Ganze keine andre Benennung als Geräusch.

In diesem Konzerte traf ich Herrn Rieck an, der ehemals Kammermusikus bei dem Bruder des Königs, Prinz Heinrich, war. Dieser Violinist besuchte England während des letzten Krieges, und ich hörte ihn damals manches Bendaisches Solo auf der Violine mit vieler Empfindung und Ausdruck spielen. Er hat seitdem die Musik als eine Profession beiseite gelegt, als Liebhaber ist er aber gar nicht müßig gewesen. Er hat eine große Fertigkeit der Hand und kennt sein Griffbrett genau und hat verschiedene Konzerte, Solos und Sinfonien komponiert, aber in einem so brillanten und gefälligen und zugleich so modernen Geschmacke, daß man ihn zu Berlin für einen Ketzer hält. Ich ging aus dem Konzerte mit ihm nach Hause und akkompagnierte ihm bei vielen von seinen eignen Stükken.

Sonntag, den 4ten

Diesen Morgen erhielt ich Besuch von Herrn Agricola, Herrn Riedt, den Flötenisten, der schon über zwanzig Jahre in Sr. Majestät Diensten ist, und Herrn Schüler, einen Liebhaber der Musik von vielem Verdienst und großer Kenntnis in musikalischen Dingen.

Herr Agricola erzeigte mir die Gefälligkeit, mich nach der Peterskirche zu führen, welche die größeste Orgel und den besten Organisten in Berlin hat. Dieses Instrument ward zu den Zeiten und auf Kosten des verstorbenen Königs gebauet und war bestimmt, das größeste Werk in der Welt zu werden. Seit dem Tode dieses Prinzen ist sie unvollendet geblieben, weil Se. itzt regierenden Majestät nicht geruhet haben, den ursprünglichen Plan derselben ausführen zu lassen. Diese Orgel steht über der Kanzel. Nach dem ersten Entwurfe sollte sie 150 Register und außer dem Pedale sechs Manuale haben. Itzt hat sie nur 50 Register, drei Manuale und ein Pedal. Aber selbst in diesem verminderten Verhältnisse ist sie zu stark für das Gebäude, und jeder Ton klingt so lange nach, nachdem der Finger schon aufgehoben oder auf eine andre Taste gesetzt ist, daß alles undeutlich und verworren klingt.

Herr Bertuch, der Organist, ist indessen ein guter Spieler; er hat eine fertige Hand und eine große Kenntnis seines Instruments. Nachdem er ein sehr meisterhaftes Vorspiel aus dem Stegreife gespielt hatte, führte er eine sehr gelehrte und schwere Fuge aus vom alten Bach, die er ausdrücklich für die Orgel mit dem Pedal gesetzt hat.

In der Marienkirche ist eine feine Orgel von Wagner. Herr Ringk, der Organist, wird als ein extempore Fugenspieler sehr hochgeschätzt, ob er gleich keine so brillante Fertigkeit der Finger besitzt als der Organist zu St. Peter.

Ich hatte diesen Nachmittag das Vergnügen einer zwoten Unterredung mit Herrn Marpurg. Es war mir ein betrübter Umstand, daß die Menge und Mannigfaltigkeit meiner Nachforschungen und die wenige Zeit, die mir dazu zugemessen war, mich abhielten, der Unterhaltung dieses Mannes öfters zu genießen, da seine Gelehrsamkeit und seine Einsicht in musikalische Dinge so ausgebreitet und zugleich so gründlich sind.

Als ich von Herrn Marpurg wegging, stattete ich einen zweiten Besuch bei Mademoiselle Schmeling ab, die mir den Gefallen erzeigte und mir einige ungemein geschwinde Arien von ungewöhnlichem Umfange vorsang. Es geht wirklich bis zum Erstaunen, was sie in diesem Punkte zu machen imstande ist. Man läßt sie aber öfter Mißbrauch von diesen Fähigkeiten machen, indem man ihr Arien mit solchen Passagien gibt, welche die Stimme zu einem Instrumente erniedrigen, und wirklich zuweilen solche, die sich ein Instrumentalist von Geschmack schämen würde, auf irgendeinem Instrumente zu machen.

Einen gewöhnlichen Akkord in gemeinen Arpeggios und

solche unbedeutende Passagien zu brechen, dergleichen man in dem zweiten Allegro des dritten Solo von Corelli findet, scheint mir eben keine Arbeit zu sein, die einem Komponisten oder Ausführer große Ehre erwerben kann. Es war noch immer ein kleiner Mangel an Klarheit in der Mitte von Mademoiselle Schmelings Stimme; und ich kann mir auch die Möglichkeit denken, daß sie im Adagiosingen noch zunehmen kann, obgleich nicht in der Ausführung der Allegros. Sie scheint mir gegenwärtig nicht in der allerbesten Schule zu sein, um den höchsten Grad des Geschmacks und Vortrags zu erwerben. Denn außer der Anhänglichkeit des Königs an eine besondre Kompositionsart sind auch die Sänger an dieser Oper nicht in ihrer schönsten Periode; und wenn sie's auch wären, so ist vielleicht die Mannigfaltigkeit unentbehrlich, ein Genie zu erwecken und den verborgnen Keim des Geschmacks in einer jungen musikalischen Seele emporzutreiben, als das Vorbild einiger wenigen Personen, welches keine andre als bloße Nachahmungssucht einflößt. Sollte Mademoiselle Schmeling nach Italien gehen, so träfe sie vielleicht in keinem einzigen Sänger mehr Kunst und Fähigkeit an, als sie selbst besitzt; allein, wenn sie sich die besondern Vorzüge mancher von verschiedenen Schulen und Talenten zu eigen zu machen suchte, so würde ihr Stil, gleich der Venus des Apolls, ein aus allen Teilen der Schönheit und Vortrefflichkeit zusammengesetztes Ganzes werden.
In Mademoiselle Schmelings Hause hörte ich auch diesen Morgen Herrn Mara mit großer Geschicklichkeit verschiedene Stücke auf dem Violoncell spielen. Er ist noch ein junger Mann und ein Sohn eines Violoncellisten dieses Namens, der in Deutschland sehr berühmt gewesen ist.

Den 5ten Oktober

Diesen Morgen besuchte ich den Herrn Professor Sulzer, Mitglied der Königlichen Akademie zu Berlin. Er hat verschiedene gelehrte Werke geschrieben, die sehr hochgeschätzt werden. Dieser Gelehrte ist der Musik beson-

ders ergeben und hat über dieselbe in seiner *Theorie der schönen Künste* weitläuftig geschrieben; und in der Art, wie er in derselben verschiedene musikalische Artikel behandelt, hat er einen feinen, geläuterten Geschmack und zugleich viel Gründlichkeit und musikalische Gelehrsamkeit gezeiget. Dieses Werk ist in der Form eines Wörterbuchs geschrieben, wovon nur der erste Band, welcher die Buchstaben A bis I enthält, herausgekommen ist. Indessen ist er schon mit dem zweiten Bande, damit es ganz geendigt sein wird, schon ziemlich weit fertig.
Wir hatten eine lange Unterredung miteinander, und ich fand an ihm einen Mann, der nicht nur vieles über die Musik gelesen, sondern vieles selbst darüber gedacht hatte.
Herr Schüler, der Musikliebhaber, dessen ich schon oben erwähnt habe und der so gefällig war, mich mit dem Herrn Professor bekannt zu machen, führte mich hernach zu Herrn Kirnberger, einen Tonkünstler, den ich begierig war kennenzulernen, weil ich verschiedene von seinen Kompositionen kenne und mir vieles von seinen Streitschriften erzählt worden war.
Johann Philipp Kirnberger ist 1721 zu Saalfeld in Thüringen geboren. Er ging nach Leipzig, als er achtzehn Jahr alt war, und studierte daselbst zwei Jahr unter Sebastian Bach das Klavier und die Komposition. Im Jahre 1741 fand er Gelegenheit, nach Polen zu gehen, woselbst er sich zehn Jahre lang aufgehalten, nach und nach im Dienste einiger polnischer Herrn und endlich als Musikdirektor bei einem Nonnenkloster Dienste gehabt. Er ging hernach 1751 nach Dresden und nahm bei Herrn Fickler noch Unterricht auf der Violine, kam aber bald darauf als Violinist in die Kapelle Sr. Majestät, des Königs von Preußen. Itzt ist er Hofmusikus bei Ihro Königlichen Hoheit, der Prinzessin Amalia von Preußen. Das Clavicimbal, welches sein erstes Instrument war, ist auch noch sein bestes. Er hat sehr viel dafür und für die Orgel komponiert und hat theoretische und polemische Abhandlungen geschrieben. Neben diesen hat er auch noch vier Sammlungen fürs Klavier herausgegeben, worin sich viele Stücke

von seiner eignen Arbeit befinden; über alle hat er die Applikatur des Hamburger Bachs gesetzet.
Auf mein Ersuchen spielte er mir bei diesem Besuche auf einem Klavier einige von seinen Fugen und Kirchensachen vor, welche sehr gelehrt und sinnreich sind. Er machte mir auch ein Geschenk von seiner *Kunst des reinen Satzes und Konstruktion der gleichschwebenden Temperatur* wie auch von verschiedenen seiner Musikalien in Abschrift.
Nach diesem war er so höflich, mit mir nach Herrn Hildebrands Hause zu gehen, der itzt in Berlin die besten Flügel und Pianofortes macht. Hier spielte Herr Kirnberger abermals und zeigte sowohl sehr große Fertigkeit der Hände als Kenntnis der Harmonie und Modulation.
Ich hatte vielleicht desto mehr Ursache, mir auf die Höflichkeit und Gefälligkeit dieses geschickten Mannes ein wenig einzubilden, weil er für ernsthaft und finster gehalten wird. Man sagt, er habe durch Streit und Widerwärtigkeiten etwas Saures angenommen. Seine gegenwärtige Neigung geht aufs Studium der Mathematik und der Theorie der Musik mehr als auf die Praxis, in welcher er's weit gebracht hat. In seinen letzten Schriften scheint er mehr nach dem Namen eines Algebraisten als eines Tonmeisters von Genie zu streben.
Diesen Nachmittag ging ich zum letzten Male zum Herrn Marpurg, welcher bei dieser Gelegenheit so verbindlich war, alle Reizung hervorzusuchen, um mich noch länger in Berlin aufzuhalten. Allein meine eingeschränkte Zeit machte mich unbeweglich. Er versprach indessen, allerlei wissenswürdige Nachrichten, die Geschichte der deutschen Musik und Tonkünstler betreffend, für mich zu sammlen und mir nachzuschicken, und gab mir die Beschreibung einer Maschine, nach der ich lange gesucht hatte, nämlich, welche gleich dasjenige aufzeichnet, was man daraus extemporiert spielt.
Solche hinfließende Töne zu fixieren, welche in den Schäferstunden der Musen gezeugt werden, wenn die *Phantasie mit naßschimmerndem Auge* –

Scatters from her pictured urn
Thoughts, that breathe, and notes, that burn[26],

hieße solchen Ideen Bestand geben, welche die Überlegung weder finden noch das Gedächtnis behalten kann. Als ich einst zu Rom gegen den Herrn Rat Reiffenstein unter andern für die Musik noch zu wünschenden Dingen einer solchen Maschine erwähnte, sagte er mir, daß zu Berlin eine dergleichen verfertigt worden. Und so wie ich hier anlangte, war dieses mechanische Kunststück eins der ersten und angelegendsten, wornach ich mich erkundigte. Man sagte mir zwar, daß eine solche Maschine verfertigt worden und den besten Musikern in Berlin Genüge getan hätte, man hätte sie aber bald vernachlässigt und beiseite geworfen; und da vor nicht gar langer Zeit in dem der Akademie zuständigen Hause, worin sie gestanden, Feuer ausgekommen, so sei dieses sinnreiche Kunststück mit verbrannt und nachdem nicht wieder gemacht worden.

Ehe ich etwas weiter von dieser Maschine sage, muß ich meine Leser benachrichtigen, daß der ersten Einfall von ihrer Möglichkeit sich von dem verstorbnen Geistlichen, Herrn Creed, herschreibt. Er legte solche 1747 der Königlichen Sozietät der Wissenschaften zu London in einem Aufsatze vor, welcher folgenden Titel führte:

Ein Beweis von der Möglichkeit, eine Maschine zu verfertigen, welche Phantasien oder andre musikalische Stücke ebenso geschwind schreibt, als solche ein Meister nur immer auf der Orgel, den Flügel usw. spielen kann; und zwar mit natürlichern und verständlichern Zeichen, und die dabei alle Veränderungen, welche diese Instrumente fähig sind herauszubringen, deutlicher vorstellen, als die itzt gebräuchlichen Noten.

Dieser Aufsatz ward in der *Philosophical Transactions* eben dieses Jahr, No. 183, und hernach wieder in *Martin's abridgment*, Vol. 10, p. 266, eingerückt; und die Idee

26 Aus ihrer bunten Urne Gedanken gießt, die atmen, und Noten, welche flammen.

des Verfassers hat mir beständig so ausführbar geschienen, daß ich mich lange gewundert habe, warum sich noch kein engländischer Mechanikus darüber gemacht hat, sie ins Werk zu setzen!

Soviel ich finden kann, ist in Berlin dieses Kunstwerks nicht eher Erwähnung geschehen als im Jahr 1752 in einer gedruckten *Wöchentlichen Nachricht von den merkwürdigsten Entdeckungen in der Natur und den Wissenschaften.* Das Jahr darauf erschien in eben diesen *Wöchentlichen Nachrichten* eine weitläuftige Beschreibung einer solchen Maschine; und hier zeigt der Verfasser in einer ausgearbeiteten Vorrede, wieviel bisher an einem solchen mechanischen Werke entbehrt worden, beschreibt seine Eigenschaften und seinen Nutzen und beschließt damit, daß er sagt, diese für die Musik und Tonkünstler so nutzreiche Maschine sei die besondre Erfindung des Herrn Unger.

Diese Beschreibung ging einige Zeit vor der Ausführung her. Man empfahl bloß die Erfindung mit dem Erbieten, solche gegen nicht erhebliche Kosten an ein Klavierinstrument anzubringen. Es war Herr Hohlfeld, der nachher die Maschine machte und dergestalt zur Vollkommenheit brachte, daß ein großer Meister, der den Versuch damit auf einem Klavier machte, mich versichert hat, daß nichts in der Musik wäre, das sie nicht aufgezeichnet hätte, ausgenommen das *Tempo rubato.*

Die Beschreibung der Berliner Maschine ist der von Creed vorgeschlagnen so gleichlautend, daß ich solche nicht anführen, sondern meine Leser auf die *Philosophical Transactions* verweisen will, woselbst sie finden werden, daß sie aus zwei Zylindern bestund, welche von einem Triebwerke bewegt werden mußten, und zwar so, daß sie in einer Sekunde Zeit einen Zoll breit Raum fortrückten. Einer dieser Zylinder enthielt das aufgerollte Papier, und der andre nahm es auf, wenn es von den Stiften oder Bleifedern bezeichnet war. Das Papier mußte vorher mit roten Linien zugerichtet sein, welche grade unter die Bleifederspitzen fallen sollten.

Die Hauptschwierigkeit bei der Ausführung, welche den engländischen Mechanikern aufgestoßen ist, mit denen ich über die Sache gesprochen habe, bestund in der Zurichtung des Papiers, um die Zeichen von den Tangenten anzunehmen, und die Art von Instrument, welche statt einer Bleifeder dienen sollte. Denn war diese Feder zu hart und spitzig, so zerriß sie im Forte das Papier, und war sie weich, so mußte sie nicht nur brechen, wenn sie stark aufgedruckt wurde, sondern mußte sich ungleich verschleißen und ein sehr öftres Nachspitzen erfodern.
In der Berliner Maschine waren die Bleifedern nach Herrn Creeds Idee nahe aneinander gebracht und machten gar keine lange Streiche, dergestalt, daß keine außerordentliche Größe des Papiers erfoderlich war; es ward aber nicht für nötig befunden, das Papier zuzurichten, wie in den *Philosophical Transactions* vorgeschlagen worden, denn die Entfernung der höhern von den tiefern Tönen ward nach einem Maßstabe gefunden, den man an das Papier legte, wann man es von dem Zylinder genommen hatte.
Für itzt will ich keine weitere Anmerkungen über diesen Gegenstand machen, als nur diese, daß, obgleich Herr Unger die Ehre der Erfindung durch Herrn Creeds frühere Bekanntmachung derselben zu verlieren scheint, dennoch Herr Hohlfeld alleiniger Besitzer der Ausführung bleibt, bis solche ein Engländer dadurch mit ihm teilt, daß er seines Landsmannes, Herrn Creeds, Entdeckung ebenso glücklich ins Werk setzt.
Als ich von Herrn Marpurg Abschied genommen, begab ich mich nach einem Konzerte im Hause des Herrn Baron von Seidlitz, einem von Se. Majestät Ministern, woselbst mich Herr Joseph Benda einführte. Der Baron ist sein Scholar und spielte ein Konzert von Franz Benda für einem Liebhaber sehr gut. Herr Grauel, Violincellist und Kammermusikus des Königs, spielte auch ein Konzert auf seinem Instrumente. Die Komposition war nicht besonders, seine Ausführung war aber gut, ob er gleich nach der alten Art, den Bogen über der Hand, spielte. Nach diesem

spielte Herr Joseph Benda ein anders von seinem Bruder sehr nett, mit einem schönen Tone und genauer Intonation. Dieses Konzert hatte keinen andern Fehler, als daß es zu lang war. Das ist hier der Fehler aller Kompositionen, in welchen jeder Satz so lang ausgedehnt ist, daß sie niemals die Aufmerksamkeit bis ans Ende unterhalten können.

Auf meine Erkundigung erfuhr ich, daß die Kurrentschüler (eine Anzahl Knaben, welche durch die Gassen gehend singen) noch itzt in Berlin Bestand haben. Sie bekommen graue Röcke und Manteln und sind ihrer vierundzwanzig an der Zahl. Das Geld, was sie sammlen, wird unter sie verteilt.

In der Schule in der Kölner Vorstadt werden die Kinder im Lesen, Schreiben und Singen unterrichtet, so wie die Kinder der Soldaten an der Garnisonkirche.

In den meisten Gegenden von Deutschland, wo die protestantische Religion die herrschende ist, hat ein jedes Kirchspiel einen Kantor, der im Singen Unterricht gibt und das Chor dirigiert.

Obgleich der Name Kantor überhaupt einen Sänger andeutet, so gibt man solchen hierzulande doch besonders einer Person, welche in den Hauptkirchen die Psalmen und Choräle anstimmt. Er ist der Präzentor oder Tongeber bei den Gesängen und hält auch die letzten Noten eines jeden Verses am längsten wieder aus, so daß man ihn das Alpha und Omega der Kirchenlieder nennen könnte.

Der Kantor, welcher oft zugleich auch Schulmeister ist, sollte außer einer guten Stimme auch notwendigerweise einen Begriff vom Kontrapunkte haben, wo nicht in einem hohen Grade, wenigstens insoweit als hinlänglich, um solche Fehler zu verbessern, die sich durch Unwissenheit oder Nachlässigkeit der Abschreiber in die Stimmen einschleichen können. Gleichfalls sollte er eine richtige Partitur führen und aus derselben die von dem Komponisten angebrachte Harmonie in einem richtig bezifferten Generalbaß genau andeuten können. „Denn", sagt Walther in seinem *Musikalischen Lexikon*, „solange ihnen dieses fehlt und den Organisten die Allwissenheit mangelt, kann auch unmöglich eine gute und wohlklingende Musik zu hoffen sein."

In den thüringischen Flecken und Dörfern sind die Schulen gemeiniglich mit zwo Personen besetzt, und derjenige, welcher die Musik aufführt und den Choral anstimmt, wird Rektor oder Schulmeister, der Organist aber gewöhnlich Kantor genannt.

Die italienische Operette wird hier auf königliche Kosten unterhalten und besteht aus zwo Sängerinnen und drei Sängern, welche zu Potsdam wohnen. Diese Operetten, in welchen die Königlichen Kapellisten das Orchester besetzen und die Tänzer aus der großen Oper tanzen, haben keine feste bestimmte Zeit, wo sie gespielt werden, sondern der König befiehlt allemal ausdrücklich die Tage und eines von den Theatern zu Potsdam, Berlin oder Charlottenburg.

Die Königin und die verwitwete Prinzessin von Preußen geben zu Berlin öfters Konzerte, bei welchen jedermann der Zutritt erlaubt ist, und singen hierin die besten Sänger aus der Oper, sowie die Königliche Kapelle die Instrumente besetzt.

Auf den Bällen wird außer den Menuetten fast nichts getanzt als englische Tänze. *Polonaisen,* welche sonst sehr beliebt waren, sind ganz aus der Mode gekommen. Nur zuweilen wird ein französischer Kontratanz aufgeführt.

Die Nachtwache besteht hier aus einer gewissen Anzahl bewaffneter Männer, welche durch alle Gassen der Stadt verteilt sind. Sie rufen die Stunden in einer gewissen Art von Melodie ab und stoßen vorher in ein Horn, welches fast allenthalben durch Deutschland gebräuchlich ist.

Unter den vornehmsten Musikern zu Berlin habe ich den königlichen Kammermusikus, Herrn Fasch, Sohn des berühmten Kapellmeisters dieses Namens, noch nicht genannt. Bei unsern gegenseitigen Bemühungen, uns zu Berlin kennenzulernen, war ich allemal so unglücklich, ihn zu verfehlen, und es kam eben die Reihe an ihn, in Potsdam aufzuwarten, da ich die Stadt verließ. Ich habe nicht das Vergnügen gehabt, ihn spielen zu hören; wenn ich aber nach dem, was mir Gutes von ihm gesagt worden, und nach seinen Kompositionen für den Flügel, in welchen viel Feuer mit vieler Delikatesse verbunden herrscht, urteilen darf, so muß er ein vortrefflicher Spieler sein.

Herr Schale ist gleichfalls ein berühmter Organist und Clavicimbalspieler zu Berlin, den ich nicht so glücklich gewesen bin zu hören.

Herr Riedt, der vorhin erwähnte Flötenist, stammt von engländischen Eltern her. Er hat den Namen eines gelehrten Tonkünstlers; seine Komposition aber und Vortrag sind trocken und kalt. Er ist der Verfasser einer *Abhandlung von den musikalischen Intervallen,* welche zu ihrer Zeit Aufsehens machte. Sie ist voller Kalkulations, welche Männern von Wissenschaft unnütz sind und welche Männer von feinem Geschmack und Genie sich schwerlich überwinden werden zu studieren. In der Tat ist dieses eine Art von musikalischer Gelehrsamkeit, die sehr leicht in Pedanterie ausschlagen kann, und es ist fast ein wenig merkwürdig, daß alle die gelehrten und mühseligen Kalkulations der schulgerechten Mathematiker noch kein einziges musikalisches Stück hervorgebracht haben, das dem Ohre eines Mannes von Geschmacke erträglich gewesen. So wahr ist es, daß die Werke des kalten und überlegten Nachsinnens weit weniger Gewalt über unser sinnliches Gefühl haben als die Ergießungen der Leidenschaft und des Enthusiasmus.

In Berlin sind mehr musikalische Streitschriften und mit mehr Hitze und mehr Eifer gewechselt worden als anderwärts. Es gibt in dieser Stadt auch wirklich mehr theoretische als praktische Tonkünstler, und das hat vielleicht weder den Geschmack verfeinert noch die Phantasie begeistert.

Ich kann Berlin nicht verlassen, ohne der beiden Grauns eine nähere Erwähnung zu tun, als ich dazu bisher Gelegenheit gehabt habe. Um von diesen Komponisten zu sprechen, wäre es vielleicht der beste Weg, dem Leser hier von jedem derselben zwei Charaktere aufzustellen;

einen von ihren Anhängern und Bewundrern zu Berlin und den andern nach dem ungeblendeten Urteile derer, welchen weder Gewohnheit noch Ansehn im Wege steht, sondern die die Arbeiten dieser Männer mit ebensowenig Vorurteilen untersuchen, als sie die Werke eines Unbekannten untersuchen würden.

Der Kapellmeister Graun hat sehr viel komponiert. Ehe er nach Berlin kam, setzte er zu Braunschweig drei oder vier deutsche Opern in Musik. Allein die Worte waren schlecht, und es wäre nicht hübsch, sein Genie nach diesen jugendlichen Arbeiten zu beurteilen.

Für das Berliner Theater hat er in der Zeit von vierzehn Jahren, von 1742 bis 1756, siebenundzwanzig italienische Opern gesetzt. Für die Kirche ein *Tedeum* und eine Passion außer andern vermischten und weniger wichtigen Arbeiten, als Oden, Kantaten, der Sinfonie und den Rezitativen zur Oper *Galatea,* zu welchen Se. Majestät, der König, Quantz und Nichelmann die Arien setzten.

Dieser Komponist starb zu Berlin im Jahr 1759, und es wurden damals eine Menge Gedichte und Lobreden auf sein Andenken gemacht. In den *Kritischen Briefen über die Tonkunst,* im ersten Band, 1760, befindet sich eine Aufforderung an den berühmten Dichter und Tonkünstler zu Braunschweig, Herrn F. W. Zachariä, daß er seine Muse Grauns Tode widmen solle. Man kann ordentlicherweise auf Lobreden nicht viel fußen, indessen gibt es unter Grauns Bewundrern nur wenige, die nicht bereit wären, alle diejenigen mit Feuer und Schwert zu verfolgen, welche sich unterstehen wollten, an der Wahrscheinlichkeit dieses Auffodrers zu zweifeln. Er sagt: „Mein Herr, Unser Graun ist hin! Der Schmuck der deutschen Musen, der Meister des schönen, des edlen Gesanges, der Schöpfer seines Geschmacks. Der Mann, der sich mit nichts als unserm Herzen unterhielte, zärtlich, sanft, mitleidig, erhaben, prächtig, donnernd; der Tränen, Freude und Verwundrung aus uns preßte, ein Künstler, der die Kunst nur dazu gebrauchte, um die Natur, die reizende Natur, desto glücklicher, desto ausdrückender nachzubilden, dessen Pinselstriche durch keinen harten Zug jemals verstellet wurden, empfindungsvoll, gedankenreich, ein unerschöpflicher Geist; ein Muster in der heiligen Musik, unnachahmlich auf der Bühne – – – der liebenswürdigste Mann, der rechtschaffenste Weltbürger, der Patriot – – – unser Graun ist dahin! – Sie können versichert sein, daß der Verlust eines großen Mannes vielleicht nie allgemeiner und aufrichtiger in Berlin bedauret worden ist als der Verlust unsers unvergleichlichen Grauns."

Nun, um die Medaille auf der andern Seite zu besehen! Die Gegenpartei leugnet, daß Graun der Schöpfer seines eignen Geschmacks gewesen, und sagt, er habe ihn nach Vinci gebildet. Sie leugnet, daß er jemals prächtig oder donnernd sei, sondern sagen, daß durch alle seine Werke ein gleichschwebender Ton herrsche, der niemals ans Erhabne reiche, ob man gleich öfter das zärtliche Rührende darin antreffe. Sie sind ebensowenig geneigt, ihm große Erfindung oder Ursprünglichkeit der Ideen einzuräumen, und stehn in den Gedanken, daß man noch vollkommnere Muster der Kirchenmusik in den Chören von Händel, in den Arien und Duetten von Pergolesi und Jommelli finden könne; ebensowenig will es ihr begreiflich sein, wie man den Komponisten unnachahmlich nennen könne, der selbst ein Nachahmer ist.

Der Konzertmeister Johann Gottlieb Graun, Bruder des vorigen, sagen seine Bewundrer, „war einer der größesten Violinspieler seiner Zeit und ganz sicherlich ein Komponist vom ersten Range. Seine Ouvertüren und Sinfonies sind majestätisch, und seine Konzerte sind Meisterstücke, besonders die für zwo Violinen, in welchen er die angenehmste Melodie mit aller Gelehrsamkeit, deren sich der Kontrapunkt rühmen kann, verbunden hat. Er hat auch verschiedene Male das *Salve regina* und einige Messen komponiert, welche selbst in den ausgearbeitetsten Stellen durch Simplizität und schöne Melodie noch groß und edel sind."

Die Bewundrer der modernen Musik aber geben diesem Meister noch weniger Quartier als seinem Bruder. Seine

Ouvertüren und Sinfonien finden sie oft den Lullyschen ähnlich und zu überhäuft mit Noten, um, wenn sie zu Berlin gespielt werden, eine andre Wirkung hervorzubringen als diese, daß sie die Zuhörer übertäuben, und da, wo das in seinen Konzerten und Kirchenkompositionen nicht der Fall ist, ist die Länge eines jeden Satzes unmäßiger, als es die christliche Geduld ausstehen kann.
Vielleicht mag die Wahrheit zwischen beiden in der Mitte liegen. Und in Ansehung des Kapellmeisters sollte man nicht vergessen, daß er selten die Freiheit hatte, dem Hange seines eignen Genies zu folgen.
Es war anfangs nicht meine Meinung, den Leser bei Berlin und seinen umliegenden Gegenden so lange aufzuhalten; allein, die musikalische Kunst Se. Majestät, des Königs von Preußenlande, ist während höchstdesselben Regierung so sehr gerühmt worden, daß solche einer besondern Untersuchung wert war. Indessen wird es nunmehro Zeit sein, die Zeugnisse aufzuzählen, und es würde die höchste Ungerechtigkeit sein zu leugnen, daß Berlin seit langer Zeit unter seinen Tonkünstlern solche einzelne Männer gehabt hat und noch hat, deren Geschicklichkeit groß und weit hervorragend ist. In Ansehung aber des allgemeinen und Nationalgeschmacks in der Komposition und Spielart scheint es itzt so sehr nach einem Muster gebildet, daß es alles, was Erfindung und Genie heißt, ausschließt. Vielleicht wäre es ebenso vernünftig, wenn man annehmen wollte, das Blut eines Quantz oder eines Grauns, wenn es in die Adern eines andern Komponisten gebracht werden könnte, würde besser zirkulieren als sein eignes, als sich einzubilden, ihre Ideen und Einfälle, wenn sie sich solche zugeeignet hätten, würden ihm besser zustehen als die Ideen und Einfälle, welche er von der Natur erhalten.
Von allen Tonmeistern, welche seit länger als dreißig Jahren in preußischen Diensten gestanden, haben vielleicht nur zween, nämlich C. Ph. E. Bach und Franz Benda, ganz allein den Mut gehabt, selbst original zu sein; die übrigen sind Nachahmer. Selbst Quantz und

Graun, welche so häufig nachgeahmt worden, haben sich nach den Werken eines Vinci und Vivaldi gebildet. Herr Quantz ist ein Mann von vieler Einsicht und spricht sehr gut über die Musik; allein sprechen und komponieren ist zweierlei. Als er sein Buch vor länger als zwanzig Jahren schrieb, waren seine Meinungen frei und uneingeschränkt; das sind sie itzt nicht mehr. Und Grauns Kompositionen waren vor dreißig Jahren elegant und simpel, denn er war einer der ersten unter den Deutschen, welche die Fugen und andre dergleichen schwerfällige Arbeiten beiseite setzten und zugaben, daß wirklich ein Ding vorhanden sei, das Melodie hieße, welches die Harmonie unterstützen und nicht unterdrücken sollte; allein, obgleich die Welt immer in ihren Kreisen fortgeht, so haben sich doch schon seit langer Zeit verschiedne Berliner Musiker bemüht, solche in ihrem Laufe zu hemmen und zum Stillstehen zu bringen.

Im ganzen genommen wurden meine Erwartungen von Berlin nicht völlig erfüllet, denn ich fand nicht, daß der Geschmack in der Komposition oder in der Spielart, welchem Se. Majestät, der König von Preußen, den Vorzug beilegt, meinem Begriffe von der Vollkommenheit entspräche. Ich spreche sowohl hier als anderwärts nach meinen Empfindungen. Indessen würde es Verwegenheit von mir sein, wenn ich mein einseitiges Urteil dem Urteile eines so erleuchteten Monarchen entgegensetzen wollte, hätte ich nicht glücklicherweise die Meinung des größesten Teils von Europa auf meiner Seite. Denn, müßte es auch zugegeben werden, daß Se. Majestät den goldnen Zeitpunkt des Augustus in der Musik gewählt hätten, so scheint es doch nicht, daß Dieselben den besten Komponisten aus diesem Zeitpunkte Dero Gunst geschenkt haben. Vinci, Pergolesi, Leo, Feo, Händel und viele andre, welche in den besten Zeiten von Quantz und Graun geblühet haben, halte ich für größer an Geschmack und Genie als sie. – Und dennoch sind die Namen Quantz und Graun zu Berlin heilig und wird mehr darauf geschworen als auf Luther und Calvin.

Unterdessen gibt es zu Berlin so gut wie anderwärts Spaltungen; nur sind die Ketzer genötigt, ihre Meinungen geheimzuhalten, indessen daß die herrschende Partei frei und laut spricht. Denn obgleich hier in Ansehung der verschiedenen christlichen Religionsmeinungen eine völlige Toleranz herrscht, so ist doch derjenige, der nicht graunisch oder quantzisch ist, vor Verfolgung nicht sicher.
Die Musik hierzulande ist deutscher als in irgendeiner andern Gegend des deutschen Reichs. Denn ob hier gleich beständig zur Karnevalszeit italienische Opern sind, so dürfen doch keine andre aufgeführt werden als von Graun, Agricola oder Hasse, und von diesem letzten und besten nur sehr wenige. Und der König hält in dem Opernhause ebensowohl auf gute Mannszucht als im Felde, und wenn an beiden Orten der geringste Fehler in einer einzigen Bewegung oder Evolution vorfällt, so wird er bemerkt und der Fehlende zurechtgewiesen. Und wenn einer unter den italienischen Truppen sich unterstünde, von der genauesten Subordination abzuweichen und eine einzige Passagie in der vorgeschriebenen Rolle zu vergrößern, zu ändern oder zu vermindern, so würde er eine Ordre empfangen, sich genau an die vorgeschriebenen Noten zu halten. Diese ist gar eine vortreffliche Methode, wenn die Komposition gut und der Sänger zügellos ist; sie steht aber auch gewiß dem Geschmacke und dem Raffinement entgegen. Bei alledem aber steht hier der Geschmack in der Musik auf einem festen und unbeweglichen Punkte.

Hamburg

In diese Stadt kommt man, ohne examiniert oder von Akzisbedienten belästigt zu werden. Der Reisende wird an dem Tore bloß um seinen Namen und Stand befragt. Die Gassen sind schlecht gebauet, schlecht gepflastert und eng, aber voller Menschen, die ihren eignen Geschäften nachzugehen scheinen. Aus den Mienen und Betragen der

Einwohner dieses Orts leuchtet eine Zufriedenheit, Geschäftigkeit, Wohlhabenheit und Freiheit hervor, die man in andern Orten Deutschlands nicht häufig zu sehen bekömmt.

Die Stadt Hamburg ist lange wegen ihrer Opern berühmt gewesen, und aus dem Verzeichnis, das Mattheson in seinem *Musikalischen Patrioten* anführt, erhellet, daß die Anzahl derer, welche zu Ende des vorigen und zu Anfange des gegenwärtigen Jahrhunderts aufgeführt worden, größer ist als die in irgendeiner andern Stadt im deutschen Reiche.

Das erste musikalische Drama, wovon man in der Geschichte des Hamburgischen Theaters Nachricht hat, ist *Orontes,* 1678, komponiert vom Kapellmeister Theile. Allein dieses sowohl als die meisten, welche bis zum Anfange dieses Jahrhunderts vorgestellet sind, waren in deutscher Sprache.[27]

Bei diesem Theater sind die Kompositions von Keiser, Mattheson, Händel und Telemann die berühmtesten. Von Keisern ist schon in dem vorigen Bande dieses Tagebuchs Seite 327 gesprochen, wozu ich hier bloß noch beifüge, daß er hundertundsieben Opern, meistens fürs Hamburger Theater, gesetzt hat, 1673 geboren und 1739 gestorben ist.

Von Mattheson seh' ich mich genötigt, etwas umständlicher zu sein, weil er nicht nur ein geborner Hamburger war, sondern auch lange in dem dreifachen Charakter, als

27 Der itzige Verfasser des gelehrten Artikel im *Altonaischen Reichspostreuter* (der sein Blatt zum Dienste gewisser Skribbler bereithält, wie etwan eine alte Büchse beim Scheiben- und Vogelschießen, wo man dem Verleiher etliche Groschen bezahlt, zielt, abdrückt, und, getroffen oder nicht getroffen, mit der Büchse weiter nichts zu tun hat) ließ neulich an sich schreiben, um Herrn Wieland einen weidlichen Fehler zu zeigen, daß er die ersten Hamburgischen Opern nicht als deutsche Opern aufgezählt hätte! Wieland sollte in dem Sinne, wie er von deutschen Opern sprach – O des weisen Verfassers des gelehrten Artikels im *Reichspostreuter!* der die Geschichte des hamburgischen Theaters so gut innehat, wie er sich schreiben läßt! (Übers.)

Sänger, Komponist und Schriftsteller[28], Figur gemacht hat.
Er machte sich einen Ruhm daraus, daß er vor seinem Ende, welches 1764 in seinem zweiundachtzigsten Jahre erfolgte, ebenso viel Bücher über die Musik[29] geschrieben habe, als er Jahre alt geworden, und daß er den Exekutoren seines Testaments eine gleiche Anzahl zum Gebrauche für die Nachwelt hinterlassen würde.
Im Jahre 1761 gab er eine Übersetzung aus dem Englischen von Händels Leben heraus, wozu er Noten und Zusätze gemacht hatte, die weder aufrichtig noch großmütig waren. Aber wie konnte der Verfasser einer Schrift, worin gesagt wurde: „Mattheson war kein großer Sänger und bekam nur gelegentlich eine Rolle“, eine bessere Begegnung erwarten! Das vorige zu widerlegen, sagte er uns, daß er beständig, funfzehn Jahre durch, in den Hamburgischen Opern die ersten Rollen gesungen, und zwar mit solchem Glücke, daß er die Affekten seiner Zuhörer in seiner Gewalt hatte und solche nach eignem Gefallen zur Freude, Betrübnis, Hoffnung und Furcht bewegen konnte. Und wer will es wagen, daran zu zweifeln, daß er dieses Vermögen besessen, wenn er die Wirkung desselben eigenhändig bezeugt?
Dieser Schriftsteller war nicht allein in Beurteilung der Schriften, die in seine Hände fielen, spitzfindig und scharf, sondern er zankte sich auch beständig mit seinen Lesern herum. Indessen war er fleißig, Tatsachen aufzusuchen, und setzte sie genau ins Licht.
Wer gerne Nachricht von Händels Lebensgeschichte sei-

28 Es könnte also vierfach heißen, denn er war gar kein unbedeutender Klavierspieler. (Übers.)

29 Das sagte Mattheson nicht. Er zählte alles, auch seine übersetzten Staatsschriften, mit dazu, und unter den vorrätigen Manuskripten zeigte er mir eine Abhandlung über die Psalmen Davids, wovon es mir vorkam, als ob er über die musikalische Seite derselben viel Durchgedachtes gesagt hätte; freilich war er auch aus seinem Gleise gegangen und hatte Texterklärungen machen wollen. (Übers.)

ner jüngern Jahre, eh' er nach London kam oder nach Italien reisete, haben will, der kann solche in Matthesons Schriften finden. In der Tat hat die Tradition so viele Anekdoten über seine musikalischen Arbeiten in Hamburg aufbewahrt, daß manche musikalische Leute, die zu spät in die Welt gekommen sind, ihn zu hören, glauben, sie haben vergebens gelebt.

Eben in dieser Stadt war's auch, daß Händel seine Laufbahn als Komponist antrat, ob er gleich anfangs mit der Stelle eines zweiten Violinisten im Orchester vorliebnehmen mußte.

Hier stellte er sich, als ob er nicht bis auf fünfe zählen konnte, wie er denn überhaupt, sagt Mattheson, von Natur zum dürren Scherze sehr geneigt war. Es war bei einer Gelegenheit, da es an einem Klavierspieler im Orchester fehlte, daß man ihn zum ersten Male überredete, seinen Platz am Flügel einzunehmen; er zeigte sich aber alsobald als ein Meister, ohne daß es jemand anders vermutet hätte als Mattheson, der ihn schon kannte und wußte, was für ein Orgelspieler er wäre. Um dieser Zeit (1703) war Händel neunzehn und Mattheson zweiundzwanzig Jahr alt.

Zu der Zeit ging Händel fleißig bei Matthesons Vater zu Tische, und Mattheson gesteht selbst, daß er von Händel einige besondre Kontrapunktbegriffe gelernt habe. Diese jungen Musiker hatten öftern Streit um den Vorrang auf den Klavierinstrumenten; und in ihren verschiedenen Versuchen hatte Händel beständig den Vorzug auf der Orgel, ob ihn gleich Mattheson zuweilen auf dem Flügel gleichkam.[30]

Als in Lübeck eine Organistenstelle besetzt werden sollte, reiseten sie zusammen dahin und komponierten auf dem

30 In Matthesons *Grundlage einer Ehrenpforte,* woraus viele dieser Umstände entlehnt sind, heißt es über diesen und den folgenden Satz: „Wir bespielten daselbst (in Lübeck) fast alle Orgeln und Clavicimbel und faßten wegen unsers Spielens einen besonders Schluß, dessen ich anderswo gedacht habe, daß nämlich er nur die Orgel und ich das Clavicimbel spielen wollte." (Übers.)

Wagen viele Doppelfugen, *da mente,* sagt Mattheson, nicht *da penna.* Buxtehude, dem man einen Nachfolger aussuchen wollte, lebte noch und war ein vortrefflicher Organist. Über Händels Kunst aber erstaunten sogar diejenigen, welche daran gewöhnt waren, diesen großen Spieler zu hören.

Händel und Mattheson traten von dem Vorhaben ab, sich um diese Stelle zu melden, wegen einer dabei verknüpften Nebenbedingung, welche keine andre war, als daß das Amt und eine Braut zugleich empfangen werden sollten. Sie bedankten sich also der Ehre und reiseten geschwind wieder nach Hamburg zurück.

Das Jahr darauf (1704), da Matthesons Oper *Cleopatra* aufgeführt wurde, in welcher er selbst den Antonius vorstellte, der sich wohl eine halbe Stunde vor dem Beschluß des Stücks entleibt, wollte er nach seiner Gewohnheit als Komponist Händeln vom Flügel verdrängen und das übrige der Oper selbst akkompagnieren und dirigieren. Händel wollte aber dieser Eitelkeit sich nicht fügen, welches denn einen so heftigen Zank veranlaßte, daß Mattheson beim Herausgehen aus der Oper Händeln eine Ohrfeige gab. Beide zogen darauf augenblicklich vom Leder und tummelten sich auf offnem Markte vor vielen Zuschauern herum. Zum Glück zerbrach Matthesons Klinge von einem Stoße, den er auf einen breiten metallischen Knopf in Händels Kleide tat, welches dem Zweikampf ein Ende machte, und sie wurden bald darauf wieder ausgesöhnt.

Auf diese Weise erzählt Mattheson diese jugendlichen Händel selbst, die er mit seinem Mitbuhler Händel in Hamburg gehabt, in seiner *Grundlage zur Ehrenpforte* noch lange vorher, ehe Händel starb.

Händel hielt sich fünf bis sechs Jahre in dieser Stadt auf und brachte hier 1705 seine erste Oper *Almira* aufs Theater, und da solche großen Beifall fand, lieferte er das folgende Jahr seine zwote, *Nero.* Von dieser Zeit bis 1708, in welchem er zwei Opern, *Florino* und *Daphne*, setzte, hat er fürs Theater nichts gemacht, ob er gleich Klaviersachen und einzelne Arien in großer Menge komponierte. Nach Matthesons Meinung aber, welcher dem Schmeicheln eben nicht ergeben ist, waren diese Sachen ohne Geschmack oder Delikatesse, obgleich in Ansehung von Harmonie vortrefflich.[31] In der Tat machten die Komponisten im vorigen Jahrhundert so viel Wesens aus der Harmonie, daß sie der Melodie gänzlich darüber vergaßen.

Während seines Aufenthalts, gesteht Mattheson, habe Händel seinen Stil um ein merkliches verbessert dadurch, daß er fleißig Opern gehört, und sagt von ihm, daß er auf der Orgel im Fugen- und Kontrapunktstile noch stärker gewesen als der berühmte Kuhnau zu Leipzig, der damals als ein Wunder angesehen ward.

Telemann, welcher 1681 in Magdeburg geboren war, folgte Keisern als Opernkomponist zu Hamburg, als für welche Stadt er allein fünfunddreißig Opern gesetzt hat. Man sagt, er soll für die Kirche und die Kammer mehr geschrieben haben als der alte Alessandro Scarlatti. Im Jahr 1740 zählte man schon an sechshundert Ouvertüren von ihm. Dieser Komponist hatte, wie der Maler Raffael, eine frühere und eine spätere Manier, welche sehr voneinander unterschieden sind. In der ersten war er hart, steif, trocken und höckerig, in der zweiten alles, was nur angenehm, lieblich und gefeilet heißen kann.[32] Dieser mannigfaltige und voluminöse Komponist starb 1767 zu Hamburg in einem Alter von sechsundachtzig Jahren.

31 Das sagt nun Mattheson von dieser Zeit wirklich nicht. Er spricht von 1703, wenn er in der *Ehrenpforte* sagt: „Die meiste Zeit ging er damals bei meinem seligen Vater zu freiem Tische und eröffnete mir dafür einige besondre Kontrapunktgriffe. Da ich ihm hergegen im dramatischen Stil keine geringen Dienste tat und eine Hand die andre wusch." Man sollte denken, Matthesons Übersetzer hätte ohne Nebenabsichten eben nicht nötig, seinen Ausdruck zu verstärken. (Übers.)

32 Ein Verteidiger des französischen Geschmacks in der Musik könnte hierin etwas für seine Rechnung finden, wenn er die Anmerkung gebrauchte, daß Telemann im Jahr 1737 acht Monate lang in Paris, niemals aber in Italien gewesen ist. (Übers.)

Und nunmehro, da ich das nötige von den vier vornehmsten Tonkünstlern der vergangnen Zeit gesagt habe, deren Arbeiten das Vergnügen und eine Ehre dieser Stadt gewesen sind, gehe ich zu der Nachricht von demjenigen über, was solche gegenwärtig in der Musik am merkwürdigsten besitzt.
Der erste Besuch, den ich in dieser Stadt ablegte, war bei meinem würdigen Freunde und Korrespondenten, Herrn Magister Ebeling, durch dessen Umgang ich itzt ebenso eingenommen wurde, als ich's vorher von seinen Briefen gewesen war. Da dieser mein Freund schon vorher meine Absicht wußte, daß ich über Hamburg kommen würde, und ein gültiger Richter von der Natur meiner Nachforschungen war, so hatte er alle seine musikalischen Seltenheiten, deren er nicht wenige besitzt, in Ordnung gebracht, um mir solche zur Einsicht vorzulegen.
Obgleich diese Stadt in vorigen Zeiten so berühmt wegen ihrer Opern gewesen, so hat sie doch seit einigen Jahren keine mehr gehabt. In der Tat hab' ich auf meiner ganzen Reise durch Deutschland keine ernsthafte Oper gesehen. Allein, da dieses Drama gemeiniglich von italienischen Sängern aufgeführt wird, so sah ich solches nicht als den vornehmsten Gegenstand dieser Reise an, auf welcher ich mich nach eigentlicher und wahrer deutscher Musik und deutschen Tonkünstlern erkundigen wollte.
Hamburg besitzt gegenwärtig außer dem Herrn Kapellmeister Carl Philipp Emanuel Bach keinen hervorragenden Tonkünstler, dagegen aber gilt dieser auch für eine Legion! Ich hatte schon längst seine eleganten und originalen Kompositionen mit dem höchsten Grade von Vergnügen betrachtet, und sie hatten ein so heftiges Verlangen in mir erzeugt, ihn zu sehen und zu hören, daß es keiner andern musikalischen Versuchung brauchte, mich nach dieser Stadt zu locken.
Herr Ebeling war schon vor meiner Ankunft so gütig gewesen, die Übersetzung, die er mir die Ehre erzeigt hatte, im Deutschen von meiner italienischen Reise zu machen, Herrn Bach mitzuteilen und ihm zu sagen, daß ich geson-

nen wäre, nach Hamburg zu kommen, und itzt führte er mich an dem nämlichen Morgen meiner Ankunft zu ihm. Herr Bach empfing mich sehr gütig, sagte aber, daß er sich schämte, wenn er daran dächte, wie wenig mir meine Mühe belohnt werden würde, daß ich Hamburg besucht hätte. „Funfzig Jahr früher", sagte er, „da hätten Sie kommen sollen!"

Er bespielte ein neues Fortepiano, und mit einer Art, als ob er kaum ans Spielen dächte, warf er seine Gedanken und solche Sachen hin, worauf sich ein jeder andrer hätte etwas zugute tun können. Er verlangte von mir, ich sollte eine Zeit bestimmen, wann ich wieder zu ihm kommen wollte, denn, sagte er, er müßte mich einen ganzen Tag allein haben, und der würde nur halb zureichen, uns unsre Ideen mitzuteilen. Er tat mir das Anerbieten, mich nach einer jeden Kirche im Hamburg zu führen, worin nur eine gute Orgel zu finden; er wollte einige alte und seltne Sachen für mich aufsuchen und sagte mir beim Weggehen, es würde morgen eine armselige Musik von seiner Komposition aufgeführt werden, die er mir riete, nicht anzuhören. Sein spaßhafter Ton entfernte gleich allen Zwang, ohne mir die Achtung und Ehrerbietung zu benehmen, die mir seine Werke schon in der Entfernung eingeflößt hatten.

Nachdem ich vom Herrn Bach weggegangen, brachte ich das übrige des Tages damit zu, daß ich Briefe abgab, die Stadt besah und die Buchhändler besuchte, deren es in Hamburg viele gibt. Unter – –[33]

Diesen Abend, nachdem mir Herr Ebeling einen Teil seiner vortrefflichen Musikalien und musikalischen Bücher-

33 Da Herr Ebeling in diesem Teile öfters mit verdientem Ruhme genannt wird, so finde ich bei dieser Stelle, wo der Herr Verfasser seinem guten Herzen zufolge auch meiner erwähnt, für schicklich zu sagen, daß Herrn Ebelings Geschäfte ihm nicht erlaubt haben, die Übersetzung dieser beiden letzten Bände zu übernehmen. Ich wünschte, daß das Publikum nichts mehr dabei verlieren möchte als die Stelle hier, die mich selbst betrifft und die ich billig weglasse. (Übers.)

sammlung gezeigt hatte, tat er mir den Gefallen, mich mit dem Professor der Mathematik, Herrn Büsch, bekannt zu machen, in dessem Hause ich einen sehr angenehmen Abend zubrachte. Dieser war zwar nicht der Musik gewidmet und gab mir auch zu keinen neuen Entdeckungen Gelegenheit; allein, ich war auch schon längst überzeugt, daß keine Harmonie reizender ist als diejenigen, welche aus der Zusammenstimmung der Herzen und der Gesinnungen der Gesellschafter entsteht.

Der Herr Professor Büsch und der Herr Magister Ebeling sind die Vorsteher einer im Jahr 1768 zu Hamburg errichteten Handlungsakademie. Ein vortrefflich eingerichtetes Institut für die Erziehung solcher jungen Leute, die in allen Teilen der Welt, wo die deutsche, englische, französische, italienische oder holländische Sprache erfodert werden, zur Handlung bestimmt sind. Denn bei diesen Sprachen lernen die jungen Akademisten zugleich das Buchhalten, die Geographie und dasjenige von der Geschichte, welches mit dem Handlungsinteresse der verschiedenen Bewohner des Erdbodens Zusammenhang hat.

Sonnabends, den 10. Oktober

führte mich Herr Doktor Jacob Mumssen, ein guter Arzt sowohl als ein Mann von Geschmack in den schönen Künsten und Wissenschaften, des Vormittags zu dem berühmten Dichter Klopstock, den die Deutschen ihren Milton nennen.[34] Ich hatte das Vergnügen, mit ihm und verschiedenen andern gelehrten und einsichtsvollen Personen eine ziemlich lange Unterredung zu halten, während welcher über allerlei merkwürdige Dinge gesprochen wurde. Ich bin nicht imstande, von Herrn Klopstocks dichterischen Geschicklichkeiten[35] zu sprechen; seine Landsleute aber

34 Die Deutschen, die Milton und Klopstock verstehen, tun das nicht; so ein großes Kompliment Herr Burney auch vielleicht dem deutschen Heldendichter dadurch zu machen gedacht hat.

35 *Poetical abilities*, sagt hier Herr Burney, bei Metastasio sagt er öfters *genius*! Aber er richtet nicht, und der Übersetzer auch nicht! (Übers.)

sind der Meinung, daß er alle andre Barden weit hinter sich zurückgelassen hat. Sein *Messias*, den er erst kürzlich zu Ende gebracht hat, ist das erste Gedicht der Deutschen, wie die *Iliade* das erste Gedicht der Griechen.
Sie sprechen von seinen *Oden* als von einem *novum atque inauditum scribendi genus* und sagen, „daß das alte Griechenland und Rom über die Stärke, Erhabenheit, Wahrheit und Harmonie dieser Gedichte Richter sein könnten. Seine Silbenmaße sind zuweilen von den Griechen genommen, viele aber sind von seiner eignen Erfindung. Klopstocks Verdienst um die deutsche Sprache wird erst die Nachwelt am besten erkennen. Seine *Oden* verlangen einen Leser, der einen guten, natürlichen Verstand hat und mit der Geschichte seines Vaterlandes, seiner Sprache, seinen Altertümern und mit der Harmonie des Verses gut bekannt ist. Je mehr solche jemand studiert, je mehr werden sie ihm gefallen. Von manchem werden sie für unverständlich gehalten, bloß weil sie mit keiner andern Gattung von Schriften etwas Ähnliches haben."
Nach diesem Besuche brachte mich Herr Bach nach der Katharinenkirche, woselbst ich eine schöne Musik von seiner Komposition hörte, die aber für die große Kirche zu schwach besetzt war und die auch von der Versammlung zu unaufmerksam angehört wurde. Dieser Mann war ohne Zweifel geboren, für große und stark besetzte Orchester von sehr geschickten Spielern und für ein sehr feines Auditorium zu komponieren. Itzt scheint er nicht völlig in seinem Elemente zu leben. In einer jeden Stadt oder in jedem Lande, wo die Künste kultiviert werden, haben solche ihre Ebbe und Flut, und in diesem Betracht ist der gegenwärtige Zeitpunkt für Hamburg nicht der glänzendste.
Auf dem Wege von der Kirche nach seinem Hause hatten wir ein Gespräch, das für mich sehr interessant war. Unter andern sagte er: „Wenn auch die Hamburger nicht alle so große Kenner und Liebhaber der Musik sind, als Sie und ich es wünschen möchten, so sind dagegen die meisten sehr gutherzige und umgängliche Personen, mit denen

man ein angenehmes und vergnügtes Leben führen kann; und ich bin mit meiner gegenwärtigen Situation sehr zufrieden; freilich möchte ich mich zuweilen ein wenig schämen, wenn ein Mann von Geschmack und Einsicht zu uns kommt, der eine beßre musikalische Bewirtung verdiente, als womit wir ihm aufwarten können."

Nach diesem lenkte sich unser Gespräch auf die gelehrte Musik. Er sprach mit wenig Ehrerbietung von Kanons und sagte, es wäre trocknes, elendes, pedantisches Zeug, das ein jeder machen könnte, der seine Zeit damit verderben wollte. Ihm wäre es aber allemal ein sichrer Beweis, daß es demjenigen ganz und gar an Genie fehlte, der sich mit einem so knechtischen Studieren abgeben und in so unbedeutende Arbeiten verliebt sein könnte.

Er fragte mich, ob ich in Italien viel große Kontrapunktisten angetroffen hätte, und auf meine verneinende Antwort versetzte er, nun, es würde auch noch nicht viel sagen, wenn sie auch hätten, denn wenn man den Kontrapunkt auch recht gut versteht, so gehören doch noch viel andre wesentliche Dinge dazu, wenn man ein guter Komponist werden will. Er sagte, er habe einst an Hasse geschrieben, er wäre der listigste Betrüger von der Welt, denn in einer Partitur von zwanzig vorgezeichneten Stimmen ließe er selten mehr als drei wirklich arbeiten, und mit diesen wüßte er so himmlische Wirkungen hervorzubringen, als man niemals von einer vollgepfropften Partitur erwarten dürfte. Bei dieser Gelegenheit machte ich die Anmerkung, daß, wie ein weiser Mann bei einem Gespräch immer wartet, bis er eine Gelegenheit findet, etwas Zweckmäßiges zu sagen, ehe er spricht, so sollte es ein guter Komponist ebenso machen, wenn er die Füllstimmen schreibt; und nicht gleich den ewigen Schwätzern, welche immer etwas sagen wollen, wo nichts zu sagen ist, die Zuhörer mit Noten die Ohren betäuben, die noch schlimmer sind als die nichtssagenden, welche in der Musik allen Gesang und Ausdruck verderben; wie eine große Gesellschaft, wo alle auf einmal reden, das Gespräch verdirbt, und man anstatt Vernunft, Witz und mun-

tern Scherz nichts zu hören bekömmt als Unsinn, Toben und Lärmen. – Er war völlig meiner Meinung.
Des Abends war Herr Ebeling so gütig, so viel Hamburgische Musiker und Liebhaber zusammenzubringen, als ihm möglich gewesen, um mich mit einem Konzert zu traktieren, und Herr Bach war da zum *Presidio.* Ich habe große Ursache, für die viele Mühe dankbar zu sein, die man sich bei dieser Gelegenheit gab, mir ein Vergnügen zu schaffen. Es wurden verschiedene von Herrn Bachs Singekompositionen gemacht, in welchen allen großes Genie und große Originalität steckte, ob sie gleich nicht die Verschönerung erhielten, die ihnen Sänger von der ersten Klasse möchten gegeben haben. Herr Bach hat ein deutsches Passionsoratorium in Musik gesetzt, und aus dieser vortrefflichen Komposition wurden heute abend einige Stellen gemacht. Besonders ward ich von einem Chor entzückt, welches in Ansehung der Modulation, der Ausarbeitung und der Wirkung es wenigstens dem besten Chore in Händels unsterblichen *Messias* gleichtat. Eine Adagioarie, da Petrus innig weint, als ihn der Hahn zur Reue weckt, war so innig rührend, daß fast alle Zuhörer den Jünger mit ihren Tränen begleiteten.
Es wurden noch verschiedene Sinfonien, einzelne Arien und unter andern auch eine Flügelsonatine mit Begleitung von Instrumenten gemacht, die aus einer sehr angenehmen Vermischung von langsamen und Bravoursätzen bestund, in welchen die Instrumentisten viele Arbeit hatten. Und ob diese gleich nicht in so beständiger Übung sind als ein Orchester, das sich völlig eingespielt hat, so machten sie doch einige sehr schwere Stücke mit einem ziemlichen Grade von Akkuratesse.
Es ist, um die Biegsamkeit seines Genies zu beweisen, daß ich der Sing- und vermischten Komposition des Herrn Kapellmeister Bachs erwähne. Aber nicht sowohl darauf, als auf seine Arbeiten für sein eignes Instrument, das Klavier und Fortepiano, möchte ich seinen Ruhm gründen, denn hier steht er allein, ohne einen Nebenbuhler, und hiervon werde ich hernach Gelegenheit haben zu spre-

chen. Was seine übrige Komposition betrifft, so haben vielleicht andre ebenso gute Arien, Chöre und Sinfonien gemacht. Sein Genie ist zwar allgemein für jedes Fach in der Musik, allein er hat weder die Übung und Erfahrung noch die Sänger und das Orchester, wofür er schreiben könnte, als andre vor ihm gehabt haben. Indessen muß ein jeder aufrichtiger Hörer und Bemerker in seinen unbeträchtlichsten Arbeiten jeder Gattung solche Originalzüge in der Modulation, dem Akkompagnement oder der Melodie entdecken, welche ein großes und erhabnes Genie beweisen.

Den 11. Oktober

Den heutigen Tag brachte ich sehr angenehmerweise auf einem Gartenhause des Herrn John Hanbury Esqu. in der Nachbarschaft von Hamburg zu, woselbst die wahre englische Gastfreiheit herrscht. Der Resident unsers Hofes am niedersächsischen Kreise, Herr Mathias, nahm mich mit hinaus. Ich hatte Empfehlungsschreiben an den Herrn Residenten, und er beehrte mich mit ebenso vieler Gewogenheit und Gefälligkeit, als Se. Majestät unsers Königs Minister in andern Gegenden Deutschlands getan hatten.

Bei der Zurückfahrt nach der Stadt von der Altonaischen Seite war eine solche Menge von Leuten, welche den Weg hin und her schlenderten, weil es ein Sonntag war, daß es ungemein schwerhielt, mit dem Wagen durchs Tor zu kommen. Es gab mir einen hohen Begriff von der Volksmenge in Hamburg; und auf mein Nachfragen wollte man mich versichern, die Stadt habe 120 000 Einwohner innerhalb der Ringmauern und 80 000 außerhalb derselben. Die gemeinen Leute waren heute sauber gekleidet, und man sahe ihnen keinen Mangel an. Ein Anblick, der mir auf meinen Reisen nicht häufig vorgekommen ist.

Diesen Abend führte man mich nach einem Konzerte im Hause des Herrn Westphal, ein redlicher und angesehener Musikalienhändler. Ich fand hier große Gesellschaft und viele Spieler, die aber größtenteils aus Liebhabern bestunden. Diese Art von Konzerten sind gewöhnlich mehr zum Vergnügen der spielenden Personen als der Zuhörer. Indessen fand ich hier einige junge Musiker, welche auf ihren verschiedenen Instrumenten eine vielversprechende Fertigkeit zeigten und die es durch Geduld und Erfahrung sehr weit bringen können. Übrigens sind solche musikalische Gesellschaften noch mehr als andre in Gefahr, in eine Anarchie auszuarten, wenn sie nicht von einem geschickten Meister in Ordnung gehalten werden, der sein Ansehn zu behaupten weiß.

Montag, den 12ten

Dies war einer der geschäftigsten Tage auf meiner deutschen Reise. Den frühen Morgen brachte ich bei den Merkwürdigkeiten meines Freundes, Herrn Ebeling, und das übrige desselben in Herrn Westphals musikalischen Warenlager zu. Herr Westphal steht mit allen bekannten Musikdruckern und Händlern in Europa in Briefwechsel und Handel, daher ist sein Catalogus nicht bloß lokal und auf Hamburg oder selbst auf Deutschland eingeschränkt, sondern ist general und für ganz Europa. Außer gedruckten und gestochnen Sachen hat er eine große Sammlung geschriebner Musikalien, die er zu sehr billigen Preisen verkauft. Es war mir itzt nicht möglich, nur den halben Inhalt seines Verzeichnisses zu untersuchen, eh' es Zeit wurde, zu Herrn Bach zu gehen, bei dem ich mich zum Mittagessen und auf den ganzen Tag versagt hatte.

Allein, eh' ich meine Leser mit den Talenten und dem Charakter dieses vortrefflichen Tonkünstlers genauer bekannt mache, will ich ihnen einige wenige Umstände aus seinem Leben vorlegen, welches durch eine Liste von seinen Werken wichtiger werden wird als durch seine Begebenheiten.

Wenn die Erzählungen von den stillen oder fruchtvollen Arbeiten eines Genies am Schreibpulte ein Buch ebenso unterhaltend machen könnten als die öffentlichen Taten im Felde, so würde die Lebensbeschreibung eines Philo-

sophen, eines Gelehrten oder eines Künstlers ebenso begierig gelesen werden als die Leben und Taten eines Cäsars oder Alexanders.
So aber erfährt itzt die Nachwelt genau Tag und Stunde, wann Städte verwüstet oder Armeen geschlagen sind; hingegen ist man selten bekümmert, die Zeit richtig anzumerken, in welcher die nützlichsten Entdeckungen für die Menschheit gemacht oder die größesten Produkte des Genies gezeugt worden.
Man würde also denjenigen für einen sehr elenden Biographen halten, der in dem Leben eines Tonkünstlers umständlich das Jahr, den Tag, die Stunden und den Ort bemerkte, wo diese oder jene Sonate komponiert wurden, ob solche gleich wegen ihrer Vortrefflichkeit sicher wäre, Liebhaber der Musik so lange zu entzücken, als das gegenwärtige System der Harmonie Bestand haben wird.
Und dennoch lieset man einen Geschichtschreiber mit einer Art von unmenschlichem Vergnügen, der uns in dem Laufe der Begebenheiten erzählt, um welche Zeit Thomas Kuli-kan oder sonst ein andrer Tyrann seinen Entwurf zu einer Schlacht machte, in welcher ein solches Gemetzle entstund, daß die Menschlichkeit so lange dafür erschrekken und schaudern muß, als die Erzählung davon die Geschichtbücher des menschlichen Geschlechts beflecken wird. –
Carl Philipp Emanuel Bach, zweiter Sohn – – –

(Man ist immer am besten daran, wenn man aus der Quelle schöpfen kann. – Der Übersetzer des gegenwärtigen Buches glaubte, die Leser würden die Lebensumstände dieses Mannes wo nicht lieber, doch gewiß ebenso lieb von ihm selbst erzählen hören. Sollten einige Anmerkungen des Herrn Dr. Burney darüber verlorengehen, so wird die simple Wahrheit hingegen dabei gewinnen. Der Herr Kapellmeister Bach hat sich durch seine gütige Freundschaft gegen mich bewegen lassen, mir folgendes mitzuteilen. Ich darf wohl nicht erst anmerken, daß es den Liebhabern des Klaviers und der Bachischen Komposition angenehm sein muß, hierdurch ein zuverlässiges Verzeichnis aller Arbeiten zu erhalten, die er für die seinigen erkennt.)

„Ich, Carl Philipp Emanuel Bach, bin 1714 im März in Weimar geboren. Mein seliger Vater war Johann Sebastian, Kapellmeister einiger Höfe und zuletzt Musikdirektor in Leipzig. Meine Mutter war Maria Barbara Bachin, jüngste Tochter von Johann Michael Bachen, einen gründlichen Komponisten. Nach geendigten Schulstudien auf der Leipziger Thomasschule habe ich die Rechte sowohl in Leipzig als nachher in Frankfurt an der Oder studiert und dabei am letztern Orte sowohl eine musikalische Akademie als auch alle damals vorfallenden öffentlichen Musiken bei Feierlichkeiten dirigiert und komponiert. In der Komposition und im Klavierspielen habe ich nie einen andern Lehrmeister gehabt als meinen Vater. Als ich 1738 meine akademischen Jahre endigte und nach Berlin ging, bekam ich eine sehr vorteilhafte Gelegenheit, einen jungen Herrn in fremde Länder zu führen; ein unvermuteter gnädiger Ruf zum damaligen Kronprinzen von Preußen, jetzigen König, nach Ruppin, machte, daß meine vorhabende Reise rückgängig wurde. Gewisse Umstände machten jedoch, daß ich erst 1740, bei Antritt der Regierung Sr. Preußischen Majestät, förmlich in Dessen Dienste trat und die Gnade hatte, das erste Flötensolo, was Sie spielten, in Charlottenburg mit dem Flügel ganz allein zu begleiten. Von dieser Zeit an bis 1767 im November bin ich beständig in preußischen Diensten gewesen, ohngeachtet ich ein paarmal Gelegenheit hatte, vorteilhaften Rufen anderswohin zu folgen. Se. Majestät waren so gnädig, alles dies durch eine ansehnliche Zulage meines Gehalts zu vereiteln. 1767 erhielt ich die Vokation nach Hamburg als Musikdirektor an die Stelle des seligen Herrn Kapellmeister Telemanns. Ich erhielt nach wiederholter alleruntertänigsten Vorstellung meinen Abschied vom Könige, und die Schwester des Königs, der Prinzessin Amalia von Preußen Hoheit, taten mir die Gnade, mich zu Höchstdero Kapellmeister bei meiner Abreise zu ernennen. Ich habe zwar seit meinem Hiersein wiederum ein paarmal sehr vorteilhafte Rufe anderswohin gehabt, ich habe sie aber jederzeit abgeschrieben. Meine preußischen Dienste haben mir nie so viel Zeit übriggelassen, in fremde Länder zu reisen. Ich bin also beständig in Deutschland geblieben und habe nur in diesem meinem Vaterlande einige Reisen getan. Dieser Mangel an auswärtigen Reisen würde mir bei meinem Metier mehr schädlich gewesen sein, wenn ich nicht von Jugend an das besondre Glück gehabt hätte, in der Nähe das Vortrefflichste von aller Art Musik zu hören und sehr viel Bekanntschaften mit Meistern vom ersten Range zu machen und zum Teil ihre Freundschaft zu erhalten. In meiner Jugend hatte ich diesen Vorteil schon in Leipzig, denn es reisete nicht leicht ein Meister in der Musik durch diesen Ort, ohne meinen Vater kennenzulernen und sich vor ihm hören zu lassen. Die Größe dieses meines Vaters in der Komposition, im Orgel- und Klavierspielen, welche ihm eigen war, war viel zu bekannt, als daß ein Musikus vom Ansehen die Gelegenheit, wenn es nur möglich war, hätte vorbeilassen sollen, diesen großen Mann näher kennenzulernen. Von allem dem, was besonders in Berlin und Dresden zu hören war, brauche ich nicht viele Worte zu machen; wer kennt den Zeitpunkt nicht, in welchem mit der Musik sowohl überhaupt als besonders mit der akkuratesten und feinsten Ausführung derselben eine neue Periode sich gleichsam anfing, wodurch die Tonkunst zu einer solchen Höhe stieg, wovon ich nach meiner Empfindung befürchte, daß sie gewissermaßen schon viel verloren habe. Ich glaube mit vielen einsichtsvollen Männern, daß das itzt so beliebte Komische hieran den größten Anteil hat. Ohne Männer anzuführen, welchen man vielleicht vorwerfen könnte, daß sie entweder gar nichts oder nur wenig Komisches gemacht haben, will ich einen der itztlebenden Meister im Komischen, Signor Galuppi, nennen, welcher mir in meinem Hause zu Berlin vollkommen beipflichtete und einige sehr lächerliche Vorfälle, welche er sogar in einigen Kirchen Italiens erlebt hatte, bei dieser Gelegenheit erwähnte. Genug, ich mußte mich begnügen und begnügte mich auch sehr gerne, außer den großen Meistern unsers Vaterlandes das Vortreffliche von aller Art zu hören, was die fremden Gegenden uns nach Deutschland herausschickten; und ich glaube nicht, daß ein Artikel in der Musik übrig sei, wovon ich nicht einige der größten Meister gehört habe.

Es sollte mir nicht schwerfallen, einen großen Raum von bloßen Namen der Komponisten, Sängerinnen, Sänger und Instrumentisten von aller Art auszufüllen, wenn ich weitläufig sein und mein Gedächtnis anstrengen wollte, welche ich habe kennengelernt. So viel weiß ich gewiß, daß sich darunter Genies finden, welche noch nicht in dieser Art und Größe wiedergekommen sind. Diesem allen ohngeachtet leugne ich nicht, daß es mir ungemein lieb und auch vorteilhaft würde gewesen sein, wenn ich hätte können Gelegenheit haben, fremde Länder zu besuchen.

Anno 1744 habe ich mich in Berlin mit Jungfer Johanna Maria Dannemannin, eines dasigen damals lebenden Weinhändlers jüngsten Tochter, verheiratet und aus dieser Ehe zwei Söhne und eine Tochter am Leben. Der älteste Sohn praktiziert hier als Lizentiat Juris, die Tochter ist noch bei mir zu Hause, und mein jüngster Sohn ist itzt in Sachsen und studiert auf den Malerakademien in Leipzig und Dresden sein Hauptmetier, die Malerei.

...

Singestücke für die Kirche und unterschiedene Feierlichkeiten habe ich in ziemlicher Anzahl verfertiget, es ist aber nichts davon gedruckt worden. Überhaupt bestehen meine Kompositionen ohngefähr in ein paar Dutzend Sinfonien, in 30 Trios fürs Klavier und andere Instrumente, in 18 Solos für andere Instrumente als das Klavier, in 12 Sonatinen für ein Klavier mit Begleitung, in 49 Konzerten fürs Klavier und andre Instrumente (welche letzten ich aber auch aufs Klavier gesetzt habe), unter den Flügelkonzerten ist eins mit zwei Flügeln, in 170 Solos fürs Klavier, welches mehrenteils Sonaten sind, einige darunter bestehen

aus kleinen Sammlungen charakterisierter und anderer kleinen Stücke aus Konzerten, Sinfonien und Fugen.
Weil ich meine meisten Arbeiten für gewisse Personen und fürs Publikum habe machen müssen, so bin ich dadurch allezeit mehr gebunden gewesen als bei den wenigen Stücken, welche ich bloß für mich verfertigt habe. Ich habe sogar bisweilen lächerlichen Vorschriften folgen müssen; indessen kann es sein, daß dergleichen nicht eben angenehme Umstände mein Genie zu gewissen Erfindungen aufgefodert haben, worauf ich vielleicht außerdem nicht würde gefallen sein.
Da ich niemals die allzu große Einförmigkeit in der Komposition und im Geschmack geliebet habe, da ich so viel und so verschieden Gutes gehört habe, da ich jederzeit der Meinung gewesen bin, man möge das Gute, es stecke wo es wolle, wenn es auch nur in geringer Dosis in einem Stücke anzutreffen ist, annehmen, so ist vermutlich dadurch und mit Beihülfe meiner mir von Gott verliehenen natürlichen Fähigkeit die Verschiedenheit in meinen Arbeiten entstanden, welche man an mir bemerkt haben will. Bei dieser Gelegenheit muß ich anführen, daß die Herrn Kritiker, wenn sie auch ohne Passion, wie es doch selten geschieht, schreiben, sehr oft mit den Kompositionen, welche sie rezensieren, zu unbarmherzig umgehen, weil sie die Umstände, Vorschriften und Veranlassungen der Stücke nicht kennen. Wie gar sehr selten trifft man bei einem Kritiker Empfindung, Wissenschaft, Ehrlichkeit und Mut im gehörigen Grade an; vier Eigenschaften, die in hinlänglichem Maße bei jedem Kritiker schlechthin sein müssen. Es ist dahero sehr traurig für das Reich der Musik, daß die sonst sehr nützliche Kritik oft eine Beschäftigung solcher Köpfe ist, die nicht mit allen diesen Eigenschaften begabt sind.
Unter allen meinen Arbeiten, besonders fürs Klavier, sind bloß einige Trios, Solos und Konzerte, welche ich mit aller Freiheit und zu meinem eignen Gebrauch gemacht habe.
Mein Hauptstudium ist besonders in den letzten Jahren

dahin gerichtet gewesen, auf dem Klavier, ohngeachtet des Mangels an Aushaltung, soviel möglich sangbar zu spielen und dafür zu setzen. Es ist die Sache nicht so gar leicht, wenn man das Ohr nicht zu leer lassen und die edle Einfalt des Gesanges durch zu vieles Geräusch nicht verderben will.
Mich deucht, die Musik müsse vornehmlich das Herz rühren, und dahin bringt es ein Klavierspieler nie durch bloßes Poltern, Trommeln und Harpeggieren, wenigstens bei mir nicht."

Man muß gestehen, daß der Stil dieses Komponisten so sehr von den übrigen abweicht, daß man sich notwendig erst ein wenig daran gewöhnen muß, eh' man ihn recht empfinden kann. Quintilian hielt es für ein Zeichen, daß ein junger Redner in seinen Studien fleißig gewesen, wenn er den Werken des Cicero Geschmack abgewonnen hatte; und Bachs Werke können zum Probierstein dienen, ob ein junger Musikus Geschmack und Urteil hat. Man hat seine Stücke beschuldigt, daß sie lang, schwer, tiefsinnig und weit hergesucht wären. Über den ersten Punkt läßt sich nicht so viel für ihn sagen als über die andern; dennoch läßt sich der Fehler entschuldigen, denn Länge wird in Deutschland von einer musikalischen Komposition so sehr erwartet, daß man einen Autor für arm an Ideen hält, der eher aufhört, bis er alles gesagt hat, was sich über sein Subjekt sagen läßt.[36]
Leicht und schwer sind relative Ausdrücke; das Wort, welches eine Person ohne Erziehung für schwer hält, kann für einen Gelehrten sehr gemein und ihm geläufig sein. Die Werke unsers Verfassers sind nicht sowohl schwer zu spielen, als gehörig auszudrücken. Was das Tiefsinnige und Weithergesuchte anbetrifft, so können diese Beschuldigungen sehr gemildert werden, wenn man

36 Soll wohl abermals ein Vorwurf für die geduldigen Deutschen sein, den man aber unbeantwortet hingehen lassen kann, es sei denn, daß jemand an die ewigen Rondos denken wollte, welche die Engländer itzt so ganz geduldig anhören. (Übers.)

dagegen in Betrachtung zieht, daß seine kühnsten Züge sowohl in der Melodie als in der Modulation niemals gegen die Regeln sind und beständig von großer Gelehrsamkeit unterstützt werden, und daß sein Flug kein wüstes Schwärmen der Unwissenheit und Raserei, sondern die Ergießung eines kultivierten Genies ist. Bei genauer Untersuchung also wird man finden, daß seine Kompositions so reichhaltig an Erfindung, Geschmack und Gelehrsamkeit sind, daß bei allem, was ihnen übelgesinnte Kritiker zur Last legen wollen, jede Zeile, die man einzeln heraushebt, mehr neue Ideen an die Hand geben kann, als man in ganzen Seiten mancher Komponisten vergebens suchen würde, welche doch mit Beifall aufgenommen sind.

Als ich nach seinem Hause kam, fand ich ihn mit drei oder vier vernünftigen und wohlerzogenen Personen von seinen Freunden, außer seiner Familie, die aus Madame Bach, seinem Sohn, den Lizentiaten, und seiner Tochter bestund. Der jüngste Sohn hält sich in Leipzig und Dresden auf, um die Malerei zu studieren. Den Augenblick, da ich ins Haus trat, führte er mich die Treppe hinauf in ein schönes, großes Musikzimmer, welches mit mehr als hundertundfunfzig Bildnissen von großen Tonkünstlern, teils gemalt, teils in Kupfer gestochen, ausgeziert war. Ich fand darunter viele Engländer und unter andern auch ein paar Originalgemälde von seinem Vater und Großvater. Nachdem ich solche besehen hatte, war Herr Bach so verbindlich, sich an sein Lieblingsinstrument, ein Silbermannisches Klavier, zu setzen, auf welchem er drei oder vier von seinen besten und schweresten Kompositions mit der Delikatesse, mit der Präzision und mit den Feuer spielte, wegen welcher er unter seinen Landsleuten mit Recht so berühmt ist. Wenn er in langsamen und pathetischen Sätzen eine lange Note auszudrücken hat, weiß er mit großer Kunst einen beweglichen Ton des Schmerzens und der Klagen aus seinem Instrumente zu ziehen, der nur auf dem Clavichord und vielleicht nur allein ihm möglich ist hervorzubringen.

Nach der Mahlzeit, welche mit Geschmack bereitet und mit heiterem Vergnügen verzehrt wurde, erhielt ich's von ihm, daß er sich abermals ans Klavier setzte; und er spielte, ohne daß er lange dazwischen aufhörte, fast bis um eilf Uhr des Abends. Während dieser Zeit geriet er dergestalt in Feuer und wahre Begeisterung, daß er nicht nur spielte, sondern die Miene eines außer sich Entzückten bekam. Seine Augen stunden unbeweglich, seine Unterlippe senkte sich nieder, und seine Seele schien sich um ihren Gefährten nicht weiter zu bekümmern als nur, soweit er ihr zur Befriedigung ihrer Leidenschaft behülflich war. Er sagte hernach, wenn er auf diese Weise öfter in Arbeit gesetzt würde, so würde er wieder jung werden. Er ist itzt neunundfunfzig Jahr alt, ist eher kurz als lang von Wuchs, hat schwarze Haare und Augen, eine bräunliche Gesichtsfarbe, eine sehr beseelte Miene und ist dabei munter und lebhaft von Gemüt.

Sein heutiges Spielen bestärkte meine Meinung, die ich von ihm aus seinen Werken gefaßt hatte, daß er nämlich nicht nur der größeste Komponist für Klavierinstrumente ist, der jemals gelebt hat, sondern auch im Punkte des Ausdrucks der beste Spieler. Denn andre können vielleicht eine ebenso schnelle Fertigkeit haben. Indessen ist er in jedem Stile ein Meister, ob er sich gleich hauptsächlich dem Ausdrucksvollen widmet. Er ist, glaub' ich, gelehrter als selbst sein Vater[37], sooft er will, und läßt ihn in Ansehung der Mannigfaltigkeit der Modulation weit hinter sich zurück. Seine Fugen sind allemal über neue und sinnreiche Subjekte, und er bearbeitet solche mit ebensoviel Kunst als Genie.

Unter verschiedenen andern Sachen spielte er mir auch seine sechs Konzerte vor, die er neulich auf Subskription herausgegeben und in welchen er sich bestrebt hat, leicht zu setzen, und zwar oft, wie ich glaube, auf Kosten seiner gewöhnlichen Art, original zu sein. Indessen leuchtet der

37 Der Übersetzer hat mehr als einmal aus Herrn Bachs eignem Munde gehört, daß man nicht gelehrter in der Musik sein könne, als sein Vater gewesen. (Übers.)

große Tonmeister aus jedem Satze hervor, und vermutlich wird dieses Werk um desto mehr mit Beifall aufgenommen werden, als es mehr Ähnlichkeit mit der Musik aus dieser Welt hat, wie seine vorigen Sachen, die für eine andre Sphäre, wenigstens für ein andres Jahrhundert, gemacht zu sein scheinen, in welchem man vielleicht dasjenige für leicht und natürlich hält, wovon man itzt sagt, es sei schwer und weithergesucht.

In den Charakteren des jüngern Scarlatti und Emanuel Bach sind sich verschiedene Züge sehr ähnlich. Beide hatten große und berühmte Komponisten zu Vätern, welche von allen ihren Zeitgenossen für das Panier der Vollkommenheit gehalten wurden, nur nicht von ihren Söhnen, welche neue Wege zum Ruhme zu entdecken wußten. Domenico Scarlatti wagte schon vor funfzig Jahren Noten von Wirkung und Geschmack, an die andre Musiker erst vor kurzer Zeit gelangt sind und mit welchen das Ohr des Publikums sich erst seit kurzem vertragen hat. Emanuel Bach scheint gleichfalls sein Zeitalter hinter sich zurückzulassen.

Herr Bach zeigte mir zwei verschiedene Bücher von seines Vaters Komposition, die er schon lange für seine Schüler gemacht hatte. Jedes Buch enthielt vierundzwanzig Vorspiele und vierundzwanzig Fugen aus allen Tonarten, worunter einige fünfstimmig und sehr schwer waren. Er schenkte mir verschiedene von seinen eignen Sachen und drei oder vier seltne alte Bücher und Abhandlungen über die Musik aus seines Vaters Sammlung und versprach mir dabei, in Zukunft mir allemal mit mehrern an die Hand zu gehen, wenn ich ihm nur schreiben wollte, was ich nötig hätte.

Dienstag, den 13ten

Diesen Vormittag brachte ich ganz damit zu, Kirchen zu besehen und Orgeln zu hören, und Herr Bach war so gütig, mich herumzuführen. Das erste Werk, das wir hörten, war die Orgel in der neuen Michaeliskirche, welches ein geschmackvolles und prächtiges Gebäude ist.

Der bekannte Legationsrat Mattheson vermachte alles sein Vermögen an diese Kirche mit der Bedingung, daß dafür eine Orgel nach dem Plane, den er in seinem Testamente davon angegeben, gebauet werden sollte. Sie ist erst seit kurzem fertig geworden und ist nach meiner Meinung die größeste und vollständigste in Europa. Sie kostet an 47 000 Mark. Herr Hildebrand hat sie gebauet. Es ist ein zweiunddreißigfüßiges Werk, hat drei Manuale, die oben bis ins hohe F gehen, und das Pedal gehet herunter bis ins doppelte C. Die Claves sind mit Perlmutter und Schildpatt belegt. Die Einfassung ist reich an Zieraten, die mir aber nicht nach dem besten Geschmack vorkommen.

Das Werk hat vierundsechzig Register, unter welchen die Flöte aus so viel würklichen Flöten besteht, als sie Töne hat. Die übrigen Register sind in ihrer Art gut, und das volle Werk mit der Gemeine ist der edelste Chorus, den man sich einbilden kann. Er fällt aber mehr auf durch seine Stärke und den Reichtum der Harmonie als durch eine klare und deutliche Melodie, welche nach dem in allen deutschen Kirchen üblichen Gebrauche mit einem Gewühle von Akkompagnements überladen werden muß. Herr Hartmann, ein Musikliebhaber[38], hatte die Gefälligkeit, dieses Instrument ziemlich lange zu bespielen, um es mich durchgängig hören zu lassen. Herr Bach hat in so langer Zeit nicht mehr auf der Orgel gespielt, daß er sagt, er wisse nichts mehr auf dem Pedal zu machen, welches durch ganz Deutschland für so wesentlich notwendig gehalten wird, daß man den für keinen guten Organisten achtet, der es nicht zu gebrauchen weiß. Man hat an diesem Instrumente einen Schweller anbringen wollen, aber er ist nicht sonderlich geglückt. Es sind bloß drei Register darauf gesetzt, und das Crescendo und Diminuendo ist dadurch so gering, daß ich's nicht bemerkt haben würde, wenn mir's nicht gesagt worden wäre.

Oben an der Fronte der Orgel steht Matthesons Porträt,

38 Macht wirklich beständig Profession von der Musik. (Übers.)

und an der Galeriefronte liest man eine schöne altmodische lateinische Inskription, welche Nachricht von seinem Vermächtnis gibt. Dieser gute Mann war mehr mit Pedanterie und wunderlichen Einfällen begabt als mit wahrem Genie. In einer von seinen Singekompositionen für die Kirche, wo im Texte das Wort „Regenbogen" vorkam, gab er sich unendliche Mühe, daß die Noten in seiner Partitur die Gestalt eines Bogens bekamen. Dies mag ein Pröbchen sein von seinem Geschmack und Urteil in Ansehung dessen, was man schicklicherweise in der Musik ausdrücken und nachahmen kann.

Seinem Testament zufolge ward an seinem Begräbnistage eine Trauermusik in der Kirche aufgeführt, die er selbst zu diesem Endzwecke komponiert hatte. Man tat aber nichts weniger als weinen, als man solche in ihrer altfränkischen Weise hörte. Indessen besaß er nicht wenig musikalische Erudition und ward in seinen jungen Jahren seinen Landsleuten dadurch sehr nützlich, daß er sie mit Musiken aus andern Gegenden der Welt bekannt machte und einen Stil unter ihnen einführte, der besser war als ihr eigner. Er war weniger in den Fugenkram verliebt als seine Zeitgenossen; in seinen letzten Jahren ward er aber ein bloßer Theoretiker ohne Geschmack und Empfindungen.[39]

Hamburg hat nicht weniger als funf zweiunddreißigfüßige Orgeln. Drei darunter sind von Schnitker gegen das Ende des vorigen Jahrhunderts gebauet, welche sowohl im vollen Werke als an schön klingenden Registern vortrefflich sind. Diese befinden sich in der Jacobi-, der Nicolai- und Johanniskirche.

Die Orgel in der St.-Peters-Kirche ist die älteste in der Stadt; man weiß nicht, wann sie zuerst gebauet ist, das

39 Herr Burney hätte wohl den Umstand bemerken sollen, daß Mattheson in seinen besten Jahren das Unglück hatte, taub zu werden. Aus diesem körperlichen Gebrechen läßt sich's leicht erklären, warum er mit der Verfeinerung des Geschmacks nicht Schritt halten konnte, und wenn er auch das größeste Genie gewesen wäre. (Übers.)

aber weiß man, daß die beiden letzten Manuale (sie hat viere) zu Herzogenbusch 1548 von Meister Nargenhorst gemacht und zu Wasser hierhergeschickt ist. Das findet sich noch im Kirchenregister, wie mir Herr Pfeiffer erzählte. Einige von den Stimmen sind gar vortrefflich, besonders die *Vox humana.* Sie gleicht zwar keiner Menschenstimme, die Lieblichkeit ihres Tons hat aber viel Ähnliches mit der bessern Art von Klarinetten. Herr Pfeiffer ist schon bei Jahren; er muß aber in seiner Jugend ein sehr brillanter Spieler gewesen sein. Er hat auch noch mehr Fertigkeit sowohl in Händen als Füßen, als ich noch jemals bei einem Manne von seinem Alter gefunden habe.

Des Nachmittags ward ich mit Signor Ansani bekannt gemacht. Er ist einer unter den ersten Sängern von Italien, hat sich zwei oder drei Jahre in Kopenhagen aufgehalten und war itzt im Begriff, nach Holland zu gehen. Er hat eine sehr schöne Tenorstimme, ist lang, schmächtig und übrigens von guter Bildung. Er akkompagnierte sich selbst verschiedne Arien auf dem Flügel und zeigte nicht allein im Adagio viel Geschmack und Ausdruck, sondern sang auch das Allegro sehr nett, denn er weiß in den Bravourarien die schnellesten Passagien herauszubringen. Er ist für die ernsthafte Singart, und in seiner Gattung hab' ich noch keinen bessern Sänger gehört. Er hat einen großen Umfang der Stimme[40], welche übrigens stark und angenehm ist. Sein Triller ist ein wenig zu eng, sonst würde ich's wagen, ihn einen vollkommnen Tenorsänger zu nennen.

Nachdem ich in Hamburg so freundschaftlich aufgenommen worden und so tätigen Beistand in meinen musikalischen Nachforschungen gefunden hatte, ging mir's sehr nahe, daß es mir nicht möglich war, länger in dieser Stadt zu bleiben. Aber die Zeit war verflossen, die ich zu einer

40 Seine wahre Bruststimme ist wirklich nicht von weitem Umfange, er hat aber ungemein viel Mühe angewandt, den Absatz, der zwischen E und F bei ihm eintritt, fast unmerkbar zu machen. (Übers.)

Reise durch die Gegenden Deutschlands ausgesetzt hatte, wo die Musik am meisten kultiviert worden ist, und ich war endlich genötigt, mein Angesicht wieder nach England zu richten.

...

Hier endigt sich meine zwote Reise. Was Deutschland betrifft, wenn ich an verschiedene Örter unmöglich habe gelangen können, die sonst wohl ein Recht auf meine Aufmerksamkeit gehabt hätten, oder wenn ich an andern eines oder des andern geschickten Tonkünstlers nicht erwähnt habe, so hoffe ich, wird man bedenken, daß ich auf das Leben eines Patriarchen hätte müssen rechnen können, um eine jede Provinz, jeden Hof oder jede Stadt dieses weitläuftigen Reichs zu besuchen und an jedem Orte so lange mich aufzuhalten, bis ich in der Karnevalszeit die besten Musiker alle gehört hätte, wie mir solches sehr oft angeraten wurde. Wenn indessen der Leser meinem Wege auf der Landkarte nachgehen will, so wird er finden, daß ich fast jede Hauptstadt besucht habe und daß ich, von meiner ersten Landung aus dem Schiff an, einen Winkel von Westen gegen Osten und von Süden gegen Norden, durch Flandern, Brabant und das deutsche Reich von beinahe 400 Meilen gezogen, ehe ich auf meiner Zurückreise nach England wieder Holland berührt habe.
Um gleichwohl einigermaßen die Kürze meiner Zeit für einen so langen Weg zu ersetzen, will ich hier einige Nachrichten als eine Zugabe mitteilen, die ich in betreff des Zustandes der Musik in den Gegenden Deutschlands, die ich unmöglich habe berühren können, von sehr guter Hand erhalten habe.
Der Pater Martin Gerbert, ein Benediktiner in der Abtei St. Blasius im Schwarzwalde nahe bei Freiburg, gab 1763 den Entwurf einer *Geschichte der Kirchenmusik* vom ersten Jahrhunderte bis auf gegenwärtige Zeiten heraus. Nachdem er solchen im Druck bekanntgemacht hatte, tat er eine Reise durch Deutschland und einen großen Teil

von Frankreich und Italien, um in den Klöstern und öffentlichen Büchersälen dieser verschiedenen Länder Materialien zu sammlen. Und im Jahr 1765 ließ er seine Reisebeschreibungen drucken, worin er das Publikum von dem Erfolge seines Unternehmens benachrichtigte.

Als ich in Mannheim war, ward meine Neugierde beim Durchlesen dieses letzten Buches und durch die mündlichen Nachrichten von den Materialien, die Herr Pater Gerbert schon seit langer Zeit zu seiner vorhabenden Geschichte zusammengebracht hätte, gereizt, daß ich den Entschluß faßte, seine Abtei zu besuchen, ob solche gleich sehr weit aus meinem mir vorgesetzten Wege lag. Als ich mich zu dieser Abweichung von meinem ersten Plane anschickte und die nötigen Nachrichten von dem Wege dahin einzog, hatte ich den Verdruß zu erfahren, daß diese große und schätzbare Sammlung von Materialien zu einer Geschichte der heiligen Musik vor kurzen mitsamt dem Konvente, worin solche niedergelegt waren, im Feuer aufgegangen sei. Nichts als die Geduld konnte mich über diese fehlgeschlagene Hoffnung trösten. Indessen hatte ich die Freude zu vernehmen, daß dieser ehrwürdige und gelehrte Kompilator aller dieser antiquarischen Schätze neulich die Ehre gehabt hätte, zum Haupte seiner Sozietät oder zum gefürsteten Abt vom Stift St. Blasii erhoben zu werden.

Der Herzog von Fürstenberg ist ein großer Liebhaber und Beschützer der Musik. Alle deutsche Virtuosen sind sicher, bei ihm zum Gehör zu gelangen und nach ihrem Verdienste belohnt zu werden.

Herr Riepel zu Regensburg wird für einen der besten Theoriker und der einsichtsvollsten Tonkünstler des Orts gehalten. Ich war willens, auf meinem Wege nach Wien von München aus dahin zu gehen, ward aber durch die Nachricht von meinem Vorhaben abgehalten, daß Herr Riepel und die besten Musiker in Regensburg damals mit dem Fürsten von Thurn und Taxis zu Dischingen wären. Ich würde sie aber selbst zu Dischingen aufgesucht haben, hätte mich nicht ein vortrefflicher Beurteiler der

Musik versichert, daß er öfter den Fürsten von Thurn und Taxis auf einen Monat oder sechs Wochen besucht, sowohl dort als zu Regensburg, aber niemals an seinen Konzerten ein großes Vergnügen gefunden hätte, ob seine Kapelle gleich zahlreich genug wäre. Denn sie führte ihre Musiken auf ohne Eleganz und Ausdruck, mit einer fast gänzlichen Vernachlässigung des Piano und Forte oder Lichts und Schatten, so daß die Stücke, die sie exekutierten, so gut sie auch an und für sich selbst wären, ihm dennoch wenig Vergnügen verursachten.

Herr Riepel hat einige sehr gute musikalische Abhandlungen drucken lassen, deren Marpurg und Hiller in ihren Sammlungen Erwähnung tun. Auch ist in Deutschland eine sinnreiche Komposition von ihm sehr berühmt, worin er Mittel gewußt hat, fast alle Arten von militarischen Geschalle durch musikalische Instrumente nachzuahmen.

Zu Gotha ist eine gute Kapelle, welcher Herr Georg Benda als Kapellmeister vorsteht. Die vornehmsten Instrumentalisten darin sind die Herren Hatasch, Violinist, Cramer, Clavicimbalist, und Böhmer, Bassonist. Ich habe in verschiedenen musikalischen Sammlungen einige sehr gefällige Kompositionen von einem Musikliebhaber dieses Orts, Herrn Gräfe, gesehen. Der Kapellmeister Benda hat vieles für die Kirche, das Theater und die Kammer geschrieben. Seine Kompositions sind, überhaupt genommen, neu, meisterhaft und gelehrt, viele aber wollen darin ein bis zur Affektation getriebnes Bestreben nach etwas Eigentümlichen angemerkt haben.

Keinem Orte in ganz Deutschland bin ich so ungerne vorbeigereiset als Braunschweig, weil diese Stadt verschiedene Tonkünstler von großem Verdienst zu besitzen scheint. Der Vornehmste darunter ist wohl Herr Schwanberger, welcher Verfasser von verschiedenen Opern ist, die in einem sehr feinen und gefälligen Geschmacke komponiert sind. Seine Melodien sind voller Anmut und Natur, seine Begleitungen sinnreich und überlegt, und die Klarheit und Leichtigkeit, die man in seinen Arbeiten gewahr wird, zeugen von großer Erfahrung und einer

glücklichen Auswahl der Gedanken. Seine Klavierstücke sowohl als seine Violinsachen sind voller angenehmen Wirkungen, die er durch sehr glückliche und natürliche Mittel hervorbringt.
Herr Fleischer, Organist an der Martinskirche daselbst, ist ein andrer Komponist von großem Verdienste, dessen Kirchenmusiken, komische Opern und Klavierstücke in einem eleganten und angenehmen Stile geschrieben sind.
Des regierenden Herrn Herzogs Durchlaucht erster Violinist und Konzertmeister ist Herr C. A. Pesch, welcher auch verschiedene angenehme Sachen für sein Instrument gesetzt hat, die in Leipzig bei Breitkopf gedruckt sind.
Diese Stadt besitzt auch gegenwärtig den Herrn J. Ch. Bach, ältesten Sohn des berühmten Sebastian Bach und Kapellmeister des regierenden Herrn Grafen von Bückeburg. Er ist ein geschickter Mathematiker, und hält man ihn für den größesten Fugisten und tiefsten Musikgelehrten in Deutschland. Er ist 1710 geboren und ist, ehe er an den Bückeburgischen Hof in Dienste kam, verschiedene Jahre zu Halle, im Magdeburgischen, Organist und Musikdirektor gewesen.[41]
Die Musik wird an wenigen Orten mit glücklicherm Erfolge kultiviert als in Braunschweig, und dazu haben der Gefallen des regierenden Herrn Herzogs Durchlaucht an den Opern und der feine Geschmack des Herrn Erbprinzen ein Großes beigetragen.

41 Dieser Artikel erfodert eine Berichtigung, weil darin von zween Brüdern als von einer Person gesprochen wird. Herr Wilhelm Friedemann Bach, der noch im Jahr 1772 in Braunschweig war, ist niemals in Bückeburgischen Diensten gewesen. Das übrige, was von dem ältesten im Texte gesagt ist, hat seine Richtigkeit. Nur noch diesen kleinen Zusatz. So wie ihm ein jeder zugesteht, der ihn kennt, daß er einer der gründlichsten Orgelspieler in Europa ist, so ward ihm doch in Braunschweig, als eine, freilich nicht wichtige, Organistenstelle zu besetzen war, die unser ältester Bach in seiner Situation zu suchen Ursach fand, von den Herrn Kirchenvorstehern jemand bei dieser Wahl vorgezogen, dessen Namen – seine Taufzeugen vermutlich kennen. Herr Bach ist in diesem Jahre, 1773, wie ich eben erfahren, nach Göttingen gezogen.

Der Erzbischof, Fürst von Salzburg, verwendet Summen auf die Musik und hält eine Kapelle von ungefähr hundert Personen an Sängern und Instrumentalisten. Dieser Fürst ist selbst ein Dilettant und sehr guter Violinspieler. Er hat sich neulich viele Mühe gegeben, seine Kapelle auf einen bessern Fuß zu setzen, weil ihr der Vorwurf gemacht wurde, daß ihre Exekution mehr rauh und rauschend als delikat und im besten Geschmack wäre. Signor Fischietti ist gegenwärtig Direktor dieser Kapelle.
Die ganze Mozartische Familie war vorigen Sommer zu Salzburg. Der Vater ist schon lange Zeit im Dienste dieses Hofes, und der Sohn ist nun auch darin aufgenommen. Der letzte komponierte zu Mailand eine Oper auf das Beilager des Erzherzogs mit der Prinzessin von Modena und sollte abermals eine für dasselbe Theater auf dieses künftige Karneval setzen, ob er gleich nicht älter ist als sechzehn Jahr. Ein Brief vom letzten November (1772) berichtet mir, daß dieser junge Mann, der durch seine Wissenschaft in der Musik und Kunst im Spielen als Kind ganz Europa in Verwundrung setzte, noch immer ein großer Meister auf seinem Instrumente ist. Mein Korrespondent ging nach seines Vaters Hause, um ihn und seine Schwester Duetts auf einem Klaviere spielen zu hören. Allein, sie ist itzt schon auf ihrer höchsten Spitze, und das ist kein Wunder, „und“, sagt der Verfasser des Briefes, „wenn ich nach der Musik, die ich von seiner Komposition im Orchester hörte, urteilen darf, so ist er ein Beweis mehr, daß frühzeitige Früchte mehr ungewöhnlich als vortrefflich sind“.
Die berühmtesten Musikalienhandlungen in Deutschland sind zu Nürnberg. Nur in dieser Stadt sticht man Noten in Kupfer.[42] In andern Gegenden des Reichs werden sol-

42 In Braunschweig, in Hamburg und Leipzig und an vielen andern Orten mehr ist wirklich ebenfalls viel gestochen worden. Freilich itzt, da die schöne Breitköpfische Notendruckerei bequemer, etwas wohlfeiler und fast durchgängig leserlicher ist als der Notenstich, leiden die Kupferstecher darunter, die nicht viel mehr als dergleichen Arbeiten zu machen wissen. (Übers.)

che mit Typen gedruckt. Haffner, Winterschmidt und Schmid sind die vornehmsten Nürnbergischen Notenverleger. Agrell ist der einzige Musikus in Nürnberg, der sich als ein Komponist bekanntgemacht hat. Ehedem wurden seine Klaviersachen stark gebraucht; allein ob solche gleich grammatikalisch richtig gesetzt waren, so gingen sie doch in Ansehung der Erfindung und Gedanken niemals über das Mittelmäßige hinaus.
Zu Zerbst steht Herr Hoeckh, der den Ruhm eines großen Violinspielers hat. Herr Krebs, zu Altenburg, ein Scholar von Sebastian Bach, ist wegen seiner vollen und meisterhaften Manier, die Orgel zu traktieren, sehr berühmt geworden. Und Herr Kunzen, dessen sich diejenigen noch mit Vergnügen erinnern müssen, die ihn in England haben spielen gehört, steht itzt als Organist und Werkmeister zu Lübeck.[43]
Außer Herrn Hiller halten sich in Leipzig vier Komponisten auf, mit denen ich wegen Mangel an Zeit keine persönliche Bekanntschaft machen konnte. Es sind der Herr Kantor Doles, ein Kirchenkomponist, Herr Löhlein, Klavierspieler und Komponist für sein Instrument, Herr Neefe, Komponist einiger hübschen Sonaten für eben das Instrument[44], und Herr Reichardt, der komische Opern gesetzt hat, denen es gar nicht an Genie mangelt.
Herr Rolle, Musikdirektor zu Magdeburg, ist ein feuriger und gedankenreicher Komponist, der sich durch seine Werke für die Kirche rühmlichst bekanntgemacht hat. Ich habe aber einige von seinen Klaviersachen gesehen, welche mir mehr gefallen haben als seine übrigen Werke; besonders finden sich in der Berliner Sammlung verschiedene von seinen Stücken, welche voller Feuer sind und in wel-

43 Dieser verdienstvolle Klavierspieler und feurige Komponist hatte vor etwan anderthalb Jahren das Unglück, daß ihn der Schlag rührte und die eine Hand lähmte. Er ist zwar übrigens wieder gesund, allein die Lähmung ist nicht gehoben, und man hat ihm einen von seinen Scholaren, Herrn Königslöw, aus Hamburg, adjunkiert. (Übers.)

44 Hat auch schon eine komische Oper mit Beifall drucken lassen.

chen durch Einführung alter Passagien in einer neuen Manier angenehme Wirkungen hervorgebracht sind.[45]
Herr Müller, Hoforganist zu Dessau, ist ein Mann von großer Geschicklichkeit. In seinen Kompositions entdeckt man Geschmack, Einbildungskraft und eine große Fertigkeit der Hände. Allein sein Ehrgeiz, bei jeder Gelegenheit neue Passagien einzuführen, macht seine Stücke oft strotzend, unnatürlich und affektiert; und zu diesem Fehler kommt noch der seinen Landsleuten so gewöhnliche, seine Gedanken bis zu einer einschläfernden Länge hinauszuspinnen.
Herr Wolf zu Weimar ist ein natürlicher und gefälliger Komponist für deutsche komische Opern; eine Gattung Kompositionen, die in den nördlichen Gegenden des Reichs seit 1750 sehr im Gange ist, in welchem Jahre Herr Hiller die erste von der Art komponierte und aufs Theater brachte. Sie fand großen Beifall trotz dem Urteile der Kritiker, die das Stück wegen seiner niedrigen Possen sehr heruntermachten. Es war *Der lustige Schneider oder Der Teufel ist los,* eine Nachahmung des *Merry Cobler or the Devil to pay.* Vor dieser Zeit hatten die Deutschen in ihrer Sprache bloß ernsthafte Opern und Zwischenspiele. Nunmehro aber ist die Sucht nach komischen Opern so allgemein, daß verständige Tonkünstler besorgen, das Komische werde allen wahren Geschmack an Musik von der höheren Gattung gänzlich verdrängen.
Herr Reichardt zu Königsberg ist ein großer Geiger und besonders stark im Phantasieren aus dem Kopfe und in Doppelgriffen, die er sehr rein und leicht herausbringt.[46]
Herr Fr. Xav. Richter sollte unter den Musikern zu Mannheim vorzüglich bemerkt worden sein. Seine Kompositions in verschiedenen Gattungen haben viel Verdienst; seine

45 Voriges Jahr hat Herr Rolle ein geistliches Drama, *Der Tod Abels,* fürs Klavier ausgezogen, drucken lassen, welches die Liebhaber der Musik nach mehrern von seinen Arbeiten in dieser Gattung lüstern gemacht hat. (Übers.)

46 Scheint wohl mit dem S. 468 bereits angeführten Herrn Reichardt eine und ebendieselbe Person zu sein. (Übers.)

Subjekte sind oft neu und edel, sein Detail aber und Manier des *Traktatements* ist oft trocken und mager, und er transponiert und wiederholt die Passagien in verschiedenen Tonarten bis zum Überdruß. Die Franzosen haben einen Ausdruck für diese Armseligkeit, welcher andern Sprachen fehlt, sie nennen es *Rosalie*[47]; woher sie dieses Wort entlehnt, weiß ich nicht, es bedeutet aber diejenige Armut des Geistes eines Komponisten, da er einen musikalischen Satz unmittelbar um einen Ton höher oder tiefer wiederholt, welches ebenso richtig seine Erfindungskraft bezeichnet, als es Mangel an Witz und Gedächtnis bei einem Erzähler anzeigt, wenn er oft ein „Gut!" und „Nicht allzu gut!" oder „Wollt' ich sagen!" einflickt.

Der Pater Schmitt, ein Zisterziensermönch in der Abtei Eberbach im Rheingau, hat Violintrios herausgegeben, welche nicht nur voller Geschmack und Phantasie, sondern auch mit solchen Feuer, solcher Kühnheit und Akkuratesse komponiert sind, wohin Dilettanti oder bloße Liebhaber selten gelangen.

Herr Johann Gottfried Müthel zu Riga verdient, als ein geborner und erzogner Deutscher hier seinen Platz, ob er gleich an einem Orte steht, der unter russische Botmäßigkeit gehört. Wenn ein angehender Klavierspieler alle Schwierigkeiten überwunden hätte, die in Händels, Scarlattis, Schoberts, Eckards und C. P. E. Bachs Klavierstücken anzutreffen sind, und wie Alexander bedauerte, daß er weiter nichts zu überwinden hätte, dem würde ich Müthels Kompositions vorschlagen als ein Mittel, seine Geduld und Beharrlichkeit zu üben. Seine Arbeiten sind so voller neuen Gedanken, so voller Geschmack, Anmut und Kunstfertigkeit, daß ich mich nicht scheuen würde, sie unter die größesten Produkte unsrer Zeit zu

47 Die Deutschen nennen es einen *Schusterfleck*, und man sieht leicht, woher. Ich habe es auch sehr komisch durch ein Zeitwort *vettermicheln* bezeichnen gehört. Und wer nur jemals von dem berühmten Liede *Gestern abend war Vetter Michel da* etwas gehört hat, wird gleich wissen, was man meint, wenn man sagt, dieser oder jener Komponist vettermichelt. (Übers.)

rechnen. So außerordentlich das Genie und die Kunst dieses Tonkünstlers sind, so ist er doch in Deutschland nicht sehr bekannt, und alles, was ich von ihm erfahren konnte, besteht darin, daß er Unterricht von Sebastian Bach gehabt und, ehe er sich in Riga niedergelassen hat, einige Zeit in Mecklenburg-Schwerinischen Diensten gewesen ist.[48]

48 Da der Übersetzer die Lebensumstände des Herrn Müthels zuverlässig weiß, so rückt er hier solche mit Vergnügen ein, um die Lücke in Herrn Burneys Tagebuche zu füllen. – Herr Müthel ist 1729 in der sachs-lauenburgischen Stadt Möllen geboren. Sein Vater war daselbst Organist und ließ seinen Sohn schon im sechsten Jahre den Anfang auf den Klavier machen und ließ ihm auch bald darauf die Violine und Flöte lehren. Er schickte ihn hernach nach Lübeck zu Herrn J. Paul Kunzen zum Unterricht in der Komposition und im Spielen. Dieser machte seinen jungen Scholaren auf das Schöne sowohl in seinen eignen als andrer Männer Partituren aufmerksam, ließ ihn das Volle der Harmonie und den Ausdruck der Worte bemerken und lösete ihm die vorkommenden Zweifel auf. In seinem siebzehnten Jahre ward unser Müthel bei Se. Durchlaucht, dem regierenden Herzog von Mecklenburg-Schwerin, Kammermusikus und Hoforganist. Er hatte zugleich die Ehre, den gegenwärtigen Erbprinzen Ludewig und seine Schwester, die Prinzessin Amalia, in der Musik zu unterrichten. Nachdem er einige Jahre in diesen Diensten gestanden, erhielt er die Erlaubnis vom Herzoge, andre Höfe mit Beibehaltung seiner Bedienungen und seines Gehalts zu besuchen. Seine Hauptabsicht war, bei dem großen Sebastian Bach in Leipzig sowohl im Spielen als in der Komposition noch ein mehres zu erlernen und sich die zur Musik erfoderlichen Wissenschaften zu erwerben. Zu diesem Ende erhielt er von seinem Fürsten und Herrn ein sehr gnädiges Empfehlungsschreiben. Der Kapellmeister Bach nahm ihn sehr freundschaftlich auf, räumte ihm eine Wohnung in seinem Hause ein, und Herr Müthel machte sich seines Unterrichts mit der größesten Aufmerksamkeit zunutze. Zu gleicher Zeit machte er auch die Bekanntschaft mit den würdigen Söhnen dieses Mannes, die ihm durch ihre Unterredungen und Kompositionen vielen Vorteil schafften. Nach Sebastian Bachs Tode hielt sich Herr Müthel noch einige Zeit bei dessem Schwiegersohne in Naumburg, Herrn Altnikol (welcher ein Scholar des seligen Sebastian Bachs und ein starker Orgelspieler war), mit vielem Nutzen auf. Von da begab er sich nach Dresden, besuchte die Kirchen,

Der Stil dieses Komponisten kommt dem Stile des Hamburgischen Bachs näher als irgendein andrer. Die Gänge und Passagien aber sind ganz sein eigen und machen seiner Hand und seinem Kopfe viel Ehre. In seinen Sachen trifft man aber wirklich solche Schwierigkeiten an, welche alltäglichen Hörern und Spielern zu mühsam vorkommen müssen. Denn selbst seine Instrumentalbegleitung ist so schwer geschrieben, daß sie solche Spieler erfodert, die

die Opern und die Konzerte und machte mit Hasse (dem er empfohlen war) wie auch mit Herrn Neruda, dem Sänger Signor Salimbeni und andern würdigen Männern Bekanntschaft. Der Aufenthalt in Dresden war Herrn Müthel in Ansehung der Musik in allen Stücken sehr vorteilhaft. Sein Geschmack bekam hier eine neue Richtung. Nachdem er Dresden verlassen, sammlete er noch an verschiedenen Orten, wo er geschickte Männer in der Musik antraf, noch viele Vorteile, und nachdem er sich einige Zeit in Potsdam aufgehalten hatte, ging er nach Berlin. Hier hielt er sich besonders zu seinem Freunde, dem hamburgischen Bach, der damals Kammermusikus beim Könige von Preußen war und mit dem er noch in einem freundschaftlichen Briefwechsel steht. Er hörte die berühmte Astrua und machte mit einigen andern geschickten Tonkünstlern Bekanntschaft. Hierauf nahm er seinen Weg über Hamburg, woselbst er den Freund seines Vaters, den alten würdigen Telemann, besuchte und andre geschickte Männer kennenlernte. Endlich kehrte er wieder nach dem mecklenburgischen Hofe zurück, trat seine Bedienungen von neuem an, arbeitete das Eingesammlete fleißig aus und blieb daselbst ungefähr noch zwei Jahre. Während seiner Abwesenheit hatte aber der Hof in verschiedenem Betracht eine andre Gestalt gewonnen, so daß er keine sonderliche Neigung dazubleiben hatte. Im Jahre 1753 übernahm er aus Liebe zu seinem ältesten Bruder (der gegenwärtig Oberfiskal beim Kaiserlichen Hofgericht zu Riga ist) die Direktion einer kleinen Kapelle des russischkaiserlichen Herrn Geheimden Rats und Ritter von Vietinghoff. Nach erhaltener Demission ging er also nach Riga, und als er seiner kleinen Direktorstelle zwei Jahre vorgestanden, erteilte man ihm die Antwartschaft auf die Organistenstelle an der dasigen Hauptkirche. Diese letzte besitzt er nun schon wirklich seit einigen Jahren. Man hat ihm seitdem glänzender scheinende Dienste angetragen, allein er scheint ein ruhiges und vergnügtes Leben, dessen er in Riga versichert ist, allen übrigen Vorteilen vorzuziehen. (Übers.)

ebenso stark auf ihren Instrumente sein mußten als er auf dem seinigen, und das ist wohl von den Musikern dieser sublunarischen Welt zuviel erwartet.
Wenn meine Geschicklichkeit und Muße für einen so ausgebreiteten Plan hingereicht hätten, so hätte ich gern aus diesen Nachrichten von meiner Reise ein Buch von dem gegenwärtigen Zustande der Künste und Wissenschaften überhaupt gemacht. Indessen haben Musik und Dichtkunst einen ebenso genauen Zusammenhang, daß ich mich nicht entbrechen konnte, einige Erkundigungen von den itzt lebenden Dichtern in Deutschland einzuziehen, und ich will hier meinen Lesern vorlegen, was ich als ein allgemeines Urteil über ihre Geschicklichkeiten von Männern von Geschmack und Gelehrsamkeit habe fällen hören.

Was hier Herr Burney seinen Landsleuten von unsern deutschen Dichtern Klopstock, Karschin, Wieland, Lessing, Ramler, Gleim, Gellert, Geßner, Cramer, Rabener, Uz, Giseke, Gerstenberg, Schiebeler, Jacobi, Weiße, Lichtwer auf viertehalb Seiten sagt, ist von keiner größern Bedeutung, als was ein Reisender, der kein Deutsch versteht, in einer Gesellschaft bei einem Glase Wein so beiläufig sagen gehört, und so unvollständig, wie man sich etwan eines solchen Gesprächs des Abends in seinem Gasthofe wieder erinnert, aufgeschrieben hat. Der Übersetzer hat keinen seiner Leser in dem kränkenden Verdachte, daß er von einem Fremden die Lieblingsdichter der Nation erst müsse kennenlernen, wenn der Fremde auch ebenso viel Alphabete als unser Verfasser Seiten darüber geschrieben hätte. Also – zu der Hauptsumme seines Urteils über uns Deutsche, und will ich es dem Leser getrost überlassen nachzusehen, ob Herrn Burneys Bilanz richtig ist. – Er fährt fort:

Deutschland hat sechsunddreißig Universitäten, wovon siebzehn römisch-katholisch, siebzehn protestantisch und zwei, nämlich die zu Erfurt und Heidelberg, für beide

Religionen sind. Wenn ich die Namen aller der gelehrten Männer hersetzen wollte, welche in diesen Musensitzen an der Beförderung der Wissenschaften und Künste arbeiten, so würde das Verzeichnis für mein Werk viel zu lang werden. Vorzüglich aber verdienen der Herr Professor Zachariä zu Braunschweig und der verstorbene Advokat Krause zu Berlin hier wegen ihrer Verdienste um die Musik einen Platz.

Herr Zachariä, der als einer der besten deutschen Dichter und besonders wegen seines Witzes und seiner Laune in seinen komischen Heldengedichten berühmt ist, hat auch von seiner eignen Komposition drucken lassen und ist überhaupt ein einsichtsvoller Richter in musikalischen Dingen.

Herr Krause, der sich durch sein Buch *Von der Musikalischen Poesie* vielen Ruhm erworben, hat auch verschiedenes (besonders Trios) komponiert, das von Kennern hochgeschätzt wird.

Nachdem ich nunmehr dem Leser die Nachrichten vorgelegt habe, die ich vermögend gewesen bin, von dem gegenwärtigen Zustande der Musik an den Orten, die ich auf dieser meiner Reise berührt habe, einzuziehen, so habe ich nur noch hinzuzusetzen, daß, außer den mannigen vortrefflichen Tonkünstlern, welche ich in Deutschland gefunden habe, diese Nation fast jeder großen Stadt in Europa Tonmeister von ausnehmender Geschicklichkeit geliefert hat; und es ist schwerlich zuviel gesagt, daß die besten deutschen Tonkünstler unsrer Zeit, einige wenige ausgenommen, in fremden Ländern zu suchen sind. Man hat in der Tat angemerkt, daß, aus was Ursach es auch sei, die transplantierten Deutschen in den meisten der schönen Künste, *Caeteris paribus,* diejenigen übertreffen, welche in ihrer Heimat zurückbleiben.

Durchs Reisen verliert ein Musikus unter andern Lokalvorurteilen auch jene Ehrerbietung gegen einen besondern Stil, welche die Anzahl der Nachahmer so sehr vergrößert und sie so unter dem Zwange hat, daß sie gleich den neuern Lateinern keinen einzigen Gedanken wagen dür-

fen, für welchen sie keine Autorität eines klassischen Schriftstellers anführen können.
Die Musiker fast einer jeden Stadt und jede Kapelle eines deutschen Fürsten, dessen Staaten auch noch so klein sein mögen, werfen sich zu einer musikalischen Monarchie auf, beneiden sich einer den andern, und alle beneiden einmütiglich die Italiener, welche in ihr Land kommen. Ich hingegen, als ein bloßer Zuschauer, dem der Zank gar nichts angeht und der weder Schaden noch Vorteil davon besorgen darf, ich glaube wahrzunehmen, daß an beiden Seiten große Vorurteile herrschen. Indessen muß man eingestehn, daß man den Italienern liebkoset, schmeichelt und oft zweimal soviel Gehalt bezahlt als selbst denen unter den Einheimischen, die größre Verdienste besitzen. Bei solchen Reizungen muß man es also den Deutschen gar nicht übelnehmen, wenn sie manchen italienischen Meister zu geringschätzen und ihnen mit solcher Verachtung und Strenge begegnen, als nur die plumpeste Dummheit und Unwissenheit verdient.
Mein Absicht war, weder einen Panegyrikum noch eine Satire über die deutsche Musik zu schreiben, sondern bloß zu erzählen, was sie für einen Eindruck auf meine Empfindungen gemacht habe. Ich trat meine Reise mit dem Verlangen an, vergnügt zu sein; und wenn ich zuweilen unzufrieden gewesen bin und meine fehlgeschlagene Erwartung einen Tadel erzeugt hat, so hoffe ich doch nicht, daß mir solches den Vorwurf zuziehen wird, als mangle es mir an Unparteilichkeit und Aufrichtigkeit.
Man lobt eigentlich nichts, wenn man alles lobt. – Und ich habe zuweilen meine Zweifel über solche idealische Schönheiten dieses oder jenes besondern Stils gehegt, die nur durch eine ausschließende Bewunderung unterstützt werden.
Ich will nicht behaupten, daß die Deutschen keine Nationalmusik hätten; sie haben manchen großen Mann gehabt, der niemals in Italien gewesen und der es sich für einen Schimpf angerechnet hätte, die Werke seiner Nachbarn zu plündern. Den itzigen Schwung der deutschen Melodie

kann man aber leicht aus den italienischen Opernarien herleiten, so wie den Geschmack der meisten deutschen Komponisten und Spieler von dem Geschmacke der besten italienischen Sänger.

In der Tat sind auch manche günstig Umstände zusammengekommen, die es ihnen erleichtert, diesen Geschmack zu erwerben, besonders da viele deutsche Herrn jenseits der Alpen Güter besitzen, wo ihr Gefolge fleißig Umgang mit den Eingebornen hat; und im deutschen Reiche selbst haben die Einwohner von Wien, München, Dresden, Berlin, Mannheim, Braunschweig, Stuttgart und Kassel, woselbst seit so langer Zeit italienische Opern gewesen und zum Teil noch sind, dem italienischen Singen nicht vergebens zugehört.

Wenn ich indessen alle besondern Distinktions beiseite setze, so besteht das Resultat aller meiner Nachforschungen und Bemerkungen in folgenden zwei Erfahrungssätzen: Erstlich, daß die Einwohner aller Gegenden von Europa wenig Anspruch auf gutes Singen machen können, Italien ausgenommen; zweitens, daß, wenngleich die Italiener vor allen andern Nationen den Vorzug in der Vokalmusik haben, dennoch die Deutschen, einige wenige Ausnahmen zugegeben, in Verfertigung und dem Gebrauche der meisten Instrumente selbst die Italiener übertreffen; und vielleicht ist es so schwer nicht, die Ursach der verschiednen musikalischen Vorzüge dieser beiden Nationen anzugeben. Die Sprache der Italiener ist zur Musik bequemer als die Sprache irgendeines andern Volks, und die Gewohnheit, daß auf ihren Theatern und in ihren Kirchen fast täglich die besten und kostbarsten Kompositions. aufgeführt werden, muß notwendigerweise unter allen Ständen des Volks eine allgemeine Richtigkeit des Geschmacks hervorbringen und einem jeden, der ein unterscheidendes Ohr und eine biegsame Stimme hat, ein vollkommnes Muster zur Nachahmung vorhalten. Die Sprache der Deutschen hingegen ist unter denen, die zur Musik am unbequemsten sind; es wird ferner bei ihnen, selbst in ihren Opern, sehr wenig andre Vokalmusik aufgeführt als über italienische Worte; es war daher natürlich, daß Instrumentalmusik ihr allgemeiner Vorwurf wurde. Die Anzahl der Schulen, deren in diesem Tagebuche erwähnt worden, worin die Instrumentalmusik gelehrt wird, vermehrt die Anzahl der Mitwerber, und die Gewohnheit der deutschen Prinzen, an ihren Höfen zahlreiche Kapellen und bei ihren Regimentern gute Oboisten zu unterhalten, muß ein Bestreben erwecken, sich hervorzutun.

Im Ganzen betrachtet scheint es, daß in den schönen Künsten ein jedes Land und eine jede Schule ihre eignen Fehler und auch ihre eignen Vollkommenheiten hat. Die Musik betreffend, hab' ich schon in der Nachricht von meiner Reise durch Italien gezeigt, daß die lombardische, die venezianische und die neapolitanische Schulen ihre charakteristische Kennzeichen haben. Eben das könnte man auch von den verschiedenen Arten von Stilen in den Kompositionen und dem Vortrage der vornehmsten Städte in Deutschland beweisen. Wien unterscheidet sich durch Feuer und Invention; Mannheim durch eine nette und brillante Exekution; Berlin durch Kontrapunkt und Braunschweig durch Geschmack. Allein, ohne ein Land dem andern oder eine Stadt der andern Stadt entgegenzusetzen, kann man überhaupt von Deutschland sagen, daß die musikalischen Tugenden seiner Eingebornen in Geduld und Gründlichkeit und ihre Fehler in Weitschweifigkeit und Pedanterie bestehen.[49]

49 Da steht denn endlich unser Debet und Credit, und wir armen Deutschen wüßten nunmehr, wie unsre Sachen stünden, wofern wir nur die Hälfte, und vermutlich die überwiegende Hälfte unsrer zwo Kardinaltugenden, Geduld, üben und nicht pedantischerweise unsern unbeeidigten Buchhalter fragen wollten, ob er auch alles richtig aufgezählt habe. – Im Ernste, wenn man sich wieder besinnt, was man gelesen hat und wieviel Gutes Herr Burney von der Originalität unsrer deutschen Tonmeister, von Hasse, Gluck, Bachs, Vaňhal, Hoffmann, Schwanberger, Benda, Müthel, Händel u. a. m., gesagt hat, so sollte man auf den Gedanken kommen, daß dieses Endurteil weniger aus einer kaltblütigen Überlegung der Gründe für und gegen eine ganze Nation als vielmehr aus der

Die Italiener sind sehr geneigt, zu nachlässig, und die Deutschen, zu arbeitsam zu werden, dergestalt, daß, wenn ich den Gedanken wagen darf, den Italienern die Musik ein Spiel, den Deutschen aber ein Geschäft zu sein scheint. Die Italiener sind vielleicht das einzige Volk auf dem Erdboden, das mit Anmut tändeln kann, und die Deutschen besitzen allein das Vermögen, selbst durch Arbeit Vergnügen zu erwecken.[50]

mit Anmut getändelten schönen Symmetrie der vier Worte *Patience, Profundity, Prolixity* und *Pedantry,* die alle so artig mit einem P anfangen, entsprungen sei. Sollte diese Anmerkung jemanden ein harter Vorwurf scheinen, den bitte ich zu bedenken, daß sie bei einer Gelegenheit gemacht wird, da einer ganzen Nation über eine Kunst, in der sie allen andern Nationen die achtungswürdigsten Meistern geliefert hat, mit vier Wörtern und ebenso *cavalierement* ihr Urteil gesprochen wird, als ob ein junger Herr von seinem Schneider urteilte, der ihm ein Kleid nicht zu Danke gemacht hätte. Übrigens verkenne ich das viele Gute des Herrn Burneys keineswegs, besonders schätze ich sein lebhaft fühlendes Herz, das ihn selten anders als bei Nationalvorurteilen und wenn ihn die bösen Wege in üble Laune gesetzt haben, zu verlassen pflegt, recht sehr hoch! (Übers.)

50 Von Herzen gerne zugegeben, daß der Mensch ein vernünftiges Wesen sein müsse! (Übers.)

Anmerkungen zum zweiten Bande

S. 222:

Diese ganze Seite zeigt ganz deutlich, was man in England von den Deutschen in Ansehung der Musik für einen Begriff haben muß. Ein Doktor der Kunst, der schon längst auf eine allgemeine Geschichte der Tonkunst Vorbereitungen gemacht hat, erstaunt, daß die deutsche Sprache sich zur Musik schicke! Der welsche Tonkünstler, dessen Herr Wieland im *Deutschen Merkur*, im zweiten Bande, Seite 223, redend einführt, war freier von Vorurteilen. Es wäre zu wünschen, daß alle deutsche Komponisten diese Stelle im *Merkur* recht beherzigten und sich hernach wenig darum bekümmerten, ob Fremde auch noch ferner die wichtige Frage aufwerfen: Ist die deutsche Sprache zum Singen geschickt? Wenn der Fremde nun gar ein Engländer wäre, der in seiner Sprache singen hören möchte! – Aber der Herr Verfasser gibt auf ebendieser Seite eine Verwundrung zu erkennen, die an einem allgemeinen Geschichtsschreiber der Musik unbegreiflich ist. Wir haben schon seit so langer Zeit komische Opernkomponisten, daß Herr Burney sie hätte in England schon kennen mögen und nicht erst erfahren müssen, als er tiefer in Deutschland kam, daß Herr Hiller in Deutschland, wie Herr Doktor Arne in London, komische Opern komponiert habe. Herrn Burney hätten billig die Namen Hiller, Fleischer, Schweitzer, Neefe, Reichardt und Wolf in England schon bekannt sein sollen. – Wenn man von diesem musikgelehrten Engländer auf die übrigen schließt, so darf man wohl annehmen, daß sie dafür halten, der deutsche Musikus müsse nicht viel wert sein, der nicht nach der Königin der Städte, nach London, komme!

S. 224 und 225:

Herr Burney sagt zwar, daß er nicht für unglimpfliche Anmerkungen über ganze Nationen sei, macht aber in demselben Atem eine über die deutsche, als ob er recht wüßte, was ein wahrer Deutscher sei. Und diese Galle schüttet er über uns aus, weil er glaubt, er habe für uns eine Nationalangelegenheit übernommen (wie er Seite 232 ausdrücklich sagt), und nun müsse auch ein jeder Musikus schon wissen, wann er ankommen würde und worin er ihm behülflich sein könne: Diese Forderung – hm – ja – war – ganz glimpflich zu sprechen – unüberlegt!

S. 232:

(Geld zu verdienen, sondern es zu verzehren.) Das ist sehr großmütig gegen die deutsche Nation, wenn wir nur nicht ein wenig langsam wären, es zu glauben. Es ist also auch wohl aus bloßer Großmut, um Geld zu vertun und nicht zu verdienen, daß Herr Burney zwei Bände von seiner deutschen Reise drucken lassen. Daß er so oft und häufig Auszüge aus denselben in die öffentlichen Blätter rücken läßt, ist wohl gar nicht, sein Buch zu verkaufen, sondern um dem Zeitungsverleger die Gebühren zu verdienen zu geben. Daß er auf die *Allgemeine Geschichte* pränumerieren läßt, ist auch wohl gar nicht, um zu verdienen! Wozu dergleichen Vorrückungen: „Der Musikus reiset gemeiniglich, um Geld zu verdienen"? Ist ihm das zu verdenken? Ebensowenig als dem Manne, der reiset, um zu schreiben und dadurch zu verdienen. – Bei dieser Gelegenheit muß ich auch mein Befremden zeigen, daß Herr Burney nichts von der schwäbischen Musik sagt, die doch in verschiedener Betrachtung original ist.

S. 270:

(Metastasio.) Hieß eigentlich Trapasso. Als ihn Gravina adoptierte, nannte er ihn, *à la grecque,* Metastasio.

S. 275:

(Hasse.) Sein Verdienst geht weiter, als daß er der natürlichste, eleganteste und einsichtsvollste sei. Kenner glauben, daß er gerade an der Grenze des Schmucks stehe, den die Werke der Musik vertragen können, ohne daß Ausdruck und Genie darunter leiden. Als den simpelsten ihn zu rühmen, deucht ihnen auch nicht richtig. Sie sagen vielmehr, er habe simple Eleganz im höchsten Grade. Im Urteile und Geschmack gehe er über alle Italiener, wie an Reichtum, nicht immer aber an Größe und Stärke der Gedanken.

Wie weit Hasse gehe, alle Neuerungen für unerlaubt zu halten, und ob er den Chevalier Gluck mit einschließe (woran er wirklich unrecht hätte), weiß ich nicht. Aber Metastasio sollte sich nicht über Neuerungen beklagen, denn nach ihm leidet der poetische Teil der Oper zuviel. – Inzwischen hat Hasse in seinem *Piramo e Tisbe* selbst manches zu neuern gesucht und viel mehr Simplizität angebracht, als er sonst pflegte. Hoffentlich werden es Deutsche sein, die eine wohlverstandne Simplizität wieder in der Musik allgemeiner machen.

S. 282:

Eine Untersuchung, wieweit das Ohr, und welche Ohren (gebildete oder ungebildete, verwöhnte oder unverwöhnte usw.) im Oberappellationsgerichte der Musik sitzen sollten, wäre ein Werk eines gefühlvollen und philosophischen Kenners der Musik. Warum sind doch diese beiden Dinge so selten beisammen! Warum ist noch gar nichts über den einzigen wahren, guten Geschmack in der Musik geschrieben, das durchgängig Stich hielte? Sollte es wohl nicht daran liegen, daß unsre Musiker selten Philosophen sind und unsre Philosophen es selten der Mühe wert halten, Musik zu studieren?

S. 321:

(Abhandlung über die Singekunst fehlt.) Ob Herr P. Tosis *Anleitung zur Singekunst* in Agricolas Übersetzung, mit dessen letzten Erläuterungen und Zusätzen gesehen, mit Herrn Mancinis Buche verglichen und nach dieser Vergleichung geschrieben hat, „daß es der Welt noch immer an einer so gut geschriebenen, durchgedachten und zugleich so praktischen Singekunst fehle", weiß ich zwar nicht. Aber das weiß ich, daß man mit Herrn Agricolas Übersetzung des Tosi sehr weit kommen kann, und das übrige wird sich zeigen, wenn Signor Mancinis Buch erst erscheint. Die Erwartung ist durch Herrn Burney wenigstens ziemlich hoch gespannt.

Anmerkungen zum dritten Bande

S. 343:

Sollte es so ausgemacht sein, daß sich der Schall in den kalten Zimmern schwerer fortpflanzte?

(Ebendas.) Der Unterricht im Singen wird in Ober- und Niedersachsen auch gegeben. Jede lateinische Schule und auch Dorfschulen haben ihre *Cantores,* und in den meisten kleinen Städten ist ein Musikchor. In Thüringen ist es wie in Böhmen. Jedes Dorf hat seine Sänger und Spieler, die sich in den Schulen bildeten und des Sonntags ihre Kirchenmusiken mit nicht geringer Genauigkeit aufführen. Hiervon hätte Herr Burney doch Nachricht einziehen sollen. Es wäre wohl für einen allgemeinen Geschichtschreiber ein paar Meilen wert gewesen.

S. 348:

(Böhmischer Adel.) Der böhmische Adel hat im eigentlichsten Verstande auf seinen Gütern Musiker. Ich weiß sogar einen Herrn (dessen Namen mir itzt nicht beifallen will), der seine Bauern und Bäuerinnen in italienischer Musik und im Tanzen so hatte unterrichten lassen, daß sie ihm von Zeit zu Zeit ordentliche Opern aufführten; und er überraschte einstmals den König von Preußen mit einer solchen Oper, die ihm sehr gefallen hat. Nachher waren die Helden und Prinzessinnen wieder Ackerleute. Die Schulen tun es allein nicht. Von Herrn Benda hätte Herr Burney richtigern Unterricht einziehen können.

S. 358:
(*Anthems* ausdrückt.) Nämlich insoweit beides Kirchenmusik ist. In der innern Einrichtung sind sie aber sehr verschieden. *Anthems* sind nämlich bloß schicklich oder unschicklich zusammengesetzte biblische Sprüche, die der Komponist nach Gutdünken zu Chören, Rezitativen und Arien macht. Unsre deutschen Kirchenkantaten bestehen in Chorälen, Arien, Duetten, Rezitativen und untermischten Kirchengesängen, welche der Dichter ausdrücklich in Ordnung bringt, sind auch wohl nur für eine oder zwei Singestimmen gesetzt.

S. 360:
(Meisterhafte Manier.) Der Verfasser braucht sein *masterly* gemeiniglich bei einem Komplimente, das ihm nicht recht von Herzen geht. Wir Deutschen halten keinen für meisterhaft, der ohne feurige Einbildungskraft spielt, wenn das Stück, welches er spielt, es zuläßt.

S. 361:
Der Verfasser denkt bei seinem unablässigen Tadel über die Größe der deutschen Orgeln und ihre Füllstimmen gar nicht daran, daß beides notwendig ist, eine große Gemeine, die mehr als ein paar Zeilen hintereinander singen soll, im Tone zu erhalten. Sollte er nie gehört haben, wie sie herunterzieht, wenn die Orgel schwächer ist als die Gemeine? Mit der Notwendigkeit der Fülle der Orgel lernt man auch die Notwendigkeit der Pedale begreifen, und wer Orgeln gut hat spielen gehört, begreift auch leicht die große Wirkung des Pedals. In England soll man nichts davon wissen, weil die Orgeln da niedlich und elegant sein sollen. Aber kann England uns Muster sein? Wenn mancher Organist beim Solospielen das Registrieren nicht versteht, so ist das nicht der deutschen Orgeln Schuld. Wer Herrn Burneys Anmerkung über der deutschen Meinung vom Pedale Seite 460 im dritten Bande liest, den muß die Lust ankommen, Herrn Burney das zu antworten, was Scarlatti zum Herrn L'Augier über seine zehn Fin-

ger sagte. In Italien hängen die Pedale freilich an den Manualen und gehn (wie vermutlich auch in England) mit dem kleinen Finger der linken Hand einen Gang. Und dann macht's nur eine notdürftige Verstärkung und ist wie der Violon in einem Konzerte, der doch gewiß nicht einmal entbehrlich ist. – Nach Bachs Grundsätzen ist das Pedal notwendig, wenn die Orgel in ihrer wahren Manier gespielt und nicht zum Klavier herabgesetzt werden soll. Wenn ein wirklicher Meister der Orgel spielt, so hebt das Pedal die größesten Gedanken ungemein und gibt der Musik eine so hohe Majestät, die kein ander Instrument je hervorbringen kann. Hätte Herr Burney doch einmal den hällischen Bach spielen gehört zu einer Zeit, da ihn nicht der Geist der algebraischen Künste trieb!

S. 364:

(Wohlgewähltes Mittel usw.) Seckendorff in seiner *Hist. Luther* führt einige Lieder an, die solche Wirkung taten; in den vielen Büchern von der Geschichte deutscher Lieder, die Wetzel, Gottschald, Busch und andre geschrieben haben, kann man auch solche Exempel auffinden.

(Ebendas.) Es sind nicht Gesänge, was die Chorschüler singen. An den meisten Orten singen sie Motetten, welche aus einem Spruche, davon ein Teil gewöhnlich eine Fuge ist, und einer Arie, welche von einem Baßsänger begleitet wird, zu bestehen pflegen. Herr Rolle hat dergleichen viele komponiert, die sehr schön sind.

(Ebendas.) Die *Nänie* ist wohl nichts ander als das uns bekannte Begräbnislied *Nun lasset uns den Leib begraben* mit der Antwort. Übrigens führt auch an vielen Orten bei Begräbnissen der Kantor in der Kirche ordentliche geistliche Trauerkantaten auf. Die Austeilung des Geldes geschieht auf hunderterlei Weise. Es gehen auch viele junge Leute ins Singechor, die kein Geld nehmen.

S. 366:

(Leipziger Messe.) Es kommen wirklich noch itzt aus allen Gegenden von Europa Kaufleute dahin. Wollte uns der Verfasser wirklich zu verstehen geben, daß das auch der Fall mit den englischen Marktflecken wäre? Viele Engländer, die Leipzig recht gut kennen, werden bei diesem Artikel doch große Augen machen.

S. 368:

Die Kochische Gesellschaft hätte sich in Leipzig, das die meiste Zeit bis an 2000 Studenten hat, sehr wohl halten können, wenn sie nicht durch einige Professoren und Geistliche vertrieben worden wäre. Sie war vorhin jahrelang gewesen.

S. 369:

(Italienische Opern.) In Gottscheds *Vorrate der dramatischen Dichtkunst* stehn schon 1693 jedesmal Deutsche angegeben, die er selbst besaß. Bis 1720 sind solche häufig.

S. 383:

Hier fehlen Marpurgs *Kritische Briefe über die Tonkunst,* die ihm mehr Ehre machen als seine auch nicht allemal korrekten Kompositionen.

S. 385:

(Stimme dunkel.) Das war sie traun sonst ganz und gar nicht. Der sel. Schiebeler nannte sie daher gleich Oboe.

S. 386:

Der Leser wird wohltun, die Urteile des Herrn B. über die Schmeling auf dieser und auf der 423. Seite zu vergleichen und zu reimen, so gut er kann.

S. 403:

(Man kann nicht leugnen usw.) Wer kann hier begreifen, nach welchen Grundsätzen über die Musik geurteilt werden soll, wenn wahrhaftig gute Sätze und schöne Gedanken eines Genies, das sie vor Jahren zuerst erfand, nun dem Kenner nichts mehr wert sein sollten, weil andre sie nachgeahmt haben? Aber von Quantz insbesondere: ein Mann, den Herr Burney für eins der größesten deutschen musikalischen Genies hält, der Quantzens Sachen fast zwanzig Jahr durch gehört hat, behauptet noch itzt, daß Quantz gewiß Genie, und zwar Originalgenie, gehabt habe. – Welches Urteil soll gelten, wenn das Urteil eines Genies nicht gelten soll, das auch Kenner der Kunst ist? – Daß aber ein Mann, der 300 Stücke einerlei Art gemacht hat, sich hie und da wiederholt, das ist kein so großer Fehler, als das Gegenteil ein Wunder sein würde.

Noch eins, das bei dieser Gelegenheit so schicklich ist als bei einer andern. Muß der Tonkünstler, der sich original zu sein fühlt, durchaus alle neue Moden mitmachen? Bleibt er dann noch Original oder wird er Nachahmer? Ist's erweislich, daß die komische Wendung, welche die Musik genommen hat, durchgehends wahre Verbesserung heißen könne? Ist nicht aus der Instrumentalmusik fast alles Herzrührende heraus? Wo bleibt der wesentliche Unterschied des Ernsthaften und Komischen? Wo sind die Adagios, wer kann sie spielen? Wer mischt nicht Lustigkeit hinein? Wo ist der Gesang der Instrumente, besonders auf der Geige, herrschend? Oder soll statt der alten, steifen Kontrapunktkunst nun die buntscheckige Gauklerkunst das Reich haben? Soll der Komponist also mit der Zeit Schritt halten? Nein, zur rechten Zeit aufhören, das soll er. Das tat Quantz nicht. Vielleicht aus andern sehr gültigen Ursachen nicht; und da er's nicht tat, so fiel er nicht in den Fehler, daß er Sätze (vielleicht wußte er das nicht, und das kann Virtuosen, die oft nicht viel Neuigkeit hören, als ihre eignen, leicht begegnen) noch wiederholte, als sie schon zu bekannt waren.

S. 418:

Ein besondrer Fußpfad ist indessen in vielen deutschen Städten, z. B. in Braunschweig, Hannover, Göttingen u. m.

S. 422:

(In Berlin für Ketzer hält.) Es ist sonderbar, daß Herr Burney sich einbildet und seine Leser überreden will, in Berlin habe alles auf Quantz und Graun geschworen! Es gibt da eine große Menge Leute, selbst am Hofe, deren Geschmack nichts weniger als eingeschränkt ist. Es gibt sogar Antiquantzianer von Gewicht.

S. 424:

Der Herr Professor Sulzer hat die musikalischen Artikel in seinem *Lexikon* nicht allein gemacht. Im ersten Teile hat Agricola viel gearbeitet, und im zweiten arbeitet Kirnberger.

S. 430:

(Kantor.) Herr Burney hätte auch leicht erfahren können, daß bei den lateinischen Schulen in Städten der Kantor einer der ersten Kollegen ist.

S. 432:

Sind die musikalischen Kalkulationen in der Mathematik unnütz? Dafür hielte ein solcher Doktor der Musik? Musikalische Streitigkeiten hat Mattheson mehr und derber geführt als Marpurg und Kirnberger, die beiden einzigen Berliner, die Streitschriften geschrieben haben.

S. 433:

Hätte der Verfasser wirklich von Grauns deutschen Opern welche gesehen? Das wäre doch wohl notwendig; denn alle diese machte er, ehe er in Italien gewesen war. Und sie haben so viel Melodie, Ausdruck und Neuheit, als man in manchen Arien seiner neuern nicht finden wird.

(Ebendas.) Wo sind die Menge Gedichte und Lobreden, die Herr Burney auf Graun anführt und wovon das Publikum nichts weiß? Man schätzet ihn allerdings sehr hoch und bedauert einen Mann vom lobenswürdigsten Charakter. Auch außer Berlin hatte er und Hasse lange Jahre Deutschland vergnügt. Sonderbar ist's, daß Herr Burney einer ganzen Nation sagen will: das sollte euch nicht gefallen! Ist, das Wahrheit, daß Grauns Bewundrer so wütend sind? Herr Burney hat auf seiner Reise durch Deutschland manchen Bewundrer Grauns kennengelernt; ist er verfolgt worden? Er kann deswegen auch ganz sicher wieder zu uns kommen. Herr Burney kann auch finden, daß selbst in Berlin Grauns eifrigste Freunde, z. E. Herr Agricola, ihn nicht vergöttern. Er lese nur in Sulzers *Allgemeiner Theorie der schönen Künste*, I. Teil, S. 109 und 110 der 4. Edition den Artikel „Ausdruck". Da heißt es: „Graunen hatte die Natur eine Seele voll Zärtlichkeit, Sanftmut und Gefälligkeit gegeben. Wiewohl er nun alle Geheimnisse der Kunst in seiner Gewalt hatte, so war ihm nur der Ausdruck des Zärtlichen, des Einnehmenden und Gefälligen eigen, und mehr als einmal scheiterte er, wenn er das Kühne, das Stolze, das Entschloßne auszudrücken hatte."

S. 434:

Wie würde es aussehen, wenn Herr Burney den Beweis führen sollte, daß Graun sich nach Vinci gebildet hätte! Der erste Widerspruch ist der, daß Graun seine erste Oper setzte, da Vinci in Deutschland wohl kaum bekannt war. Sodann ist in seinen Opern nichts Vincisches. Graun ist viel weicher, zärtlicher; Vinci stärker und höher. Graun ist ausdrücklicher und seine Melodien viel fließender; Vinci malt fast keinen Gedanken aus; Graun nicht selten zu sehr; Grauns Instrumente wirken mit viel mehr Kunst und Überlegung mit, Vinci ist sorgloser, obgleich nicht unwirksam. Graun hat schon viel Passagien und Koloratur; Vinci weniger. Im Rezitativ sonderlich zeigt Graun mehr Wissenschaft der Modulation und Deklamation und moduliert zuweilen, ohne daß die Worte es erfodern, zu kühn. Vinci wird man nicht stark im Rezitativ finden. Graun wiederholt sich oft, ist sich zu gleich, Vinci ist abwechselnder. Vinci liebt kurze Ritornelle, Graun lange. Vinci scheint auf seine akkompagnierte Rezitative (ausgenommen im letzten Akt der *Dido)* wenig zu halten, Graun bringt sie gerne an und ist glücklich darin. Und nun vor allem, Vinci in Duetten, Terzetten, Quartetten! Welch ein himmelweiter Unterschied. – Diese Vergleichung ließe sich weiter ausdehnen, wenn es gälte, auf Arbeiten beider Männer auf ein Subjekt. – Große Erfindung, d. i. reiche, und im Erhabnen, Schrecklichen, Heftigen könnte man Graun allerdings absprechen; dabei hat er die Trommelbässe bis zum Überdruß. Aber wer ihm im Zärtlichen, Sanften, ihm eigentümliche Gedanken, Rührung, weiches Gefühl ableugnen wollte! – Eilfertige Kritiker können freilich leicht dazu verleitet werden. Sie nehmen eine ganze Oper, wobei dem Komponisten durch allerlei Umstände die Freiheit des Geistes eingeschränkt wurde und weil er nicht Universalgenie genug war, ihnen in allen und jeden Teilen Genüge zu tun und ein vollkommnes Ganzes zu machen. Ergo – sind die Teile, worin die Poesie seinem Genie gemäß war, nicht schön! Es ist doch immer gut um ein klein wenig Philosophie, um dem Geschmack des Gehörs ein wenig zu Hülfe zu kommen.

S. 435:
(J. Gottl. Graun.) Ganz Deutschland hat seine Sinfonien gerne gehört. Seine Manier ist nun freilich grade das Zärtliche nicht. Aber würde man den Poeten verwerfen, der eine etwas brausende, feurige Manier hätte, die zwischen dem Kühnen, Erhabenen und Sanften in der Mitte läge? Man würde ihn nicht obenan setzen – aber verwerfen? So bunt als viele neuere Sinfonien konnte der Konzertmeister M. Graun nicht sein, das war damals noch nicht ausstehlich. Doch glaub' ich, die Manier seiner Sinfonien sei sich selbst stets gleich, ohne daß er sich ausschrieb. Daß Gedanken geborgt, wird man wohl nicht sagen sowie nicht leugnen wollen, daß viele aus ihm geborgt haben. Wenn doch ein Burney der Zweite im Jahr 1783 reisete, wie würden alsdann die Helden Burneys des Ersten, z. E. Haydn usw., mitgenommen werden!

S. 436:

Aus Gesprächen weiß ich, Bach gibt nicht zu, daß Quantz sich nach Vivaldi gerichtet habe. Quantzens Konzerte haben auch eine feinere Einrichtung, sind mit den Instrumenten verwebter als die von Vivaldi, die ich von ihm kenne. Lernen sollen und müssen wir ja alle von denen, die vor uns waren. Aufs ängstliche Kopieren, nur darauf kommt's an!

(Ebendas.) (In ihrem Laufe zu hemmen.) Wer wäre denn das eigentlich gewesen? Daß man in Berlin nicht jede Neuerung so geradeweg annimmt! Tat es doch Hasse und Metastasio und Bach u. a., die der V. lobt, auch nicht. Aber nicht sowohl Berliner Komponisten als Berliner musikalische Schriftsteller sind schuld an dem üblen Rufe der Berliner Schule. In Wien, Mannheim gibt's auch Komponisten so, so! Nur lassen sie auch bei andern fünfe grade sein, und so ziehen sie sich denn auch keine Feindschaft auf den Hals. Die Berliner Kritiker verkannten das Genie anderer Komponisten, sobald sie gegen die Regeln der musikalischen Grammatik anstießen; und ob sie gleich mit Fug gegen manchen wahren Unsinn in großer Italiener Werken eiferten, so hatte es doch oft das Ansehn, als ob sie alles Gute zu eilig übersähen und dem Genie nicht erlaubten, etwas zu wagen – wenn es nicht aus ihrer Schule war. Das macht freilich ebensowenig Freude, als es bessert. – Den alten Quantz zu tadeln, daß er itzt nicht so frei denke! *'T is not fair, Sir!* –

S. 437:

Spaltungen und Ketzer haben in Berlin große Freiheit; gut! Toleranz in allen unschädlichen Sachen, Herr Doktor! Warum soll ein großer Monarch nicht das Recht eines jeden Privatmannes unangefochten genießen, in der Musik seinem Geschmacke zu folgen?

S. 440:

(Matthesons Schriften finden.) *Händels Leben*, aus dem Englischen übersetzt, mit vielen Anmerkungen und Zusätzen, von Mattheson, Hamburg, 8vo ist weit vollständiger als in der *Ehrenpforte*. Für Matthesons Gedächtnis wäre es aber gut, wenn er die meisten Zusätze weggelassen hätte.

S. 442:

Von Telemann sagt der Verfasser viel zuwenig, weil er dies wahre Genie mit seinen vielen Tugenden und Fehlern nicht genug aus seinen Werken kannte. Schade, daß er nicht die Leichengedichte und Zeitungsartikel bei Telemanns Tode hatte.

S. 448:

(Von einem Chor.) Es war der *Fürwahr er trug unsre Krankheit*. Die Adagioarie *Wende dich zu meinem Schmerze*.

(Ebendas.) (Ohne einen Nebenbuhler.) Viele Nebenbuhler Bachs im deutschen Kirchenstile würde Herr Burney wohl auch nicht aufweisen können, obgleich Herr Bach, ohne daß ich seine Gründe erraten kann, seiner Kirchenstücke in seiner Lebensbeschreibung keine Erwähnung tut.

S. 449:

Wer Herrn Burney die Nachricht gegeben hat, daß Hamburg 200000 Einwohner habe, der hat die Zahl wissentlich oder unwissentlich um ein merkliches vergrößert.

S. 456:

Über die Länge der Bachischen Stücke kann man folgendes Experiment machen: Man nehme sein längstes Konzert, aus denen in Berlin bei Wintern gedruckte das dritte aus E-Dur z. E. – man nehme die Tempos so langsam als möglich, mache die zwei Kadenzen jede etwa vier bis fünf

Taktlängen – es dauert gerade zwanzig Minuten. Sollte man das Werk eines ersten Genies nicht so lange anhören können! Die arme Musik! Wer doch mit der Poesie so kurz wegkäme oder – mit diesen Reisen und diesen Noten dazu! – Das Schlechte ist freilich zu lang, währte es auch nur eine Minute. Die Langeweile bei einem Stücke muß wohl an etwas anderm als an seiner Länge liegen.

(Ebendas.) (Über seine Subjekte sagen läßt.) Eine Wette von drei gegen zwei, Herr Doktor Burney, Bach weiß über seine bearbeiteten Subjekte noch was vorzubringen, das des Hörens wert ist.

S. 471:

(Der Stil.) Herr Müthel hat wohl nicht Bachs Stil, ob er gleich sehr original ist; sonderlich in seinen Klaviersonaten ist er wilder, minder zärtlich, rauschender. Er ist auch noch länger als Bach, welches ja nicht hätte sollen vergessen werden.

NACHBEMERKUNG

Die hier vorliegende Ausgabe des *Tagebuchs einer musikalischen Reise* von Charles Burney mußte aus verlegerischen Gründen gekürzt werden. Unser Prinzip des Kürzens bestand nicht darin, einzelne Wörter und Nebensätze wegzulassen oder gar ganze Sätze aus dem Zusammenhang zu reißen. Das haben an zahlreichen Stellen schon die Übersetzer getan, und weitere Weglassungen hätten den originalen Kontext nur noch mehr verändert. Hier waren vielmehr folgende Überlegungen maßgebend:

Zuoberst wurden verschiedene Stationen der Reise gestrichen. Einmal solche, die musikalisch wenig ergiebig waren, und zum anderen alle Stationen der Reise durch das heutige Belgien und die heutigen Niederlande. Das hatte den Vorteil, größere Zusammenhänge der Reisebeschreibungen durch die anderen Länder zu wahren. Ferner freilich mußten mehrere Abschnitte gestrichen werden, die sich auf nichtmusikalische Dinge beziehen oder die uns musikalisch nicht relevant genug erschienen. Darunter fallen zum Beispiel Teile der Lebensbeschreibung von Johann Joachim Quantz, ein (selbstverständlich unvollständiges) Werkverzeichnis von Carl Philipp Emanuel Bach und einige kurze, heute weit mehr erforschte Lebensläufe älterer italienischer Komponisten (Giovanni Palestrina, Gregorio Allegri, Tommaso Baj), die dem ersten Band der deutschen Ausgabe beigefügt waren.

Größere Freiheiten erlaubten wir uns im Weglassen der Fußnoten, welche, wie bereits im Vorwort ausgeführt, teils von Burney selbst, teils von den Übersetzern stammen. Hier wurden vor allem diejenigen Fußnoten gestrichen, die Quellenangaben bringen, zu pedantische Marginalien und Korrekturen enthalten oder in musikalische Bereiche führen, die heute nicht mehr von historischem Belang sind. Die Übersetzer haben nicht in allen Fällen die von ihnen stammenden Fußnoten gekennzeichnet. In unserer Ausgabe wurden diese Versäumnisse nachgeholt: Alle Fußnoten der Übersetzer tragen die Abkürzung „Übers.“.

Gleiche Überlegungen bestimmten uns, die „Zusätze“ des Übersetzers Bode am Schluß des dritten Bandes zu streichen und die Anzahl der nachträglich dort angebrachten Anmerkungen zum zweiten und dritten Band zu reduzieren.

Die drei Register zu den Bänden sowie ein Verzeichnis mit dem Titel „Namen einiger bekannten deutschen Orgelbauer und Klavierinstrumentenmacher werden nicht übernommen. Dagegen haben wir die Register neu aufgestellt und in einem vereinigt. Entgegen der ersten deutschen Ausgabe wurden die drei Bände durchlaufend paginiert.

Lautstand, Syntax und Grammatik der deutschen Übersetzung haben wir grundsätzlich nicht angetastet, lediglich Orthographie und Interpunktion auf den heutigen Stand gebracht. Folglich mußten einige Kompromisse bei Eigennamen und Städtenamen in Kauf genommen werden, deren Rechtschreibung schon in der alten Übersetzung häufig schwankte. Zahlreiche Druckfehler oder Irrtümer in der Orthographie von Eigennamen wurden durch Vergleich mit dem englischen Original oder mit älteren Lexika beseitigt.

Die Streichungen im Text wurden durchweg durch Pünktchen kenntlich gemacht. Doch seien für den interessierten Leser zum Schluß wenigstens diejenigen Reisestationen mitgeteilt, die unserem Rotstift zum Opfer fallen mußten:

Erster Band. Zwischen Mailand und Padua: Brescia, Verona und Vicenza.
Zwischen Florenz und Rom: Siena und Montefiascone.

Zweiter Band. Die ersten Stationen der zweiten musikalischen Reise: St. Omer, Lille, Courtray, Gent, Alost, Brüssel, Antwerpen, Brüssel, Löwen, Lüttich, Maastricht, Aachen, Jülich, Köln, Bonn und Koblenz.
Zwischen Ludwigsburg und München: Ulm und Augsburg.
Zwischen München und Wien: Passau und Linz.

Dritter Band. Die letzten Stationen der zweiten musikalischen Reise: Bremen, Groningen, Amsterdam, Haarlem, Leiden, Haag, Delft und Rotterdam.

PERSONENREGISTER

INHALT

Text nach:
Carl Burney's, der Musik Doctors, Tagebuch einer Musikalischen Reise durch Frankreich und Italien, welche er unternommen hat, um zu einer allgemeinen Geschichte der Musik Materialien zu sammeln. Aus dem Englischen übersetzt von C. D. Ebeling, Aufseher der Handlungsakademie zu Hamburg. Hamburg, 1772. Bey Bode.
Carl Burney's, der Musik Doctors, Tagebuch seiner Musikalischen Reisen. Zweiter Band. Durch Flandern, die Niederlande und am Rhein bis Wien. Aus dem Englischen übersetzt. Hamburg, 1773. Bey Bode.
Carl Burney's, der Musik Doctors, Tagebuch seiner Musikalischen Reisen. Dritter Band. Durch Böhmen, Sachsen, Brandenburg, Hamburg und Holland. Aus dem Englischen übersetzt. Mit einigen Zusätzen und Anmerkungen zum zweyten und dritten Bande. Hamburg, 1773. Bey Bode.